普通高等教育土建类系列教材

水运工程施工

杨红霞　赵峥嵘　编

机械工业出版社

本书为普通高等教育土建类系列教材。

全书共9章，主要内容包括土石方工程、混凝土结构工程、航道整治工程、船闸工程、重力式码头、高桩码头、板桩码头、防波堤与护岸和施工组织与管理。本书在传统水运工程施工技术的基础上，反映当前施工技术新成果，知识体系完整，注重理论联系实际，通过丰富的工程实例来培养学生综合运用水运工程施工技术及其相关学科的基本理论解决工程实际问题的能力。

本书可作为高等院校港口航道与海岸工程专业本科生的教材，也可作为从事水运工程施工和管理的工程技术人员的参考书。

图书在版编目（CIP）数据

水运工程施工/杨红霞，赵峥嵘编. —北京：机械工业出版社，2022.1
普通高等教育土建类系列教材
ISBN 978-7-111-69363-5

Ⅰ.①水… Ⅱ.①杨… ②赵… Ⅲ.①航道工程-工程施工-高等学校-教材 Ⅳ.①U615

中国版本图书馆 CIP 数据核字（2021）第 207207 号

机械工业出版社（北京市百万庄大街22号　邮政编码100037）
策划编辑：林　辉　责任编辑：林　辉
责任校对：李　杉　封面设计：严娅萍
责任印制：李　昂
北京捷迅佳彩印刷有限公司印刷
2022年1月第1版第1次印刷
184mm×260mm·21.75 印张·538 千字
标准书号：ISBN 978-7-111-69363-5
定价：68.00元

电话服务　　　　　　　　　网络服务
客服电话：010-88361066　　机　工　官　网：www.cmpbook.com
　　　　　010-88379833　　机　工　官　博：weibo.com/cmp1952
　　　　　010-68326294　　金　书　网：www.golden-book.com
封底无防伪标均为盗版　机工教育服务网：www.cmpedu.com

前　言

　　水运工程施工课程是港口航道与海岸工程专业的必修课程，其主要任务是研究水运工程施工技术与施工组织的一般规律，具有极强的理论性和实践性。

　　水运工程施工课程内容具有知识结构复杂、工程实践性、综合性强、应用性广、与现行规范联系密切等特点。随着高等教育改革的深入、观念的更新，传统的教学理念和教学模式已难以满足水运工程专业人才综合素质和创新能力培养的要求。教师通过不断更新教学内容、教学手段和教学方法以提高教学质量和效果，满足我国水运工程建设需要的专业人才培养要求。

　　本书依据高等院校港口航道与海岸工程专业人才培养方案和"水运工程施工"课程教学大纲，结合我国现行行业标准和规范编写而成，内容涵盖了水运工程施工的主要施工方法、施工工艺、施工组织与管理，反映了水运工程施工中的新技术、新设备、新材料的发展和应用情况，重点介绍了水运工程施工技术及施工组织管理的基础知识。在本书编写过程中，编者吸收了同类教材的优点，在传统水运工程施工技术的基础上，密切结合行业发展，反映了当前施工技术新成果及工程应用情况。

　　本书知识体系完整，注重理论联系实际，可操作性较强，书中丰富的工程实例能够培养学生综合运用水运工程施工技术及其相关学科的基本理论解决工程实际问题的能力。

　　为方便学生学习，本书各章均设有学习重点、学习目标、习题等。

　　本书由杨红霞、赵峥嵘编写。绪论、第1~5章由杨红霞编写；第6~9章由赵峥嵘编写。杨红霞负责全书的统稿工作。

　　在本书编写过程中，得到了机械工业出版社的大力支持，在此表示衷心感谢。

　　由于编者水平有限，书中欠妥之处，敬请批评指正。

编　者

目　　录

前言
绪论 ··· 1
第1章　土石方工程 ··· 3
　学习重点 ··· 3
　学习目标 ··· 3
　1.1　土方工程 ··· 3
　1.2　爆破工程 ·· 17
　习题 ·· 31
第2章　混凝土结构工程 ································· 32
　学习重点 ·· 32
　学习目标 ·· 32
　2.1　钢筋工程 ·· 32
　2.2　模板工程 ·· 43
　2.3　混凝土工程 ··· 54
　2.4　混凝土的特殊施工方法 ······························ 66
　2.5　混凝土工厂和混凝土构件预制厂 ·················· 78
　2.6　预应力混凝土工程 ····································· 81
　习题 ·· 103
第3章　航道整治工程 ··································· 104
　学习重点 ··· 104
　学习目标 ··· 104
　3.1　疏浚工程 ··· 104
　3.2　吹填工程 ··· 122
　3.3　水下爆破 ··· 131
　3.4　整治建筑物施工 ······································ 133
　习题 ·· 136
第4章　船闸工程 ·· 137
　学习重点 ··· 137
　学习目标 ··· 137
　4.1　施工导流 ··· 137
　4.2　基坑开挖及地基处理 ································ 142
　4.3　船闸主体施工 ··· 145
　4.4　闸门安装工程 ··· 151
　4.5　引航道施工 ·· 154
　习题 ·· 158
第5章　重力式码头 ······································· 159
　学习重点 ··· 159
　学习目标 ··· 159
　5.1　抛石基床施工 ··· 159
　5.2　墙体构件的预制及安装 ····························· 167
　5.3　胸墙及墙后回填 ······································ 179
　5.4　软基处理简介 ··· 181
　习题 ·· 189
第6章　高桩码头 ·· 191
　学习重点 ··· 191
　学习目标 ··· 191
　6.1　预制桩的制作、起吊、运输和堆存 ··············· 191
　6.2　桩基施工 ··· 202
　6.3　桩帽施工 ··· 228
　6.4　上部结构施工 ··· 231
　6.5　接岸结构施工 ··· 240
　习题 ·· 243
第7章　板桩码头 ·· 245
　学习重点 ··· 245
　学习目标 ··· 245
　7.1　板桩码头的施工特点及施工程序 ················· 246
　7.2　前墙施工 ··· 247
　7.3　锚碇系统施工 ··· 254
　7.4　墙后回填施工 ··· 257
　7.5　地下连续墙施工 ······································ 258
　习题 ·· 264
第8章　防波堤与护岸 ··································· 265
　学习重点 ··· 265
　学习目标 ··· 265
　8.1　概述 ··· 265
　8.2　斜坡式防波堤施工 ··································· 267
　8.3　重力式直立防波堤施工 ····························· 282
　8.4　护岸施工 ··· 289
　习题 ·· 292
第9章　施工组织与管理 ································ 293
　学习重点 ··· 293
　学习目标 ··· 293
　9.1　概述 ··· 293
　9.2　施工准备工作 ··· 299
　9.3　施工组织设计 ··· 305
　9.4　流水施工原理 ··· 314
　9.5　网络计划技术 ··· 321
　习题 ·· 341
参考文献 ·· 343

绪　　论

水路运输具有运输成本低、运输能力高、对环境的污染少等优点，是我国重要的运输方式之一，关系国计民生，对带动区域经济快速发展具有重要作用。

1. 水运工程施工的基本概念

水运工程施工包括施工技术与施工组织两部分。

施工技术是研究和实施各种工程（土石方工程、混凝土结构工程、航道整治工程、船闸工程、码头及防波堤工程等）的技术和方法，结合具体施工对象的特点，选择最合理的施工方案，实施最有效的施工技术措施。

施工组织是依据具体工程项目本身的特点，将人力、资金、材料、机械和施工方法五要素进行科学、合理地安排，使之在一定时间内得以实现有组织、有计划、有秩序的施工，使工程项目质量优、进度快、成本低。

因此，水运工程施工就是以科学的施工组织设计为指导，以先进、可靠的施工技术为保证，使工程项目按期、高质、安全和经济地完成。

施工是与生产技术水平密切相关的实践活动。施工课程涉及许多基础理论和各种相关专业知识，是一门理论、实践和综合性都很强的专业课程。学习该课程之前需要掌握专业基础课及专业课，同时应配合施工现场实习，理论联系实际，加深对该课程的理解，通过该课程学习和实践，提高对水运工程施工技术、施工管理、施工质量、施工安全的理解和认识。

2. 水运工程施工特点

水运工程大多修建在临水或在远离陆地的水中，具有独特的行业特点。水运工程施工包含内容较多，与其他土木工程相比，具有以下几个特点：

（1）施工环境复杂，施工条件恶劣　水运工程施工受自然条件的制约，潮位、泥沙、波浪、水流、台风等对工程建设都有重要的影响。同一地点、不同时间，自然条件也会发生较大的变化。因此，在施工期内应充分考虑自然条件的变化和影响范围，采取有针对性的计划和措施，克服施工过程中可能遇到的各种困难。

（2）隐蔽工程多，协调工作量大　水运工程施工涉及许多隐蔽工程，如码头基槽、基床及其他下部结构等。隐蔽工程对质量控制要求高，施工工序连接紧密，同一时间在不同作业平面存在施工重叠，因此必须重视施工组织的空间布置和施工时间安排，使各工序间有序衔接，保障每一道工序的施工质量。

（3）施工覆盖面广，针对性强　水运工程施工除常见的水工结构、水域疏浚和填海造陆外，还涉及机电设备、给水排水、电气、消防、通信等，施工覆盖面广，施工方法针对性强，不同分项工程的施工方案和施工工艺也有很大差别，都需要进行详细的论证和设计。

（4）涉及众多大型设备，技术及管理要求高　水运工程施工需要船舶和大型起重运输机械的协助，对于施工技术及组织管理要求高，需要施工人员熟悉专业设备的工作原理，能够根据施工实际情况进行设备的选择。

因此，施工前必须做好充分的准备工作，包括材料、机械、技术和施工组织设计，对影响工程质量的地质、水文、气象等环境因素都要进行精心的研究。施工过程应按工序要求，对于电焊、起重、测量、试验等关键工种的技术人员要求持证上岗，严格掌握质量标准。

施工中除了要有先进的施工技术、施工机械、施工组织与管理外，还必须认真贯彻党和国家对基本建设的方针和政策，严守国家法律法规，严格执行基本建设的程序，坚持质量第一，安全生产。

3. 水运工程发展概况

人类利用水运的历史非常悠久，水运曾极大地促进了人类文明的发展。从全球范围来看，世界上大多数国家的政治、经济和文化中心都是沿水运发达的河流两岸发展起来的。

中国人民很早就有目的地开发建设水运工程。战国时代就开凿了胥溪，将太湖和长江等连接起来；秦代开挖灵渠，设计科学，建造精巧，铧嘴将湘江水三七分流，其中三分水向南流入漓江，七分水向北汇入湘江，沟通了长江、珠江两大水系。

举世闻名的京杭大运河，始于春秋时期，形成于隋代，发展于唐宋，最终在元代成为沟通海河、黄河、淮河、长江、钱塘江五大水系、纵贯南北的水上交通要道。

新中国成立以后，国家对水运建设极为重视，水运建设事业又有了巨大的发展。在航道疏浚、整治、炸礁、渠化、开挖运河以及河口治理上，均取得了许多成就。例如，著名的川江（长江上游宜宾至宜昌河段）全长约1000km，是沟通大西南与我国东部的水运干线。

"十五"期间，共完成水运工程技术开发和科研项目1000余项，其中近20项新技术成果达到或处于国际领先水平，数百项新技术成果达到或处于国际先进水平。例如，"全遮帘桩新结构技术""波浪往复作用下地基沙土液化处理技术""半圆形防波堤新结构技术"等，都是我国"十五"期间引进创新国际领先的新技术。

近年来，我国内河通航建筑物技术创新成绩显著。三峡船闸采用四区段惯性输水系统，船闸单级运行的设计水头达到45.2m，标志着我国在高坝通航技术方面取得重要突破。闽江水口2×500t全平衡式垂直升船机的成功建设，填补了中国大型垂直升船机建设的空白。在通航建筑物的平面布置、水工结构和船闸输水等方面也有许多创新。

内河大水位差码头建设取得新进展，开创性地采用了高桩梁板直立式码头结构，装卸工艺采用了岸边集装箱起重机，丰富了内河码头建设技术。

第1章 土石方工程

学习重点

土方开挖、运输、填筑与密实的施工机械及工艺过程，石方爆破的基本方法。

学习目标

熟悉常用土方施工机械的性能，掌握土方开挖、运输、填筑与密实方法和影响压实质量的因素，掌握石方爆破的基本方法。

土石是建筑物的地基，土石方工程是水运工程施工的主要工种之一，一般情况也是最先施工的工种。

1.1 土方工程

土方工程施工具有工程量大、劳动繁重和施工条件复杂等特点，施工受气候、水文、地质、地下障碍等因素的影响较大，不确定的因素较多。

土方工程包括开挖、运输、填筑与密实三个基本的施工过程。在工程施工时应按综合机械化原理组织施工，要特别注意三者的关系，进行全面合理地调配，以达到提高工效、减少运量、缩短运距、降低工程造价的目的。

1.1.1 土方开挖

土方开挖是土方工程中的一个主要施工过程。土方开挖的方法很多，有土方机械开挖法、水力开挖法、爆破开挖法等。在选用开挖方法时，应考虑土的物理力学性能、工程量大小、工期长短、开挖层内地下水情况、施工设备条件等因素。

土方开挖常用的挖土机械主要有挖土机、铲运机、推土机和装载机等几类。

（1）挖土机械类　用带有齿和刀刃的土斗挖取土料后直接抛置在机械旁边或用运输工具运走，常用的挖土机械主要有正向铲、反向铲、拉铲及多斗式挖土机等。

（2）铲运机械类　将切土刀切入土中，边开行边将土铲入土斗并送到弃土堆或填土区卸土，综合完成挖、运、填的工作。

（3）推土机械类　用具有刀刃的推土板切入土中，土随着机械的运行而被切下，并堆积在推土板前，推送一段不远的距离。这类机械除能进行推土外，还可进行铺平土的工作。

（4）装载机械类　具有既能挖掘又能运输和抛填土料的能力，如装载挖掘机、单斗式装载机、斗轮式装载机等。

1. 挖土机械及其施工

挖土机械有单斗式和多斗式两类。

（1）单斗式挖土机　单斗式挖土机通常由工作装置、动力装置和行驶装置三个主要部分组成，由于这三类装置的不同，它们的类型也不同。

按行走装置的不同，单斗式挖土机分为履带式和轮胎式两类；按传动方式分为索具式和液压式两种；按工作装置分为正铲、反铲、拉铲和抓铲四种。使用单斗挖土机进行土方开挖作业时，一般需自卸汽车配合运土。

1）正铲挖土机施工。正铲挖土机挖掘能力大，生产效率高，适用于开挖停机面以上的一至三类土，它与运土汽车配合能完成整个挖运任务，可用于开挖大型干燥基坑以及土丘等。

正铲挖土机的挖土特点是"前进向上，强制切土"，如图1-1所示。

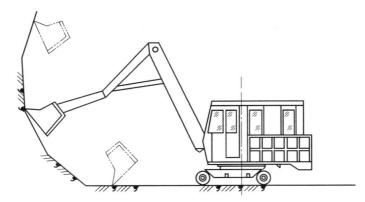

图1-1　正铲挖土机

根据开挖路线与运输汽车相对位置的不同，正铲挖土机一般有以下两种工作方式。

① 正向开挖，侧向卸土。正铲向前进方向挖土，汽车位于正铲的侧向装土，如图1-2a

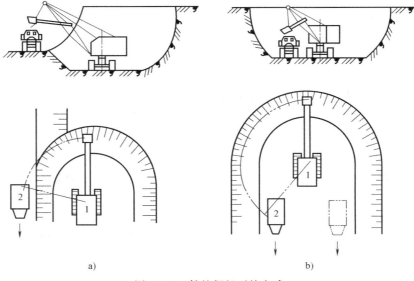

图1-2　正铲挖掘机开挖方式
a）正向开挖侧向卸土　b）正向开挖后方卸土
1—正铲挖掘机　2—自卸汽车

所示。这种工作方式的铲臂卸土回转角度最小（小于90°），装车方便，循环时间短，生产效率高。适用于开挖工作面较大、深度不大的边坡、基坑（槽）、沟渠和路堑等，是最常用的开挖方法。

② 正向开挖，后方卸土。正铲向前进方向挖土，汽车停在正铲的后面，如图1-2b所示。本法开挖工作面较大，但铲臂卸土回转角度较大（约180°），且汽车要侧向行车，增加了工作循环时间，生产效率降低。适用于开挖工作面较小且较深的基坑（槽）、管沟和路堑等。

2）反铲挖土机施工。反铲挖土机挖土时，土斗面向挖土机，卸土时将斗口向下，如图1-3所示。

反铲挖土机斗容量一般为0.5~1.0m³，最大挖深为4~6m，经济合理的挖土深度为3~5m，其挖土特点是"后退向下，强制切土"，挖土能力比正铲小，需要汽车配合运土，适用于开挖停机面以下的土方以及地下水位以下的一至三类土，它可减少修筑临时道路的数量，但生产率较低，多用于开挖沟槽、基坑等。

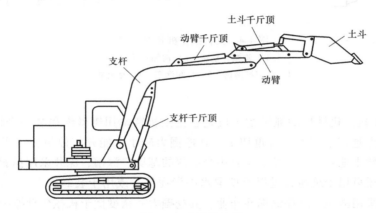

图1-3 反铲挖土机

反铲挖土机的开挖方式可以采用沟端开挖法和沟侧开挖法，如图1-4所示。

① 沟端开挖法。反向铲停于沟端，后退挖土，同时往沟侧卸土或装车运走。此法一次开挖宽度可不受机械最大挖掘半径限制，臂杆回转角度仅45°~90°。对于宽基坑可两旁开挖，其最大一次挖掘宽度可达反向铲有效挖掘半径的两倍，但汽车须停在机身后方装土，回转角度增大，生产率降低。

② 沟侧开挖法。反向铲沿沟侧直线移动，汽车停在机旁装土。此法回转角度小，能将土弃于距沟边较远的地方，但挖土宽度局限在小于挖掘半径的范围内，不易控制边坡，同时机身靠近沟边停放，稳定性比较差。

3）拉铲挖土机。拉铲挖土机的土斗用钢丝绳悬挂在挖土机长臂上，挖土时土斗在自重作用下落到地面切入土中，如图1-5所示。其挖土特点是后退向下，自重切土。其挖土深度和挖土半径均较大，能开挖停机面以下的一类和二类土，但不如反铲动作灵活准确。拉铲挖土机适用于开挖较深较大的基坑（槽）、沟渠，挖取水中泥土以及填筑路基，修筑堤坝等。履带式拉铲挖土机的挖斗容量有0.35m³、0.5m³、1m³、1.5m³、2m³等数种。其最大挖土深度为7.6~16.3m。拉铲挖土机的开挖方式与反铲挖土机的开挖方式相似，可沟侧开挖也

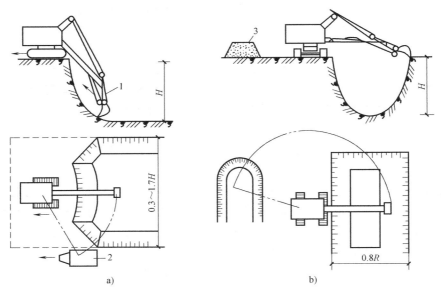

图 1-4 反铲挖土机开挖方式
a) 沟端开挖法 b) 沟侧开挖法
1—反铲挖掘机 2—自卸汽车 3—弃土堆

可沟端开挖。

4) 抓铲挖土机。机械传动抓铲挖土机是在挖土机臂端用钢丝绳吊装一个抓斗，如图 1-6 所示。其挖土特点是直上直下，自重切土。其挖掘力较小，能开挖停机面以下的一类和二类土，适用于开挖软土地基基坑，特别是其中窄而深的基坑、深槽、深井采用抓铲挖土机效果理想。抓铲挖土机还可用于疏通渠道以及挖取水中淤泥等，或用于装卸碎石、矿渣等松散材料。抓铲挖土机也有采用液压传动操纵抓斗作业，其挖掘力和精度优于机械传动抓铲挖土机。

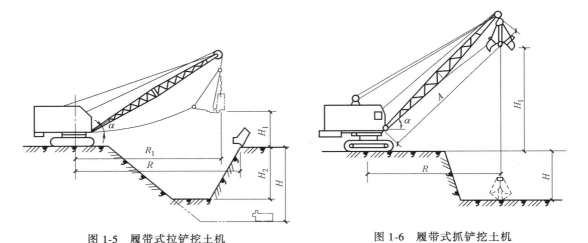

图 1-5 履带式拉铲挖土机   图 1-6 履带式抓铲挖土机

（2）多斗式挖土机 多斗式挖土机是利用多个铲斗连续挖掘、运送和卸料的挖掘机械。其特点是连续作业、生产效率高、单位能耗较小，适于挖掘硬度较低、不含大石块的土。多斗式挖土机适用于大型建筑、水利和采矿工程以及工作线长的管道铺设工程，以完成开挖河道、路堑、整修边坡以及矿场剥离作业。

多斗式挖土机基本工作原理是在无端链或轮架周沿上，按一定间距安装铲斗，工作时铲斗随斗链的移动或轮架的回转，在挖掘面上自下而上进行挖土。当铲斗升至顶部，土由于自重卸于连续运载的带式输送机上运出。为使每个铲斗的运动轨迹不重复上一个铲斗的轨迹，作业时，机械需匀速运行或回转，使铲斗的运动轨迹为斗链或斗轮的运动和机械的运行或回转运动的合成。

多斗式挖土机分链斗式、轮斗式和斗轮式。按挖土机的工作运行方向与铲斗装置平面平行或垂直，分为纵向挖掘和横向挖掘两种。中小型链斗式和轮斗式挖土机多为纵向挖掘，适于挖掘沟槽，故也称链斗式挖沟机或轮斗式挖沟机。斗轮装于动臂前端，臂架铰接于转台上。工作时与斗轮转动和转台回转或臂架变幅作复合运动进行挖掘的称斗轮式挖土机。中小型多斗挖土机多采用双履带行走装置，大型挖土机则采用多履带或轨道行走装置。另外，还有采用步行式和浮式装置，其动力装置和传动系统包括发动机、机械或液压传动装置、操纵机构和附属设备等。中小型多斗挖土机多用内燃机驱动，大型机多用电力驱动。

2. 铲运机械及施工

铲运机是一种能综合完成挖、装、运、填的机械，对行驶道路要求较低、操纵灵活、效率较高。铲运机按行走机构的不同可分为自行式铲运机和拖拉式铲运机两种，如图 1-7 和图 1-8 所示；按铲斗操纵方式的不同，又可分为索式和油压式两种。

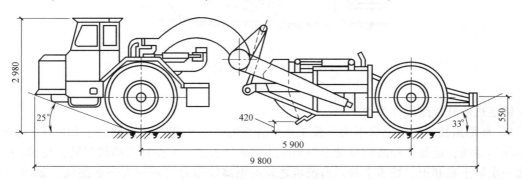

图 1-7　CL7 型自行式铲运机

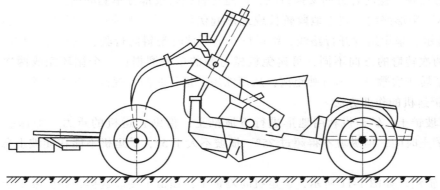

图 1-8　拖拉式铲运机

铲运机一般适用于含水量不大于27%的一至三类土的直接挖运，常用于坡度在20°以内的大面积场地平整、大型基坑的开挖、堤坝和路基的填筑等；不适于在砾石层、冻土地带和沼泽地区使用。坚硬土开挖时需要推土机助铲或用松土器配合。拖拉式铲运机的运距以不超过800m为宜，当运距在300m左右时效率最高；自行式铲运机的行驶速度快，可用于稍长距离的挖运，其经济运距为800～1500m，但不宜超过3500m。铲运机适宜开挖一至三类土、地形起伏不大（坡度在20°以内）的大面积场地上施工。

（1）铲运机的开行路线　铲运机的基本作业是铲土、运土、卸土三个工作行程和一个空载回驶行程，如图1-9所示。在施工中，由于挖填区的分布情况不同，为了提高生产效率，应根据工程量、运距、土的性质和地形条件等不同施工条件，选择合理的开行路线和施工方法。

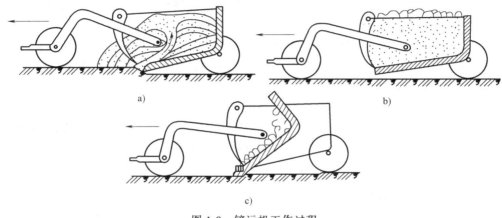

图1-9　铲运机工作过程
a) 铲土　b) 运土　c) 卸土

铲运机的开行路线种类如下：

1) 环形路线。地形起伏不大，施工地段较短时，多采用小环形路线。如图1-10a所示为小环形路线，这是一种既简单又常用的路线。从挖方到填方按环形路线回转，每循环一次完成一次铲土和卸土，挖填交替。当挖填之间的距离较短时可采用大环形路线，如图1-10b所示，一个循环可完成多次铲土和卸土，这样可减少铲运机的转弯次数，提高工作效率。作业时应时常按顺、逆时针方向交换行驶，以避免机械行驶部分单侧磨损。

2) "8"字形路线。施工地段较长或地形起伏较大时，多采用"8"字形开行路线，如图1-10c所示。采用这种开行路线，铲运机在上下坡时是斜向行驶，受地形坡度限制小；一个循环中两次转弯的方向不同，可避免机械行驶的单侧磨损；一个循环完成两次铲土和卸土，减少了转弯次数及空车行驶距离，从而缩短了运行时间，提高了生产效率。

（2）铲运机的作业方法

1) 下坡铲土。铲运机利用地形进行下坡推土，借助铲运机的重力，加深铲斗切土深度，缩短铲土时间，但纵坡不得超过25°，横坡不大于5°，铲运机不能在陡坡上急转弯，以免翻车。

2) 跨铲法。如图1-11所示，铲运机间隔铲土，预留土埂。这样，在间隔铲土时由于形成一个土槽，减少向外撒土量；铲土埂时，铲土阻力减小。一般土埂高度不大于300mm，

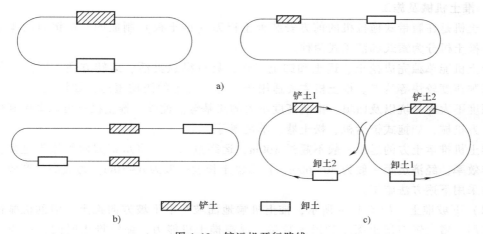

图 1-10 铲运机开行路线
a) 小环形路线　b) 大环形路线　c) "8"字形路线

宽度不大于拖拉机两履带间的净距。

3) 推土机助铲。如图 1-12 所示，地势平坦、土质较坚硬时，可用推土机在铲运机后面顶推，以加大铲刀切土能力，缩短铲土时间，提高生产效率。推土机在助铲的空隙可兼作松土或平整工作，为铲运机创造作业条件。

4) 双联铲运法。如图 1-13 所示，当拖拉式铲运机的动力有富余时，可在拖拉机后面串联两个铲斗进行双联铲运。对坚硬土层，可用双联单铲，即一个土斗铲满后，再铲另一土斗；对松软土层，则可用双联双铲，即两个土斗同时铲土。

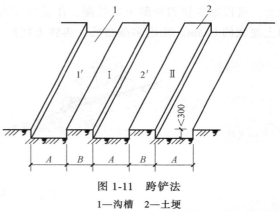

图 1-11 跨铲法
1—沟槽　2—土埂
A—铲土宽度　B—宽度不大于拖拉机两履带间净距

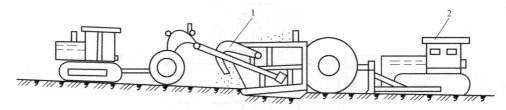

图 1-12 推土机助铲
1—铲运机　2—推土机

图 1-13 双联铲运法

3. 推土机械及施工

推土机是在履带式拖拉机的前方安装推土铲刀（推土板）制成的。按铲刀的操纵机构不同，推土机分为索式和液压式两种。

推土机能单独完成挖土、运土和卸土工作，具有操纵灵活、运转方便、所需工作面较小、行驶速度较快等特点。推土机主要适用于一至三类土的浅挖短运，如场地清理或平整，开挖深度不大的基坑以及回填、推筑高度不大的路基等。此外，推土机还可以牵引其他无动力的土方机械，如拖式铲运机、松土器、羊足碾等。

推土机推运土方的运距一般不超过100m，运距过长，土将从铲刀两侧流失过多，影响其工作效率，经济运距一般为30~60m，铲刀刨土长度一般为6~10m。为提高生产效率，推土机可采用下述方法施工。

（1）下坡推土 如图1-14所示，推土机顺地面坡势沿下坡方向推土，借助机械往下的重力作用，增大铲刀切土深度和运土数量，提高推土机能力，缩短推土时间，一般可提高30%~40%的作业效率，但坡度不宜大于15°，以免后退时爬坡困难。

（2）槽形推土 如图1-15所示，当运距较远、挖土层较厚时，利用已推过的土槽再次推土，可以减少铲刀两侧土的散漏，作业效率可提高10%~30%。槽深以1m左右为宜，槽间土埂宽约0.5m。推出多条槽后，再将土埂推入槽内，然后运出。

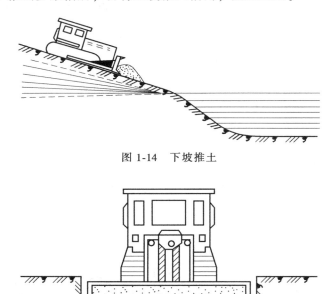

图1-14 下坡推土

图1-15 槽形推土

另外，推运疏松土且运距较大时，还应在铲刀两侧装置挡板，以增加铲刀前土的体积，减少土向两侧的散失。在土层较硬的情况下，则可在铲刀前面装置活动松土齿，当推土机倒退回程时，即可将土翻松，减少切土时的阻力，从而提高切土运行速度。

（3）并列推土 如图1-16所示，对于大面积的施工区，可用2~3台推土机并列推土。推土时，两铲刀宜相距150~300mm，可以减少土的散失且增大推土量，提高15%~30%的生产效率。但平均运距不宜超过 50~75m，也不宜小于 20m，且推土机数量不宜超过 3 台，否则倒车不便，行驶不一致，反而影响作业效率。

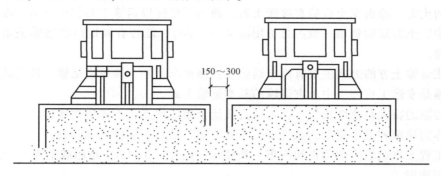

图 1-16 并列推土

（4）分批集中，一次推送 当运距较远而土质又比较坚硬时，由于切土的深度不大，宜采用多次铲土、分批集中、一次推送的方法，使铲刀前保持满载，以提高作业效率。

4. 装载机械及施工

装载机操作轻便灵活、工作平稳、安全可靠、生产效率高。在建筑工地、码头、仓库、料场中均广泛应用。

装载机械除自身配套的主要工具装载铲斗外，还可配备有各种其他可更换的附属装置，如反铲、推土、起重、货叉等，以便完成其他各种作业。

装载机按主要工作装置分为单斗式、挖掘装载式及斗轮式三种；按行走装置分为履带式和轮胎式两种；按铲斗臂可否在水平面内回转分为回转式和不可回转式两种。

土方开挖中常用液压挖掘装载机，图 1-17 所示为斗容 2~3m^3 的国产 ZL-40 型液压装载机。用于挖掘中、小型沟槽、基坑、管沟、装卸物料及吊运重物和小型土方回填作业等。

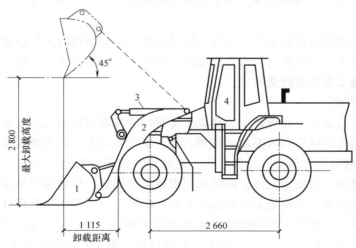

图 1-17 ZL-40 型液压装载机外形尺寸

1—装载斗 2—活动臂 3—臂杆油缸 4—操作台

1.1.2 土方运输

开挖的土方,除由挖土机械直接卸土的,通常需要配以运输工具将土方运至堆填区。在土方工程中,土方运输费用一般占总费用的40%~60%,能否有效地组织运输关系到工程的成本和效益。

机械化运输土方的方式主要有汽车运输、铁路火车运输、拖拉机运输、带式运输等,其中汽车运输是水运工程施工中土方运输的基本运输方式。

汽车运输的特点是速度快、可将物料直接运至指定地点,不需中途转运,适应性强,特别是在工作面狭窄和地形复杂的条件下,布置方便,缺点是运输成本较高。

水运工程土方运输多使用自卸汽车,其载重一般为1.5~15t,常用载重为3~8t,可根据土方和运距选用。

自卸汽车带有自动倾翻的车厢,可加速卸料,节省人力和时间。自卸汽车的车厢能向后或向两侧倾翻,也有向后和向两侧均可倾翻的,以两者均可倾翻的适应性最好。

运输车辆数量的确定必须全面综合考虑组织施工、运输方式、运输工具的容量和数量,必须与土方开挖和填筑的施工相适应。采用自卸汽车配合挖土机挖土时,可根据挖土机的斗容量初步确定车辆载重量,要满足挖运机械配套的工艺要求,每一车辆的装车斗数要合理。自卸汽车比较合理的装车斗数为3~5斗。如实际装车斗数大于该值则表明所配车辆容量过大或挖土机土斗容量过小,不仅影响车辆的运输能力,也影响挖土机生产效率的发挥;如数值过小,表明车容量过小,需要配备的车辆数过多,车辆等候装车的时间所占比例过大,也影响挖土机和运输工具的生产效率。还应综合考虑运距长短的影响,长运距意味着在途中车辆数较多。总之,运输工具的数量应该满足挖土机正常连续工作的需要。

1.1.3 土方的填筑与密实

水运工程中的土方填筑工程,包括围堰或挡水堤坝的填筑、基坑的回填、码头或船闸墙后的回填、路基填土、广场填筑等。填筑工程均要求达到一定的密实度,以满足不同工程对稳定、防渗和沉降的要求。

为使填筑工程达到设计要求的密实度,除某些技术要求较低的土料填方是依靠自然沉实外,通常均需通过人为的机械力、水力和爆炸力的作用,促使其密实。密实的方法视填料性质、工程要求和施工条件等因素确定。

1. 土方填筑方式

根据正常的运行条件,在设计土方填筑工程时均已规定相应的质量要求,对不同土工建筑物及不同部位均有不同的技术要求。例如,挡土墙后回填土,要求填筑密实以提高回填土的c、φ值,减少墙后的土压力;而作为弃土的填方,则无特殊技术要求;挡水堤坝和路基填方,除要求沉降小、边坡稳定外,前者还要求防渗性能好,后者则要求排水性能良好。保证土方填筑达到质量要求的措施是合理选择土料、配制土料和保证达到设计规定的密实度。

合理选择土料,是指根据不同的填方需要选择不同的土料,以达到良好的效果。例如,填筑广场和路基,可采用砂土,因为其排水性能良好,填筑后沉降很快稳定,压实工作量小。配制土料要根据建筑物的要求确定,如堤坝填筑时,黏土可作为斜墙和心墙的材料,增加防渗性能;而填筑路基时,黏土和砂土应水平分层,从而增加路基的透水性。

若土料构成已确定,密实度可以反映其抗渗、抗剪和抗压强度等性能。提高填土密实度,可提高填土的物理力学指标,更好地满足土工建筑物对稳定和防渗性能的要求,同时也可减少土工建筑物断面尺寸,但增加密实度,就要提高压实功率。因此,在决定密实度指标时,要从运用、施工条件及经济效益等方面全面考虑合理取值。土料的填筑方法,基本上有两类。

(1) 填方不加任何压实措施、任其沉降　这种方法较适宜于砂性土,适用于一般不急于使用的广场和路基填方及处于水下无法进行压实或难于压实的填方等。其填筑方法通常沿填方全高一次填足,自填方一端逐步扩展到另一端,如图1-18所示。

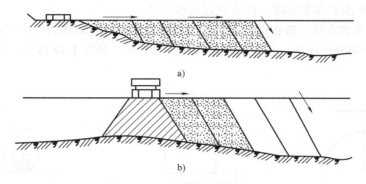

图 1-18　一次填高的填筑方法
a) 利用山坡布置道路　b) 修筑路堤到填筑高度以上

(2) 水平分层铺土、逐层压实　这种方法的压实效果好,能人为控制,但施工复杂,进度慢,需要设备及费用较多。

2. 填土的压实方法及其参数确定

为使填方达到要求的密实度,必须采取相应的密实措施。由于土的种类、颗粒组成、含水量等性质不同,即使相同的密实方法,其压实效果也不同。

(1) 影响土密实的主要因素　影响土密实的主要因素有土的种类、压实功、土的含水量以及铺土厚度。

1) 土的种类。黏性土由于颗粒小、孔隙比和压缩性大、颗粒间隙小、透气排水困难,所以压实过程慢,较难压实。而砂土由于其颗粒大、孔隙比和压缩性小、颗粒间隙大、透气排水性好,所以较容易压实。对这两类土施加相同的压实功后,砂土所获得的干密度大于黏性土所获得的干密度。

2) 压实功。填土压实后的干密度与压实机械在其上施加的功有一定关系。在开始压实时,土的干密度急剧增加,待到接近土的最大干密度时,压实功虽然增加许多,但土的干密度几乎没有变化。因此,在实际施工中,不要盲目地增加压实遍数。

3) 土的含水量。在同一压实功条件下,填土的含水量对压实质量有直接影响。较为干燥的土,由于土颗粒之间的摩阻力较大,因而不易压实。当土具有适当含水量时,水起到了润滑作用,土颗粒间的摩阻力减小,从而易压实。相比之下,严格控制最佳含水量,要比增加压实功效果好。当含水量不足,洒水困难时,可以适当增大压实功;若土的含水量过大时增大压实功,必将出现弹簧现象,压实效果很差,造成返工浪费。因此,在土基压实施工中,控制最佳含水量是关键所在。各种土的最佳含水量和所获得的最大干密度,可由击实试验取得。

4）铺土厚度。土层在压实功的作用下，其压应力随深度增加而逐渐减小，因而土层经压实后，表层的密实度增加最大，超过一定深度后，则增加较小或没有增加。铺土厚度应小于压实机械的影响深度，铺得过厚，需要的压实功则大，铺得过薄，则需增加总压实遍数。最优铺土厚度既能使土层压实又能使压实功耗费最少的铺土厚度。

实践经验表明，土基压实时，在机具类型、土层厚度及行程遍数已确定的条件下，压实操作时宜先轻后重、先慢后快、先边缘后中间。压实时，相邻两次的轮迹应重叠轮宽的1/3，保持压实均匀，不漏压，对于压不到的边角，应辅以人力或小型机具夯实。压实过程中，应经常检查含水量和密实度，以达到规定压实度。

（2）填土的压实方法　按作用原理可分为机械力、水力和爆炸力作用三种。

1）机械力作用有碾压法、夯实法和振动压实法三种，如图1-19所示。此外，还可利用运土工具压实。

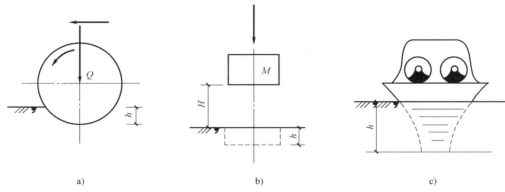

图1-19　填土压实方法
a）碾压法　b）夯实法　c）振动压实法

① 碾压法。碾压法是利用机械滚轮的压力压实土，使之达到所需的密实度。碾压机械有平碾、羊足碾、气胎碾等，如图1-20所示。平碾又称光碾压路机，是一种以内燃机为动力的自行压路机，按重力分为轻型（30~50kN）、中型（60~90kN）和重型（100~140kN）三种，适于压实砂类土和黏性土。羊足碾一般无动力，靠拖拉机牵引，有单筒、双筒两种。根据碾压要求，又可分为空筒及装砂、注水三种。羊足碾虽然与土接触面积小，但对单位面积的压力比

a）　　　　　　　　　　　　b）　　　　　　　　　　　　c）

图1-20　碾压机械
a）平碾　b）羊足碾　c）气胎碾

较大,土压实的效果好,羊足碾适于对黏性土的压实。气胎碾适于各种土的压实。

碾压机械压实填方时,行驶速度不宜过快,一般平碾控制在 24km/h;羊足碾控制在 3km/h,否则会影响压实效果。

碾子用拖拉机拖带时,一台拖拉机可拖一台或多台碾子。

碾压参数选择:影响压实的碾压参数主要有碾子对土的单位压力、铺土厚度及碾压遍数。

增加单位压力和碾压遍数,可以增加土的密实度。但单位压力不能超过土的极限强度,压力过大将使土发生破坏或产生无体积变化的塑性流动,通常采用土极限强度的 80%~90%,效果最好。碾压遍数过多也能使土受到破坏并生成坚硬的表层土与下层土体脱离,在碾子前面形成土浪。碾压时应根据机具控制铺土厚度,若铺土层太厚,使土表层与其下部的密实度悬殊而难以密实,厚度太薄又不经济。

合理选择参数是做好碾压工作的关键。通常应选用把土体压实到设计密实度,而耗费在单位土体上的压实功能最小的碾压参数。

② 夯实法。夯实法是利用夯锤自由下落的冲击力来夯实土,主要用于小面积回填。夯实法分人工夯实和机械夯实两种。

人工夯土用的工具有木夯、石夯等。夯实机械有蛙式打夯机、夯锤和内燃夯土机。如图 1-21 所示。蛙式打夯机是常用的小型夯实机械,轻便灵活,适用于小型土方工程的夯实工作,多用于夯打灰土和回填土。夯锤是借助起重机悬挂重锤进行夯土的机械。锤底面积 $0.15~0.25m^2$,质量 1.5t 以上,落距一般为 2.5~4.5m,夯土影响深度大于 1m,适用于夯实砂性土、湿陷性黄土、杂填土以及含有石块的土。

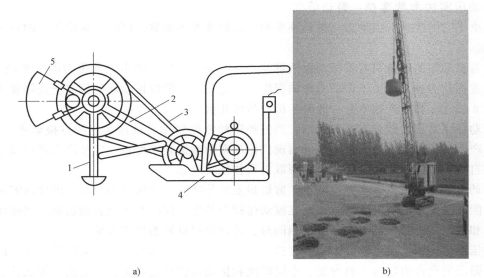

图 1-21 夯实机械
a) 蛙式打夯机 b) 夯锤
1—夯头 2—夯架 3—三角带 4—拖盘 5—偏心块

夯实法参数选择:用夯实机械夯实土时,为了达到较高的夯实效果,必须确定单位面积冲量 I ($kg \cdot s/cm^2$)。经验表明,当 I 值超过某一极限值时,不仅不能夯实土,反而会将土夯松，此极限值称为极限单位面积冲量 I_P，可按式（1-1）计算。

$$I_P = \frac{Q\sqrt{2gH}}{gF} \tag{1-1}$$

式中　Q——夯板质量（kg）；
　　　H——夯板落距（m）；
　　　g——重力加速度（m/s²）；
　　　F——夯板底面面积（cm²）。

根据式（1-1）及所采用的 I 值即可选定夯击部分质量及落距。

③ 振动压实法。振动压实法是将振动压实机放在土层表面，借助振动机使压实机械振动，土颗粒发生相对位移而达到紧密状态。这种方法只适用于密实砂土和碎石类土。若使用振动碾压，可使土受到振动和碾压两种作用，碾压效率高，适用于大面积填方工程，如图 1-22 所示的振动压路机。对于密度要求不高的大面积填方，在缺乏碾压机械时，可采用推土机、拖拉机或铲运机结合行驶、推（运）土、平土来压实。振动使土体获得密实的效果取决于振源的频率。

图 1-22　振动压路机

振动压实法参数选择：振动碾的效率取决于它的静重、振动力、振动频率和其运行速度等参数，同时还取决于土的物理、力学性能。

通常振动碾的质量只有不振动碾质量的一半。振动碾的振动力为静重力的 1.5~2.5 倍，碾子越重振动力越大。由于振动力影响深度大、面积广，所以振动碾的压实土层厚度大，一般为 0.8~2.0m 其生产效率是一般碾压机械的好几倍。

振动频率对压实效果有显著影响，当振动碾的激振频率与被压实土的自振频率一致时，可使土产生共振，压实效果良好。因而现代振动碾的激振频率可在一定范围内进行调节，以适应土自振频率的变化，力争产生共振取得最佳压实效果。

振动可使土的内摩擦角急剧减小，剪切强度显著降低，抗压阻力变小，因此只需很小的荷载就能充分发挥压实的效果。碾筒在振动过程中始终要保持与土层表面接触，当碾筒的振动频率和振幅与土的振动频率和振幅相同时，才能取得良好的压实效果。

碾压的速度和压实遍数对密实度有很大影响，砂砾土仅需碾压 2、3 遍后就可达最大密实度。碾压的允许速度与土料种类、土层厚度和振动碾的性能有关，可通过现场试验确定。

采用振动碾，可使填土达到很高的密实度，使土体沉降量大幅度降低，稳定性明显增加，建筑物的抗震性提高。振动碾对松散的非黏性土非常有效，当在低频和高振幅时对黏性土也很有效。

2）水力作用主要是利用水体的渗流作用使土密实。这种方法对砂性土效果较好。

3）爆炸力作用是利用炸药爆炸时产生的瞬间振动力使土液化达到密实的效果。

3. 土方填筑的现场质量检验

在土方填筑过程中，为了保证填筑质量，必须及时提供压实质量试验数据，以判断施工质量是否达到要求。工地需建立中心试验室和必要的现场试验站。中心试验室承担工程主要试验项目的试验任务，如大型剪切试验及土料的物理力学性能试验等。现场试验站是根据需要而设置的，一般设在料场和填筑现场，主要负责料场土料开采、土料的加水与翻晒、存储、发料等日常质量控制，现场土料质量检查及场地填筑质量的抽样检验。

施工过程中，现场检测项目主要有铺土厚度、土料含水量、碾压参数、压实度等参数。

1.2 爆破工程

爆破是开挖石方的主要手段，也是一项危险性较大的工作，如处置不当极易造成巨大的危害，施工中必须严格操作规程，确保施工安全。

一般的爆破工程有钻孔、装炸药、封堵、起爆、爆炸后的检查及拒爆药包的处理、运输出渣等施工过程。

本节主要介绍石方爆破的方法。

1.2.1 钻孔

爆破时，除了裸露爆破外都要通过钻孔在爆破物体内设装放炸药的药室（孔穴）。

1. 钻孔方法

钻孔的基本方法可分为冲击式、回转式以及冲击-回转式等凿岩方法。

（1）冲击式钻孔法 钻头反复地冲击岩石，达到破碎岩石的目的，这种方法机具较笨重，通常用压缩空气为动力，能量消耗大、效率低，适用于在较坚固岩石中钻孔。

（2）回转式钻孔法 利用钻头的旋转切削作用切割岩石使之成孔。这种方式可用电作动力、能量损失小，但要求机械有很大的轴向和回转力矩，缺点是钻头磨损快。这种方式可在相对不坚固的岩石（如砂页岩、砂岩和石灰岩等）中钻孔。

（3）冲击-回转式钻孔法 这种方法综合了冲击式和回转式钻孔法的优点，借助于冲击力来弥补回转式钻孔机推力不足，先冲击使岩石初步破裂，再用回转使岩石加速破碎，加快钻进速度。这种方式钻孔速度快，但机身质量大，适用于坚固和中上等坚固岩石。

2. 钻孔机械

根据所需钻凿的孔径和孔深，把钻孔分为深孔和浅孔两种。一般把孔深小于5m的钻孔，称为浅孔，超过5m称为深孔。深孔与浅孔之间并无严格界限。

（1）浅孔钻孔机械 浅孔钻孔设备主要有电钻和风钻两种。电钻适用于在软弱岩层或土中钻孔，孔深小于2m。电钻又有手持式和支架式两种，前者推力有限，只能钻一般不坚固的岩石，后者安装在特制的支架上，通过螺杆和压缩空气或液压设备施加推力，配以硬质合金钻头，可坚固岩石中钻孔。风钻的工作部分是空心高碳钢钎杆，端部锻压成各种形状的钻头，如图1-23所示。各自适用于不同的工作环境。

钻孔程中，粉尘飞扬，有害工人身体健康，必须采取喷水、通风、戴防尘口罩等劳动保护措施。

（2）深孔钻孔机械 钻凿深孔，其原理与浅孔相同，但因深孔的孔眼较深、直径较大，

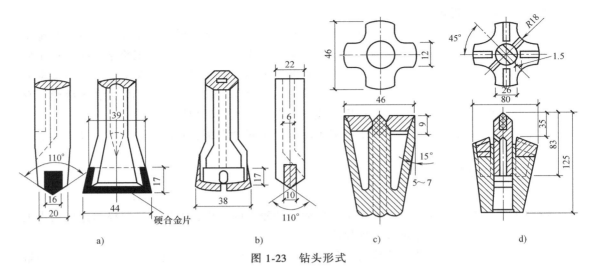

图 1-23 钻头形式
a) 平刃钻头 b) 弧形刃钻头 c) 普通刃十字形钻头 d) 凸刃十字形钻头

机械所需功率也大。另外，钻孔时需经常接换钻杆，费工费时，排粉困难。在钻孔时应尽可能控制孔眼方向。

深孔钻凿采用冲击式和回转式两种钻机。冲击式钻机可以钻凿不规则的孔眼；回转式钻机可以钻凿形状较规则孔眼，并能取出岩芯，使用比冲击式钻机灵活，但钻凿坚硬岩石时效率较低。

在深孔钻凿过程中，必须尽可能采取良好的防尘和排粉措施。主要方法是采用湿式凿岩或排粉器排粉、灌水排粉等，小型工程也可采取个人防护办法，如戴防护口罩和面具等。

目前，一些大型石方工程中已采用潜孔凿岩机进行深孔钻进，其工作原理如图 1-24 所示。把破碎岩石的钻头和一个能产生冲击作用的风动冲击器共同潜入孔底进行凿岩，潜孔凿岩机设有专门的提升机构，用以升降钻具、调整轴向推进力，实现连续钻进。

潜孔凿岩机分轻型、普通、重型三种型号。轻型、中型潜孔凿岩机比较适用于大型石方工程，钻孔直径在 200mm 以上的重型凿岩机应用较少。

水上钻孔除用专用钻孔船外，也可用 400~600t 方驳，在甲板上安设轨道，供钻机移动、钻孔用，或用两艘小方驳组装，钻机固定在两方驳之间，每钻完一孔，移动一次船。钻机一般用潜孔钻机 YQ100A 型和瑞典钻机 ROC601 型。

1.2.2 爆破基本原理

炸药发生爆破时。由于激烈的化学分解反应，

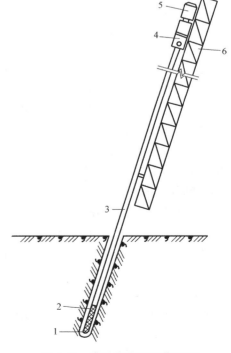

图 1-24 潜孔凿岩机工作原理
1—钻头 2—冲击器 3—钻杆 4—风动接头 5—回转机构 6—钻架

会产生强烈的冲击波和大量的高热气体。装有一定数量炸药的药包在介质内爆炸的瞬间,冲击波作用于周围的介质,使介质产生应力波,若应力波的压应力和拉应力超过介质的抗拉和抗压极限强度,介质就破裂,产生径向裂缝,高压气体膨胀挤压介质,扩大裂缝,使介质破碎。

1. 爆破及爆破圈

当在均匀的无限介质中爆破时,冲击波将以药包为中心,通过介质,呈球形沿径向逐渐向外扩展,使介质受到不同程度的破坏,其破坏程度随中心距离的增加而减少。爆破作用示意图如图 1-25 所示。

在压缩圈里的介质受到爆炸冲击波的作用最大,坚硬的岩石会破碎,塑性介质会受到严重的压缩;在压缩圈外部,介质受到较弱的冲击波作用,介质破碎成碎块。假若爆破在有限介质中进行,靠近介质边缘的碎块向四周运动,被爆炸作用力抛掷到一定的距离之外,这一圈称为抛掷圈;抛掷圈的外部介质受到的冲击波更弱,介质破碎已不能被抛掷出去,但介质之间的连接已受到严重破坏,呈开裂松动状,该圈称为松动圈;松动圈的外部介质,只受到爆破产生的动压力和冲击波的振动影响,不会被破坏,这一圈称为振动圈。这仅为理想模型,实际每层之间没有严格的界限,由于在松动圈之内的介质都遭到破坏作用,故一般把压缩圈,抛掷圈和松动圈统称为破坏圈,其半径称为破坏半径。

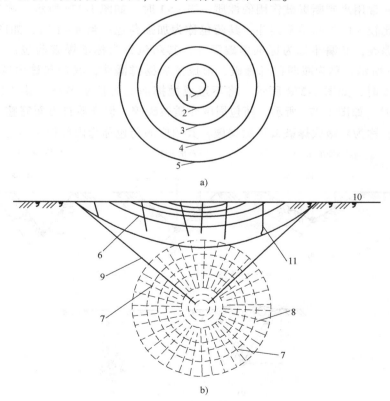

图 1-25 爆破作用示意图

1—药包 2—压缩圈 3—抛掷圈 4—松动圈 5—振动圈 6—表面环向裂缝 7—内部径向裂缝 8—内部环向裂缝 9—爆破漏斗 10—临空面 11—临空面裂缝

2. 药包及爆破漏斗

为方便估计爆炸效果与炸药用量，实际作业是将药包按形状不同分为集中药包和延长药包两种。高度不超过直径 4 倍的圆柱形药包，或高度不超过底面短边 4 倍的直角六面体药包称为集中药包，而高度超过上述情况者称为延长药包。实际工程爆炸均在有效介质中进行。爆破后形成的漏斗状爆破坑称为爆破漏斗，是一个倒置的圆锥体，如图 1-26 所示。被抛出的介质有一部分落回漏斗坑内。漏斗上口的半径称为爆破漏斗半径 r，药包中心至自由面的最短距离称为最小抵抗线长度 W。爆破漏斗的大小随土石性质、炸药种类和药包大小、埋置深度的不同而变化，一般以爆破作用指数 n 表示。

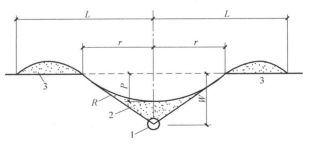

图 1-26 爆破漏斗示意图
1—药包 2—回落充填体 3—坑外堆积体

$$n = \frac{r}{W} \tag{1-2}$$

爆破指数 n 常用来判断爆破作用的性质，当 $n>1$ 时，如图 1-27a 所示，称为加强抛掷爆破，形成宽深比较大的加强抛掷漏斗，其药包称为加强药包；当 $n=1$ 时，如图 1-27b 所示，称为标准抛掷爆破，其漏斗称为标准爆破漏斗，其药包称为标准爆破药包；当 $0.75 \leqslant n < 1$ 时，如图 1-27c 所示，称为减弱抛掷爆破，形成减弱抛掷漏斗，其药包称为减弱抛掷药包；当 $0.2 \leqslant n < 0.75$ 时，如图 1-27d 所示，将不形成抛掷面称为松动爆破，其药包称为松动药包；当 $n < 0.2$ 时，如图 1-27e 所示，药包周围介质被破碎，但介质自由面完整，爆破作用指数 n 失去意义，称为隐蔽式爆破或压缩爆破，其相应的药包称为内部作用药包。

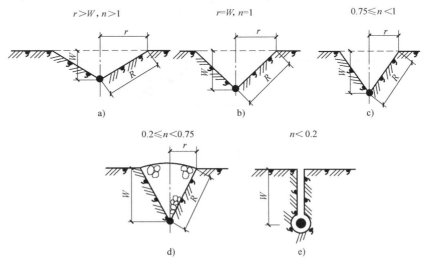

图 1-27 各种爆破漏斗示意图
a) 加强抛掷爆破漏斗 b) 标准抛掷爆破漏斗 c) 减弱抛掷爆破漏斗
d) 松动爆破漏斗 e) 扩爆药壶

3. 药包量计算

爆破工程中为达到预期效果，必须确定药包的装药量，经验表明，爆落的介质体积与所用的药量呈正比。影响药包药量的因素很多，如岩石性质、炸药和雷管的品种、自由面的数目、药室的大小及堵塞情况、爆破方法、孔眼深度等。以下介绍的经验公式只能求出用药量的近似值，具体工程作业时用药量需要通过现场试验确定。

药包的炸药用量 Q 一般用下式计算。

$$Q = qV \tag{1-3}$$

式中　q——炸药单位消耗量（kg/m^3）；随爆破介质的硬度和所用炸药的种类而变化；

　　　V——爆破落石的体积（m^3）。

对于标准抛掷药包，其爆落的土石方体积即为标准爆破漏斗的体积，近似为

$$V = \frac{1}{3}\pi W^3 \approx W^3 \tag{1-4}$$

$$Q = qW^3 \tag{1-5}$$

为方便起见，常以 1 号或 2 号露天硝铵炸药为标准炸药，其单位消耗量 q 值参考相关资料。如果采用其他炸药，则应乘以换算系数 e。则药量计算公式为

$$Q = eqW^3 \tag{1-6}$$

1.2.3　炸药和起爆材料

炸药是一种受一定外力作用就能引起高速化学分解反应、产生大量气体和热量，并能将其能量集中在瞬间释放出来的物质。炸药的能量主要由其中所含碳氢可燃物和助燃物质（氧）化合而产生。

1. 炸药的基本性能

炸药的状态有液态和固态两种类型，其主要性能指标如下。

（1）敏感度　敏感度是指炸药在火花、摩擦、撞击和光等外界的能量作用下，引起爆炸的难易程度。每种炸药需要的起爆能量不同，需要起爆能量大，敏感度底、不易起爆。炸药的敏感度主要表现为冲击感度、摩擦感度、热敏感度、起爆感度。在实用时，炸药的敏感度应控制在一定的限度之内，根据不同情况进行选择。

（2）爆速　爆炸时炸药的分解速度通常为 200~1800m/s。爆速越高炸药爆炸压力越大，粉碎能力也越强；爆速低，炸药分解时间长，但抛掷能力强。

（3）爆炸力　炸药破坏周围介质的能力。决定于爆炸时生成气体的多少和温度的高低。以一定量的炸药，使标准铅柱内的圆柱形小孔所扩大的体积来衡量炸药的爆炸力，爆炸力越大，破坏力越大。

（4）猛度　猛度表示炸药粉碎周围介质的能力，主要取决于爆速和爆炸生成热量的多少。猛度越大，爆破的岩石越破碎。

（5）殉爆距离（或诱爆度）　炸药受邻近另一炸药爆炸波影响而引起爆炸，被引爆炸药与引爆炸药的最大距离称殉爆距离，以 cm 计。

此外炸药的性能还有稳定性、安全性、安定性。稳定性是指炸药爆炸时爆速是否发生变化的性能。安全性是指爆炸后有害气体的生成情况。安定性是指炸药储运过程中的变质情况等。

2. 炸药的种类

水运工程施工中常用的炸药分为起爆炸药和主爆炸药,前者的任务是引起主爆炸药爆炸,后者担负爆炸介质的作用。

起爆炸药敏感度高,常用来起爆其他敏感度较低的炸药。根据敏感度不同,起爆炸药又分为正起爆炸药和副起爆炸药。

主爆炸药是爆破作业的主要材料,具有敏感度低、爆炸后生成气体多、压力大等特点。按爆速分为缓性炸药、中间性炸药和烈性炸药等几类。

水运工程施工中常用炸药分类,如图1-28所示。

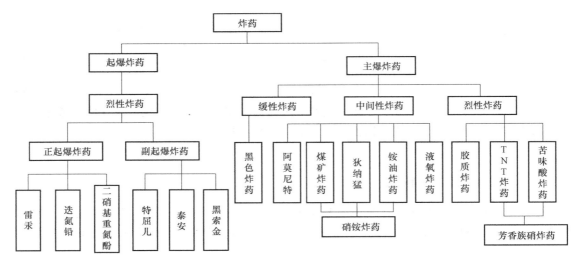

图1-28 水运工程施工中常用炸药分类

(1) 常见的主爆炸药

1) 黑色炸药:黑色炸药一般由75%的硝石(KNO_3)、15%的木炭和10%的硫黄混合而成,质优者带深蓝色,颗粒坚硬明亮,对火花、摩擦、撞击均甚敏感,可以作为起爆炸药,也可以作为主爆炸药,但爆速低、威力小、易受潮、在水中不能使用。

2) 硝铵炸药:硝铵炸药又称黄色炸药,主要成分是硝酸铵(NH_4NO_3),另外加入一些其他炸药和助燃物。其特点是敏感度低、使用安全、有一定威力、制作方便、应用广泛,但吸湿性强,湿度超过30%就拒爆,一般用于爆破土和中等硬度以下岩石。

3) TNT炸药(三硝基甲苯):TNT炸药是一种黄色粉末或片状结晶,味苦且有毒性,难溶于水,不受潮湿影响,但粉末遇水后不爆炸、敏感度低、威力大,适于爆破坚硬岩石和水下工程。

4) 胶质炸药:胶质炸药主要成分是硝化甘油,用硝化棉吸收硝化甘油而成为黄色半透明的胶体。它抗水性强、威力超过黑色炸药的5~6倍,敏感度高,有毒性,冰点为8~12℃,冻结后更为敏感,工程中只用来作为制造炸药的原料。

对各种炸药的共同要求是:爆炸性能良好,具有足够的威力,制造、运输和使用时安全、可靠、容易加工,爆后产生有毒气体少,性能稳定,在规定储存期内不变质失效,成本低。

(2) 常见的起爆炸药

1) 雷汞：雷汞是由汞、乙醇和硝酸化合而成，是一种白色或灰白色的微细晶体。其敏感度是所有炸药中最强的。干燥的雷汞对撞击、摩擦和火花极为敏感，而潮湿和压制后敏感度降低。雷汞通常用作起爆炸药制作雷管。

2) 迭氮铅 [Pb(N$_3$)$_2$]：迭氮铅通常为白色针状晶体，是迭氮化钠和稀醋酸铅或硝酸铅化学反应的产品，相对雷汞而言，其敏感度较低，但起爆能力强。

3) 二硝基重氮酚（DDNP）：二硝基重氮酚是黄色和褐色晶体，由氨基苦味酸或其钠盐、铵盐为原料制成。其安定性好，常温下长期贮存于水中不会降低爆炸性能。对撞击、摩擦的敏感度低于雷汞和迭氮铅，而对热的敏感度则介于两者之间。其原料来源广泛，生产工艺简便、安全，成本低，并具有良好的起爆性能，是目前国内制造雷管的主要原料。

3. 起爆材料和起爆方法

（1）起爆材料　具有起爆能力能引起炸药爆炸的爆破材料称为起爆材料。主要有导火线、雷管和传爆线等。近来塑料导爆管在非电起爆技术中的应用也日益广泛。

1) 导火线：导火线又称药线、引线或导火索，主要用来传递火焰以引爆雷管或黑火药。按其燃烧速度不同，可分为正常导火线和缓燃导火线两种。导火线外表为白色，外径为 5.2~5.8mm，每卷长 10m。正常燃烧导火线 1m 的燃烧时间为 100~115s；缓燃导火线 1m 的燃烧时间为 180~210s。误差不超过 10s，喷火力不小于 4cm。导火线在水中浸泡 2h 以内点火，应无熄火或燃烧不正常现象，同时不得有折断、破裂、松皮、受潮发霉等缺陷。将导火线连接在电气发火装置上就成为电气导火线，使用时具有电雷管和导火线的共同特点。

2) 雷管：雷管主要用来起爆炸或传爆线。按起爆方式不同，可分为火雷管和电雷管两种。火雷管即普通雷管，如图 1-29a 所示。由外壳、正副起爆药和加强帽三部分组成。上端开口，下端作为窝槽状，起聚能作用，中段设有加强帽，外径为 6~7mm，中央有一约 2mm 直径的小孔，用以从开口端插入导火线。导火线点燃后，火焰通过加强帽小孔使正起爆药爆炸，再引起副起爆药爆炸。火雷管受到撞击、摩擦、加热和火花的作用即能引起爆炸；受潮

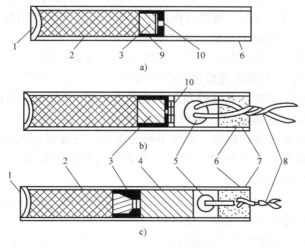

图 1-29　雷管构造
a) 火雷管　b) 即发电雷管　c) 延发电雷管
1—聚能穴　2—副起爆药　3—正起爆药　4—缓燃剂　5—点火桥丝
6—雷管外壳　7—密封胶　8—脚线　9—加强帽　10—帽孔

易失效。在运输、保管和使用中,都要注意防潮和防止撞击等。火雷管的规格分为1~10号,号数越大,装药越多,威力越大。常用的为6号、8号,其规格和性能见表1-1。

表1-1 火雷管的规格及主要性能

雷管种类	紫铜雷管		铝雷管		纸雷管
	6号	8号	6号	8号	
规格尺寸(外径/mm×长度/mm)	6.6×35	6.6×40	6.6×35	6.6×40	6.6×45
特性	遇撞击、摩擦、火花、热等均易爆炸,受潮易失效				
点燃方式	利用导火线				
适合范围	一般爆破工程,在有沼气及矿尘较多坑道、硐室工程不易使用				

按点火爆发时间的长短,电雷管分为即发电雷管、延发电雷管和毫秒微差电雷管三种,其构造如图1-29b、c所示,和火雷管大体相同,不同的是在管壳开口端增设一个电点火装置。延发电雷管和即发电雷管的不同之处在于点火装置与起爆药之间设有缓燃剂,根据缓燃剂的长度可制成延发时间为2s、4s、6s、8s的延发雷管。用线圈的电磁场作用可制成毫秒电雷管,延发时间仅为几毫秒。电雷管的电阻通常为0.87~1.7Ω,最小起爆电流为0.5A。

3)传爆线:传爆线主要用来起爆药包。外表与导火线相似,直径为4.8mm、6.2mm,每卷长50m。芯药采用猛度大、爆速高的烈性炸药(如黑索金、泰安等),装药量为8~12g/m。药芯外部绕二层线并涂以红色(或绕上红线)以区别于导火线。传爆线必须用雷管引爆,其爆速为6800~7200m/s,其抗水性能良好。主要用于水下爆破、深孔爆破和硐室爆破,不宜用于一般孔眼法爆破。

(2)起爆方法 主爆药包的起爆方法主要有火花起爆法、电气起爆法、传爆线起爆法和导爆管起爆法等。

1)火花起爆法:火花起爆法先以导火线之火花引起普通雷管爆炸,再使药包爆炸。将导火线装入火雷管管口,用管钳夹或用线捆紧纸雷管体,就成为火线雷管。一般用点火香、火线、草捻等点燃导火线。火花起爆法操作简单、准备工作少、使用仪器设备少,但难于同时起爆很多药包,使爆破的威力减弱。由于药包必须逐个点燃,点火人员不能远离爆破地点,安全问题比较突出,所以逐渐被电气起爆所代替,通常只在缺乏电源的工程中应用。

2)电气起爆法:电气起爆法是以电气引火器代替导火线引爆雷管。在导线端部装电阻丝,附近置发火剂(由氯酸钾、氯酸铅和黏土胶混合而成),通电后电阻丝烧热并使发火剂发火引爆雷管,进而引起药包爆破。历时仅8~15ms。电气引爆法所用的导线应选用电阻小、绝缘良好,以免造成漏电和瞎炮。电气引爆的电源可用普通照明和动力电源。在缺乏电源时,也可用干电池和蓄电池作电源。当使用许多雷管同时起爆若干药包时,可以采用串联、并联、串并联等几种连接方式。

3)传爆线起爆法:由于传爆线具有极高的爆速和起爆能,无须电源和雷管就能引起药包爆炸,但传爆线本身要用雷管起爆,成本高。

4)导爆管起爆法:导爆管主要由起爆元件、传爆元件、末端工作元件三部分组成。其起爆方法是用击发枪或导火线引燃火雷管或电雷管起爆导爆管,引起导爆管传爆,通过连接块再传到各个起爆雷管促使炸药爆炸。塑料导爆管是内壁黏着均匀薄层高能混合炸药,外径为3mm、内径为1.4mm的高强塑料管。当导火管被击发后,以1600~2000m/s的爆速在管内传爆。

导爆管起爆系统的优点如下:

① 导爆管传爆性能可靠。一个传爆雷管(8号纸质或金属雷管)能可靠地起爆数根导爆管,通过连接块或电工胶布捆绑,实现网路群起爆。

② 导爆管使用安全可靠。在强电场或杂散电流的场地不起爆,火焰不能起爆,受岩石冲击时也不能起爆。

③ 导爆管有良好的防水性能。在100m深水中经48h浸泡仍能正常起爆和传爆,在高温89℃、低温-40℃时仍能正常起爆和传爆。但导爆管不能直接起爆炸药和引爆导爆索。

1.2.4 爆破的基本方法

在石方爆破中,常用的爆破方法有裸露爆破法、浅孔爆破法、深孔爆破法、药壶爆破法及硐室爆破法等。其中,裸露爆破法和浅孔爆破法将在第3章航道整治工程施工中介绍。下面简单介绍其他常用的爆破方法。

1. 深孔爆破法

直径为75~250mm,深度大于5m,一般可达10~30m的钻孔,称为深孔。多用于深基坑的爆松、高阶梯爆破等工程中。其最大优点是效率高,一次爆落的石方量大。但需用复杂而笨重的大型钻孔设备,而且爆落的岩石不均匀,往往有近10%~25%的大石块需要进行二次爆破。

深孔爆破宜先将地形改造成阶梯,阶梯倾斜角应大于55%。炮孔可垂直、水平或倾斜,垂直炮孔钻孔方便,但炸出的岩石坡度不稳定,而且块度不均匀,倾斜炮孔炸出的岩坡稳定,块度均匀,但钻孔比较困难,深孔爆破法如图1-30所示。

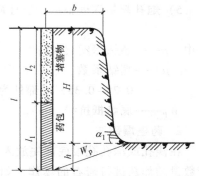

图1-30 深孔爆破法

爆破参数确定应满足下列要求:

1) 首排炮孔孔距为最小抵抗线的0.7~1.0倍,首排后的各排炮孔为最小抵抗线的1.0~1.3倍,硬岩取较小值,软岩取较大值。

2) 前后排同时起爆时,炮孔排距为孔距的0.6~0.9倍,前后排微差起爆时,炮孔排距为孔距的0.8~1.0倍,硬岩取较小值,软岩取较大值。

3) 台阶爆破的底盘抵抗线根据岩石性质、台阶高度和炮孔直径等参照《水运工程爆破技术规范》(JTS 204—2008)确定,并满足下式要求。

$$W_P \leqslant H\cot\alpha + b \tag{1-7}$$

式中 W_P——底盘抵抗线(m);

H——台阶高度(m);

α——台阶坡面角,取60°~75°;

b——首排钻孔孔口中心至坡顶线的距离(m),不小于2m。

4) 单孔装药量按下列公式计算。

$$Q_1 = qW_P aH \tag{1-8}$$

$$Q_2 = qaBH \tag{1-9}$$

式中 Q_1——首排炮孔的单孔装药量（kg）；

q——单位炸药消耗量（kg/m），参照表1-2选取；

W_P——底盘抵抗线（m）；

a——炮孔间距（m）；

H——台阶高度（m）；

Q_2——首排后的炮孔单孔装药量（kg）；

B——炮孔排距（m）。

表1-2 陆上钻孔爆破单位炸药消耗量 （单位：kg/m）

岩石类别与岩石分级	软岩石	中等硬度岩石	坚硬岩石
	5~7	8~9	10~13
首排炮孔	0.40~0.41	0.43~0.55	0.55~0.70
后排炮孔	0.48~0.52	0.52~0.66	0.66~0.84
微差爆破各炮孔	0.21~0.47	0.39~0.53	0.44~0.58

注：表中单位炸药消耗量为2号岩石硝铵炸药综合单位消耗量的平均值，采用其他炸药应换算，换算系数、岩石类别与岩石分级可分别按《水运工程爆破技术规范》（JTS 204—2008）附录B、附录C确定。

5）炮孔超钻深度根据岩层性质按下式确定。

$$h = \mu W_P \tag{1-10}$$

式中 h——超钻深度（m）；

μ——超钻系数，软岩石取 0.1~0.15，中等硬度岩石取 0.15~0.25，坚硬岩石取 0.25~0.35，底部处为破碎层时超钻系数取0；

W_P——底盘抵抗线（m）。

2. 药壶爆破法

在浅孔或深孔孔眼底部先放入少量的炸药，经几次爆破扩大成葫芦形药室，然后装入一定数量的炸药进行岩石的爆炸，如图1-31所示。药壶法的布孔原则和浅孔法、深孔法相同。

药壶爆破法的优点是炮眼深度比一般炮眼法深；把延长药包变为集中药包，可以多装药，提高爆破效果；减少钻孔工作量。缺点是扩大药壶所需时间长；岩石破碎块不均匀；不适应坚硬岩石的爆破。

药壶爆破法与其他爆破方法配合使用时，可以提高爆破效果。

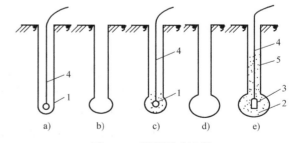

图1-31 药壶形成过程
1—小药包 2—炸药 3—雷管 4—导火索 5—填塞物

3. 硐室爆破法

硐室爆破法是进行大规模爆破常用的方法。首先开挖通往药室的导洞和药室，然后在药室装大量的炸药进行爆破。一个药室的装药量可达几吨、几十吨、甚至更多。这种方法主要用来松碎或抛掷大量土石方，具有工效高、工期短、不受气候限制并能在各种硬度的岩石中使用等优点。缺点是岩石不能均匀爆碎，常要进行二次爆破，炸药用量大。

硐室爆破可分为大量抛掷爆破、大量松动爆破和定向爆破等几种。
药室的容积由下式计算。

$$V = K_V \frac{Q}{\rho} \tag{1-11}$$

式中　V——药室容积（m^3）；
　　　Q——炸药量（t）；
　　　ρ——炸药的密度（t/m^3）；
　　　K_V——装药系数，与药室装药条件和支撑方法有关，取值为 1.1~1.8，见表 1-3。

表 1-3　装药系数 K_V

硐室的支撑方法	装药方法	K_V
不加支撑	以粉状炸药松散装填	1.1
不加支撑	把炸药装在隔绝袋中装填	1.3
用无底梁的棚子间隔支撑	以粉状炸药松散装填	1.3
全面支撑	以粉状炸药松散装填	1.45
用无底梁的棚子间隔支撑	把炸药装在隔绝袋中装填	1.6
全面支撑	把炸药装在隔绝袋中装填	1.8

一次大规模硐室爆破，可在爆破体中设置几个或几十个硐室。通往药室的导洞可采用水平坑道或竖井等形式。竖井的断面形式通常不大，开挖数量少，堵塞工作快，但当地下水很大时，不易排水，施工困难；水平坑道的排水、开挖、通风、出渣等条件均较竖井好，但开挖断面较大、堵塞困难。具体的方案应视地形等条件，并进行经济比较确定。

药室的容积和形状，应保证最大限度地利用爆破能量，因此炸药应紧密地安放在药室使之达到最大的装药密度。以球形药室最为理想，但施工困难，故一般多用方形、长方形、T形等。采用哪种形状，应根据所开挖的石质硬度和掘进条件等决定。

4. 静态爆破法

静态爆破法是较新式的一种无振动、无飞石、无噪声、无有毒炮烟等无公害、安全的特种爆破技术。由于它生产安全，对周围环境无影响，已越来越多地应用于城区和建筑群附近的岩石、混凝土等障碍物的拆除作业中。但是，这种方法作业时间长，一次爆破作业需几小时甚至几十小时，且破碎威力小，一次破碎范围有限，因而难以进行大规模爆破。

静态爆破法的基本原理是在被破碎体内填入具有膨胀性的物质，如膨胀性破碎剂，当破碎剂发生化学或物理反应后，体积膨胀，膨胀压力在 24h 内可达 $29400kN/m^2$，而岩石或混凝土等破碎体材料的抗拉强度很小，利用破碎剂反应产生巨大的膨胀力作用，使被破碎体徐徐龟裂而最终破坏。

膨胀性破碎剂是一种以石灰无机化合物为主要成分的粉末。为了控制其化学反应和改善施工条件，另外添加某种特殊的有机、无机化合物。

静态爆破法包括钻孔、填料、堵孔三个施工过程。

（1）钻孔　孔深为被破碎体厚度的 70%~95%，孔径为 40cm，孔距因破碎体材料而变，素混凝土为 30~60cm，钢筋混凝土为 20~40cm，浆砌块石为 30~50cm。

（2）填料　将混合好的膨胀剂填入钻孔，膨胀剂单位耗用量取决于破碎体材质的坚硬程度，素混凝土为 6~8kg/m³，钢筋混凝土为 15~20kg/m³。

(3) 堵孔　填料完毕，要用炮泥封堵钻孔，并捣实。

5. 控制爆破技术

近年来，随着爆破理论的不断发展，爆破技术的应用范围也越来越广泛。在某些具有特定范围和要求的爆破工程中，如渠道、隧洞、竖井等石质爆破工程，城市多建筑物地区爆破岩石的施工等，都要求严格控制爆破的作用，既要达到预期的爆破效果，又要保证邻近建筑物的安全或周围岩体的完整性，还要有较好的经济效益。因此控制爆破技术应运而生并得到不断发展。下面仅介绍控制爆破技术的主要原理。

(1) 线性钻孔　线性钻孔是沿着要求的断裂线并排打设许多孔距较小的深孔孔眼，在这些孔眼内不装炸药，在爆破时成为一个人造的软弱面，使基岩的破坏到此为止，爆破应力和裂缝均在此处切断而不能达到深部基岩。这种控制爆破范围的方法称为线性钻孔，它是控制爆破技术中最基本也是最古老的方法。钻眼的深度和直径，因凿岩机和地层条件不同而异，直径一般为 34.9~76.2mm，孔距为直径的 2~4 倍，孔深一般不大于 9m。紧邻线性钻孔内侧的爆破孔孔距，要比其他排的爆破孔孔距小，装药量也少。这种方法适用于地层、节理变化较少的均质基岩。优点是岩壁损坏情况最少，但钻孔费用高，钻孔技术要求高，对不均匀的基岩效果不佳。

(2) 光面爆破　光面爆破是一种保护遗留岩体或围岩表面的特殊施工方法。先开挖中央岩体，再在开挖周边岩石时采用控制爆破措施，形成贯穿炮眼的光滑表面。由于它可以获得与设计断面极相近的开挖轮廓、周边平滑、围岩完整的效果，所以超挖岩石数量减到了最低程度，使支护工作、衬砌工作量减少，有利于提高开挖速度，确保工程质量和安全。和线性钻孔一样，在爆破界限上要打许多孔距较小而平行的孔眼，在这些孔眼中装入比钻孔直径小的药性较弱的小直径药卷，采用间断装药，药卷四周填以堵塞物并堵塞孔眼。然后采用传爆线连接、起爆或塑料导爆管起爆等方法起爆。爆破时各排炮眼应以最小时间间隔起爆，并使边孔眼比主爆破孔的爆破滞后若干延发时段同时或几乎同时起爆。这时，由于周边孔内采取了弱装药和小直径药卷，药卷四周的空气和堵塞物又起到了缓和爆炸力的作用，同时起爆时，周边孔实际上构成为缓冲爆破孔，整个爆破就获得了比较平坦的岩壁，达到了光面的目的。

光面爆破的孔网参数和装药量的确定应满足下列要求：

1) 炮孔直径，浅孔取 38~50mm，深孔取 75~150mm。
2) 炮孔间距取孔径的 9~15 倍，硬岩取较小值，软岩取较大值。
3) 最小抵抗线取炮孔间距的 1.0~1.15 倍。
4) 超钻深度取孔径的 2~6 倍，硬岩取较大值，软岩取较小值。
5) 梯段高度，浅孔不超过 5m，深孔不超过 15m。
6) 线装药密度按下式计算。

$$q'_g = qaW \tag{1-12}$$

式中　q'_g——光面爆破线装药密度（kg/m）；

　　　q——光面爆破计算单位用药量（kg/m³），露天开挖时取 0.14~0.26kg/m³；

　　　a——炮孔间距（m）；

　　　W——最小抵抗线（m）。

光面爆破可采用预留光爆层或分段延时一次起爆法，采用分段延时起爆时光爆孔宜延迟 100~200ms 起爆。

(3) 预裂爆破　预裂爆破又称预开槽、预剪爆破等。其原理是首先在沿开挖部分的轮廓周边线上钻一排密布的预裂孔，在其中装少量炸药，并在主爆破孔爆破前同时起爆。由于它们是同时起爆且药量小，又是在主爆破前进行，所以形成了明确的破裂线，成为随后主爆破时隔断冲击波和破裂线的屏障，从而达到把爆破控制在一定范围的目的。如果预裂孔眼的深度、方向和孔距合理，则爆破后外露岩石的岩面上应显示出清晰的炮眼痕迹。

预裂爆破的优点是可使需爆除的岩石和留下的岩壁具有明确破裂线，保留的岩体不受破坏，施工安全，超挖、欠挖数量少，对于要敷设混凝土的工程还可减少混凝土工程量等。但爆破的钻眼技术要求高，除钻孔直径小而数量较多外，要尽量提高钻眼的准确度。

预裂爆破的爆破参数确定应符合下列规定：

1) 钻孔直径应根据预裂孔的深度、爆破岩体的性质确定，宜取 40~100mm。软岩和浅孔取小值，硬岩和深孔取大值。

2) 炮孔间距可取孔径的 8~12 倍，硬岩宜取小值，软岩宜取大值。

3) 预裂孔深度应大于主爆孔深度，并不宜大于 15m；边坡较高且预裂孔深度大于 15m 时，宜分层钻爆，分层处可留 0.3~0.5m 宽的边坡平台。

4) 预裂爆破的线装药密度应通过实地试爆确定，试爆地段地质条件应具有代表性，每排应至少有 5 个预裂孔。试爆时线装药密度初值可按下式计算。

$$q' = 0.127 \sigma^{0.50} a^{0.84} \left(\frac{d}{2}\right)^{0.24} \tag{1-13}$$

式中　q'——线装药密度（kg/m）；
　　　σ——岩石极限抗压强度（MPa）；
　　　a——炮孔间距（m）；
　　　d——炮孔直径（m）。

5) 预裂孔装药的径向不耦合系数宜为 2~3。

6) 装药段可分为底部加强段、中部正常段和顶部减弱段等 3 段。加强段宜为装药段全长的 0.2 倍；正常段宜为装药段全长的 0.5 倍；减弱段宜为装药段全长的 0.3 倍。

7) 预裂孔超前主爆孔的起爆时间，软岩不应短于 150ms，硬岩不应短于 75ms。

边坡预裂爆破后，预裂缝宽度宜为 10~20mm；预裂面应平顺整齐，坡面局部凹凸差不宜大于 150mm；在完整边坡上应留有半个炮孔痕迹，其长度不宜小于钻孔深度的 70%，且炮孔周围岩石无明显碎裂。

采用预裂爆破减振时，预裂孔应深于主炮孔 0.10~0.15m，预裂缝两端应延长 1~2m。

(4) 定向爆破　定向爆破是大爆破的一种，也属于控制爆破技术范围，是利用炸药在土石中爆破时，土石总是沿着最小抵抗线的方向抛出的特性，使开挖的土石方抛掷到指定地点。

根据地形地质条件和定向爆破的特性，可将定向爆破分成在水平地面开挖堑沟、斜坡地面傍山坡半抛半填及斜坡地面集中堆填等几类，如图 1-32 所示。各类定向爆破的药包布置有不同的要求，布置是否合理对爆破效果有十分重要的影响。药包的布置与地形条件密切相关，在理想条件下可获最佳爆破效果。因此，应充分利用和发挥现有地形的有利条件，尽可能合理布置药包，使得爆破获得较好效果。

在排定药包位置时，定向中心一般设在堆积体的重心位置上，使抛掷出来的土石能均匀地填落到设计范围内，如图 1-33 所示。

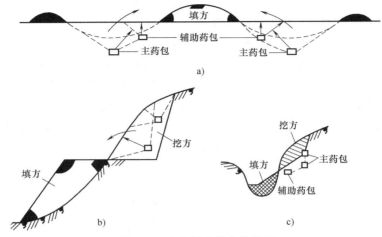

图 1-32 定向爆破的几种类型
a) 水平地面 b) 半挖半填 c) 单侧集中堆填

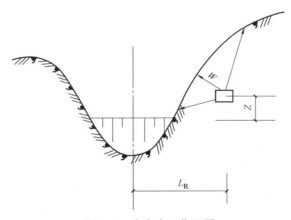

图 1-33 定向中心位置图

在选择定向中心位置时，可按下式估算。

$$L_R = C_R \left(5nW + \frac{W}{\sin\alpha} + \frac{Z}{\tan\alpha} \right) \tag{1-14}$$

式中 L_R——定向中心距药包中心的距离（m）；

C_R——根据地形条件和建筑物形状而选择的系数，一般为 1/2～1/3；

n——爆破作用指数；

W——最小抵抗线长度（m）；

α——爆破漏斗与山坡的交角（°）；

Z——由药包中心高程到建筑物的高差。

习 题

1-1 常用的挖掘机械主要有哪些？
1-2 正、反铲挖土机的开挖方法有哪些？各适用什么情况？
1-3 简述铲运机的施工方法。
1-4 简述推土机的施工方法。
1-5 影响土压实的主要因素有哪些？
1-6 土方填筑方式有哪些？
1-7 填土的机械压实方法有哪些？
1-8 简述石方爆破的工序。
1-9 钻孔的基本方法有哪些？
1-10 常见的主爆炸药有哪些？各有什么特点？
1-11 常见的起爆炸药有哪些？各有什么特点？
1-12 简述石方爆破的基本方法。

第 2 章 混凝土结构工程

学习重点

钢筋质量检验，钢筋的冷加工及质量控制，钢筋焊接的方法及质量要求；模板作用及要求，组合钢模板的组成；混凝土的拌制、运输、浇筑、密实方法，整体式钢筋混凝土结构的浇筑及施工缝；大体积混凝土的浇筑；影响混凝土工程质量的因素及保证混凝土工程质量的措施；先张法和后张法的施工工艺，质量控制与技术措施，施工过程中可能产生的应力损失及弥补的方法。

学习目标

了解钢筋的种类，模板设计；熟悉钢筋的进厂验收及存放，模板系统的作用和要求，混凝土的施工配料；掌握模板的安装和拆除，钢筋的连接与安装、混凝土的搅拌、运输、浇筑与养护。了解预应力混凝土的概念、预应力混凝土品种与规格；熟悉预应力钢丝、预应力钢绞线，预应力张拉锚固体系、预应力张拉设备，先张法施工的台座与夹具，后张法施工的锚具和预应力筋制作；掌握先张法、后张法的施工工艺、无粘结预应力技术。

混凝土结构工程包括混凝土和钢筋混凝土工程，施工一般分为现场浇筑和预制装配两大工艺。

现浇混凝土和钢筋混凝土结构整体性好，抗震、防渗性能强。其缺点是施工难度大、工期较长、模板及支架材料消耗多、现场运输量大、劳动强度高，特别是港口航道工程施工受水文、气象等自然条件影响大，常需要采取许多额外的技术措施，从而增加工程造价。

钢筋混凝土预制构件可实行工厂化、机械化施工，降低了劳动强度，使施工现场的组织和管理工作简化，降低了工程造价。在港口航道工程中广泛采用装配式混凝土和钢筋混凝土结构。

钢筋混凝土工程施工，主要由钢筋工程、模板工程和混凝土工程等工序组成。

2.1 钢筋工程

钢筋工程施工，一般先在钢筋加工厂将钢筋加工成成品，然后运到浇筑现场架立，既能保证质量又能加快施工速度。

2.1.1 钢筋的种类

钢筋混凝土结构中常用的钢材有钢筋和钢丝两类。钢筋分为热轧钢筋和冷轧带肋钢筋。

热轧钢筋分为热轧光圆钢筋和热轧带肋钢筋，如图 2-1 所示。《钢筋混凝土用钢 第 1 部分：热轧光圆钢筋》（GB/T 1499.1—2017）中，热轧光圆钢筋有 HPB300 一个牌号。其强度较低,但塑性及焊接性好,便于冷加工,广泛用作为小型钢筋混凝土结构中的主要受力钢筋以及各种钢筋混凝土结构中的构造筋。《钢筋混凝土用钢 第2部分:热轧带肋钢筋》(GB/T 1499.2—2018)中有普通热轧钢筋和细晶粒热轧钢筋。普通热轧钢筋有HRB400、HRB500、HRB600、HRB400E、HRB500E 五个牌号,细晶粒热轧钢筋有HRBF400、HRBF500、HRBF400E和HRBF500E四种牌号。HRB400,HRB500强度较高,塑性及焊接性较好,广泛用做大、中型钢筋混凝土结构的受力钢筋;HRB600强度高,但塑性与焊接性较差,适宜作预应力钢筋。

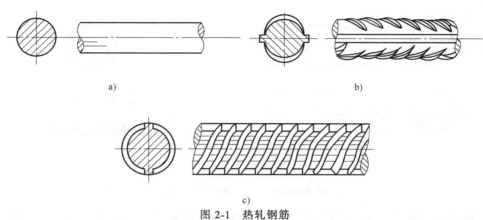

图 2-1 热轧钢筋
a) 光圆钢筋 b) 月牙肋钢筋 c) 等高肋钢筋

《冷轧带肋钢筋》(GB/T 13788—2017)中,冷轧带肋钢筋CRB550、CRB650、CRB800、CRB600H、CRB680H、CRB800H六个牌号,广泛用于中、小预应力混凝土结构构件和普通钢筋混凝土结构构件,也可用于焊接钢筋网,CRB550为普通钢筋混凝土用钢筋,其他牌号为预应力混凝土用钢筋。

预应力钢丝分为冷拉钢丝和消除应力钢丝,主要用于桥梁、吊车梁、大跨度屋架、管桩等预应力钢筋混凝土构件中。

预应力钢绞线有用两根钢丝捻制的钢绞线、用三根钢丝捻制的钢绞线、用三根刻痕钢丝捻制的钢绞线、用七根钢丝捻制的钢绞线、用七根钢丝捻制又经模拔的钢绞线,主要用于大跨度、大负荷的桥梁、电杆、枕轨、屋架、大跨度吊车梁等。

预应力筋如图2-2所示。

钢筋进厂,应首先进行质量抽检,并根据品种规格按批分别堆存,不得混淆。钢筋加工包括调直、去锈、剪切、弯曲、绑扎及焊接等工序。有时还需对钢筋进行冷加工,以改善钢筋性能。

2.1.2 钢筋的进场验收及存放

1. 钢筋的进场验收

钢筋的现场检验包括以下几个方面:

1)检查产品合格证、出厂检验报告。钢筋出厂应具有产品合格证书、出厂检验报告单作为质量的证明材料,所列出的品种、规格、型号、化学成分、力学性能等,必须满足设计要求,符合有关现行国家标准的规定。当用户有特别要求时,还应列出某些专门的检验数据。

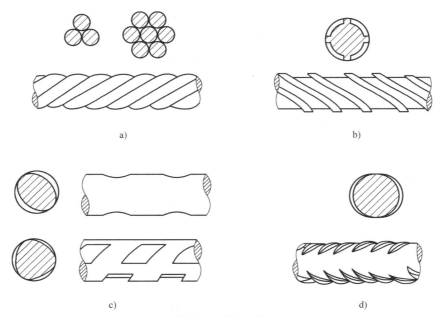

图 2-2 预应力筋
a) 钢绞线 b) 螺旋肋钢丝 c) 刻痕钢丝 d) 热处理钢筋

2) 检查进场复试报告。进场复试报告是钢筋进场抽样检验的结果，以此作为判断钢筋能否在工程中应用的依据。钢筋进场时，应按现行国家标准的有关规定抽取试件，做力学性能检验，其质量符合有关标准规定，可在工程中应用。

3) 进场的每捆（盘）钢筋均应有标牌按炉号、批次及直径分批验收，分类堆放整齐，严防混料，并应对其检验状态做标记，防止混用。

4) 进场钢筋的外观质量检查应符合下列规定：

① 钢筋应逐批检查其尺寸，不得有超过允许偏差的尺寸。

② 逐批检查，钢筋表面不得有裂纹、折叠、结疤及夹杂，盘条允许有压痕及局部的凸块、凹块、划痕、麻面，但其深度或高度（从实际尺寸算起）不得大于 0.20mm，带肋钢筋表面的凸块，不得超过横肋高度，钢筋表面上其他缺陷的深度和高度不得大于所在部位尺寸的允许偏差，冷拉钢筋不得有局部缩颈现象。

③ 钢筋表面氧化铁皮（铁锈）质量不大于 16kg/t。

④ 带肋钢筋表面标志清晰明了，标志包括强度级别、厂名和直径（mm）。

⑤ 进口钢筋应进行化学成分检验和焊接试验，并应满足设计要求。

⑥ 预制构件的吊环严禁使用冷拉钢筋。

⑦ 钢筋施工中，当发现钢筋脆断、焊接性能不良或力学性能显著不正常等现象时，应对该批钢筋进行化学成分检验或其他专项检验。

2. 钢筋的存放

钢筋在运输过程中，应避免锈蚀和污染。钢筋进场后，应分品种、牌号、等级、规格及生产厂家等堆存整齐，不得混杂，且应设立识别标志。钢筋应尽量堆入仓库或料棚内，并在仓库或场地周围挖排水沟，以利泄水。条件不具备时，应选择地势较高、土质坚实和较为平坦的露天场地存放。堆放时钢筋下面要加垫木，垫木离地面不宜少于 200mm，以防钢筋锈蚀和污染。钢筋成品要分工程名称、构件名称、部位、钢筋类型、尺寸、钢号、直径和根数分别堆放，不能将几项工程的钢筋成品混放在一起，同时注意避开易造成钢筋污染和锈蚀的环境。

环氧树脂涂层钢筋的包装、标志、搬运和存放应符合行业标准的有关规定。

2.1.3 钢筋加工

1. 调直及去锈

钢筋在使用前应先进行调直，未经调直的钢筋将会影响结构正常受力，使混凝土开裂。钢筋调直宜采用机械方法，也可以采用冷拉方法，并应符合下列规定：

1) 当采用冷拉法调直钢筋时，HPB300 牌号钢筋的冷拉率不宜大于 4%，HRB400 牌号钢筋的冷拉率不宜大于 1%。

2) 经机械调直的钢筋，表面不得有明显擦伤，不应有局部弯曲。

经过冷拉或机械调直的钢筋，一般不必另行除锈。但若保管不良，产生鳞片状锈蚀时，则应除锈，以保证混凝土对钢筋的握裹力，为此，可用除锈机或风砂枪，也可以用钢丝刷或在砂堆中往复拉擦除锈。轻微锈蚀的钢筋，不致影响工程质量，可不除锈。

2. 画线与剪切

画线是按图纸要求选配材料，画好长度。在施工中缺乏设计所要求的钢筋品种或规格时，应及时与设计单位联系修改。配料时应考虑整料整用、零料零用，以节约材料。画线时要考虑弯曲时的伸长。

钢筋剪切，可采用钢筋剪切机床或手动剪切机等进行剪切。手动剪切机可切断直径 20mm 以内的钢筋；剪切机床可切断直径 20~40mm 的钢筋；40mm 以上的粗钢筋应用电弧或氧气切割。

3. 钢筋弯曲

钢筋弯曲，直径 40mm 以内的钢筋，宜采用电动弯曲机；直径 30mm 以内的钢筋，有时也可以用扳手在工作台上弯曲。对于大弧度环形钢筋，应先制作弧形样板，然后在样板上弯制。

（1）钢筋的弯钩或弯折

1) HPB300 牌号钢筋末端需作 180°弯钩时，其弯弧内径不应小于钢筋直径的 2.5 倍。HRB400 牌号钢筋末端需作 90°或 135°弯折或弯钩时，钢筋的弯弧内径不应小于钢筋直径的 5 倍，如图 2-3 所示。冷轧带肋 CRB550 钢筋末端可不制作弯钩，当钢筋末端需制作 90°或

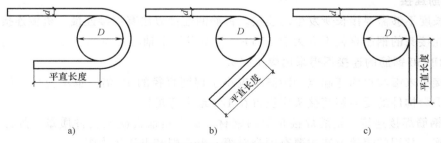

图 2-3 钢筋的弯构和弯折示意图
a) 180°弯钩 b) 135°弯钩 c) 90°弯折

135°弯折或弯钩时，其弯弧内径不应小于钢筋直径的 5 倍。

2）钢筋弯后平直部分长度，HPB300 牌号钢筋不应小于钢筋直径的 3 倍，HRB400 牌号钢筋应满足设计要求，若设计无要求时，作 135°的弯钩时不宜小于钢筋直径的 5 倍，作 90°的弯折时不宜小于钢筋直径的 10 倍。

（2）弯起钢筋弯折点处弯曲直径　HPB300 牌号的钢筋不宜小于钢筋直径的 10 倍，HRB400 牌号的钢筋不宜小于钢筋直径的 12 倍，如图 2-4 所示。

（3）非焊接箍筋端末端应有弯钩

弯钩的形式应满足设计要求，当设计无具体要求时，应符合下列规定：

1）箍筋弯钩的弯弧内径除应符合（1）的规定外，尚不得小于受力钢筋直径。

2）箍筋弯钩的弯折角度如图 2-5 所示，对一般结构，不应小于 90°；对有抗震要求的结构，应为 135°。

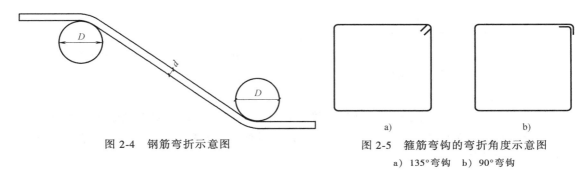

图 2-4　钢筋弯折示意图　　　　图 2-5　箍筋弯钩的弯折角度示意图
a）135°弯钩　b）90°弯钩

3）箍筋弯后平直部分长度，对一般结构，不宜小于箍筋直径的 5 倍；对有抗震要求的结构，不应小于箍筋直径的 10 倍。

（4）环氧树脂涂层钢筋的加工应符合现行行业标准的有关规定。

（5）钢筋加工的形状、尺寸应满足设计要求，加工后的钢筋偏差应符合表 2-1 的规定。

表 2-1　加工钢筋的允许偏差

项目	允许偏差/mm
受力钢筋顺长度方向全长的净尺寸	±10
钢筋弯起点的位置	±20
箍筋内净尺寸	±5

4. 钢筋连接

钢筋长度不够需要接长所发生的连接。钢筋的连接方法有焊接连接、机械连接和绑扎连接。但绑扎接头的钢筋直径不宜大于 25mm，且不得用于轴心受拉和小偏心受拉构件中。冷轧带肋 CRB550 钢筋的连接不得采用焊接接头。

钢筋接头末端与钢筋弯起点的距离不应小于钢筋直径的 10 倍，也不应位于构件的最大弯矩处。受弯构件的受力钢筋接头应设置在 1/2 最大弯矩处。

（1）钢筋焊接连接　钢筋焊接是节约钢材、提高钢筋混凝土构件质量、加速工程进度的重要措施，常用的焊接方法主要有闪光对焊、电弧焊和电渣压力焊。

1）闪光对焊广泛用于钢筋纵向连接及预应力筋与螺丝端杆的焊接。热轧钢筋的焊接宜优先用闪光对焊,不可能时才用电弧焊。钢筋闪光对焊的原理是利用对焊机使两段钢筋接触,通过低电压的强电流,待钢筋被加热到一定温度变软后,进行轴向加压顶锻,形成对焊接头,如图2-6所示。

图2-6 闪光对焊

钢筋闪光对焊工艺常用的有连续闪光焊、预热闪光焊和闪光-预热闪光焊。

① 连续闪光焊。工艺过程包括连续闪光和顶锻过程。连续闪光焊一般用于焊接直径在22mm以内的HRB400和RRB400级钢筋和直径在16mm以内的HRB500级钢筋。不同直径钢筋焊接时,截面比不宜超过1.5。

② 预热闪光焊。在连续闪光焊接之前,增加一次预热过程,是在闭合电源后使两钢筋端面交替地接触和分开,这时在钢筋端面的间隙中即发出断续的闪光而形成预热过程,如图2-7所示。预热闪光焊适于焊接直径16~32mm的HRB400和RRB400级钢筋及直径12~28mm的HRB500级钢筋,特别适用于直径为25mm以上且端面较平整的钢筋。

③ 闪光-预热闪光焊。在预热闪光焊前再增加一次闪光过程,使钢筋预热均匀。闪光-预热闪光焊比较适应焊接直径大于25mm且端面不够平整的钢筋,这是闪光对焊中最常用的一种方法。

2) 电弧焊是用弧焊机使焊条与焊件之间产生高温,焊条和电弧燃烧范围内的焊件熔化,待其凝固形成焊缝或接头。弧焊机有直流与交流之分,常用的为交流弧焊机,如图2-8所示。

图2-7 预热闪光焊

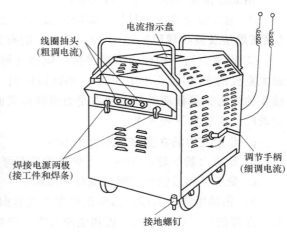

图2-8 交流弧焊机

焊条的种类很多，如 E4303、E5503 等，钢筋焊接根据钢材等级和焊接接头形式选择焊条。焊条表面涂有药皮，它可保证电弧稳定，使焊缝免遭氧化，并产生熔渣覆盖焊缝以减缓冷却速度。

电弧焊包括帮条焊、搭接焊、坡口焊（也称剖口焊）、窄间隙焊和熔槽帮条焊五种接头形式。此外，预埋件的钢板与钢筋的连接一般也采用电弧焊。钢筋电弧焊的接头形式如图 2-9 所示。

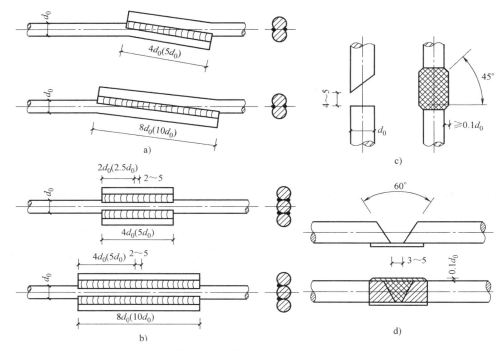

图 2-9　钢筋电弧焊的接头形式
a) 搭接焊接头　b) 帮条焊接头　c) 立焊的坡口焊接头　d) 平焊的坡口焊接头

钢筋焊接接头应符合下列规定：

① 钢筋焊接接头的材料、焊接方法、外观检查及力学性能检验等应符合现行行业标准《钢筋焊接及验收规程》（JGJ 18—2012）的有关规定。

② 设置在同一构件内的焊接接头应相互错开布置。在任一焊接接头中心至受力钢筋的最大直径的 35 倍且不小于 500mm 的区段内同一根钢筋不应有一处以上接头；在该区段内有接头的受力钢筋截面面积之和占受力钢筋总截面面积的百分率应满足设计要求，设计无具体要求时，应满足下列要求：

 a. 非预应力筋在受拉区不大于 50%。
 b. 预应力筋不超过 25%，当焊接质量有可靠保证时，不超过 50%。
 c. 受压区和后张法的螺丝端杆不限制。

3) 钢筋电渣压力焊是将两钢筋安放成竖向对接形式，利用焊接电流通过两钢筋端面间隙，在焊剂层下形成电弧过程和电渣过程，产生电弧热和电阻热，熔化钢筋，加压完成连接的一种焊接方法。具有操作方便、效率高、成本低、工作条件好等特点。

钢筋电渣压力焊先将钢筋端部约 120mm 范围内的铁锈除尽,将夹具夹牢在下部钢筋上,并将上部钢筋扶直夹牢于活动电极中。再装上药盒,装满焊药,接通电路,用手柄使电弧引燃(引弧)。然后稳定一定时间,使之形成渣池并使钢筋熔化(稳弧),随着钢筋的熔化,用手柄使上部钢筋缓缓下送。当稳弧达到规定时间后,在断电同时用手柄进行加压顶锻(顶锻),以排除夹渣和气泡,形成接头。待冷却一定时间后,即拆除药盒、回收焊药、拆除夹具和清除焊渣。引弧、稳弧、顶锻三个过程连续进行。焊接的接头要求鼓包均匀,鼓包直径约为钢筋直径的 1.6 倍,如图 2-10 所示。

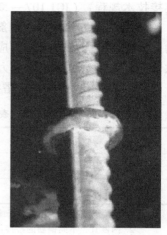

图 2-10 钢筋电渣压力焊接头

(2) 钢筋机械连接 钢筋机械连接是通过连接件的机械咬合作用或钢筋端面的承压作用,将一根钢筋中的力传递至另一根钢筋的连接方法,具有施工简便、工艺性能良好、接头质量可靠、不受钢筋焊接性的制约、可全天候施工、节约钢材和能源等优点。常用的机械连接接头类型有挤压套筒接头、锥螺纹套筒接头等。

1) 钢筋套筒挤压连接。钢筋套筒挤压连接是将需要连接的带肋钢筋插入特制的钢套筒内,利用挤压机压缩套筒,使之产生塑性变形,靠变形后的钢套筒与带肋钢筋之间的紧密咬合来实现钢筋的连接,如图 2-11 所示。适用于直径 16~40mm 的热轧 HRB400 带肋钢筋的连接。

挤压连接工艺流程:钢筋套筒检验→钢筋断料,刻画钢筋套入长度定出标记→套筒套入钢筋→安装挤压机→开动液压泵,逐渐加压套筒至接头成型→卸下挤压机→接头外形检查。

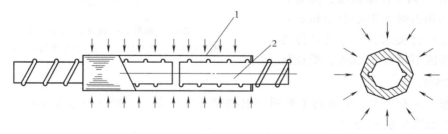

图 2-11 钢筋径向挤压连接
1—钢套筒 2—被连接的钢筋

2) 钢筋锥螺纹套筒连接。钢筋锥螺纹套筒连接是利用锥形螺纹能承受轴向力和水平力以及密封性能较好的原理,依靠机械力将钢筋连接在一起。操作时,首先用专用套丝机将钢筋的待连接端加工成锥形外螺纹;然后,通过带锥形内螺纹的钢套筒连接将两根待接钢筋连接;最后利用力矩扳手按规定的力矩值使钢筋和连接钢套筒拧紧在一起。钢筋锥螺纹套筒连接施工方便,可全天候作业。

钢筋机械连接接头应符合下列规定:

① 钢筋机械连接接头可用于 HRB400 牌号钢筋和 KL400 钢筋的连接。

② 钢筋连接件处的最小混凝土保护层厚度应满足设计要求。

③ 带肋钢筋套筒挤压接头、镦粗直螺纹钢筋接头、钢筋锥螺纹接头应符合《钢筋机械

连接技术规程》(JGJ 107—2016) 的规定。

（3）钢筋绑扎连接　钢筋绑扎连接是利用混凝土的黏结锚固作用，实现两根锚固钢筋的应力传递。为保证钢筋的应力能充分传递，必须满足施工规范规定的最小搭接长度的要求，且应将接头位置设在受力较小处。钢筋绑扎接头应符合下列规定：

1) 钢筋绑扎搭接最小搭接长度应符合表 2-2 的规定。

表 2-2　受力钢筋绑扎接头的最小搭接长度

钢筋类型	受拉区	受压区
HPB300	25d	15d
HRB400	40d	30d

注：1. d 为钢筋直径。直径等于或小于 12mm 的受压钢筋末端，如不做成弯钩，其搭接长度不应小于 30d。
　　2. 两根直径不同钢筋的搭接长度，以较细钢筋的直径计算。
　　3. 在任何情况下，受拉钢筋的搭接长度不应小于 300mm，受压钢筋的搭接长度不应小于 200mm。
　　4. 冷轧带肋钢筋绑扎搭接长度、钢筋焊接网绑扎搭接长度，应满足相关规定。

2) 受拉区段内，HPB300 钢筋的末端应做成弯钩，HRB400 钢筋的末端可不做成弯钩。
3) 钢筋搭接处中心及两端应用钢丝扎紧。
4) 绑扎接头处钢筋的横向净距不应小于钢筋直径，且不得小于 30mm。
5) 设置在同一构件中纵向受力钢筋的绑扎搭接应相互错开布置，钢筋搭接接头中点位于其他任一搭接钢筋接头连接区段应按同一连接区段计，钢筋接头连接区段的长度应为 1.3 倍搭接长度，如图 2-12 所示，同一连接区段，受力钢筋的接头面积占受力钢筋总面积的百分数应满足设计要求，设计无具体要求时，受压区不得大于 50%，受拉区不得超过 25%。

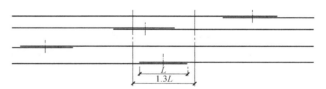

图 2-12　钢筋绑扎接头设置示意图
注：图中所示同一连接区段内接头截面面积按两根计。

当钢筋成束布置时，成束筋中单根钢筋的接头应错开，间距不宜小于 40 倍钢筋直径，搭接的接头长度应加长 20%。

环氧树脂涂层钢筋的连接尚应符合现行行业标准的有关规定。

2.1.4　钢筋的冷加工

钢筋冷加工是在常温下用强力使钢筋产生塑性变形，从而提高钢筋强度的一种方法。冷加工过程中，钢筋的结晶体间生不可还原的沿着结晶平面的相对滑动，晶体的排列位置改变，使得晶体之间的滑动受阻，因而提高了钢筋抵抗外力作用的能力，但其塑性相应地有所降低，钢筋变硬变脆。

常用的冷加工方法有冷拉和冷拔两种。

1. 钢筋的冷拉

冷拉是用超过钢筋屈服强度而小于极限抗拉强度的力，在常温状态下强力拉伸钢筋使其产生塑性变形，卸除强力后，钢筋增加了长度，也提高了强度，如图 2-13 所示。在冷拉的同时钢筋表面锈碴自动剥落，也完成了除锈工作。采用冷拉，可节约钢材 10%~20%。

冷拉后的钢筋搁置一段时间再张拉，屈服强度还会随着时间的增长而进一步提高，这一现象叫"冷拉时效"。时效发展的时间与温度有关，在自然搁置状态，时效要 10~20 天或更长的时间，若人工加温（通电或蒸汽加温至 100℃）仅需 15~20min 即可完成时效发展。在水运工程施工中，由于种种原因一般不利用时效强度。

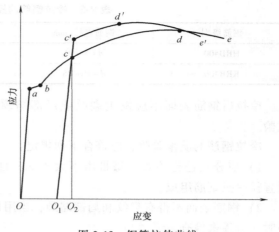

图 2-13 钢筋拉伸曲线

冷拉设备主要由拉力装置、承力结构、钢筋夹具及测量装置等组成，如图 2-14 所示。冷拉伸长用标尺测量；测力可用电子秤、弹簧测力计或者直接用荷重来度量。

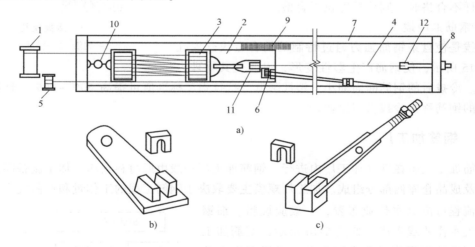

图 2-14 冷拉设备

a）平面 b）张拉端夹具 c）固定端夹具

1—卷扬机 2—张拉小车 3—冷拉用滑车组 4—钢筋 5—小车回程用卷扬机 6—小车回程用滑轮组
7—钢筋混凝土压杆 8—横梁 9—标尺 10—电子秤传感器 11—张拉夹具 12—固定端夹具

为保证冷拉钢筋的质量，必须对冷拉进行控制。控制方法有两种，单控法和双控法。单控法用冷拉率控制；双控法用冷拉应力和冷拉率控制。

采用单控法时，其控制冷拉率须先由试验确定，且应在表 2-3 的允许范围内。这种方法施工简便，但当钢材质量不均匀时不能保证冷拉质量，因此，一般少用。

采用双控法时，冷拉控制应力和最大冷拉率应符合表 2-3 的规定。冷拉时钢筋已达控制应力而冷拉率未超过允许值则认为合格。若钢筋已达允许的冷拉率而冷拉应力还小于控制应力，则这根钢筋应降低强度使用。

表 2-3 冷拉钢筋的控制应力和冷拉率

钢筋级别	钢筋直径/mm	冷拉控制应力/MPa	最大冷拉率(%)
HRB400	$d = 8 \sim 40$	500	5.0
RRB400	$d = 10 \sim 28$	700	4.0

冷拉后钢筋表面不应发生裂纹或局部缩颈现象,并按施工规范要求进行拉伸和冷弯试验。

冷拉钢筋的质量验收,应符合下列规定:

1) 应分批进行验收,每批由不大于 20t 的同级别、同直径冷拉钢筋组成。

2) 钢筋表面不得有裂纹和局部缩颈,当用作预应力筋时,应逐根检查。

3) 从每批冷拉钢筋中抽取两根钢筋,每根取两个试样分别进行拉伸和冷弯试验,当有一项试验结果不符合规定时,应另取双倍数量的试样重做各项试验,当仍有一个试样不合格时,则该批冷拉不合格。

2. 钢筋的冷拔

冷拔是使盘条钢筋强力通过特制的钨合金拔丝模孔如图 2-15 所示,使钢筋产生塑性变形,以改变其物理力学性能。冷拔后的钢筋断面缩小,塑性降低,抗拉强度标准值可提高 50%~90%。这种经冷拔加工的钢筋称为冷拔低碳钢丝。

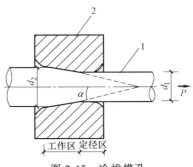

图 2-15 冷拔模孔
1—钢筋 2—模具

2.1.5 钢筋加工厂

钢筋加工大多在钢筋加工厂内进行。钢筋加工厂一般由原材料仓库、加工制备间,成品装配间及成品仓库四部分组成。加工厂规模主要取决于钢筋工程的工作量和产品类型。加工厂工艺流程可按流水作业布置,一般应设粗、细钢筋两条流水作业线生产,如图 2-16 所示,钢筋加工厂应尽可能地实现机械化和联动化,以提高生产效率、降低劳动强度。

为减少运输工作量和方便运输,钢筋加工厂的位置一般应设在主要施工现场附近,并靠近交通干线;用于混凝土预制场时,应尽量靠近构件成型车间。

2.1.6 钢筋装设

钢筋与模板之间应设置垫块,垫块的间距和支垫方法应能确保钢筋在混凝土浇筑过程中不发生位移。当采用水泥砂浆垫块或混凝土垫块时,垫块的强度与密实性不应低于构件本体混凝土。垫块的外

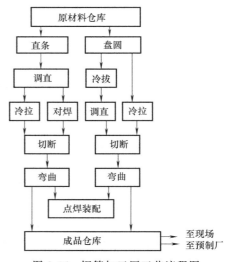

图 2-16 钢筋加工厂工艺流程图

观颜色宜与构件本体混凝土一致，垫块与模板的接触面宜尽量小。

(1) 绑扎及装设钢筋骨架

1) 钢筋骨架应有足够的稳定性，受力钢筋不应产生位置偏移。钢筋的交叉点宜用钢丝扎牢。预制吊装的钢筋骨架或钢筋网还应具有足够的刚度。

2) 板和墙的钢筋网，除靠近外围的两行钢筋的交叉点全部扎牢外，中间部分交叉点可间隔交错绑扎且受力钢筋不产生位置偏移；双向受力的钢筋应全部扎牢。

3) 桩柱和梁中骨架的箍筋除设计有特殊规定外，应保持与主筋垂直。

4) 箍筋弯钩的搭接点沿构件轴线方向应交错布置。

5) 绑扎骨架中，在绑扎接头长度范围内，应按设计要求配置箍筋，若设计无要求时，应满足下列要求。

① 当搭接钢筋受拉时，其箍筋间距不大于 5 倍搭接钢筋直径，且不大于 100mm。

② 当搭接钢筋受压时，其箍筋间距不大于 10 倍搭接钢筋直径，且不大于 200mm。

6) 绑扎钢筋的钢丝头不得伸入混凝土保护层内，缺扣、松扣的数量不应超过绑扎数的 10%，且位置不应集中。

7) 多层非焊接钢筋骨架的各层钢筋之间，应保持层距准确，宜采用短钢筋支垫。

(2) 环氧树脂涂层钢筋　其装设除应满足以上要求外，尚应符合现行行业标准的有关规定。

(3) 钢筋装设的位置偏差　钢筋装设的位置偏差应符合表 2-4 的规定。

表 2-4　钢筋骨架绑扎与装设的允许偏差

检查项目		允许偏差/mm
钢筋骨架外轮廓尺寸	长度	+5 -10
	宽度、高度	+5 -10
受力钢筋	间距	±15
	层距或排距	±10
弯起钢筋弯起点位置		±20
箍筋、分布筋间距		±20

注：预制构件外伸环形钢筋的间距或倾斜允许误差为±20mm。

2.2　模板工程

在钢筋混凝土结构施工中，为使新拌混凝土在浇筑过程中保持设计要求的位置尺寸和几何形状，使之硬化成为钢筋混凝土结构或构件，并承受施工过程中的各种荷载，需采用模板系统。模板系统是由模板和支撑两部分组成的。

2.2.1　模板系统的作用和要求

模板的作用是使混凝土成型，使硬化后的混凝土具有设计所要求的形状和尺寸；支撑的作用是保证结构构件的空间布置，同时也承受和传递模板和新浇筑混凝土的重力以及施工荷载，保证整个模板系统的整体性和稳定性。对模板的技术要求如下：
1) 保证混凝土结构和构件各部分的形状、尺寸和相互位置正确。
2) 具有足够的强度、刚度和稳定性，并可靠地承受新浇混凝土的自重力、侧压力和施工中产生的荷载，模板变形在允许范围内。
3) 与钢筋和混凝土施工工艺相适应，便于钢筋绑扎及安装、混凝土浇筑和养护。
4) 面板平整、光洁，接缝严密、不漏浆。
5) 结构简单、装拆方便，保证施工安全。
6) 模板的周转率高，材料用量少，费用省。

2.2.2 模板的种类与构造

模板按使用方式分为现场浇筑混凝土模板和预制构件模板两大类；按模板制作材料分为木模板、钢模板、钢木混合模板以及钢筋混凝土模板或钢丝网水泥模板；按模板的结构形式分为拆移式、固定式、移动式和滑升式等。现将港口航道工程中常用的几种模板基本形式分述如下：

1. 拆移式模板

拆移式模板也叫标准模板或工具式模板。一般都在加工厂做成元件，然后到现场拼装。当混凝土达到拆模强度后，将模板拆下，送到另一浇筑地点使用。这种模板具有拆装方便、能多次周转使用、省工省料、能加快施工进度等优点，使用极为广泛。

木模板由面板、支撑及固定用的配件或支架等基本部分组成，如图 2-17 所示。

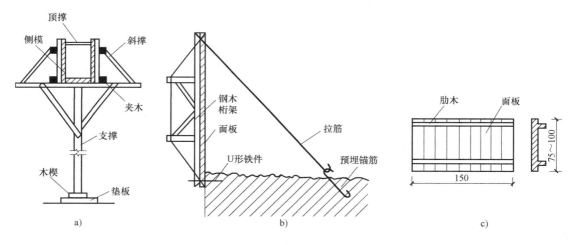

图 2-17 木模板及其支架
a) 梁模板 b) 大体积混凝土侧向模板 c) 木模板

面板由厚度 25~50mm 木板条拼合而成。板条宽度不宜超过 200mm，以保证在干缩时不易翘曲和浇筑后易于密缝。但梁底板的板条宽度可不受此限制，宽板可以减少拼缝，防止漏浆。面板的长短、宽窄可以根据结构各种构件的尺寸，设计出几种标准尺寸，以便组合使用。每块板的重力以两人能搬动为宜。当面板的板条长度不够需要接长时，板条接缝应位于肋木处并相互错开，以保证面板的刚度。

支撑的肋木一般做成截面为 25mm×(35~50mm)×50mm 尺寸不等的枋材,其间距视浇筑混凝土侧压力大小及面板厚度而定。当面板厚度大于 25mm 时,肋木间距可取 400~450mm;板条厚度大于 25mm 时,间距可取 450~500mm。

木模板对木材要求较高,且消耗量大,重复利用率低。

目前较多采用定型组合式钢模板,如图 2-18 所示。

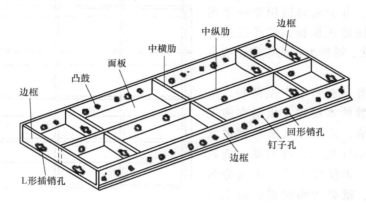

图 2-18 钢模板

钢板块的连接件有钩头螺栓、U 形卡、回形销、L 形插销、紧固螺栓等,如图 2-19 所示。

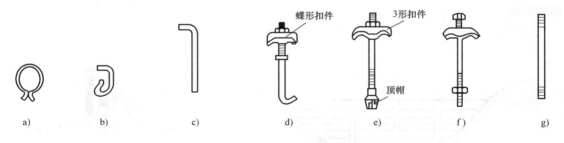

图 2-19 钢模板连接件
a) U 形卡 b) 回形销 c) L 形插销 d) 钩头螺栓 e) 对拉螺栓 f) 紧固螺栓 g) 拉杆

支撑一般沿梁的轴线布置(间距 1.0~1.5m),常用 8cm×8cm 方木或直径 10~12cm 圆木做成,支撑应支承在坚实的地面上,下垫木楔。支撑之间应注意用水平及斜向拉条钉牢,防止模板系统整体倾斜或支撑本身失稳发生事故。拉条可用半圆木,一般沿支撑铅直方向每 2m 安装一层。

安装梁模板时,先架主梁模板并在次梁的位置留缺口,以便安装次梁。为了防止由于支架系统在浇筑混凝土后变形而引起跨中梁底下垂,当跨度大于 4m 时,跨中应该起拱。起拱高度若设计未规定时,宜为全长跨度的 0.2%~0.3%。

近年来,我国许多港口工地采用定型组合式钢模板整装。它是以定型钢模板组成大型平面模板,用工字钢和桁架焊接支撑以构成整装大片,如图 2-20 所示,每片质量有 5~6t,用起重机吊运安装。用这种整装大片安装沉井、沉箱及船坞和船闸的墙壁模板时,只要将两侧模板用螺栓对拉固定，即可完成模板安装工作，施工十分方便。

2. 固定式模板

当结构外形较复杂且特殊时，模板或在木模厂中加工或在现场按具体形状的变化就地进行拼装。由于它只适用于一个固定的形式，故称固定式模板。这种模板一般只能使用一两次，耗费大、成本高，应尽量避免采用。

固定式模板有定型和不定型两种。不定型模板是用零散的木料和木板条在施工现场临时拼钉而成，需要什么形状就做成什么形状。如图2-21所示，在岩基上浇筑最下层混凝土时，为使模板的下部边缘与岩石的外形符合，就必须临时拼钉固定式不定型模板。固定式定型模板多用于形状比较复杂的结构物或结构部位上，如船闸输水廊道某些曲面模板，就要根据图纸设计的形状在工厂预先做好，然后送到施工现场安装。

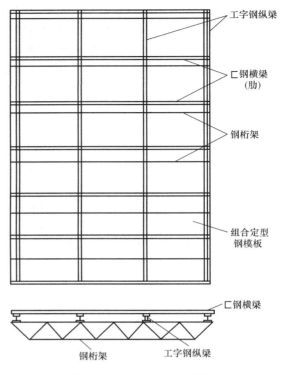

图2-20 大型组合式钢模板

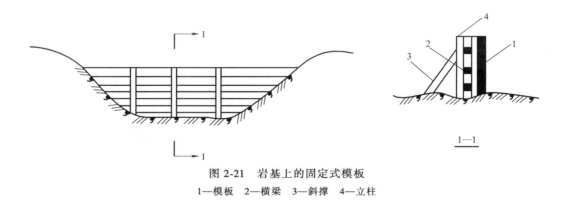

图2-21 岩基上的固定式模板
1—模板 2—横梁 3—斜撑 4—立柱

3. 滑升式模板

滑升模板简称"滑模"，它是沿建筑物底部周边一次装设高为1.2m左右的模板，一面不断向模板内浇筑混凝土，一面不断向上提升模板。随着模板的不断滑升，逐步完成建筑物的混凝土浇筑工作。

采用滑升模板，可以连续施工，滑模已广泛应用于工业民用建筑物，如水塔、烟囱、油罐、高层贮仓；水利水运工程建筑物，如竖井、沉箱、沉井、闸墩、桥墩及挡土墙等。

滑升模板由模板系统（模板、围圈和提升架等）、操作平台系统（操作平台、上辅助平台和内外吊脚手等）和提升机具系统（支承杆、千斤顶或卷扬机和提升操纵装置）三部分组成，如图 2-22 所示。它们通过提升架连成整体，全部荷载也都通过提升架传递给千斤顶，再由千斤顶传递给支承杆承受。

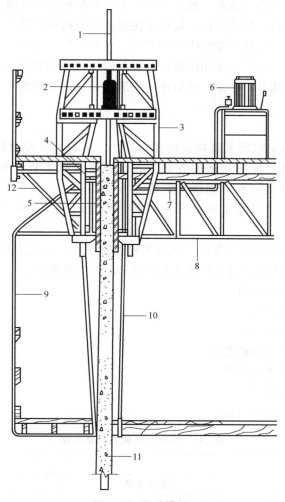

图 2-22 滑升模板
1—支撑杆 2—液压千斤顶 3—提升架 4—围圈 5—模板 6—高压油泵 7—液压泵
8—操作平台桁架 9—外吊架 10—内吊架 11—混凝土墙体 12—外挑架

滑模滑升速度直接影响混凝土施工质量和工程进度，应根据混凝土凝固速度和出模强度、季节和气温的变化情况、劳动力配备、混凝土制备和运输能力等因素全面考虑予以确定。在正常气温条件下，一般为 200 mm/h 左右。

采用滑模施工的结构构件截面要有一定厚度，以保证模板内的混凝土自重大于黏着力，使混凝土不致在滑升过程中被模板带起，而出现水平裂缝或断裂。一般混凝土壁的最小厚度不得小于 12cm，对于方形柱的边长不得小于 25cm。

4. 预制构件的模板

常见的预制构件模板有工具式模板（即拆移式模板）和台模。

工具式模板装拆容易，模板周转率较高，适于预制各种类型的构件。工具式模板由装配式的侧板、端边和底板组成，用工具式夹具或斜撑安装固定。混凝土浇筑 1~2 天后侧板和端板便可拆卸周转，底板一般要等构件混凝土达到起吊强度起吊后，才能拆卸周转。

台模是以混凝土平台作为底板，然后在平台上面装配侧板和端板，固定后便可浇筑混凝土。因此台模也称无底的工具式模板，用台座法生产预制构件的模板多属这种形式。

台模表面必须平整，应具一定的强度和刚度，以保证构件在生产过程中不发生变形。大多数台模用混凝土做成，也可以采用砖砌，其表面铺 1~2cm 厚的 1：2 水泥砂浆抹平。在浇筑混凝土前，台座面必须打扫干净，然后涂一层隔离剂（如肥皂液），以利脱模。

2.2.3 模板设计

模板设计方案应满足混凝土结构或构件体型、施工分层或分段的要求，并应满足混凝土施工方案所确定的浇筑顺序、浇筑方式、浇筑速度和施工荷载等控制条件的要求。模板设计应对模板及支撑的材料、制作、安装与拆除工艺提出具体要求。大型模板和承重模板应有模板总装图、支撑系统布置图和细部结构详图，并应标明设计荷载和变形控制要求。

普通模板荷载标准值计算可参照《水运工程混凝土施工规范》（JTS 202—2011）。普通模板与支撑系统应考虑下列荷载并按表 2-5 的规定进行荷载组合：

① 模板和支架的自身重力。
② 新浇筑混凝土的重力。
③ 钢筋和预埋件的重力。
④ 施工人员和施工设备的重力。
⑤ 振捣混凝土时产生的荷载。
⑥ 新浇筑混凝土的侧压力。
⑦ 倾倒混凝土时产生的荷载。

表 2-5 模板及支架的荷载组合

模板构件名称	荷载组合	
	计算强度用	验算刚度用
梁、板和拱等的底模板及支架	①、②、③、④	①、②、③
柱和墙等的侧模板	⑤、⑥、⑦	⑥
梁和板等的侧模板	⑤、⑥、⑦	⑥、⑦
基础、墩台等厚大结构的侧模板	⑥、⑦	⑥

注：处在波浪和水流作用水域的模板及支撑在计算稳定时尚应考虑波浪和水流的作用。

当验算模板及支架刚度时，其最大变形值应满足下列要求：

① 结构外露面模板的挠度，不大于构件计算跨度的 1/400，且满足结构表面平整度要求。
② 结构隐蔽面模板的挠度，不大于构件计算跨度的 1/250。
③ 钢模板面板的变形，不大于 1.5mm。
④ 支架的压缩变形值或弹性挠度，不大于相应结构计算跨度的 1/1000。

模板及支撑结构在自重和风荷载等作用下应满足稳定性要求。

2.2.4 模板制作

模板及支撑应按模板设计图和工艺文件加工制作。成品应经验收合格后方可使用。钢模板制作应符合下列规定：

① 模板零构件下料的尺寸应准确，料口应平整；面板、肋、背棱等部件焊前应调平、调直。

② 模板的组拼组焊应在专用工装和平台上进行，并应采用合理的焊接顺序和方法。

③ 模板的焊缝应均匀，焊缝尺寸应满足设计要求，焊渣应清理干净，不得有夹渣、气孔、咬肉和裂纹等缺陷。

④ 模板面板应平整、无锈蚀，并应刷油保护；模板外表面应涂刷防锈油漆。

木模板制作应符合下列规定：

① 木模板与混凝土接触的表面应平整、光滑。

② 模板的拼缝宜做成搭接缝或企口缝，当采用平缝时，应采取措施防止漏浆。

胶合板模板的板面组配宜采取错缝布置，支撑系统的强度和刚度应满足要求；高分子合成材料面板或塑料模板的制作接缝应严密，边肋及加强肋安装应与模板成一整体。

模板的吊环严禁使用冷拉钢筋。焊接式钢吊环的焊缝长度及焊缝高度应满足设计要求。

混凝土底胎的场地应坚实、平整，胎模尺寸应准确，表面应密实、光滑。

透水模板的敷面材料应敷设平整。

模板制作的允许偏差应符合表 2-6 的规定。

表 2-6 模板制作的允许偏差

模板名称		项目	允许偏差/mm
钢模板、胶木模板		长度与宽度	±2
		表面平整度，用 2m 直尺检查	2
		对角线差	3
		连接孔眼位置	1
木模板		长度与宽度	+5 −2
		对角线差	3
		相邻两板表面高低差	1
		表面平整度，用 2m 直尺检查	3
		面板缝隙	1
混凝土底胎模	单个台座	长度与宽度	±3
		平整度，用 2m 直尺检查	3
		四角相对高差	5
	长线台座	宽度	±3
		平整度，用 2m 直尺检查	3
		每 10m 相对高差	5
		边线平直度，拉 10m 线检查	5

2.2.5 模板安装

模板及支架系统的安装应满足模板设计的要求,并应与钢筋绑扎及装设等工序配合进行。

大型模板及支撑在安装过程中,必须采取满足稳定性要求的临时固定措施。

模板支撑的支承部分应稳定、坚固、可靠,应能抵抗在施工过程中可能发生的偶然冲撞和振动,并应符合下列规定:

1) 支撑应支承在坚实的地基或者混凝土上,并应有足够的支承面积,斜撑不得滑动。
2) 当采用在下层混凝土中预埋锚拉螺栓作为上层模板支承时,下层混凝土应具有足够的强度。
3) 桩帽或墩台等构件的模板,当采用夹桩木作为支承时,应对夹桩木进行设计,安装后应对夹桩木的标高及稳固情况进行检查,在浇筑混凝土过程中不得产生松动。

跨度大于 4m 的现浇梁、板构件的模板应起拱,当设计无要求时,起拱高度宜为全跨长度的 1/1000~3/1000。

预制构件模板的支立宜采用"帮包底"的支模方法。当采用"底托帮"支模方法时,应在侧模板底端设置防止漏浆的措施。

对结构或构件竖向棱角和底部棱边处宜做抹角处理。

模板的钢拉杆不应有弯曲。伸出混凝土外露面的拉杆宜采用端部可拆卸的结构形式,拉杆与锚碇件的连接应牢固。

分层浇筑的模板应逐层控制上下层的偏差。模板下端与混凝土的接触不应有错台。

固定在模板上的预埋件和预留孔洞不得遗漏,并应安装牢固,其位置的允许偏差应符合表 2-7 的规定。

表 2-7 预埋件和预留孔洞的允许偏差

项目		允许偏差/mm
预埋钢板、预埋管、预留孔或洞中心线位置		3
预埋螺栓	中心线位置	2
	外露长度	+10 0
预留孔或洞	中心线位置	10
	预留洞截面内部尺寸	+10 0

预制构件模板安装的允许偏差应符合表 2-8 的规定。

表 2-8 预制构件模板安装的允许偏差

项目			允许偏差/mm
模板接缝表面错牙			2
长度	桩类构件		±30
	梁、板类构件		±5
	方块类	边长≤5m	+5 -10
		边长>5m	±10

(续)

项目			允许偏差/mm
长度	沉箱、沉井、扶壁等	最小边长≤10m	±5
		最小边长>10m	±1.5L/1000
断面尺寸	桩类	宽度	+2 -5
		高度	+2 -5
	梁、板类	宽度	0 -5
		高度、厚度	0 -5
	方块类	宽度	+5
		高度	-10
	沉箱、沉井、扶壁	宽度	±15
		高度	±10
		壁、板厚度	±5
侧向弯曲矢高		桩类	L/1000且不大于20
		梁、板类	L/1000且不大于15
全高竖向倾斜		宽度≤5m	10
		高度>5m	15
顶面两对角线差		短边≤3m	15
		短边>3m	30
桩顶倾斜			7B/1000
桩尖对桩纵轴线偏差			10

注：1. L为构件长度，B为构件截面宽度，单位为mm。
2. 空心方块、工字形方块的壁厚按沉箱壁厚允许偏差执行。

一般现浇结构和构件模板安装的允许偏差应符合表2-9的规定。

表2-9 一般现浇结构和构件模板安装的允许偏差

项目		允许偏差/mm
轴线	柱	5
	桩帽、独立基础	10
	梁	5
	管沟	10
前沿线	码头胸墙、帽梁、坞墙	5
	防波堤胸墙、挡土墙、防浪墙	10
标高	墙顶	±10
	桩帽、墩台、基础等支承面	0 -10

（续）

项目		允许偏差/mm
截面尺寸	柱	±5
	桩帽、墩台	±10
	墙	+5 −5
	梁的宽度	±5
顶面对角线差	短边≤3m	15
	短边>3m	25
长度	梁	+5 −10
	墙、廊道、管沟等	±10
全高竖向倾斜		3H/1000
侧向弯曲矢高		L/1000 且不大于 25
相邻板错台		2

注：H 为结构全高；L 为构件长度，单位为 mm。

混凝土浇筑时，应按模板设计荷载控制浇筑顺序、浇筑速度和施工荷载。模板上不得堆放超过模板设计荷载的材料和设备。

混凝土浇筑过程中，应安排专人负责检查、调整模板的形状及位置。对重要部位的承重模板，应进行监测。

2.2.6 模板拆除

模板拆除的顺序应按施工方案的要求进行。当无要求时，应按照先支后拆、后支先拆的原则。

模板拆除时，结构或构件混凝土的强度应达到设计要求，当设计无具体要求时，应符合下列规定：

1）侧模板拆除应在混凝土强度能保证其表面及棱角不因拆除模板而受损坏时进行。

2）芯模或预留孔洞的内模拆除应在混凝土强度能保证构件和孔洞表面不发生坍陷和裂缝后进行。

3）底模等承重模板拆除应在混凝土强度能足够承受自重及其他可能叠加荷载或混凝土强度符合表 2-10 规定时进行。

4）后张法预应力混凝土构件底模拆除应在构件建立预应力后进行。

5）水下和水位变动区结构和构件的模板拆除时间应适当延后。

表 2-10 混凝土结构拆模时所需混凝土强度

结构形式	结构跨度/m	达到设计强度标准值的百分率(%)
板	<2	50
	2~8	75
	>8	100

(续)

结构形式	结构跨度/m	达到设计强度标准值的百分率(%)
梁	≤8	75
	>8	100
悬臂构件	≤2	75
	>2	100

注：混凝土设计强度标准值，是指与设计的混凝土强度等级相应的混凝土立方体抗压强度标准值。

大型模板和承重模板拆除时，应按模板设计的要求，采取防止模板倾覆或坠落的措施。

模板拆除后，应对遗留在结构或构件表面上的拉杆及拉杆孔眼进行处理。拉杆头的保护层的厚度不得小于设计最小厚度，拉杆孔眼的封堵应密实、平整。

对拆下的模板、支撑及配件应及时清理维修，分类堆存、妥善保管，钢模板应做好防锈。

大型模板堆放时，应垫平、放稳，并应采取防止翘曲变形的措施；大模板竖立存放应满足自稳要求。

2.2.7 特种模板

1. 充气胶囊芯模板

1）胶囊使用前应进行漏气检查。

2）胶囊的充气压力应能保证预留空心的设计形状和尺寸。用于空心桩和空心板时，其气压宜采用 0.03~0.05MPa。从开始浇筑混凝土到胶囊放气时止，其气压应保持稳定。

3）固定胶囊的箍筋或压枋（块）数量和间距应满足设计要求。

4）胶囊的放气时间应经试验确定，并以满足混凝土强度能够维持其构件形状为原则。抽胶囊时应避免碰损孔壁。

5）胶囊在使用中应避免被绑扎钢筋的钢丝头、定位箍筋焊口等扎破或划破。每次用后应将其表面的灰浆清洗干净。

2. 整体弹性钢模板

1）弹性钢模板宜用 Q235 钢板，冷压成形。

2）模板的回弹角度应经试验确定，宜使模板顶口回弹量为 30~40mm。

3）模板下口侧板与底板应为圆弧连接，其半径宜为 30mm。

4）弹性钢模板宜用专用顶撑或对拉卡具固定。当采用对拉卡具时，卡具横杆距模板顶口的高度宜为 30~50mm。

3. 扭工字块、钩连体、四脚空心块等人工块体模板

1）模板的几何尺寸应能保证块体的设计重力。

2）模板的结构形式应与块体的浇筑、脱模、起吊工艺相适应。

3）模板的分片应便于小片制作、大片组装和支拆。

4）人工块体模板宜在工厂制作，其曲面、折角宜冷压成形，模板的接缝应采用连续焊，并应磨平、抛光。

4. 永久性模板

永久性混凝土模板应满足下列要求：

1) 模板的厚度、混凝土的强度和耐久性等级应满足设计要求。
2) 采用钢模预制，制作和安装质量符合表 2-9 有关规定。
3) 模板与结构混凝土的结合面按施工缝要求进行处理。

当采用永久性金属模板时，金属模板的材质、形状、尺寸和表面处理应满足设计要求。

2.3 混凝土工程

混凝土工程在混凝土结构工程中占有重要地位，混凝土工程质量的好坏直接影响到混凝土结构的承载力、耐久性与整体性。混凝土工程包括混凝土制备、运输、浇筑捣实和养护等施工过程，各个施工过程相互联系和影响，任一过程处理不当都会影响混凝土工程的质量。

2.3.1 混凝土制备

混凝土制备是将各种原材料拌和成符合质量要求的混凝土拌合物，以供应现场施工或构件预制，包括原材料储存、供料、配料计量，搅拌等生产过程。各生产过程都采用相应的机械设备进行生产，以保证混凝土拌合物均匀、级配准确，而且供应及时。

在大中型工程中都设有专门的机械化、自动化混凝土制备工厂，小型工程设临时的机械搅拌站。

1. 原材料储存

原材料储存的作用，在于调节来料和用料之间的不协调，保证混凝土工厂能够实现均衡连续地生产。

（1）骨料储存　砂石骨料进厂后，除按国家标准进行验收外，还应按品种规格妥善储备。对所开采的天然砂石骨料，要组织破碎、筛分和冲洗等工序进行加工，然后按品种规格储存。骨料储存多用堆场堆存的形式，储存量应根据混凝土工厂的生产能力和材料供应情况以及场地条件具体确定。

（2）水泥储存　袋装水泥到场后须按不同厂家不同等级分开堆放，一定要存放在专设的水泥仓库，水泥仓库应设在地势较高、排水顺畅、离使用地点不远、安全可靠的地点，屋顶及墙壁门窗不得透风漏雨，并必须具有一定的牢固强度，外墙应做勒脚和散水，地面须设置木地板，地板离地面不得小于 30mm。袋装水泥一般用人工在水泥仓库堆垛，堆高不得超过 10 袋；堆放时，水泥袋距四周墙壁应在 30cm 以上。水泥存放时间不能超过 3 个月，特别在雨季，受潮结块，影响胶结力的水泥应重新检验，否则不能使用。

大中型混凝土工厂和混凝土预制构件厂搅拌车间，原材料除上述仓库或堆场外，在混凝土搅拌场还要设置储料间，其目的是为了防止运输设备事故，即使发生临时性故障也不致影响生产，在冬季或夏季生产时，可在储料斗中对骨料进行加热或预冷。储料斗的容量与搅拌机的生产率、每立方米混凝土原材料用量以及储备时间有关，一般应满足供应 3~4h 的生产需要量。

2. 配料计量

配料是混凝土制备的一项重要工序，配料就是按照要求的混凝土配合比对每一罐拌和混凝土所需的各种材料的数量进行称量。

原材料由储料仓进入称量斗，由称量斗卸入集料斗或搅拌机，最简单的设备是手动闸门，在自动化的工厂里都采用气动闸门、螺旋运输机及电磁振动喂料机等设备，使系统实现联动化称量用磅秤、台秤、自动杠杆秤或电子秤进行。在大中型混凝土工厂，称量都采用自动杠杆秤或电子秤。

水的计量一般用配水箱计量，也可以用水表计量。骨料的含水率直接影响水的用量。目前，我国已应用中子测水仪进行快速测量，通过自动控制系统能随时自动调节加水量。

配料计量应满足表2-11的精度要求，以保证混凝土品质、性能的稳定。

表 2-11 配料称量的允许偏差

配料名称	水上拌制	陆上拌制	
		单罐计量允许偏差	累计计量允许偏差
水泥、掺合料	±2	±2	±1
粗、细骨料	±3	±3	±2
水	±2	±2	±1
外加剂	±1	±1	±1

注：1. 表中"水上拌制"指混凝土搅拌船在水上工程现场拌制混凝土；"陆上拌制"指陆上混凝土集中搅拌站拌制混凝土。
2. 表中"累计计量允许偏差"是指每一运输车中各罐混凝土的每种材料计量偏差的平均值，该项指标仅适用于采用微机控制的陆上搅拌站。

3. 搅拌

混凝土的搅拌就是将混凝土设计配合比中的水泥、水、砂石及外加剂等材料，进行均匀拌和及混合的过程，通过拌和也使材料达到强化、塑化的作用。混凝土拌合物的质量如何，在很大程度上取决于混凝土搅拌机的选择。

（1）混凝土搅拌机　混凝土搅拌机按工作原理可分为自落式和强制式两类。

1）自落式搅拌机是将物料提升到一定高度后，利用重力的作用，自由落下，由于各物料颗粒下落的高度、时间、速度、落点和滚动距离不同，从而使物料颗粒相互穿插、渗透、扩散，最后达到分散均匀的目的，由于物料的分散过程主要是利用重力作用，故又称重力扩散机理，如图2-23所示。自落式搅拌机按形式和卸料方式不同可分为鼓筒式、锥形反转出料式和双锥倾翻出料式等。鼓筒式搅拌机宜于搅拌塑性混凝土，锥形反转出料式和双锥倾翻出料式搅拌机可用于搅拌低流动性混凝土，鼓筒式搅拌机由于拌和量小、工作效率低、对机械磨损大、卸料比较困难等，现已成为淘汰产品。

2）强制式搅拌机是利用运动着的叶片强迫物料颗粒分别从各个方向（环向、径向和竖向）产生运动，使各物料颗粒运动的方向、速度不同，相互之间产生剪切滑移以致相互穿插、扩散，从而使各物料均匀混合。由于物料的扩散过程主要是利用物料颗粒相互间的剪切滑移作用，故又称剪切扩散机理。强制式混凝土搅拌机就是根据这种机理设计而成的。

强制式搅拌机分为立轴式强制搅拌机和卧轴式强制搅拌机两种，如图2-24所示。

强制式搅拌机的拌和能力比自落式搅拌强，多用于搅拌干硬性混凝土、低流动性混凝土和轻集料混凝土。与自落式搅拌机相比，强制式搅拌机动力消耗大，叶片易磨损，构造较复杂，维护费用高，一般多用于混凝土预制厂。

混凝土搅拌机的选择，应根据混凝土工程量的大小，混凝土设计坍落度、集料的种类、粒径大小等多方面因素而确定，既要满足工程技术的要求，又要满足经济、节约的原则。

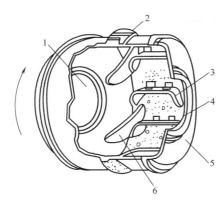

图 2-23 自落式搅拌机
1—进料口 2—大齿轮 3—弧形叶片
4—卸料口 5—搅拌鼓筒 6—斜向叶片

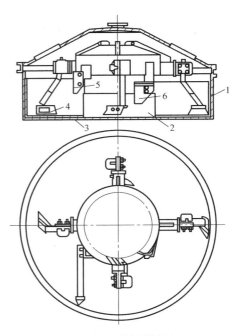

图 2-24 强制式搅拌机
1—外衬板 2—内衬板 3—底衬板
4—拌叶 5—外刮板 6—内刮板

（2）搅拌制度 为了获得均匀、优质的混凝土拌合物，除合理选择搅拌机的型号外，还必须正确地确定搅拌制度，包括搅拌时间、进料容量及投料顺序。

1）搅拌时间是指从全部材料投入搅拌筒中起算，到开始卸料为止所经历的时间。它与搅拌质量密切相关。搅拌时间过短，混凝土不均匀，强度及和易性将下降；搅拌时间过长，不但降低搅拌的生产效率，同时会使不坚硬的粗集料在大容量搅拌机中因脱角、破碎等而影响混凝土的质量。对于加气混凝土，也会因搅拌时间过长而使所含气泡减少。混凝土搅拌的最短时间见表 2-12。

表 2-12 混凝土搅拌的最短时间　　　　　　　　　　（单位：s）

混凝土坍落度 /mm	搅拌机机型	搅拌机出料量/L		
		500	750~1000	>1000
≤40	强制式	90	120	150
>40 且 <100	强制式	60	90	120
≥100	强制式	60	60	90

注：掺加外加剂与掺合料时，其搅拌时间应适当延长。

2）进料容量是指搅拌前各种材料的体积之和，又称为干料容量。进料容量约为出料容量的 1.4~1.8 倍（通常取 1.5 倍）。如进料容量超过规定容量的 10% 以上，就会使材料在搅拌筒内无充分的空间进行掺和，影响混凝土拌合物的均匀性；反之，如装料过少，则又不能充分发挥搅拌机的效能。

3）混凝土的投料顺序分为一次投料法和二次投料法。

① 一次投料法是工地上常用的投料方法,即在上料斗中先装石子,再加水泥和砂,然后一次投入搅拌机。投料时,由于石子在下面,易投料且少黏料斗;砂压住水泥,可减少水泥飞扬。对自落式搅拌机,可在搅拌筒内先加10%的水再投料,使水泥和砂先进入搅拌筒形成水泥砂浆,缩短包裹石子的时间。对立轴强制式搅拌机,因出料口在下部,不能先加水,应在投入原料的同时,缓慢均匀分散加水。掺合料宜与水泥同步投料,液体外加剂宜滞后于水和水泥投料,粉状外加剂宜溶解后再投料。

② 二次投料法又分为预拌水泥砂浆法、预拌水泥净浆法和水泥裹砂石法(又称SEC法)等。预拌水泥砂浆法是先将水泥、砂和水加入搅拌筒内进行充分搅拌,成为均匀的水泥砂浆后,再加入石子搅拌成均匀的混凝土。预拌水泥净浆法是先将水泥和水充分搅拌成均匀的水泥净浆后,再加入砂和石搅拌成混凝土。水泥裹砂石法是先将全部的石子、砂和70%的拌和水倒入搅拌机,拌和15s使集料湿润,再倒入全部水泥进行造壳搅拌30s左右,然后加入30%的拌和水再搅拌60s左右。

试验表明,二次投料法搅拌的混凝土与一次投料法相比较,混凝土强度可提高约15%;在强度等级相同的情况下,可节约水泥15%~20%。

2.3.2 混凝土的运输

混凝土自搅拌机中卸出后,应及时送到浇筑地点。其运输方案的选择,应根据建筑结构特点、混凝土工程量、运输距离、地形、道路和气候条件以及现有设备进行综合考虑。

1. 混凝土运输的基本要求

1) 保持混凝土在运输过程中的均质性,运至浇筑地点后应具有规定的坍落度。为减少混凝土在运输过程中出现分层离析的质量问题,必须减少运输中的颠簸振动,因此,要求运输道路平坦、运输工具震动小,运输距离尽量短。如果出现混凝土分层离析,在浇筑前应进行第二次拌和。为减少混凝土在运输过程中坍落度发生大的变化,混凝土的转运次数和运输时间应尽量减少。运送混凝土的容器应不吸水,不漏浆,并加以覆盖,防止日晒雨淋。

2) 保证混凝土在初凝前不仅必须运送到浇筑地点,而且还要有充分的时间完成浇筑和振捣工作。混凝土的运输时间是指混凝土从搅拌机中卸料算起,到混凝土浇筑和振捣完毕的时间。其时间的长短,与施工气温、混凝土的强度等级、掺加外加剂的种类等有关。对于不掺加外加剂的混凝土,为保证混凝土在初凝前有充分的时间进行浇筑,混凝土搅拌结束后,至浇筑完毕所经历的时间,不应超过规定的时间,当气温低于25℃时,C30以内的混凝土不得超过2h,C30以上的混凝土不得超过1.5h;当气温超过25℃时,C30以内的混凝土不得超过1.5h,C30以上的混凝土不得超过1.0h。

3) 保持混凝土的成分比例和水胶比不变。保持混凝土的成分比例和水胶比不变,实际上是避免产生砂浆的流失。因此,选择的运输工具应严密,车辆行驶匀速,避免紧急制动,减少转运次数,垂直运输自由落差不大于2m,溜槽运输坡度不大于30°。

4) 保持混凝土浇筑工作连续。为保持混凝土结构的整体性,很多工程要求混凝土浇筑工作连续进行,尤其是滑模施工和不允许留施工缝的大体积混凝土浇筑,应该根据混凝土的施工能力大小、运输距离长短、混凝土强度要求,选择适宜的运输工具的种类、数量,以保持混凝土浇筑工作连续性。

2. 混凝土运输形式

混凝土运输包括地面运输、垂直运输和施工面水平运输三大类。

（1）地面运输　施工场内的短距离运输，可采用机动翻斗车或双轮推车；当运输距离较长时，宜采用混凝土搅拌运输车或自卸汽车。混凝土搅拌运输车是将搅拌机安装在载重汽车上，可以把搅拌站拌好的混凝土运输到距离较远的工地，在运输途中边行驶边缓慢搅拌，以防止混凝土产生分层离析，也可以装入混凝土干料，在运输中随行驶搅拌。混凝土搅拌运输车如图2-25所示。

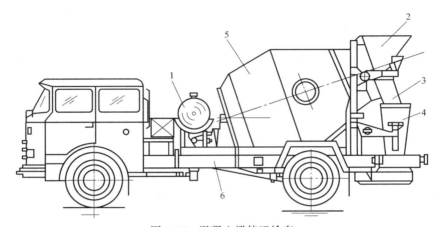

图2-25　混凝土搅拌运输车
1—水箱　2—进料斗　3—卸料车　4—活动卸料溜槽　5—搅拌筒　6—汽车底盘

（2）垂直运输　垂直运输多采用塔式起重机、混凝土泵、快速提升斗和井架。

1）塔式起重机是最常用的一种垂直运输方式，其工作幅度较大，当搅拌机在塔式起重机工作幅度范围内时可完成水平运输和垂直运输。若搅拌机距浇筑点较远，可采用翻斗车或自卸汽车将混凝土运至起重机工作幅度范围内，装入配置的混凝土料斗内，再由塔式起重机完成垂直运输任务。

2）井架。井架作为垂直运输工具，在多层建筑施工中很常见。一般用角钢或工字钢组成井架，由慢速卷扬机作为提升设备，采用手推车作楼面运输工具。这是一种搭拆方便、造价较低的垂直运输工具。

3）混凝土泵。混凝土泵运输，即泵送混凝土技术在垂直运输中的应用，它是利用混凝土泵通过管道将混凝土输送到浇筑地点，以综合完成混凝土的地面水平运输、垂直运输和施工面水平运输，这是混凝土运输的发展方向。目前，工程上常用的混凝土泵有液压柱塞泵和挤压泵两大类。

① 液压柱塞泵，即液压活塞式混凝土泵，是利用活塞的往复运动将混凝土吸入和排出，如图2-26所示。

② 挤压泵由料斗、泵体、挤压胶管、塑胶滚轴和转子传动装置等组成。当转子带动塑胶滚轴旋转时，滚轴挤压装有混凝土的胶管，使混凝土向前推移，由于泵体保持高度的真空状态，胶管被压后又恢复扩张，管内形成负压，将料斗中的混凝土不断吸入，如此往返进行，使混凝土不断吸入、排出。

我国生产的混凝土泵的生产率有 $8m^2/h$、$30m^3/h$、$60m^3/h$、$85m^3/h$ 等规格，其水平输送距离为 200～600m，垂直运输距离为 30～150m。混凝土输送管是泵送混凝土作业中的重要配件，主要包括直管、弯管、锥形管、软管、管接头和截止阀。直管的标准长度有 4.0m、3.0m、2.0m、1.0m、0.5m，其中以 3.0m 为主；管径常用的有 100mm、125mm 和 150mm 三种；弯管的角度有 15°、30°、45°、60°和 90°五种。

（3）施工面水平运输　水平运输有手推车、机动灵活的小型机动翻斗车、带式运输机，如用混凝土泵则用布料机布料。

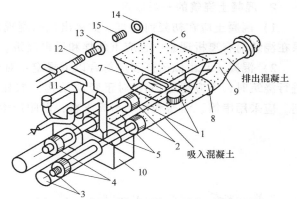

图 2-26　液压活塞式混凝土泵的工作原理图
1—混凝土缸　2—推压混凝土活塞　3—液压缸　4—液压活塞　5—活塞杆　6—料斗　7—吸入阀　8—排除阀　9—Y 形管　10—水箱　11—水洗装置换向阀　12—水洗用高压软管　13—水洗用法兰　14—海绵球　15—清洗活塞

1）手推车运输。采用单轮车或架子车等人力车运输混凝土，多用于较小工程的水平运输。单轮手推车适宜于 30～50m 的运距，双轮车适宜于 100～300m 的运距。路面的纵坡一般不宜大于 15%，一次爬高不宜超过 2～3m。

2）翻斗车运输。翻斗车能直接将混凝土卸于浇筑地点，或卸于滑槽内经过吊桶（溜管）浇灌，可以随着浇筑工作的进行而移动轨道。如采用工具式轨道，则更加适宜。但轨道应力求平整，以免翻斗车行驶颠簸，造成混凝土分离。

采用翻斗车运送混凝土，人力推行时适用于 300m 左右的距离，机车牵引适用于 400～1500m 以内的距离。轨道坡度大于 0.6%时，须安装闸台。

3）自卸汽车运输。当混凝土运输量较大而运距又较远时，常利用自卸汽车运送。现在搅拌站采用搅拌自卸汽车运输，车体为密闭的，便于保温保湿。

4）带式运输机运输。采用带式运输机运送混凝土，斜坡道运输时，应采用较小的坡度，向上输送时坡度不应大于 14°～16°，向下输送时，坡度不应大于 6°～8°。

带式运输机的极限速度以不超过 1.2m/s 为宜，以避免因转速太快而造成混凝土产生分离现象。

2.3.3　混凝土的浇筑

1. 混凝土浇筑前的准备工作

混凝土浇筑前的准备，是保证混凝土工程顺利进行和工程质量的基础。

1）检查模板的位置、形状、尺寸、标高、强度、刚度、接缝、支撑等是否符合设计的要求。

2）检查钢筋和预埋件的数量、直径、位置、保护层、绑扎与焊接是否牢固等。

3）检查施工机具的准备及运转情况。

4）检查清理情况，模板中杂物和钢筋表面污物清理干净。

5）检查交底工作情况，施工组织设计、技术和安全交底工作是否进行。

2. 混凝土浇筑的一般规定

1) 混凝土应在初凝前浇筑，如果出现初凝现象，应再进行一次强力搅拌才能入模，如果在浇筑前有离析现象，也应重新拌和后再浇筑。

2) 混凝土自由倾落高度应符合以下规定：对于素混凝土或少筋混凝土，由料斗、漏斗进行浇筑时，不应超过2m；对于竖向结构，如柱、墙，浇筑混凝土的高度不超过3m。否则，应采用串筒、溜槽和振动串筒下料，以防产生离析，如图2-27所示。

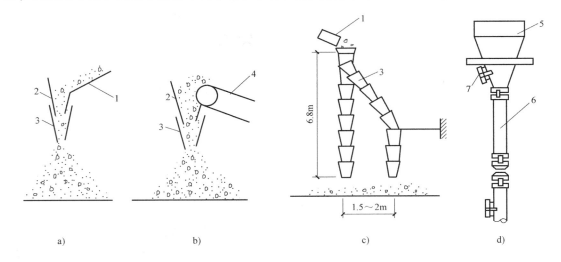

图 2-27 防止混凝土离析的措施
a) 溜槽运输　b) 带式运输　c) 串筒　d) 振动串筒
1—溜槽　2—挡板　3—串筒　4—带式运输机　5—漏斗　6—节管　7—振动器

3) 浇筑竖向结构混凝土前，底部应先浇入50~100mm厚与混凝土成分相同的水泥砂浆，以避免产生蜂窝麻面、露石等质量缺陷。

4) 混凝土浇筑时的坍落度应符合表2-13中的规定。

表 2-13 混凝土浇筑时的坍落度

结构种类	坍落度/mm
基础或地面等垫层、无配筋的厚大结构（挡土墙、基础或厚大的块体等）或配筋稀疏的结构	10~30
板、梁及大型、中型截面的柱子等	30~60
配筋密的结构（薄壁、斗仓、筒仓、细柱等）	50~70
配筋特密的结构	70~90

注：1. 本表是指采用机械振捣的坍落度，采用人工捣实时可适当增大。
　　2. 需要配制大坍落度混凝土时，应掺用外加剂。
　　3. 曲面或斜面结构的混凝土，其坍落度值应根据实际需要另行规定。

5) 为了使混凝土上下层结合良好并振捣密实，浇筑混凝土的分层厚度，应根据气温、浇筑能力和振捣设备综合分析确定，其分层允许厚度应符合表2-14的规定。

表 2-14　浇筑混凝土分层允许厚度

捣实方法	捣实后的厚度/mm	捣实方法	捣实后的厚度/mm
插入式振捣器捣实	≤500	附着式(外挂)振捣器振实	≤300
表面振动器捣实	≤200	人工振实	≤200

6) 为保证混凝土的整体性,浇筑工作应连续进行。当由于技术上或施工组织上的原因必须间歇时,其间歇的时间应尽可能缩短,并保证在前层混凝土凝结之前,将次层混凝土浇筑完毕。其允许间歇时间应根据混凝土硬化速度和振捣能力经试验研究确定,或参照表 2-15 规定执行。

表 2-15　浇筑混凝土的允许间歇时间

混凝土的入模温度/℃	允许间歇时间/h	
	硅酸盐水泥、普通硅酸盐水泥	矿渣硅酸盐水泥、火山灰硅酸盐水泥、粉煤灰硅酸盐水泥
30~35	1.5	2.0
20~29	2.0	2.5
10~19	2.5	3.0
5~9	3.0	3.5

注:1. 允许间歇时间为混凝土从搅拌机卸出到浇筑完毕的延续时间。
　　2. 表列数值未考虑掺外加剂的影响。
　　3. 如间歇时间过长应在现场进行重塑试验,如混凝土不能重塑时应按施工缝处理。
　　4. 重塑试验可用插入式振捣器在振动下靠自重插入混凝土中,并经振捣 15s 后在振捣器周围 100mm 处仍能翻浆,即认为能重塑。

7) 乘低潮位浇筑混凝土时,应采取措施保证浇筑速度大于潮位上涨速度,并保持混凝土在水位以上进行振捣。底层混凝土初凝前不宜受水淹没,浇筑完后,应及时封顶,并宜推迟拆模时间。

8) 有附着性海生物滋长的海域,应注意其对水下混凝土接茬部位质量的危害,可采取缩短浇筑间隔时间或避免在其生长旺季施工。

9) 无掩护海域现场浇筑面层混凝土时,应采取防浪、防雨、防冻等措施。

10) 浇筑大体积混凝土时,应按一定的厚度、次序、方向分层进行,分层的间歇时间应符合表 2-15 的规定。

11) 浇筑斜面混凝土时,应从低处开始,逐渐向高处浇筑。必要时应在底部加挡板。

12) 浇筑与墩柱连成整体的梁和板时,应在墩柱浇筑完毕后停歇 1~2h,待墩柱混凝土初步沉实后,再继续浇筑。

连续浇筑高度较大的混凝土构件时,混凝土应随浇筑高度的上升分层减水。

混凝土浇筑至顶部时,宜采用二次振捣及二次抹面,如有泌水现象,应予排除。

浇筑混凝土时,应经常检查模板和支撑系统的坚固性与稳定性,并不得随意拆除。浇筑空心构件混凝土时,布灰、振捣应均匀对称地进行。当采用胶囊作空心内模时,应加强二次抹面,消除混凝土表面气孔。

在土模中浇筑混凝土时,应防止振捣棒碰撞侧壁和触及底模。

浇筑厚大无筋或配筋稀疏的结构混凝土,需埋放块石时,应按下列规定进行:

1) 当气温低于 0℃ 时，应停埋块石。
2) 受拉区的混凝土内不得埋放块石。
3) 混凝土中埋放块石尺寸应根据运输条件和振捣设备能力而定，块石形状应大致方正，最长边与最短边之比不应大于 2。凡有显著风化迹象、裂缝夹泥砂层、片状体或强度低于规定指标值的块石，均不得使用。
4) 混凝土中所埋放的块石距混凝土结构物表面的距离应满足：有抗冻性要求的，不小于 300mm；无抗冻性要求的，不小于 100mm 或混凝土粗骨料最大粒径的 2 倍。
5) 块石应立放在新浇筑的混凝土层上，并被混凝土充分包裹。埋放前应冲洗干净并保持湿润。块石与块石之间的净距不得小于 100mm 或混凝土粗骨料最大粒径的 2 倍。

构件浇筑完毕后，应在每个构件上标明型号、制作日期等。对于安装时易混淆或安装方向有要求的构件，应加标志。所有标志应按构件类型，统一标在同一位置上。

3. 施工缝

施工缝的留置位置，应在混凝土浇筑前确定，并宜留置在结构受剪力较小且易于施工的部位。有抗渗要求、与底板相连的墙体，其水平施工缝宜留置在距底板大于 1m 高的位置。施工缝的形式应符合下列规定。

1) 施工缝应做成垂直缝或水平缝。
2) 有抗渗要求的墙或薄壁结构，宜做成榫状或设置止水板。
3) 在埋有块石的混凝土中留置水平施工缝时，宜使埋入的块石外露一半。

在施工缝处继续浇筑混凝土时，应符合下列规定。

1) 已浇筑的混凝土，其抗压强度不应小于 1.2MPa。
2) 在已硬化的混凝土表面上，应凿毛处理，清除水泥薄膜、松动石子和软弱混凝土层。
3) 浇筑新混凝土前，应先用水充分润湿水平缝老混凝土表面，达到饱和、面干，低洼处不得留有积水。

2.3.4　混凝土的振捣

混凝土的振捣就是使入模的混凝土完成成形与密实的过程，保证混凝土结构构件外形正确，表面平整，混凝土的强度和其他性能符合设计的要求。

常用的振动器有内部振动器、外部振动器和振动台。

(1) 内部振动器　内部振动器又称插入式振动器，由电动机、传动装置和振动棒三部分组成，工作时依靠振动棒插入混凝土产生振动力而捣实混凝土。插入式振动器是水运工程应用最广泛的一种，常用以振实梁、柱、墙等平面尺寸较小而深度较大的构件和体积较大的混凝土。

1) 内部振动器的种类。内部振动器分类方法很多，按振动转子激振原理不同，可分为行星滚锥式和偏心轴式；按操作方式不同，可分为垂直振捣式和斜面振捣式；按驱动方式不同，可分为电动、风动、液压和内燃机驱动等形式；按电动机与振动棒之间的转动形式不同，可分为软轴式和直联式，如图 2-28 所示。

2) 内部振动器的使用要点。
① 使用前，应首先检查各部件是否完好，各连接处是否紧固，电动机是否绝缘，电源

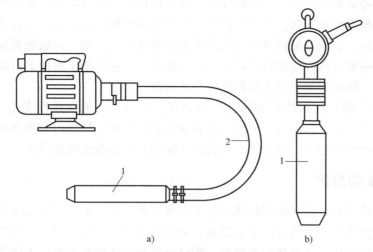

图 2-28 插入式振动器外形
a) 软轴式振动器 b) 直联式振动器
1—振动棒 2—软管

电压和频率是否符合规定,待一切合格后,方可接通电源进行试运转。

② 振捣时,要做到"快插慢拔"。快插是为了防止将表层混凝土先振实,与下层混凝土发生分层、离析现象;慢拔是为了使混凝土能填埋振动棒的空隙,防止产生孔洞。

③ 作业时,要使振动棒自然沉入混凝土中,不可用力猛插。一般应垂直插入,并插至尚未初凝的下层混凝土中 50~100mm,以利于上下混凝土层相互结合。

④ 振动棒插点要均匀排列,可采用"行列式"或"交错式"的次序移动,两个插点的间距不宜大于振动棒有效作用半径的 1.5 倍,如图 2-29 所示。

⑤ 振动棒在混凝土内的振捣时间,一般每个插点为 20~30s,到混凝土不再显著下沉,不再出现气泡,表面泛出的水泥浆均匀为止。

⑥ 由于振动棒下部振幅比上部大,为使混凝土振捣均匀,在振捣时应将振动棒上下抽动 5~10cm,每插点抽动 3 或 4 次。

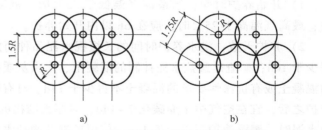

图 2-29 插入式振动器相邻插点的排列
a) "行列式" 排列 b) "交错式" 排列

⑦ 振动棒与模板的距离不得大于其有效作用半径的 0.5 倍,并要避免触及钢筋、模板、芯管、预埋件等,更不能采取通过振动钢筋的方法来促使混凝土振实。

⑧ 振动器软管的弯曲半径不得小于 50cm,并且不得多于两个弯。软管不得有断裂、死弯现象。

⑨ 在检修、移动和作业间歇时,必须切断电源,作业时工人必须穿戴绝缘劳动保护用品,操作人员必须掌握安全用电的基本知识。

(2) 外部振动器 外部振动器又称附着式振动器,它是直接安装在模板外侧的横档或竖档上，利用偏心块旋转时所产生的振动力，通过模板传递给混凝土，使之振动密实。

外部振动器根据作业不同，可分为附着式和平板式两种。附着式振动器是依靠其底部螺栓固定在模板上面；平板式振动器是在附着式振动器底部加一块平板改装而成，使之能浮在混凝土表面上，并能在偏心块旋转时产生分力的作用下，在混凝土表面上自动滑移，适用于振捣平板、地面、路面等面积较大而厚度较小的构件。

（3）振动台 混凝土振动台又称台式振动器，是一个支承在弹性支座上的工作平台，是混凝土预制厂的主要成形设备。台面上安装成形的钢模板，模板内装满混凝土，当振动机构运转时，在振动的作用下，带动工作台面强迫振动，使混凝土振实成形。

2.3.5 混凝土的养护

混凝土浇筑捣实后，逐渐凝固硬化，这个过程主要由水泥的水化作用来实现，而水化作用必须在适当的温度和湿度条件下才能完成。如气候炎热、空气干燥、不及时进行养护，混凝土中的水分蒸发过快，易出现脱水现象，使已形成凝胶体的水泥颗粒不能充分水化，不能转化为稳定的结晶，缺乏足够的黏结力，从而会使混凝土表面出现片状或粉状剥落，影响混凝土的强度。此外，在混凝土尚未具备足够的强度时，水分过早地蒸发，还会产生较大的变形，出现干缩裂缝，影响混凝土的整体性和耐久性。因此，混凝土浇筑完毕后应及时加以覆盖，结硬后保湿养护。养护方法应根据构件外形选定，宜采用洒水、土工布覆盖浇水、包裹塑料薄膜、喷涂养护液进行养护。当日平均温度低于5℃时，不宜洒水养护。

混凝土养护方法分自然养护和蒸汽养护两种。

1. 自然养护

自然养护是指利用平均气温高于5℃的自然条件，用保水材料或草帘等对混凝土加以覆盖后适当浇水，使混凝土在一定的时间内在湿润状态下硬化。

1）开始养护时间：当最高气温低于25℃时，混凝土浇筑完毕后应在12h以内开始养护；最高气温高于25℃时，应在6h以内开始养护。

2）养护天数：浇水养护时间的长短视水泥品种而定，硅酸盐水泥、普通硅酸盐水泥不得少于10d；矿渣硅酸盐水泥拌制的混凝土、火山灰质硅酸盐水泥和粉煤灰硅酸盐水泥拌制的混凝土或有抗渗性要求的混凝土不得少于14d。对有抗冻要求的混凝土，按要求进行潮湿养护之后，宜在空气中干燥碳化7~14d，对厚大结构的混凝土，使用硅酸盐水泥、普通硅酸盐水泥时，潮湿养护不得少于14d；使用矿渣硅酸盐水泥、火山灰质硅酸盐水泥或粉煤灰硅酸盐水泥时，潮湿养护不得少于21d。混凝土必须养护至其强度达到2.5MPa以后，方准在其上踩踏和安装模板及支架。

3）浇水次数：养护时应使混凝土保持适当的湿润状态，养护初期，水泥的水化反应较快，需水也较多，特别注意浇筑后前几天的养护工作，此外，在气温高、湿度低时，也应增加洒水的次数。

4）喷洒塑料薄膜养护：将过氯乙烯树脂塑料溶液用喷枪洒在混凝土表面，溶液挥发后在混凝土表面形成一层塑料薄膜，使混凝土与空气隔绝，阻止水分的蒸发，以保证水化作用的正常进行。所选薄膜在养护完成后能自行老化脱落，适用于不易洒水养护的高耸构筑物和大面积混凝土结构。

2. 蒸汽养护

蒸汽养护就是将构件放置在有饱和蒸汽或蒸汽空气混合物的养护室内,在较高的温度和相对湿度的环境中进行养护,以加速混凝土的硬化,使混凝土在较短的时间内达到规定的强度标准值。蒸汽养护过程分为静停、升温、恒温、降温四个阶段。

1)静停阶段:混凝土构件成形后在室温下停放养护,时间为 2~6h,以防止构件表面产生裂缝和疏松现象。

2)升温阶段:此阶段是构件的吸热阶段。升温速度不宜过快,以免构件表面和内部产生过大温差而出现裂纹。对于薄壁构件,每小时不得超过 25℃;其他构件不得超过 20℃;用干硬性混凝土制作的构件,不得超过 40℃。

3)恒温阶段:此阶段是升温后温度保持不变的时间。此时强度增长最快,这个阶段应保持 90%~100% 的相对湿度;最高温度不得大于 95℃,时间为 3~5h。

4)降温阶段:此阶段是构件散热过程。降温速度不宜过快,每小时不得超过 10℃,出养护室后,构件表面与外界温差不得大于 20℃。

2.3.6 混凝土质量检查和缺陷处理

混凝土的质量检查应贯穿到混凝土施工的各个环节中,每道工序都建立严格的质量管理与检查制度,以确保混凝土的质量。

1. 质量检查

1)混凝土组成材料的质量和用量,每一工作班至少检查两次,按质量比投料量偏差在允许范围之内。

2)在一个工作班内,如混凝土配合比由于外界影响而有变动时(如砂、石含水量的变化),应及时检查。

3)混凝土的搅拌时间应随时检查。

4)检查混凝土在拌制地点及浇筑地点的坍落度,每一工作班至少两次。

5)混凝土强度检查。

2. 缺陷分类及产生原因

(1)麻面 麻面是结构构件表面上呈现无数的小凹点,而无钢筋暴露的现象。它是由于模板表面粗糙、未清理干净、润湿不足、漏浆、振捣不实、气泡未排出以及养护不好所致。

(2)露筋 露筋即钢筋没有被混凝土包裹而外露。主要是由于未放垫块或垫块位移、钢筋位移、结构断面较小、钢筋过密等使钢筋紧贴模板,以致混凝土保护层厚度不够所造成的。有时也因缺边、掉角而露筋。

(3)蜂窝 蜂窝是混凝土表面无水泥砂浆,露出石子的深度大于 5mm 但小于保护层的蜂窝状缺陷。主要是由配合比不准确、浆少石子多,或搅拌不匀、浇筑方法不当、振捣不合理,造成砂浆与石子分离、模板严重漏浆等原因产生。

(4)孔洞 孔洞是指混凝土结构内存在着孔隙,局部或全部无混凝土。它是由于骨料粒径过大、钢筋配置过密造成混凝土下料中被钢筋挡住,混凝土流动性差,混凝土分层离析,振捣不实,混凝土受冻,混入泥块杂物等所致。

(5)缝隙及夹层 缝隙及夹层是施工缝处有缝隙或夹有杂物。产生原因是因施工缝处理不当以及混凝土中含有垃圾杂物。

（6）缺棱、掉角　缺棱、掉角是指梁、柱、板、墙以及洞口的直角边上的混凝土局部残损掉落。产生的主要原因是混凝土浇筑前模板未充分润湿，棱角处混凝土中水分被模板吸去，水化不充分使强度降低，以及拆模时棱角损坏或拆模过早，拆模后保护不好也会造成棱角损坏。

（7）裂缝　裂缝有温度裂缝、干缩裂缝和外力引起的裂缝。原因主要是温差过大、养护不良、水分蒸发过快以及结构和构件下地基产生不均匀沉陷，模板、支撑没有固定牢固，拆模时受到剧烈振动等。

（8）强度不足　混凝土强度不足的原因有多方面，主要是原材料达不到规定的要求，配合比不准、搅拌不均、振捣不实及养护不良等。

3. 缺陷处理

（1）表面抹浆修补　对数量不多的小蜂窝、麻面、露筋、露石的混凝土表面，可用钢丝刷或加压水洗刷基层，再用 1:2～1:2.5 的水泥砂浆填满抹平，抹浆初凝后要加强养护。当表面裂缝较细，数量不多时，可将裂缝用水冲并用水泥浆抹补；对宽度和深度较大的裂缝应将裂缝附近的混凝土表面凿毛或沿裂缝方向凿成深为 15～20mm，宽为 100～200mm 的 V 形凹槽，扫净并洒水润湿，先用水泥浆刷第一层，然后用 1:2～1:2.5 的水泥砂浆涂抹 2～3 层，总厚控制在 10～20mm 左右，并压实抹光。

（2）细石混凝土填补　当蜂窝比较严重或露筋较深时，应按其全部深度凿去薄弱的混凝土和个别凸出的骨料颗粒，然后用钢丝刷或加压水洗刷表面，再用比原混凝土等级提高一级的细骨料混凝土填补并仔细捣实。

对于孔洞，可在旧混凝土表面采用处理施工缝的方法处理，将孔洞处不密实的混凝土凸出的石子剔除，并凿成斜面避免死角，然后用水冲洗或用钢丝刷子清刷，充分润湿后，浇筑比原混凝土强度等级高一级的细石混凝土。细石混凝土的水胶比宜在 0.5 以内，并可掺入适量混凝土膨胀剂，分层捣实并认真做好养护工作。

（3）环氧树脂修补　当裂缝宽度在 0.1mm 以上时，可用环氧树脂灌浆修补。修补时先用钢丝刷清除混凝土表面的灰尘、浮渣及散层，使裂缝处保持干净，然后把裂缝做成一个密闭性空腔，有控制地留出进出口，借助压缩空气把浆液压入缝隙，使它充满整个裂缝。这种方法具有很好的强度和耐久性，与混凝土有很好的粘接作用。

对混凝土强度严重不足的承重构件应拆除返工，尤其对结构要害部位更应如此。对强度降低不大的混凝土可不拆除，但应与设计单位协商，通过结构验算，根据混凝土实际强度提出处理方案。

2.4　混凝土的特殊施工方法

2.4.1　大体积混凝土温度控制

混凝土在硬化过程中，水泥和水发生化学反应导致温度升高。当散热条件较好时，如在普通的梁、板、柱结构中，水化热造成的最高温升并不大，不会产生什么；但在浇筑大体积混凝土时，散热条件较差，积蓄在混凝土块内的水化热将引起混凝土体积变形，即所谓温度变形。这种温度变形一旦受到约束不能自由移动时就产生温度应力,若产生的是拉应力,当超过混凝土的抗拉强度时,就要产生温度裂缝。由基础约束而产生的温度应力将会引起深层裂缝;而自身约束将引起表面裂缝。为了防止裂缝的产生,在进行大体积混凝土施工中必须进行温度控制。因此,大体积混凝土施工时应符合下列规定:

1) 施工中应控制混凝土的浇筑温度,充分利用低温季节施工。

2) 热天施工应采取的措施:混凝土入模温度不高于30℃;混凝土施工安排温度较低的夜间进行;降低骨料和拌和用水的温度;避免混凝土表面骤然降温。

3) 冷天施工应采取的措施:混凝土入模温度不低于5℃;浇筑完毕后覆盖保温,防止冷击;不使用冷水养护。

4) 无筋或少筋大体积混凝土中宜埋放块石,埋放块石时应符合有关规定。

5) 当混凝土早期升温时,宜采取的散热措施:分层浇筑;顶面洒水或用流动水散热;采用钢模板;布设冷却水管。

6) 在混凝土降温阶段应采取的保温措施:在寒冷季节推迟拆模时间,拆模后采用草袋帆布、塑料薄膜覆盖等保温措施;对于地下结构及时进行回填保温、减小干缩。

7) 拆模不宜在混凝土可能受冷时进行。

8) 施工缝设置应满足下列要求:

① 在岩基或老混凝土上浇筑的混凝土结构,纵向分段长度不大于15m。

② 在底板上连续浇筑墙体,墙体上的水平施工缝设置在墙体距底板顶面大于等于1.0m的位置。

③ 对不适合设置施工缝的结构,采取跳仓浇筑和设置闭合块的方法,减小一次浇筑的长度。

④ 上下两层相邻混凝土避免错缝浇筑。

⑤ 在已浇筑的混凝土结构上浇筑新混凝土时,间隔时间不超过7d。

9) 岩石地基表面宜处理平整,在地基与结构之间可设置缓冲层。

大体积混凝土养护宜满足下列要求:

1) 养护期不少于14d。

2) 热天采用流动水养护;在不冻地区,冷天采用滞水养护。

混凝土内部和表面温度应控制在设计要求的温差内,当设计无要求时,温差不宜超过25℃。

2.4.2 混凝土冬期施工

冬期施工,由于气温低,混凝土的凝固速度迟缓。如果温度为-2℃或更低时,混凝土中的水分会冻结成冰,不但硬化过程完全停止,而且冰冻膨胀会导致混凝土结构的破坏,因而强度、密实性及耐久性显著降低。但当混凝土在获得一定强度后,就可以抵抗冰冻的破坏,这一强度称为混凝土冬期施工时的"临界强度",其值不低于设计强度的50%或10MPa。所以,如何在低温环境中加速混凝土的早期凝固,使混凝土在受冻之前,尽快获得临界强度,是冬期施工的关键。因此对于冬期施工,《水运工程混凝土施工规范》(JTS 202—2011)规定如下:

1) 日平均气温连续5d稳定低于5℃时,应采取冷天施工措施并密切注意天气预报。

2）施工前应准备好加热、保温和防冻的材料，并采取必要的安全防火措施。

3）冷天施工应优先选用硅酸盐水泥或普通硅酸盐水泥，使用其他品种水泥时，强度等级不应低于 42.5MPa，并应注意其中掺合料对混凝土抗冻、抗渗等性能的影响。冷天施工不得使用高铝水泥。

4）骨料不得含有冰、雪等冻结物和易冻裂的矿物质。

5）冷天施工应使用无氯盐类及低碱含量的防冻剂或低温早强剂，对有抗冻性要求的混凝土应掺入引气剂，且不得采用蒸汽养护法。混凝土中含气量应符合表 2-16 的规定。

表 2-16 混凝土含气量选择范围

骨料最大粒径/mm	含气量(%)	骨料最大粒径/mm	含气量(%)
10.0	5.0~8.0	31.5	3.5~6.5
20.0	4.0~7.0	40.0	3.0~6.0
25.0	3.5~7.0	63.0	3.0~5.0

注：泵送混凝土含气量应控制在 5.0%~7.0%。

6）掺加防冻剂时，防冻剂及其应用应符合国家现行标准的有关规定。

7）混凝土的出机温度应综合考虑气温条件、材料温度、保温方法、运输过程中的热量损失等因素，在保证混凝土的浇筑入模温度不得低于 5℃条件下，通过试算和试验确定。

8）蓄热法养护应符合下列规定：

① 结构的冷却表面积与结构体积的比值不得大于 5，且日最低气温不低于-10℃。

② 养护期间，如气温急剧下降，应立即采取避免混凝土受冻的有效措施。

③ 结构物的棱角部分应加强保温，迎风面应增设挡风设施。

④ 当新浇筑的混凝土与暴露在外的老混凝土接触时，应在老混凝土周围 1.0~1.5m 范围内，进行防寒保温。对外露的粗钢筋或其他预埋件，应在长 1.0~1.5m 的范围内进行防寒保温。

9）蒸汽加热法养护应符合下列规定：

① 混凝土采用蒸汽加热法养护，应采用饱和蒸汽，构件应均匀受热，并应设法排除冷凝水和防止冻结。

② 混凝土浇筑后应立即覆盖保温，保温 4~6h 后再进行升温。

③ 升温速度应满足：结构的冷却表面积与结构体积的比值大于和等于 5 的结构，每小时升温 15℃；结构的冷却表面积与结构体积的比值小于 5 的结构；每小时升温 10℃；配筋稠密、连续长度较短的细薄构件，每小时升温 20℃。

④ 恒温时间应根据恒温温度、混凝土强度要求，通过试验确定。恒温的允许最高温度不应超过表 2-17 规定的数值。

表 2-17 恒温允许最高温度

水泥品种	允许最高温度/℃
普通硅酸盐水泥	75
矿渣硅酸盐水泥、火山灰硅酸盐水泥	85

注：有抗冻要求的混凝土，恒温允许最高温度不应超过 50℃。

⑤ 降温速度每小时不应大于 10℃。

⑥ 先张法施工的预应力构件，恒温允许最高温度应根据设计规定的允许张拉钢筋温度与养护温度之差经计算确定，当钢筋配筋的预应力混凝土强度养护至 7.5MPa 或钢丝、钢绞线配筋的预应力混凝土强度养护至 10MPa 以上时，可不受设计规定的温差限制，按非预应力构件进行蒸汽养护。

10）电毯法加热养护应符合下列规定：

① 电热毯宜由四层玻璃纤维布中间夹以电阻丝制成。其几何尺寸应根据混凝土表面或模板外侧与支架组成的区格大小确定。电热毯的电压宜为 60~80V，单片功率宜为 75~100W。

② 当布置电热毯时，在模板周边的各区格可间隔布毯，并应与对面模板错开。电热毯外侧应设置耐温、保温材料。

③ 混凝土浇筑后立即覆盖保温，保温 4~6h 后再进行升温。

④ 电热毯养护的通电持续时间应根据气温及养护温度确定。

11）拆除模板应符合下列规定：

① 养护完毕应经试验确定混凝土已达到所要求的强度后，方可拆模。

② 模板与保温层应在混凝土冷却至 5℃后拆模。

③ 混凝土与外界温差大于 20℃时，拆除模板后的混凝土表面应临时加以覆盖。

12）混凝土的允许受冻强度，不应低于设计强度标准值的 50%且不低于 10MPa。

13）混凝土冷天施工时，应做好温度测量和记录，并应符合下列规定。

① 水和骨料在装入搅拌机时的温度、混凝土出机温度和浇筑温度，每一工作班应至少测量 4 次。

② 对混凝土养护期间温度的测量次数，用蓄热法时每昼夜为 4 次；用电毯法加热养护时每昼夜应为 3 次。

③ 测温孔均应编号，并绘制测温孔布置图。

④ 测温时，应采取措施将温度计与外界气温隔离，并应留置在测温孔内 3min 以上。

⑤ 测温孔的设置，当采用蓄热法养护时，应设置于易于散热的部位；当采用电毯法加热养护时，大体积结构应在表面及内部分别设置。

14）混凝土强度应以标准养护 28d 的试件，作为评定结构中的混凝土是否能够达到设计标准的依据。试件数量除应根据规定制取外，还应增制 2 组补充试件与结构中的混凝土同条件养护，分别用于检验受冻前的混凝土强度和转入常温养护 28d 的混凝土强度。

15）无掩护且有冰凌的海域，冰期内不宜施工。

2.4.3 水下混凝土施工

在不能排水的情况下直接在水下浇筑混凝土，这在港口航道工程中使用较多，如水下基础、灌注桩以及各种修复工程等。

在灌筑水下混凝土时要防止水流和波浪等的影响。在选择混凝土配合比时，配制强度一般应比陆上施工时提高 1/3~1/2，要求混凝土有良好的流动性和抗离析性能。水下模板的接缝应严密，混凝土灌筑时应不间断地进行，尽量做到新浇筑的混凝土表面不与水流接触，绝对不允许将混凝土直接倾倒于水中。

水下混凝土施工时应根据设计要求选用水下普通混凝土或水下不分散混凝土。水下不分散混凝土基本性能应符合表 2-18 的规定。

表 2-18 水下不分散混凝土的基本性能

工作性	扩展度/mm		400~550
	30min 扩展度损失/mm		≤50
水下抗分散性	水陆成形试件抗压强度比(%)	7d	≥65
		28d	≥75
	悬浮物含量/(mg/L)		<180
	pH 值		<12
力学性能	满足结构强度要求		

水下混凝土施工,当水深大于 1.5m 时,宜采用导管法或泵压法,水下不分散混凝土也可采用吊罐法;当水深小于 1.5m 时,水下普通混凝土宜采用夯击法及振捣法;临时性工程的水下普通混凝土可采用袋装法。

1. 袋装法

袋装法有袋装混凝土和袋装砂浆两种工艺。

袋装混凝土是将拌制好的混凝土,坍落度保持在 50~70mm,装入透水的纤维编织袋内,然后由潜水工在水下将它叠置起来。为保证填筑密实,袋的装料量宜为袋容积的 2/3,袋中的水泥在水中硬化。堆筑时应交错叠置,相互紧靠,层与层之间宜用短钢筋插接牢固。

袋装堆筑法不得采用干拌混凝土。

在进行河岸、渠道护坡工程时,常采用化纤模袋混凝土,将高强土工布织成特殊的袋垫,如图 2-30 所示,铺于被护岸坡的表面,当注入砂浆后形成扁平的混凝土面板,具体施工见第 3.3 节。

如果将织物做成布套套在受腐蚀的钢管桩及混凝土桩周围,注入砂浆进行修补和防蚀也可以取得满意的效果。

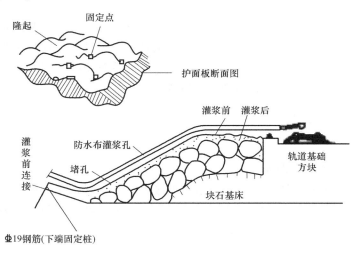

图 2-30 化纤模袋护面板敷设及砂浆灌注

2. 振捣法

建筑桩台、近岸浅水的水下基础、修补堤岸等可用振捣法施工。振捣法施工应采用由岸向水、赶浆振捣的顺序及浇筑方式进行。续浇时，将混凝土倾注在已出水首批混凝土内侧，通过振捣，使混凝土向水区推进。

此法先从岸边向水中堆填第一批混凝土，由岸向水赶浆振捣，通常用自卸汽车、溜槽等将混凝土浇筑出水面上，用振捣器在露出水面的混凝土的内侧自下而上反复振捣，使首批混凝土在水下向前流动。逐渐挤开水向前进占，以后堆填的混凝土应该堆置在已经堆填好的混凝土体之上，使在自重、夯击和振捣作用下逐渐向前摊开，保持后填的混凝土不直接与水接触，且与水位线的距离不应小于20cm（仅第一批混凝土与水接触），并保持混凝土面始终高于水面，以免影响质量。

混凝土应有良好的和易性和黏聚力，其坍落度宜为30~60mm。混凝土灌筑连续进行，尽量缩短灌筑时间，全部水下浇筑，应在首批混凝土初凝前完成。

3. 导管法

在1.5~2.0m水深灌筑水下混凝土，现在广泛采用导管法，如图2-31所示，其主要特点如下：

1）拌制好的高流动性混凝土料由设在一定位置（模板中）上的垂直导管灌注到水下。此管只能垂直移动。

2）混凝土料在导管的流动和在模板中的分配主要是靠重力作用。

3）在管子下端流出的混凝土料能排出模板中的水和上层已浇的混凝土，并自动向四面流动，填满空间。

4）下端导管口埋入混凝土至少1m以上，但也不要超过6m，通常保持在2~4m。新混凝土在灌筑的整个过程中都进入到先灌筑的混凝土中而不与水接触。

灌筑前，在高出水面10cm的模板上开设孔洞，以便混凝土不断灌入而向外排水。导管的管径一般为200~300mm，由若干段组成，每节之间用法兰盘加胶皮垫圈连接紧密，以防漏水。导管顶部有灌筑漏斗，其容积应能保证开始灌筑时在导管下端筑成小堆，并将导管下口埋在堆内2m以上，以防止水从外部反流进导管。整个管筒悬挂在灌筑地点的工作台上，

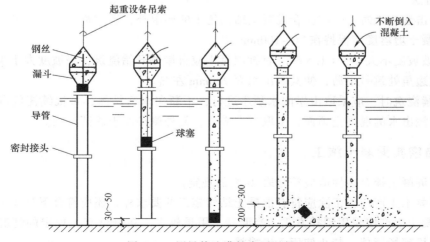

图2-31 用导管法灌筑水下混凝土

并通过专门的滑车和卷扬机上下移动。

为了避免混凝土与管中的水接触混合，在漏斗的颈处放一球塞，其直径略小于导管内径，用麻绳或钢丝拉住。先将管筒下放到底部，待漏斗中装满混凝土，稍将管筒提起一点，将球塞冲开，混凝土和球塞在重力作用下下落。当混凝土将球塞自管底挤出时，亦挤出模板内的水，混凝土便形成堆并将导管口埋起来，以后随着混凝土的上升，相应地提升导管。

此法要求混凝土有较大的流动性，有足够的抵抗泌水和分离的稳定性。选择配合比时，要求混凝土配制强度比设计标准提高40%~50%；坍落度宜为160~220mm；粗骨料最大粒径不得大于导管内径的1/4或钢筋净距的1/4，也不得大于60mm。掺入加气剂或塑化剂，并适当提高砂率以改善和易性。

混凝土灌筑应从深水处开始，用几根导管同时灌筑一个灌筑块，应保证混凝土表面均匀上升，灌筑工作连续不得中断。混凝土灌筑到设计标高后，应继续进行直至有50cm的超高，这部分混凝土因其与水经常接触，质量较差，在硬化后应予凿除。

4. 泵压法

水下普通混凝土采用泵压法施工时，除满足导管法的有关规定外，还应符合下列规定：

1）泵压法施工宜采用100~150mm内径的金属输送管，每根的浇筑面积宜为3~5m²，灌注范围较广时，可用柔性软管由潜水员移动浇筑位置。

2）混凝土泵的输送管不得透水。

3）泵压混凝土前应排除管内积水。泵送管前端应安装滑阀。

4）泵送管出口宜伸入混凝土内300~400mm。

5. 吊罐法

水下不分散混凝土采用吊罐法施工时，应符合下列规定：

1）水下不分散混凝土施工时，水下浇筑落差不宜大于500mm，流动半径不宜大于3m。

2）吊罐法施工可用于混凝土运距短的中小型水下工程。

3）吊罐的结构应保证混凝土能顺畅装入和排出，罐的有效容积不宜小于0.5m³。

4）吊罐施工应按顺序快速浇筑，不得中途停顿。

6. 夯击法

采用夯击法施工时，除应符合混凝土结构施工的要求外，还应符合下列规定：

1）混凝土坍落度宜保持在70~100mm。

2）岸坡坡度不大于1:1.5时，首批混凝土应自岸侧开始浇筑，当坡度大于1:1.5时，应用导管在边角处筑一小岛，使其露出水面200mm左右。

3）继续浇筑时，应采取由岸向水顺序进行，不断向水区扩展，每批续浇的混凝土，均应倾注在已浇出水的混凝土顶面，采取夯击方法，使外侧混凝土逐渐扩展。

2.4.4 自密实混凝土施工

自密实混凝土拌合物性能应符合表2-19的规定。

密实混凝土生产与施工除应符合混凝土结构施工的要求外，还应符合下列规定：

1）混凝土生产应采用预拌方式。当混凝土用量较少，在符合有关规定的情况下宜采用强制式搅拌机现场搅拌，禁止使用人工搅拌。

表 2-19 混凝土拌合物性能

性能		指标要求		检测方法
填充性/mm	Ⅰ级	650≤SF≤750		坍落扩展度
	Ⅱ级	550≤SF≤650		
填充性/s		$2 \leq T_{500} \leq 5$		T_{500} 流动时间
间隙通过性、抗离析性	Ⅰ级	钢筋净距 40mm	$H_2/H_1 \geq 0.8$	L 型仪
	Ⅱ级	钢筋净距 60mm		
间隙通过性、抗离析性	Ⅰ级	钢筋净距 40mm	$\Delta h \leq 30$ /mm	U 型仪
	Ⅱ级	钢筋净距 60mm		
抗离析性		$f_m \leq 10\%$		拌合物稳定性跳桌试验

注:1. 表中 SF 为坍落扩展度;T_{500} 为混凝土拌合物直径为 500mm 所需的时间;H_2/H_1 为前、后槽混凝土拌合物的高度比;Δh 为前、后槽混凝土拌合物的高度差。
2. 对于密集配筋构件,采用自密实混凝土施工时,拌合物工作性指标应按表中的Ⅰ级指标要求。
3. 对于钢筋最小净距超过粗骨料最大粒径 5 倍的混凝土构件或钢管混凝土构件,采用自密实混凝土施工时,拌合物工作性指标可按表中的Ⅱ级指标要求。
4. 在进行自密实混凝土配合比设计时,对于每一批混凝土拌合物的工作性优先选用坍落扩展度、L 型仪或坍落扩展度、U 型仪检测评价分别对其填充性、间隙通过性和抗离析性进行测试评价。

2)拌制用原材料的计量允许偏差:水泥取±1%,矿物掺合料取±1%,粗、细骨料取±2%,水取±1%,外加剂取±1%。

3)自密实混凝土搅拌时间应比普通混凝土适当延长,延长时间可根据现场试拌确定。

4)在正式生产前必须对自密实混凝土拌合物进行鉴定,检测其工作性能。

5)自密实混凝土应根据待浇混凝土结构物的实际情况对生产速度、运输时间及浇筑速度进行协调,制订合理的运输计划,确保混凝土的输送与浇筑在其工作性能保持期内完成。

6)浇筑过程应根据现场实际情况确定合适的水平或垂直浇筑距离。

7)当场地狭窄或浇筑口很小时,可采用人工浇筑的方法,但应保证施工连贯。

2.4.5 泵送混凝土施工

在设计泵送混凝土配合比时除必须满足强度和耐久性的要求外,还必须考虑原材料和配合比对混凝土可泵性的影响。因此,泵送混凝土的拌和、泵送和浇筑应符合下列规定:

1)混凝土的可泵性,采用压力泌水试验测定,10s 时相对压力泌水率不宜超过 40%。

2)掺用泵送剂时,可采用二次添加的方法,搅拌时间应延长 30s。

3)配管设计时,泵送管路的水平换算距离应与泵送能力相适应,并留有余地。

4)安装导管前应彻底清除管内污物并用压力水冲洗。

5)泵送混凝土前,应先用水泥砂浆对管壁进行润滑。水泥砂浆配合比应与该泵送混凝土中水泥砂浆配合比相同。

6)泵送作业应连续进行。因故中断时,应使混凝土泵保持转动,防止导管堵塞。在常温下,间歇时间过久,应将存留在导管内的混凝土排除,并加以清洗。

7)泵送混凝土应采用二次振捣、二次抹面的方法,刮去顶层浮浆,保证混凝土的密实性。

8)采用插入式振捣器时,振捣时间可按表 2-20 选用。

表 2-20　泵送混凝土振捣时间

混凝土坍落度/mm	振捣时间/s	混凝土坍落度/mm	振捣时间/s
80~140	15~30	150~180	10~20

9）泵送作业结束后应及时用压力水将导管冲洗干净。

评定混凝土坍落度、含气量和各项物理力学性能的试件应在灌筑地点的泵车出口处制取。

2.4.6　真空吸水混凝土施工

在混凝土浇筑施工中，有时为了使混凝土易于成形，采用加大水胶比提高混凝土流动性的方式，但随之降低了混凝土的密实性和强度。真空脱水法就是利用真空吸水设备，将已浇筑完毕的混凝土中的游离水和气泡吸出，以达到降低水胶比、提高混凝土强度、改善混凝土的物理力学性能、加快施工进度的目的。经过真空脱水的混凝土，密实度大，抗压强度可提高 25%~40%，与钢筋的握裹力可提高 20%~25%，可减少收缩，增长弹性模量。混凝土真空脱水技术主要用于预制构件和现浇混凝土楼地面、道路及机场跑道等工程施工。

真空脱水设备主要由真空泵机组、真空吸盘、连接软管等组成，如图 2-32 所示。

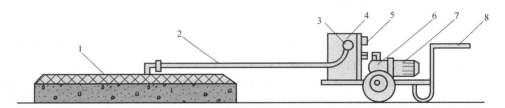

图 2-32　真空脱水设备图

1—真空吸盘　2—软管　3—吸水进口　4—集水箱　5—真空表　6—真空泵　7—电动机　8—手推小车

平面混凝土的真空脱水宜采用软吸垫，立面和斜度大于 70°的斜面宜采用刚性或半刚性吸垫。真空脱水设备宜采用真空度可调式机组。

混凝土真空吸水工艺宜采用先低真空度，后高真空度的变真空度工艺，低真空度宜为 0.05MPa，并保持 4min。高真空度的最低值可按下式计算

$$P = 0.0533 + 0.0001H \tag{2-1}$$

式中　P——高真空度的最低值（MPa）；

　　　H——混凝土真空脱水深度（mm）。

混凝土以分钟计真空脱水时间可取以毫米计板厚数值的 0.10~0.15 倍，或根据经验观察混凝土表面的水分明显被吸干，用手指压上无痕、用脚踩只留有轻微的痕迹，即可认为真空抽吸完成。可按下式计算

$$t = (1.1 - 0.01T)t_{10} \tag{2-2}$$

式中　t——混凝土真空脱水时间（min）；

　　　T——气温（℃）；

　　　t_{10}——气温为 10℃时的脱水时间（min），t_{10} 可按表 2-21 选用。

表 2-21　气温为 10℃ 时的脱水时间

脱水深度/mm	最少脱水时间/min	脱水深度/mm	最少脱水时间/min
≤100	0.1H	>150,≤200	0.2H-10
>100,≤150	0.15H-5	—	—

注：H 为混凝土真空脱水深度。

对于下列情况，混凝土真空脱水时间应适当延长。
1）水泥用量大于 380kg/m³。
2）采用掺合料时，延长 50%。

混凝土配合比设计应符合下列规定。
1）石子可采用间断级配；当要求同时提高强度和节约水泥时，宜采用连续级配。
2）混凝土拌合物坍落度宜选用 40~60mm。当混凝土厚度大、要求脱水时间短或表面平整度要求高时，宜选用 20~40mm。

真空吸水系统应严密不漏气。脱水处理前，设备检查应符合下列规定：
1）真空泵的空载真空度应高于 0.087MPa。
2）连接软管、真空吸垫和接头，应无损伤、漏气或阻塞。胶管应能承受外界大气压力，在抽真空时不被压扁。
3）真空系统应保持清洁，应防止固体颗粒被吸入真空泵内。在脱水处理前应进行试运转。

厚度小于 100mm 的平面混凝土，可采用振动梁振动。厚度超过 100mm 或配筋密集时，可辅以插入式振捣器振捣。

真空脱水程序应符合下列规定：
1）振捣密实后的混凝土可采用振动梁或振动刮尺进行振动刮平。混凝土厚度应高出设计厚度 1.0%~1.5%。振动刮平后，应立即进行真空脱水。
2）振动刮平后的混凝土表面应铺放真空吸垫。气垫薄膜与边膜应保持 80~100mm 距离。
3）真空泵启动 3min 内，如真空度达不到 0.59MPa 以上时，应检查真空泵、接头和气垫薄膜的密封状况并及时处理。
4）真空脱水施工中应记录真空度、脱水时间与脱水量，并观察气垫薄膜内各处水流的情况。如发现局部水体移动不畅时，可间歇、短暂地掀起邻近的局部密封边，借助渗入少量空气，促使混凝土表层水体正常移动。
5）真空脱水过程中，不宜临时关停真空泵或掀起密封边。因故必须中途关停真空泵时，在继续进行真空脱水前，可在四周密封边外抹一层水泥浆恢复良好的密封状态。
6）真空脱水过程中应保证相邻两次抽吸区间有 30~50mm 的搭接。
7）卷起吸垫与过滤布后，应立即用水冲洗干净。
8）真空脱水后，应立即采用圆盘式抹光机进行抹面处理，再用叶片式抹光机抹平，不得加水泥砂浆面层。

混凝土经真空脱水后，应按规定进行养护。

现场混凝土检验应采用配备小真空吸垫的真空试模。试验所采用的混凝土、真空度和其他工艺条件，均应与工程实际一致。真空脱水混凝土的强度和密实性应采用钻芯取样法检验。

2.4.7 水下预填骨料升浆混凝土施工

（1）水下预填骨料升浆混凝土 水下预填骨料升浆混凝土所用原材料应符合下列规定：

1）预填骨料的粒径宜为 50~200mm；其级配宜为：粒径 50~80mm 的占 13%~15%，粒径 80~200mm 的占 85%~87%。

2）预填骨料应经高压水冲洗，去除粉尘与碎屑。

3）砂应通过 2.5mm 筛，细度模量宜为 1.2~2.0，平均粒径不应大于 0.35mm。

4）外加剂宜采用缓凝型，掺量应通过试验确定。

5）加气剂宜采用纯度为 96%以上的脱脂铝粉，掺量宜为水泥质量的 0.03%~0.06%。

（2）水下升浆混凝土用砂浆 水下升浆混凝土用砂浆的流动度宜为（18±2）s，泌水率不应大于 1.25%，膨胀率不应大于 4.5%，初凝时间不应小于 10.5h，终凝时间不应大于 23.5h。

（3）叶片转速 升浆用水泥砂浆宜用叶片转速为 147r/min 的高速砂浆搅拌机拌制。

（4）升浆单元 按预填骨料升浆混凝土基础的大小及升浆能力对基础进行分段抛填和升浆，段与段之间宜以钢隔板分开，使其成为独立的升浆单元。

（5）隔板 隔板安装应稳定、牢固。隔板间的竖缝宜采用橡皮板紧固连接。隔板与基础间宜采用袋装混凝土封堵。

（6）抛填 隔板安装固定后，应立即在隔板两侧均匀抛石，两侧抛石高度不宜低于 1.5m，其高差应严格控制在 0.5 以内，隔板两侧块石抛填的水平推进长度之差不得大于 1.0m。隔板两侧块石抛填固定后，方可进行其他部位预填骨料的大面积的抛填。抛填中，不得将块石直接抛砸在钢隔板上。抛填厚度应满足设计要求，块石顶面标高的偏差宜控制在 300mm 以内。

（7）覆盖 预填骨料块石抛填完成后，应及时打管升浆或立即用土工布等覆盖。

（8）成孔及布管 成孔及布管宜用 ϕ127mm 导向管定位。垂直定位于升浆点的抛填块石顶面，用重锤在导向定位管内施打护管至岩面，再分别穿入压浆管和管壁打有"花孔"的观察管，之后拔出护管。升浆管的布管排距、管距应根据升浆压力、预填骨料粒径及升浆单元体的尺寸确定，宜为 3.0m；观测管宜布置在两排升浆管中间，其排距和管距宜为 3.0m。

（9）压浆 压浆泵额定压力不宜低于 1.5MPa、排量不宜小于 4m^3/h；储浆罐的容积宜为 1m^3，罐内应设有 20r/min 的搅拌器。

（10）升浆程序规定

1）升浆前应先用水泥净浆润滑管路。

2）每根升浆管应配一台压浆泵，每一排管同时升浆，正常升浆压力应控制在 0.3~0.5MPa，当升浆管被浆体埋深 2m、灌浆压力升至 1.0MPa 时应提升升浆管，使灌浆压力恢复正常，提管后的埋置深度不应小于 0.5m。

3）升浆顶面至设计标高以上 0.5m 时应结束升浆。升浆结束后应及时清理升浆体表面的浮浆。

4）升浆过程中，应采用比重锤测定压浆面的位置、浆体的流动半径及浆面的流动坡度等。

(11) 升浆混凝土质量检验规定

1) 混凝土试件应模拟水下升浆施工条件制作，检验升浆混凝土质量应满足下列要求。

① 抗压强度试件尺寸为 200mm×200mm×200mm，每个升浆单元留置试件 6~10 组；满足下式的要求为合格。

$$m_{fcu} \geqslant f_{cu,k} \tag{2-3}$$

$$f_{cu,min} \geqslant 0.85 f_{cu,k} \tag{2-4}$$

式中 m_{fcu}——混凝土立方体抗压强度的平均值（MPa）；

$f_{cu,k}$——该验收批混凝土立方体抗压强度标准值（MPa）；

$f_{cu,min}$——该验收批混凝土立方体抗压强度中的最小值（MPa）。

② 根据需要，每个升浆单元留置抗折强度试件 3~5 组，试件尺寸为 100mm×100mm×400mm，满足下式要求为合格。

$$m_{fcm} \geqslant f_{cm} \tag{2-5}$$

$$f_{min} \geqslant 0.85 f_{cm} \tag{2-6}$$

式中 m_{fcm}——混凝土抗折强度的平均值（MPa）；

f_{cm}——该验收批混凝土设计抗折强度标准值（MPa）；

f_{min}——该验收批混凝土抗折强度中的最小值（MPa）。

③ 根据需要，每个升浆单元留置抗渗试件 2~3 组，抗渗等级满足设计要求。

2) 对升浆体应钻孔取芯检验。检验时应选取有代表性的升浆单元，对升浆体钻孔取芯，并检验升浆的充填饱满程度、砂浆与预填骨料结合的紧密程度。

3) 在钻孔取芯的成孔中应放入水下电视监测器观测头，在屏幕上观察孔壁升浆的充填饱满程度、砂浆与预填骨料结合的紧密程度。

2.4.8 膨胀混凝土施工

膨胀混凝土的强度等级不应小于 C30。膨胀混凝土的变形性能应符合表 2-22 的规定。

表 2-22 膨胀混凝土的变形性能

项目	龄期/d	指标值/(×10⁻⁴)
限制膨胀率	水中 14	$\geqslant 1.5$
限制收缩率	空气中 28	$\leqslant 3.0$

评定膨胀混凝土抗冻性，应采用成形 24h 后、带模在水中养护 13d 后拆模、再继续在水中养护 14d 的抗冻试件进行抗冻性试验。浇筑结构闭合块、后浇带等填充用膨胀混凝土的强度试件，应在成形后第三天拆模。

膨胀混凝土的拌制、运输、浇筑和养护除应符合混凝土结构施工规定外，还应满足下列要求：

1) 膨胀剂按质量计允许偏差为±1%。

2) 膨胀混凝土的搅拌时间延长 60s。

3) 膨胀混凝土潮湿养护时间不少于 15d。

膨胀混凝土的质量检查应符合：膨胀混凝土质量应按设计要求的性能指标进行检查；膨

胀混凝土变形性能试件的留置组数应根据工程量的大小及结构的重要性综合确定。每 500m³ 膨胀混凝土取一组，不足 500m³ 者取一组。

2.4.9 合成纤维混凝土施工

合成纤维混凝土强度等级应满足设计要求，且不应小于 C30。限裂效能等级应符合表 2-23 的规定。

表 2-23 限裂效能等级评定标准

限裂效能等级	裂缝降低系数
一级	$\eta \geqslant 70$
二级	$55 \leqslant \eta < 70$

注：裂缝降低系数按有关规定进行计算。

合成纤维混凝土拌制、运输、浇筑和养护除应符合下列规定：

1）拌制应采用强制式搅拌机。在加水之前投入合成纤维，拌和时间应延长 40~60s。
2）出机后运输的时间不宜超过 30min。
3）浇筑后应在接近初凝前完成压面，终凝前完成压光。

合成纤维混凝土质量检验应符合下列规定：

1）合成纤维的掺量应采用水洗法在混凝土浇筑地点取样检验，测得的纤维实际含量与配合比要求的含量相差不应超过 15%。每个工作班应至少检验 2 次。
2）合成纤维混凝土应进行早期收缩裂缝检验，每单位工程相同配合比应留置两组试件，且每 500m² 至少留置一组试件。检验方法应符合规范规定。

2.5 混凝土工厂和混凝土构件预制厂

2.5.1 混凝土工厂

一座混凝土工厂或搅拌站的设计，首先应了解建设需要和供应范围以确定其规模和生产能力，然后选择搅拌机及各种设备，并根据地形、交通等条件在施工总平面布置中合理安排厂址。

1. 规模和生产能力

混凝土工厂或搅拌站的生产能力主要是指搅拌机的容量，其他机械设备都以搅拌机为准而配套。搅拌机的容量应满足工程浇筑的需要为依据，即混凝土的小时生产率应大于小时浇筑强度（m³/h）。只要确定出混凝土最大浇筑强度，就可根据额定生产率选择适宜规模和生产能力的工厂。

对于一般中小工程常常在工地组织混凝土搅拌站，因此需要选择搅拌机型号及数量。机型的选择视设备供应情况而定，数量的确定可按以下步骤进行。

一台搅拌机的生产率由下式计算。

$$P_1 = 3600 \times \frac{VK_B K}{t_1 + t_2 + t_3 + t_4} \tag{2-7}$$

式中 P_1——搅拌机小时生产率（m^3/h）；

V——搅拌机容量（装料容积）（m^3）；

t_1——进料时间，自动化配料为 10~15s，半自动化配料为 15~30s；

t_2——搅拌时间；

t_3——出料时间，倾翻式搅拌机为 15s，非倾翻式为 30~60s；

t_4——正常停歇时间，一般为 3~5s；

K_B——搅拌时间利用系数，为 0.85~0.95；

K——出料系数，为 0.67~0.7。

设施工最大浇筑强度（混凝土工厂生产能力）为 P，则理论上所需搅拌机的数量 N 为

$$N = \frac{P}{P_1} \tag{2-8}$$

计算出的 N 值应取整数，考虑到生产的不均匀性和维修期间停车，搅拌机的台数还应有 25% 的储备量。

搅拌机确定后，可选择储料、配料设备及工厂内运输机具设备，厂房本身的布置需进行经济比较确定。

2. 布置工艺

搅拌车间是工厂的中心环节，决定着工厂的工艺布置。工艺布置主要是指搅拌车间的设备布置及相互位置间的关系。

（1）竖向布置 根据物料提升情况，混凝土工厂竖向布置一般分为单阶式和双阶式两种。

单阶式布置是一次性将所需物料提升到搅拌间顶部的储料斗中，然后材料靠自重下落，经称量系统卸入搅拌机。

图 2-33 所示为单阶式混凝土工厂布置。水泥由斗式提升机一次送到厂顶，由螺旋运输机输入储料斗（有的工厂采用风动泵将水泥直接泵入储料斗），骨料由带运机送至厂顶。工厂中装有大型倾翻式搅拌机时，混凝土配料、搅拌及出料均配有自动控制系统，并由操作盘集中控制。

双阶式混凝土工厂的物料需要提升两次，第一次提升到储料斗，经称量后再提升到搅拌机，如图 2-34 所示。

单阶式工厂生产效率高、工艺布置紧凑、占地面积小、便于自动控制，但由于厂房高度较大，基建投资高，一般只为大型工程和混凝土预制构件厂所采

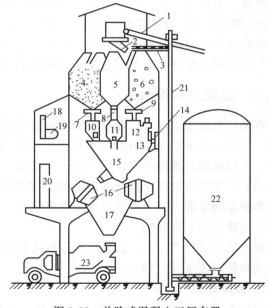

图 2-33 单阶式混凝土工厂布置
1—带式运输机 2—回转分料斗 3—螺旋运输机
4、5、6—砂、水泥、石料储料 7、8、9—砂、水泥、石料给料自动阀门 10、11、12—砂、水泥、石料计量斗
13—水计量斗 14—外加剂计量斗 15—集料斗 16—搅拌机
17—出料斗 18—计量指示盘 19—自动操作盘 20—集尘装置
21—斗式提升机 22—水泥筒仓 23—搅拌车

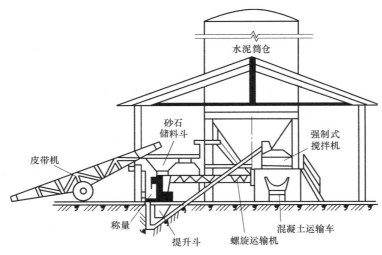

图 2-34 双阶式混凝土工厂

用。双阶式结构简单、投资小、布置灵活,所以在一般中小工程中广为应用。

(2) 平面布置　混凝土工厂按搅拌机的平面布置有直线式和浮式两种,直线式又分为单列和双列布置。

1) 直线式布置,每一台搅拌机(或每两台)配用一套备料装置,以便于采用手动或机械化操纵,且可以同时产生几种不同强度等级的混凝土。

2) 浮式布置,在离岸较远的海上或湖上浇筑混凝土建筑物时,如果从岸上运送混凝土拌合料在技术上有困难或不经济时,必须采用浮式混凝土工厂。浮式混凝土工厂设置在驳船上,常称混凝土搅拌船,其工艺设施与陆上混凝土工厂基本相同。

2.5.2　混凝土构件预制厂

在港口及航道工程中,随着装配式钢筋混凝土结构的广泛采用,混凝土构件预制厂日益发展。我国许多港口工程的混凝土构件预制厂(以下简称预制厂)都采用了现代化技术和设备,实行成批、连续生产,成本低、质量高。

预制厂主要由混凝土搅拌车间、钢筋加工车间、模板(木、钢模)整修车间,构件成形和养护车间组成。其中构件成形和养护是工厂生产的中心环节,对保证构件质量和工厂生产率的实现起决定性作用。

制作构件的生产工艺,根据生产过程构件成形和养护的不同特点,可分为台座式、机组流水式和传送流水式三种。

1. 台座式生产工艺

利用光滑平整的混凝土平台制作构件。构件的整个制作过程(包括成形、养护、脱模等)都是在台座上同一地点进行。制作过程中所需的混凝土和其他材料均由专门的起重设备供应。操作工人及其所用的生产机具设备按顺序从一个构件移动到另一个构件,完成各项生产过程。台座式生产周期较长、占地面积大、机械化程度较低,但设备简单、投资少、易于组织生产,特别能适应制作不同类型的构件和重型构件。一般为露天预制厂所采用。

2. 机组流水式生产工艺

将生产组织分为几个工段，每个工段都有相应的工人和机具设备，构件随同模板在其制作过程中沿着工艺流水线，借助专门的起重运输设备在各工段移动，分别完成各有关工序。生产过程按流水作业法组织，但工艺节奏不是强制式的，操作工人及生产机具基本上固定在一个岗位上。

机组流水式生产工艺的生产率，决定于构件混凝土的浇筑时间，一般是 10~20min。所以，生产率比台座式高，机械化程度也较高，占地面积小。但建厂投资较大，且由于构件在制作过程中运输繁多，对大型构件的制造反而不如台座式有利，故一般为生产多种规格的中小型构件预制厂所采用。

3. 传送流水式生产工艺

它是机组流水式的进一步发展。模板在一条呈封闭环形的传送带上有节奏地从一个工作区移动到下一工作区，各工作区要在同一时间内完成各自工序，从而保证有节奏地连续生产。此法生产效率高，但设备复杂，生产线不易调整，只适用于制作大批量定型生产尺寸较小的构件的永久性混凝土预制厂。

港口及航道工程的预制厂大多采用台座式生产工艺。它能适应各种大型构件的制作，也能进行预应力钢筋混凝土构件的生产。工厂在进行工艺布置时要注意产品的尺寸要求，各工种之间尽量减少不必要的往返运输，以形成生产流水线。机械设备和布置除满足工艺顺序外，还要考虑操作和检修要求，保证生产安全、为工人创造良好的劳动条件。

目前，我国制桩长度超过 60m，许多预制厂都采用了长线台座。一条台座线长度达 150~200m、宽度为 20m 左右，台座线之间留有 2m 以上的操作通道。考虑生产的不均衡性，工厂还备有一定面积的堆放场地，以便生产设备得以充分利用。

2.6 预应力混凝土工程

预应力混凝土是在外荷载作用前，预先建立有内应力的混凝土。一般是在混凝土结构或构件受拉区域，通过对预应力筋进行张拉、锚固、放松，借助钢筋的弹性回缩，使受拉区混凝土事先获得预压应力。预压应力的大小和分布应能减少或抵消外荷载所产生的拉应力。

预应力混凝土按预应力的大小可分为全预应力混凝土和部分预应力混凝土。按施加应力方式可分为先张法预应力混凝土、后张法预应力混凝土和自应力混凝土。按预应力筋的黏结状态可分为有黏结预应力混凝土和无黏结预应力混凝土。按施工方法可分为预制预应力混凝土、现浇预应力混凝土和叠合预应力混凝土等。

预应力混凝土与普通钢筋混凝土相比，具有抗裂性好、刚度大、材料省、自重轻、结构寿命长等优点，在工程中广泛应用。

2.6.1 预应力张拉锚固体系

1. 单孔夹片锚固体系

单孔夹片锚固体系如图 2-35 所示。单孔夹片锚具是由锚环与夹片组成，如图 2-36 所示。夹片的种类很多，按片数可分为四片式、三片式、二片式。按开缝形式可分为直开缝与斜开缝，直开缝夹片最为常用，斜开缝夹片主要用于锚固 7ϕ5 平行钢丝束。

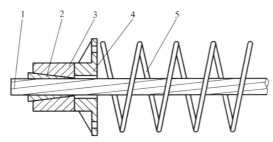

图 2-35 单孔夹片锚固体系示意图
1—预应力筋 2—夹片 3—锚环 4—承压板 5—螺旋筋

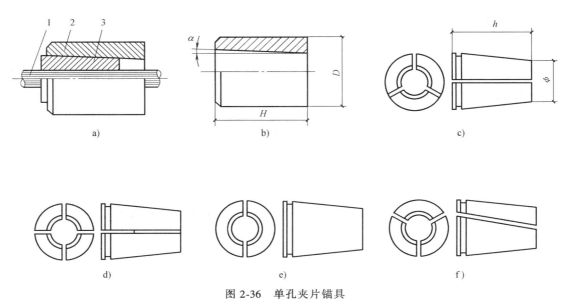

图 2-36 单孔夹片锚具
a) 组装图 b) 锚环 c) 三片式夹片 d) 四片式夹片 e) 两片式夹片 f) 斜开缝夹片
1—预应力筋 2—锚环 3—夹片

2. 多孔夹片锚固体系

多孔夹片锚固体系一般称为群锚,是由多孔夹片锚具、锚垫板(也称喇叭管)、螺旋筋等组成,如图 2-37 所示。这种锚具是在一块多孔的锚板上,利用每个锥形孔装一副夹片,夹持 1 根钢绞线,形成一个独立锚固单元,选择锚固单元数量即可确定锚固预应力筋的根数。其优点是任何 1 根钢绞线锚固失效,都不会引起整体锚固失效。多孔夹片锚固体系在后张法有黏结预应力混凝土结构中用途最广。

3. 扁形夹片锚固体系

扁形夹片锚固体系是由扁形夹片锚具、扁形锚垫板等组成,如图 2-38 所示。扁锚具有张拉槽口扁小、可减少混凝土板厚、钢绞线单根张拉、施工方便等优点,主要适用于楼板、扁梁、低高度箱梁,以及桥面横向预应力束等。

4. 固定端锚固体系

固定端锚固体系有:挤压锚具、压花锚具、环形锚具等类型。其中,挤压锚具既可埋在混凝土结构内,也可安装在结构之外,对有黏结预应力钢绞线、无黏结预应力钢纹线都适

第 2 章 混凝土结构工程

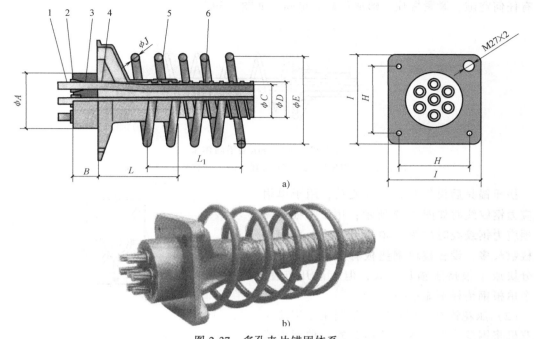

图 2-37 多孔夹片锚固体系
a) 尺寸示意图 b) 外观图片
1—钢绞线 2—夹片 3—锚环 4—锚垫板（喇叭口） 5—螺旋筋 6—波纹管

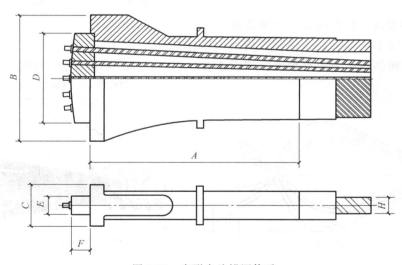

图 2-38 扁形夹片锚固体系

用，应用范围最广。压花锚具适用于固定端空间较大且有足够的黏结长度的固定端。环形锚具可用于墙板结构、大型构筑物墙、墩等环形结构。

（1）挤压锚具 挤压锚具是在钢绞线一端部安装异形钢丝衬圈（或开口直夹片）和挤压套，利用专用挤压设备将挤压套挤过模孔后，使其产生塑性变形而握紧钢绞线，异形钢丝衬圈（或开口直夹片）的嵌入，增加钢套筒与钢绞线之间的摩阻力，挤压套与钢绞线之间没有任何空隙，紧紧握住，形成可靠的锚固，如图 2-39 所示。

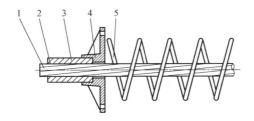

图 2-39　单根挤压锚锚固体系
1—钢绞线　2—挤压片　3—挤压锚环　4—挤压锚垫板　5—螺旋筋

挤压锚具后设钢垫板与螺旋筋，用于单根预应力钢绞线时如图 2-39 所示；用于多根有黏结预应力钢绞线时如图 2-40 所示。当一束钢绞线根数较多，设置整块钢垫板有困难时，可采用分块或单根挤压锚具形式，但应散开布置，各个单根钢垫板不能重叠。

（2）压花锚具　压花锚具是利用专用液压轧花机将钢绞线端头压成梨形头的一种握裹式锚具，如图 2-41 所示。这种锚具适用于固定端空间较大且有足够的黏结长度的有黏结钢绞线。

（3）U 形锚具　U 形锚具，即钢绞线固定端在外形上形成 180° 的弧度，使钢绞线束的末端可重新回复到起始点的附近地点，如图 2-42 所示。

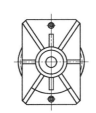

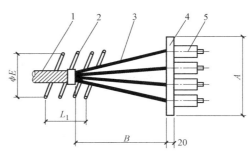

图 2-40　多根钢绞线挤压锚锚固体系
1—波纹管　2—螺旋筋　3—钢绞线
4—垫板　5—挤压锚具

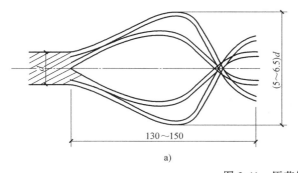

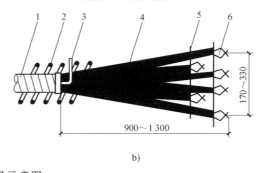

图 2-41　压花锚具示意图
a）单根钢绞线压花锚具　b）多根钢绞线压花锚具
1—波纹管　2—螺旋筋　3—排气孔　4—钢绞线　5—构造筋　6—压花锚具

U 形锚具的加固筋尺寸、数量与锚固长度应通过计算确定。U 形锚具的波纹管外径与混凝土表面之间的距离，应不小于波纹管外径尺寸。

因该锚具的特殊形状，预埋管再穿束难度大，因此一般采用预先将钢绞线穿入波纹管

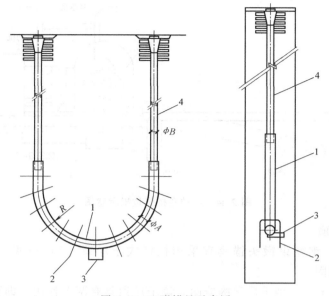

图 2-42 U 形锚具示意图
1—环形波纹管 2—U 形加固筋 3—灌浆管 4—直线波纹管

内,并置入结构中定位固定后再浇筑混凝土的方法。

2.6.2 预应力张拉设备

1. 电动螺杆张拉机

由螺杆、顶杆、张拉夹具、弹簧测力器及电动机组成,如图 2-43 所示,最大张拉力为 300~600kN,张拉行程为 800mm,张拉速度 2m/min,质量 400kg,为了便于转移和工作,将其装置在带轮的小车上。这种张拉的特点是运行稳定,螺杆有自锁性能,故张拉机恒载性能好,速度快,张拉行程大,电动螺杆张拉机可以张拉预应力钢筋也可以张拉预应力钢丝。

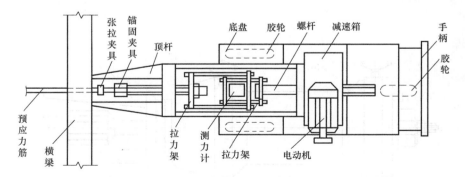

图 2-43 电动螺杆张拉机示意图

2. 电动卷扬张拉机

电动卷扬张拉机主要由电动卷扬机、弹簧测力计、电器自动控制装置及专用夹具等组成,如图 2-44 所示。操作时按张拉力预先标定弹簧测力计,开动卷扬机张拉钢丝,当达到预定张拉力时电源自动断开,实现张拉力自动控制。

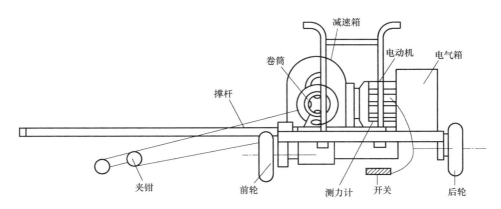

图 2-44 电动卷扬张拉机示意图

3. 拉杆式千斤顶

锥形螺杆锚具、钢丝束镦头锚具宜采用拉杆式千斤顶（YL-60 型）或穿心式千斤顶（YC-60 型）张拉锚固。

图 2-45 所示为 YC-60 型千斤顶构造图。该千斤顶具有两个作用，即张拉与顶锚。其工

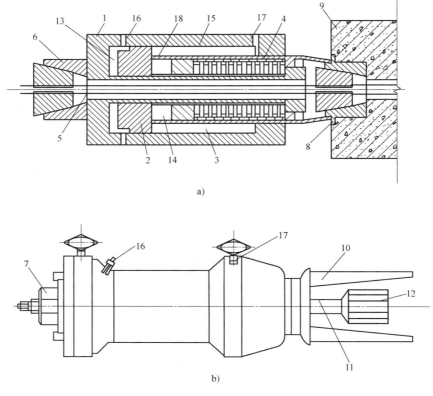

图 2-45 YC-60 型千斤顶构造图
a) 构造原理图　b) 加撑脚的外貌图
1—张拉油缸　2—顶压油缸　3—顶压活塞　4—弹簧　5—预应力筋　6—工具锚　7—螺帽　8—锚环　9—构件　10—撑脚　11—张拉杆　12—连接器　13—张拉油室　14—顶压油室　15—回油室　16—张拉缸油嘴　17—顶压缸油嘴　18—油孔

作原理是,张拉预应力筋时,张拉缸油嘴进油、顶压缸油嘴回油,顶压油缸、连接套和撑套连成一体右移顶住锚环;张拉油缸、端盖螺母及堵头和穿心套连成一体带动工具锚左移张拉预应力筋;顶压锚固时,在保持张拉力稳定的条件下,顶压缸油嘴进油、顶压活塞、保护套和顶压头连成一体右移将夹片强力顶入锚环内;此时,张拉缸油嘴回油、顶压缸油嘴进油、张拉缸液压回程。最后,张拉缸、顶压缸油嘴同时回油,顶压活塞在弹簧力作用下回程复位。YC-60型穿心式千斤顶张拉力为600kN,张拉行程为150mm。大跨度结构、长钢丝束等引伸量大的,用穿心式千斤顶为宜。

4. 锥锚式千斤顶

锥锚式千斤顶是具有张拉、顶锚和退楔作用的千斤顶,用于张拉带锥形锚具的钢丝束。锥锚式千斤顶由张拉油缸、顶压油缸、退楔装置、楔形卡环、退楔翼片等组成,如图2-46所示。其工作原理是当张拉油缸进油时,张拉缸被压移,使固定在其上的钢筋被张拉。钢筋张拉后,改由顶压油缸进油,随即由副缸活塞将锚塞顶入锚圈中。张拉缸、顶压缸同时回油,则在弹簧力的作用下复位。

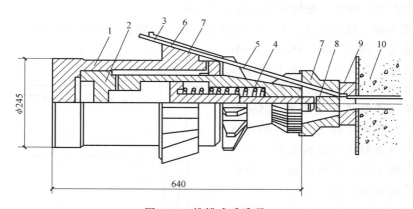

图 2-46 锥锚式千斤顶
1—张拉油缸 2—顶压油缸 3—顶压活塞 4—弹簧 5—预应力筋 6—楔块
7—对中套 8—锚塞 9—锚环 10—构件

2.6.3 先张法施工

先张法是在浇筑混凝土前张拉预应力筋,并将张拉的预应力筋临时固定在台座或钢模上,后浇筑混凝土的施工方法。待混凝土达到一定强度(一般不低于设计强度等级的75%),保证预应力筋与混凝土有足够黏结力时,放松预应力筋,借助于混凝土与预应力筋的黏结,使混凝土产生预压应力。

先张法适用于生产小型预应力混凝土构件,其生产方式有台座法和机组流水法。台座法是构件在专门设计的台座上生产,即预应力筋的张拉与固定、混凝土的浇筑与养护及预应力筋的放张等工序均在台座上进行,如图2-47所示。机组流水法是利用特制的钢模板,构件连同钢模板通过固定的机组,按流水方式完成其生产过程。

1. 台座

台座是先张法施工张拉和临时固定预应力筋的支撑结构,它承受预应力筋的全部张拉力,因此,要求台座具有足够的强度、刚度和稳定性。台座按构造分为墩式台座和槽式台

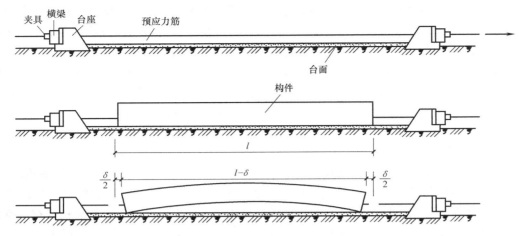

图 2-47 先张法

座,选用时根据构件种类、张拉吨位和施工条件确定。

(1) 墩式台座 墩式台座由台墩、台面与横梁等组成,目前应用较多,如图 2-48 所示。墩式台座的长度一般为 100~150m,一条线上可生产的构件数量可根据单个构件长度,并考虑两构件相邻端头距离 0.5m、台座横梁到第一个构件端头距离 1.5m 左右进行计算。台座宽度取决于构件的布筋宽度、张拉与现浇混凝土是否方便。在台座端部应留出张拉操作用地和通道,两侧要有用于构件运输和堆放的场地。

(2) 槽式台座 槽式台座由钢筋混凝土压杆和上、下横梁以及砖墙等组成,如图 2-49 所示。钢筋混凝土压杆是槽式台座的主要受力结构。为了便于拆移,常采用装配式结构,每段长 5~6m。为了

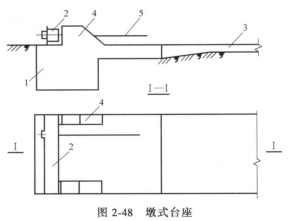

图 2-48 墩式台座
1—台墩 2—横梁 3—台面 4—牛腿 5—预应力筋

便于构件的运输和蒸汽养护,台面以低于地面为宜,采用砖墙挡土和防水,同时也作为蒸汽养护的保温侧墙。槽式台座的长度一般为 45~76m,适用于张拉力较高的大型构件,如吊车梁、屋架等。另外,由于槽式台座有上、下两个横梁,能进行双层预应力混凝土构件的张拉。

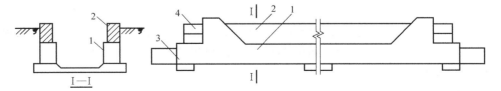

图 2-49 槽式台座
1—钢筋混凝土压杆 2—砖墙 3—下横梁 4—上横梁

2. 夹具

夹具是先张法中张拉时用于夹持钢筋和张拉完毕后用于临时锚固钢筋的工具。前者称为张拉夹具，后者称为锚固夹具，两种夹具均可重复使用。对夹具的要求是工作可靠，构造简单，加工容易，使用方便。

（1）张拉夹具

1）偏心式夹具用作钢丝的张拉。它是由一对带齿的有牙形偏心块组成，如图2-50所示。偏心块可用工具钢制作，其刻齿部分的硬度较所夹钢丝的硬度大。这种夹具构造简单，使用方便。

2）压销式夹具是用于直径为12~16mm的HPB300~HRB400级钢筋的张拉夹具，它是由销片和楔形压销组成的，如图2-51所示。销片2、3有与钢筋直径相适应的半圆槽，槽内有齿纹用以夹紧钢筋。当楔紧或放松楔形压销4时，便可夹紧或放松钢筋。

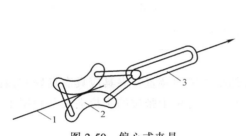

图 2-50 偏心式夹具
1—钢丝　2—偏心块　3—与张拉机械连接的环

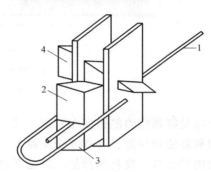

图 2-51 压销式夹具
1—钢筋　2—楔形销片　3—销片　4—楔形压销

（2）锚固夹具

1）钢质锥形夹具主要用来锚固直径为3~5mm的单根钢丝夹具，如图2-52所示。

2）墩头夹具适用于预应力钢丝固定端的锚固，如图2-53所示。

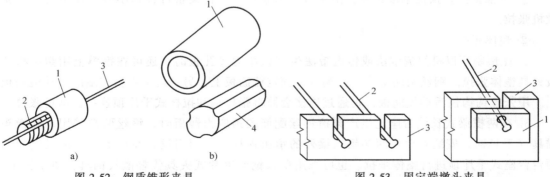

图 2-52 钢质锥形夹具
a）圆锥齿板式　b）圆锥式
1—套筒　2—齿板　3—钢丝　4—锥塞

图 2-53 固定端墩头夹具
1—垫片　2—墩头钢丝　3—承力板

3. 先张法的施工工艺

一般先张法的施工工艺流程包括：预应力筋的加工、铺设；预应力筋张拉；预应力筋放张;质量检验等。

(1) 预应力筋的加工　预应力钢丝和钢绞线下料,应采用砂轮切割机,不得采用电弧切割。

(2) 预应力筋的铺设　长线台座台面(或胎模)在铺设预应力筋前应涂隔离剂。隔离剂不应沾污预应力筋,以免影响预应力筋与混凝土的黏结。如果预应力筋遭受污染,应使用适宜的溶剂加以清洗干净。在生产过程中应防止雨水冲刷台面上的隔离剂。

预应力筋与工具式螺杆连接时,可采用套筒式连接器,如图 2-54 所示。

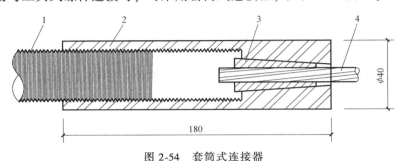

图 2-54　套筒式连接器
1—螺杆或精扎螺纹钢筋　2—套筒　3—工具式夹片　4—钢绞线

夹具是将预应力筋锚固在台座上并承受预张力的临时锚固装置,夹具应具有良好的锚固性能和重复使用性能,并有安全保障。先张法的夹具可分为用于张拉的张拉端夹具和用于锚固的锚固端夹具,夹具的性能应满足要求。

夹具可按照所夹持的预应力筋的种类分为钢丝夹具和钢绞线夹具。

钢丝夹具:可夹持直径 3~5mm 的钢丝,钢丝夹具包括锥形夹具和镦头夹具。

钢绞线夹具:可采用两片式或三片式夹片锚具,可夹持不同直径的钢绞线。

(3) 预应力筋张拉

1) 预应力钢丝张拉

① 单根张拉。张拉单根钢丝,由于张拉力较小,张拉设备可选择小型千斤顶或专用张拉机张拉。

② 整体张拉。

a. 在预制厂以机组流水法或传送带法生产预应力多孔板时,还可在钢模上用镦头梳筋板夹具整体张拉。钢丝两端镦头,一端卡在固定梳筋板上,另一端卡在张拉端的活动梳筋板上。用张拉钩钩住活动梳筋板,再通过连接套筒将张拉钩和拉杆式千斤顶连接,即可张拉。

b. 在两横梁式长线台座上生产刻痕钢丝配筋的预应力薄板时,钢丝两端采用单孔镦头锚具(工具锚)安装在台座两端钢横梁外的承压钢板上,利用设置在台墩与钢横梁之间的两台台座式千斤顶进行整体张拉。也可采用单根钢丝夹片式夹具代替镦头锚具,便于施工。当钢丝达到张拉力后,锁定台座式千斤顶,直到混凝土强度达到放张要求后,再放松千斤顶。

③ 钢丝张拉程序。预应力钢丝由于张拉工作量大,宜采用一次张拉程序。$0 \rightarrow (1.03 \sim 1.05)\sigma_{con}$(锚固)。其中,系数 1.03~1.05 考虑了测力的误差、温度影响、台座横梁或定位板刚度不足、台座长度不符合设计取值、工人操作影响等。

2）预应力钢绞线张拉

① 单根张拉。在两横梁式台座上，单根钢绞线可采用与钢绞线张拉力配套的小型前卡式千斤顶张拉，单孔夹片工具锚固定。为了节约钢绞线，也可采用工具式拉杆与套筒式连接器，如图 2-55 所示。

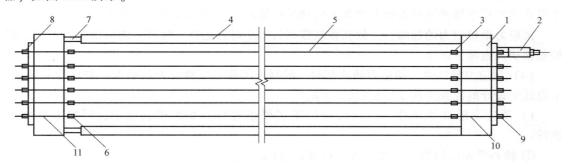

图 2-55 单根钢绞线张拉示意图

1—横梁 2—千斤顶 3、6—连接器 4—槽式承力架 5—预应力筋 7—放张装置 8—锚固端锚具 9—张拉端螺帽锚具 10、11—钢绞线连接拉杆

预制空心板梁的张拉顺序可先从中间向两侧逐步对称张拉。对预制梁的张拉顺序也要左右对称进行。如梁顶与梁底均配有预应力筋，则也要上下对称张拉，防止构件产生较大的反拱。

② 整体张拉。在三横梁式台座上，可采用台座式千斤顶整体张拉预应力钢绞线，如图 2-56 所示。台座式千斤顶与活动横梁组装在一起，利用工具式螺杆与连接器将钢绞线挂在活动横梁上。张拉前，宜采用小型千斤顶在固定端逐根调整钢绞线初应力。张拉时，台座式千斤顶推动活动横梁带动钢绞线整体张拉。然后用夹片锚或螺母锚固在固定横梁上。为了节约钢绞线，其两端可再配置工具式螺杆与连接器。对预制构件较少的工程，可取消工具式螺杆，直接将钢绞线用夹片式锚具锚固在活动横梁上。如利用台座式千斤顶整体放张，则可取消锚固端放张装置。在张拉端固定横梁与锚具之间加 U 形垫片，有利于钢绞线放张。

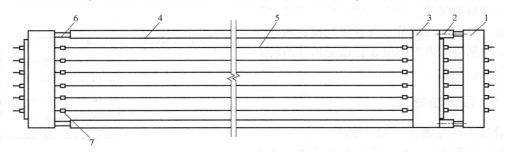

图 2-56 三横梁式成组张拉装置

1—活动横梁 2—千斤顶 3—固定横梁 4—槽式台座 5—预应力筋 6—放张装置 7—连接器

③ 钢绞线张拉程序。采用低松弛钢绞线时，可采取一次张拉程序。

对单根张拉：$0 \rightarrow \sigma_{con}$（锚固）。

对整体张拉：$0 \rightarrow$ 初应力调整 $\rightarrow \sigma_{con}$（锚固）。

3）预应力张拉值校核。预应力筋的张拉力，一般采用张拉力控制，伸长值校核，张拉时预应力筋的理论伸长值与实际伸长值的允许偏差为±6%。预应力筋张拉锚固后，应采用测力仪检查所建立的预应力值，其偏差不得大于或小于设计规定相应阶段预应力值的5%。预应力筋张拉应力值的测定有多种仪器可以选择使用，一般对于测定钢丝的应力值多采用弹簧测力仪、电阻应变式传感仪和弓式测力仪。对于测定钢绞线的应力值，可采用压力传感器、电阻式应变传感器或通过连接在油泵上的液压传感器读数仪直接采集张拉力等。

预应力钢丝内力的检测，一般在张拉锚固后1小时内进行。此时，锚固损失已完成，钢筋松弛损失也部分产生。

（4）预应力筋放张　预应力筋放张时，混凝土的强度应符合设计要求；如设计无规定，不应低于设计的混凝土强度标准值的75%。

1）预应力筋放张顺序，应按设计与工艺要求进行。如无相应规定，可按下列要求进行：

① 轴心受预压的构件（如拉杆、桩等），所有预应力筋应同时放张。

② 偏心受预压的构件（如梁等），应先同时放张预压力较小区域的预应力筋，再同时放张预压力较大区域的预应力筋。

③ 如不能满足以上两项要求时，应分阶段、对称、交错地放张，防止在放张过程中构件产生弯曲、裂纹和预应力筋断裂。

2）预应力筋的放张，应采取缓慢释放预应力的方法进行，防止对混凝土结构的冲击。常用的放张方法如下：

① 千斤顶放张。用千斤顶拉动单根拉杆或螺杆，松开螺母。放张时由于混凝土与预应力筋已结成整体，松开螺母所需的间隙只能是最前端构件外露钢筋的伸长，因此，所施加的应力需要超过控制值。

采用两台台座式千斤顶整体缓慢放松，如图2-57所示，应力均匀，安全可靠。放张用台座式千斤顶可专用或与张拉合用。为防止台座式千斤顶长期受力，可采用垫块顶紧，替换千斤顶承受压力。

② 机械切割或氧炔焰切割。对先张法板类构件的钢丝或钢绞线，放张时可直接用机械切割或氧炔焰切割。放张工作宜从生产线中间处开始，以减少回弹量且有利于脱模；对每一块板，应从外向内对称放张，以免构件扭转而端部开裂。

2.6.4　后张法施工

后张法是先制作混凝土构件（或块体），并在预应力筋的位置预留出相应的孔道，待混凝土强度达到设计规定数值后，穿预应力筋（束），用张拉机进行张拉，并用锚具将预应力筋（束）锚固在构件的两端，张拉力即由锚具传给混凝土构件，而使之产生预压应力，张拉完毕后在孔道内灌浆。如图2-58所示为预应力混凝土后张法示意图。

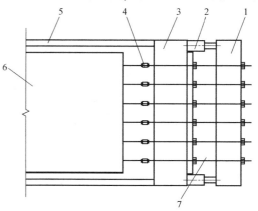

图2-57　两台千斤顶放张
1—活动横梁　2—千斤顶　3—横梁
4—绞线连接器　5—承力架
6—构件　7—拉杆

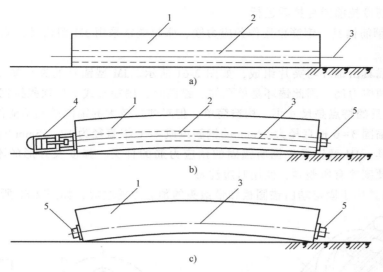

图 2-58 预应力混凝土后张法
a）制作混凝土构件 b）张拉钢筋 c）锚固和孔道灌浆
1—混凝土构件 2—预留孔道 3—预应力筋 4—千斤顶 5—锚具

1．锚具

锚具是后张法结构或构件中为保持预应力筋拉力并将其传递到混凝土上所用的永久性锚固装置。锚具的类型很多，每种类型都各有其一定的适用范围。按使用情况，锚具常分为单根钢筋锚具、成束钢筋锚具和钢丝束锚具等。

（1）单根钢筋锚具

1）螺栓端杆锚具由螺栓端杆、垫板和螺母组成，适用于锚固直径不大于 36mm 的热处理钢筋，如图 2-59 所示。螺栓端杆可用同类热处理钢筋或热处理 45 号钢制作。制作时，先粗加工至接近设计尺寸，再进行热处理，然后精加工至设计尺寸。热处理后不能有裂纹和划痕。螺母可用 3 号钢制作。螺栓端杆锚具与预应力筋对焊，用张拉设备张拉螺栓端杆，然后用螺母锚固。

2）帮条锚具由帮条和衬板组成，如图 2-60 所示。帮条采用与预应力筋同级别的钢筋，衬板采用普通低碳钢钢板。帮条施焊时，严禁将地线搭在预应力筋上，并严禁在预应力筋上引弧。三根帮条与衬板相接触的截面应在一个垂直平面上，以免受力时产生扭曲。帮条的焊

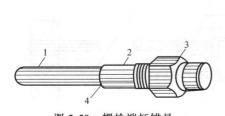

图 2-59 螺栓端杆锚具
1—钢筋 2—螺栓端杆 3—螺母 4—焊接接头

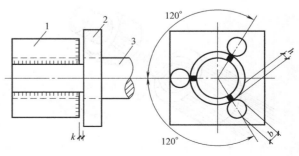

图 2-60 帮条锚具
1—帮条 2—衬板 3—预应力筋

接可在预应力筋冷拉前或冷拉后进行。

（2）成束钢筋锚具　钢筋束用作预应力筋，张拉端常采用JM型锚具，固定端常采用镦头锚具。

1）JM型锚具由锚环与夹片组成，如图2-61所示。JM型锚具的夹片属于分体组合型，可以锚固多根预应力筋，因此锚环是单孔的。锚固时，用穿心式千斤顶张拉钢筋后随即顶进夹片。JM型锚具的特点是尺寸小、构造简单，但对吨位较大的锚固单元不能使用，故JM型锚具主要用于锚固3~6根直径为12mm的钢筋束或4~6根直径为12~15mm的钢绞线束，也可兼做工具锚具。JM型锚具根据所锚固的预应力筋的种类、强度及外形的不同，其尺寸、材料、齿形及硬度等有所差异，使用时应注意。

2）镦头锚具用于固定端由锚固板和带镦头的预应力筋组成，如图2-62所示。

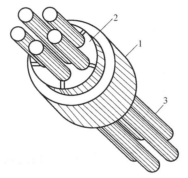

图2-61　JM型锚具
1—锚环　2—夹片　3—钢筋束

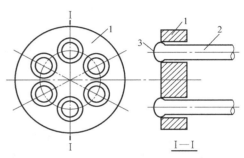

图2-62　固定端用镦头锚具
1—锚固板　2—预应力筋　3—镦头

（3）钢丝束锚具

1）锥形螺杆锚具由锥形螺杆、套筒、螺母组成，如图2-63所示，适用于锚固14~28根直径为5mm的钢丝束。使用时，先将钢丝束均匀整齐地紧贴在螺杆锥体部分，然后套上套筒，用拉杆式千斤顶使端杆锥通过钢丝挤压套筒，从而锚紧钢丝。由于锥形螺杆锚具不能自锚，所以必须事先加压力顶套筒才能锚固钢丝。锚具的预紧力取张拉力的120%~130%。

2）钢丝束镦头锚具用于锚固12~54根φ5碳素钢丝束，分为DM5A型和DM5B型两种。A型用于张拉端，由锚环和螺母组成；B型用于固定端，仅有一块锚板，如图2-64所示。

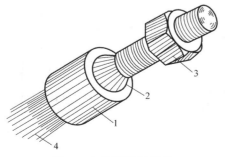

图2-63　锥形螺杆锚具
1—套筒　2—锥形螺杆　3—螺母　4—钢丝

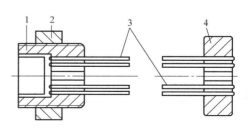

图2-64　钢丝束镦头锚具
1—A型锚环　2—螺母　3—钢丝束　4—锚板

锚环的内外壁均有丝扣，内丝扣用于连接张拉螺杆，外丝扣用于拧紧螺母锚固钢丝束。锚环和锚板四周钻孔，以固定镦头的钢丝。孔数和间距由钢丝根数确定。钢丝可用液压冷镦器进行镦头。钢丝束一端可在制束时将头镦好，另一端则待穿束后镦头，但构件孔道端部要设置扩孔。

张拉时，张拉螺丝杆一端与锚环内丝扣连接，另一端与拉杆式千斤顶的拉头连接，当张拉到控制应力时，锚环被拉出，则拧紧锚环外丝扣上的螺母加以锚固。

2. 预应力筋制作

（1）预应力筋的要求　由于预应力混凝土自身的特点，用作预应力筋的钢材需满足下列要求：

1）强度高。结构构件中所建立的混凝土预压应力的大小，取决于预应力筋张拉力的大小。构件在制作和使用过程中，由于混凝土的收缩、徐变、钢筋松弛、锚具的变形等引起预应力损失，因此，只有采用高强钢材，才能建立较高的有效预应力值。

2）具有一定的塑性。预应力筋在施工过程中常需弯折，且锚固段预应力筋要承受较大的应力。因此，预应力筋要满足一定的抗弯折能力。钢材强度越高，一般其塑性性能越低，为了保证高强钢筋破坏前有一定的较大变形，预应力筋也应具有足够的塑性性能。

3）具有良好的黏结力。后张法构件要求预应力筋与灌浆料之间具有良好的黏结力，以保证混凝土与钢筋的协同工作。

4）具有良好的稳定性。经过二次加工处理的钢筋力学性能离散程度大，质量不稳定，如用于工程往往造成隐患，影响结构的安全性。因此，《混凝土结构设计规范》（GB 50010—2010）中规定预应力筋宜采用预应力钢绞线、钢丝，也可采用热处理钢筋。

5）具有良好的加工性能。预应力筋在加工后其力学性能应不受影响，良好的加工性能是保证加工质量的重要条件。

6）低松弛。高强钢筋在持续的高应力状态下会发生较大的松弛，这将大大减少所建立的预压应力值，所以预应力筋应采用低松弛的钢材以减少由此引起的松弛损失。

7）耐腐蚀。预应力筋直径相对较小，强度较高，对腐蚀更敏感，尤其是应力腐蚀。预应力筋的腐蚀将会降低结构的使用寿命，导致结构的提前破坏。因此，为了保证结构的安全性，预应力筋应具有良好的耐腐蚀性。

（2）钢绞线下料　钢绞线的下料，是指在预应力筋铺设施工前，将整盘的钢绞线，根据实际铺设长度并考虑曲线影响和张拉端长度，切成不同的长度。如果是一端张拉的钢绞线，还要在固定端处预先挤压固定端锚具和安装锚座。

成卷的钢绞线盘质量大需要起重机将成卷的钢绞线吊到下料位置，开始下料时，由于钢绞线的弹力大，在无防护的情况下放盘时，钢绞线容易弹出伤人并发生绞线紊乱现象。可设置一个简易牢固的铁笼，将钢绞线罩在铁笼内，铁笼应紧贴钢绞线盘，再剪开钢绞线的包装钢带。将钢绞线头从盘卷心抽出。铁笼的尺寸不易过大，以刚好能包裹住钢绞线线盘的外径为合适。铁笼也可以在施工现场用脚手管临时搭设，但要牢固结实，能承受松开钢绞线产生的推力，铁笼竖杆有足够的密度，防止钢绞线头从缝隙中弹出，保证作业人员安全操作。

钢绞线下料宜用砂轮切割机切割。不得采用电弧切。砂轮切割机具有操作方便、效率高、切口规则等优点。

(3) 钢绞线固定端锚具的组装

1) 挤压锚具组装通常是在下料时进行,然后再运到施工现场铺放,也可以将挤压机运至铺放施工现场进行挤压组装。

2) 压花锚具是通过挤压钢绞线,使其局部散开,形成梨状钢丝与混凝土握裹而形成锚固端区。

3) 挤压锚具制作时,压力表读数应符合操作说明书的规定,挤压后预应力筋外端应露出挤压套筒 1~5mm。

钢绞线压花锚成形时,表面应清洁、无油污,梨形头尺寸和直线段长度应符合设计要求。

(4) 预应力钢丝下料

1) 消除应力钢丝开盘后,可直接下料。钢丝下料时如发现钢丝表面有电接头或机械损伤,应随时剔除。采用镦头锚具时,钢丝的长度偏差允许值要求较严。为了达到规定要求,钢丝下料可用钢管限位法或用牵引索在拉紧状态下进行。钢管固定在木板上,钢管内径比钢丝直径大 3~5mm,钢丝穿过钢管至另一端角铁限位器时,用切断装置切断。限位器与切断器切口间的距离,即为钢丝的下料长度。

2) 为保证钢丝束两端钢丝的排列顺序一致,穿束与张拉时不致紊乱,每束钢丝都须进行编束。采用镦头锚具时,根据钢丝分圈布置的特点,首先将内圈和外圈钢丝分别用钢丝顺序编扎,然后将内圈钢丝放在外圈钢丝内扎牢。为了简化钢丝编束,钢丝的一端可直接穿入锚杯,另一端距端部约 20cm 处编束,以便穿锚板时钢丝不紊乱。钢丝束的中间部分可根据长度适当编扎几道。

3) 钢丝镦粗的头型,通常有蘑菇型和平台型两种。前者受锚板的硬度影响大,如锚板较软,镦头易陷入锚孔而断于镦头处;后者由于有平台,受力性能较好。钢丝束两端采用镦头锚具时,同束钢丝下料长度的极差应不大于钢丝长度的 1/5000,且不得大于 5mm;对长度小于 10m 的钢丝束极差可取 2mm。钢丝镦头尺寸应不小于规定值、头型应圆整端正;钢丝镦头的圆弧形周边如出现纵向微小裂纹尚可允许,如裂纹长度已延伸至钢丝母材或出现斜裂纹或水平裂纹,则不允许。钢丝镦头强度不得低于钢丝强度标准值的 98%。

3. 后张法的施工工艺

后张法有黏结预应力施工通常包括铺设预应力筋管道、预应力筋穿束、预应力筋张拉锚固、孔道灌浆、防腐处理和封堵等主要施工程序。

(1) 预留孔道　构件预留孔道的直径、长度、形状由设计确定,如无规定,孔道直径应比预应力筋直径的对焊接头处外径或需穿过孔道的锚具或连接器的外径大 10~15mm;钢丝或钢绞线孔道的直径应比预应力束外径或锚具外径大 5~10mm,且孔道面积应大于预应力筋的两倍,以利于预应力筋穿入,孔道之间净距和孔道至构件边缘的净距均不应小于 25mm。管芯材料可采用钢管、胶管(帆布橡胶管或钢丝胶管)、镀锌双波纹金属软管(简称波纹管)、黑薄钢板管、薄钢管等。钢管管芯适用于直线孔道;胶管适用于直线、曲线或折线形孔道;波纹管(黑薄钢板管或薄钢管)埋入混凝土构件内,不用抽芯,其作为一种新工艺,适用于跨度大、配筋密的构件孔道。

预应力筋的孔道可采用钢管抽芯、胶管抽芯、预埋管等方法成形。

1) 钢管抽芯法多用于留设直线孔道时,预先将钢管埋设在模板内的孔道位置,管芯的固定如图 2-65 所示。钢管要平直，表面要光滑，每根长度最好不超过 15m，钢管两端应各伸出构件约 500mm。较长的构件可采用两根钢管，中间用套管连接，套管连接方式如图 2-66 所示。在混凝土浇筑过程中和混凝土初凝后，每间隔一定时间慢慢转动钢管，不要让混凝土与钢管粘牢，直到混凝土终凝前抽出钢管。抽管过早会造成坍孔事故，太晚则混凝土与钢管黏结牢固，抽管困难。常温下抽管时间约在混凝土浇灌后 3~6h。抽管顺序宜先上后下，抽管可采用人工或用卷扬机，速度必须均匀，边抽边转，与孔道保持直线。抽管后应及时检查孔道情况，做好孔道清理工作。

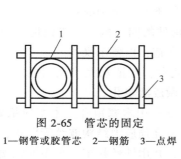

图 2-65 管芯的固定
1—钢管或胶管芯 2—钢筋 3—点焊

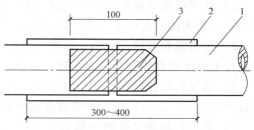

图 2-66 套管连接方式
1—钢管 2—镀锌薄钢板套管 3—硬木塞

2）胶管抽芯法不仅可以留设直线孔道，也可留设曲线孔道。胶管弹性好，便于弯曲，一般有五层或七层帆布胶管和钢丝网橡皮管三种。工程实践中通常一端密封，另一端接阀门充水或充气，如图 2-67 所示。胶管具有一定的弹性，在拉力作用下，其断面能缩小，故在混凝土初凝后即可把胶管抽拔出来。夹布胶管质软，必须在管内充气或充水。在浇筑混凝土前，胶皮管中充入压力为 0.6~0.8MPa 的压缩空气或压力水，此时胶皮管直径可增大 3mm 左右，然后浇筑混凝土，待混凝土初凝后，放出压缩空气或压力水，胶管孔径变小，并与混凝土脱离，随即抽出胶管，形成孔道。抽管顺序一般应为先上后下，先曲后直。一般采用钢筋井字形网架固定管子在模内的位置。井字网架间距：钢管为 1~2mm；胶管直线段一般为 500mm 左右，曲线段为 300~400mm。

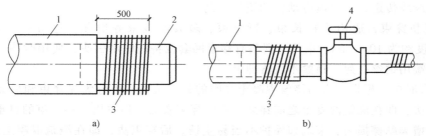

图 2-67 胶管封端与连接
a) 胶管封端 b) 胶管与阀门连接
1—胶管 2—钢管堵头 3—20 号钢丝密缠 4—阀门

3）预埋管是由镀锌薄钢带经波纹卷管机压波卷成的，具有质量轻、刚度好、弯折方便、连接简单、与混凝土黏结较好等优点。波纹管的内径为 50~100mm，管壁厚 0.25~0.3mm。除圆形管外，另有新研制的扁形波纹管可用于板式结构中，扁管长边边长为短边边长的 2.5~4.5 倍。这种孔道成形方法一般用于采用钢丝或钢绞线作为预应力筋的大型构件或结构中,可直接把下好料的钢丝、钢绞线在孔道成形前就穿入波纹管中,这样可以省掉穿束工序,也可待孔道成形后再进行穿束。对连续结构中呈波浪状布置的曲线束,其高差较大时,应在孔道的每个峰顶处设置泌水孔;起伏较大的曲线孔道,应在弯曲的低点处设置泌水孔。泌水孔必要时可考虑做灌浆孔用。波纹管的连接可采用大一号的同型波纹管,接头管的长度为200~250mm,以密封胶带封口。

(2) 灌浆孔、排气孔的留设 灌浆孔、排气孔的留设必须在预留孔道的时候同时留设。留设时应注意以下几点:

1) 孔的位置应设在构件两端及跨中,也可设置在锚具或铸铁喇叭处,孔距一般不宜大于12m。灌浆孔的直径应与输浆管管嘴外径相适应,一般不宜小于16mm。

2) 为避免截面过分减小,灌浆孔位置不应集中于构件的同一截面,方向应能使灌浆时灰浆自上而下垂直或倾斜注入孔道,或自侧向水平注入孔道,以便于操作。

3) 排气孔设置要保证孔道内的气流通畅,不形成死角,保证水泥浆充满孔道。排气孔对直径要求不严,一般施工中将灌浆孔与排气孔,统一做成灌浆孔。

4) 灌浆孔和排气孔的一般做法是:对预制构件,可采用木塞留孔。木塞应抵紧钢管、胶管或波纹管,并应固定,严防混凝土振捣时脱开。对现浇预应力结构波纹管留孔,是在波纹管上开口,其上覆盖海绵垫片与带嘴的塑料弧形压板,并用铁丝扎牢,再用增强塑料管插在嘴上,并将其引出梁顶面400~500mm。

(3) 预应力筋穿束 预应力筋穿入孔道,简称预应力筋穿束,包括穿束方法和穿束时机。

1) 穿束方法:

① 人工穿束,可利用起重设备将预应力束吊起,工人站在脚手架上逐步穿入孔内。对于多波曲线束,宜采用特制的牵引头,工人在前面牵引,后面推送,前后两端保持同时用力。

② 穿束机穿束,适用于单根钢绞线的穿束情况。一种是由油泵驱动链板夹持钢绞线传送,速度可任意调节,穿束可进可退,使用方便;另一种是由电动机经减速箱减速后由两对滚轮夹持钢绞线传送,进退由电动机的正反控制。

③ 卷扬机穿束,适用于特长束、特重束、多波曲线束等情况。卷扬机功率为1.5~2.0kW,速度约为10m/min。束的前端装有穿束网套或特制的牵引头,使用时将钢绞线穿入网套中,前端用钢丝扎死,顶紧不脱落即可。

2) 穿束时机:根据穿束与浇筑混凝土之间的先后关系,可分为先穿束和后穿束两种情况。先穿束法,即在浇筑混凝土之前穿束,此法穿束省力,但占用工期,束的自重引起的波纹管摆动会增大摩擦损失,束端如保护不当易生锈。后穿束法,即在浇筑混凝土之后穿束。该法可在混凝土养护期内进行,不占工期,便于用通孔器或高压水通孔,穿束后即行张拉,易于防锈,但穿束较为费力。

(4) 预应力筋的张拉

1) 混凝土的强度。预应力筋张拉前,应提供构件混凝土的强度试压报告。混凝土试块采用同条件养护与标准养护。当混凝土的立方体抗压强度满足设计要求后,方可施加预应力。施加预应力时构件的混凝土强度等级应在设计图上标明;如设计无要求时,对于C40混凝土不应低于设计强度的75%。对于C30或C35混凝土则不应低于设计强度的100%。现浇混凝土施加预应力时，混凝土的龄期对后张预应力楼板不宜小于 5d，对于后张预应力大梁不宜小于 7d。对于有通过后浇带的预应力构件，应使后浇带的混凝土强度也达到上述要求后再进行张拉。

为了搬运等需要，后张预应力构件可提前施加一部分预应力，以承受自重等荷载。张拉时混凝土的立方体强度不应低于设计强度等级的 60%。必要时进行张拉端的局部承压计算，防止混凝土因强度不足而产生裂缝。

2）张拉控制应力。张拉控制应力是指预应力筋在进行张拉时所控制达到的最大应力值，其值为张拉设备所指示的总张拉力除以预应力筋面积得到的应力值。控制应力直接影响预应力的效果，控制应力越高，建立的预应力值就越大，构件的抗裂性也越好。但是，控制应力也不能过高，否则会使构件出现裂缝的荷载与破坏荷载很接近，在破坏前没有明显的预兆，使构件的延性较差。还会造成预拉区开裂，以及端部混凝土局部受压破坏。同时，超张拉应力过大使钢筋应力超过屈服强度，产生塑性变形将影响预应力值的准确性和张拉工艺的安全性。如果张拉控制应力取值过低，则预应力钢筋在经历各种损失后，对混凝土产生的预压应力过小，不能有效地提高预应力混凝土构件的抗裂度和刚度。预应力筋张拉控制应力应符合设计要求。

3）预应力筋张拉方式。

预应力筋的张拉方式，应根据设计和施工计算要求采取一端张拉或两端张拉。

① 一端张拉方式。预应力筋只在一端张拉，而另一端作为固定端不进行张拉。由于受摩擦的影响，一端张拉会使预应力筋的两端应力值不同，当预应力筋的长度超过一定值（曲线配筋约为 30m）时，锚固端与张拉端的应力值的差别将明显加大，因此采用一端张拉的预应力筋，其长度不宜超过 30m 与锚固损失影响长度 $L_f \geq 0.5L$（L 为预应力筋长度）的曲线预应力筋。如设计人员根据计算或实际条件认为可以放宽以上限制的话，也可采用一端张拉。

② 两端张拉方式。对预应力筋的两端进行张拉和锚固，通常一端先张拉，另一端补张拉。两端张拉通常是在一端张拉到设计值后，再移至另一端张拉，补足张拉力后锚固。适用于长度大于 300m 的直线预应力筋与锚固损失影响长度 $L_f < 0.5L$ 的曲线预应力筋。

③ 分批张拉方式。对配有多束预应力筋的同一构件或结构，分批进行预应力筋的张拉。由于后批预应力筋张拉所产生的混凝土弹性压缩变形会对先批张拉的预应力筋造成预应力损失，所以先批张拉的预应力筋张拉力应加上该弹性压缩损失值或将弹性压缩损失平均值统一增加到每根预应力筋的张拉力内。现浇混凝土结构或构件自身的刚度较大时，一般情况下后批张拉对先批张拉造成的损失并不大，通常不计算后批张拉对先批张拉造成的预应力损失，并调整张拉力，而是在张拉时，将张拉力提高 1.03 倍，来消除这种损失。这样做也使得预应力筋的张拉变得简单快捷。

④ 分段张拉方式。在多跨连续梁板分段施工时，通长的预应力筋需要逐段进行张拉的方式。对大跨度多跨连续梁，在第一段混凝土浇筑与预应力筋张拉锚固后，第二段预应力筋利用锚头连接器接长，以形成通长的预应力筋。当预应力结构中设置后浇带时，为减少梁下支撑体系的占用时间，可先张拉后浇带两侧预应力筋，用搭接的预应力筋将两侧预应力连接起来。

⑤ 分阶段张拉方式。在后张预应力转换梁等结构中，因为荷载是分阶段逐步加到梁上的，预应力筋通常不允许一次张拉完成。为了平衡各阶段的荷载，需要采取分阶段逐步施加

预应力。分阶段施加预应力有两种方法：一种是对全部的预应力筋分阶段进行，如 30%、70%、100%的多次张拉方式进行。另一种是分阶段对如 30%、70%、100%的预应力筋进行张拉的方式进行。第一种张拉方式需要对锚具进行多次张拉。

分阶段所加荷载不仅是外载，也包括由内部体积变化（如弹性缩短、收缩与徐变）产生的荷载。梁的跨中处下部与上部纤维应力应控制在容许范围内。这种张拉方式具有应力、挠度与反拱容易控制、材料省等优点。

⑥ 补偿张拉方式。在早期预应力损失基本完成后，再进行张拉的方式。采用这种补偿张拉，可克服弹性压缩损失，减少钢材应力松弛损失，混凝土收缩徐变损失等，以达到预期的预应力效果。

4）张拉顺序。预应力筋的张拉顺序应符合设计要求，当设计无具体要求时，可采用分批、分阶段对称张拉，以免构件承受过大的偏心压力。

① 受拉构件的对称张拉。图 2-68a 所示，为二束不超过 30m 的钢丝束，可采用一端张拉，用两台千斤顶分别在构件的两端进行对称张拉，一次完成。图 2-68b 所示，预应力筋为四束，需分两批张拉，用两台千斤顶分别张拉对角线上的两束，然后张拉另两束，先批张拉的预应力损失应予补足。

② 受弯构件的分批张拉。图 2-69 所示是混凝土吊车梁预应力筋采用两台千斤顶的张拉顺序，对配有多根不对称预应力筋的构件，应采用分批分阶段对称张拉。

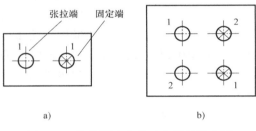

图 2-68 构件预应力筋对称张拉示意图
a）二束钢丝束 b）四束钢丝束

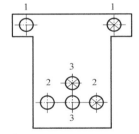

图 2-69 吊车梁预应力筋的张拉顺序
注：1、2、3 为预应力筋分批张拉的顺序

③ 平卧重叠构件张拉。现场平卧重叠制作的后张法预应力构件，其张拉顺序宜先上后下逐层进行，为减少上下层之间因摩擦力引起的预应力损失，应视预应力筋和隔离剂的类别逐层加大张拉力。

5）预应力筋张拉程序。预应力筋张拉操作程序，根据构件类型、张拉锚固体系、松弛损失等因素确定。

① 采用低松弛钢丝和钢绞线时，张拉程序为 $0 \rightarrow P_j$ 锚固。

$$P_j = \sigma_{con} A_P \tag{2-9}$$

式中 A_P——预应力筋截面面积（mm^2）；

σ_{con}——预应力筋张拉控制应力（N/mm^2）。

② 采用普通松弛预应力筋时，按超张拉程序。对镦头锚具等可卸载锚具：$0 \rightarrow 1.05P_j \rightarrow$ 持荷 $2min \rightarrow P_j$ 锚固；对夹片锚具等不可卸载锚具：$0 \rightarrow 1.05P_j$ 锚固。

以上各种张拉程序，均可分级加载。对曲线束，一般以 $0.2\sigma_{con}$ 为起点，分二级加载

（$0.6\sigma_{con}$、$1.0\sigma_{con}$）或四级加载（$0.4\sigma_{con}$、$0.6\sigma_{con}$、$0.8\sigma_{con}$、$1.0\sigma_{con}$），每级加载均应测量伸长值。

6) 张拉伸长值的校核。预应力筋张拉时，通过伸长值的校核，可以综合反映张拉力是否足够，孔道摩阻损失是否偏大，以及预应力筋是否有异常现象等。

预应力筋张拉伸长值的量测，应在建立初应力之后进行。其实际伸长值 ΔL 应为

$$\Delta L = \Delta L_1 + \Delta L_2 - A - B - C \tag{2-10}$$

式中 ΔL_1——从初应力至最大张拉力之间的实测伸长值（mm）；

ΔL_2——初应力以下的推算伸长值（mm）；

A——张拉过程中锚具楔紧引起的预应力筋内缩值，包括工具锚、远端工作锚、远端补张拉工具锚等回缩值（mm）；

B——千斤顶体内预应力筋的张拉伸长值（mm）；

C——施加预应力时，后张法混凝土构件的弹性压缩值（mm）（其值微小时可略去不计）。

初应力以下的推算伸长值 ΔL_2，可根据弹性范围内张拉力与伸长值成正比的关系用计算法或图解法确定。

采用图解法时，如图 2-70 所示，以伸长值为横坐标，张拉力为纵坐标，将各级张拉力的实测伸长值标在图上，绘成张拉力与伸长值关系线 CAB，然后延长此线与横坐标交于 O' 点，则 OO' 段即为推算伸长值。

此外，在锚固时应检查张拉端预应力筋的内缩值，以免由于锚固引起的预应力损失超过设计值，如实测的预应力筋内缩量大于规定值，则应改善操作工艺，更换限位板或采取超张拉的方法弥补。

（5）孔道灌浆 预应力筋张拉、锚固完成后，应立即进行孔道灌浆工作，以防锈蚀，并增加结构的耐久性。灌浆用的水泥浆，除应满足强度和黏结力的要求外，还应具有较大的流动性和较小的干缩性、泌水性。应采用强度等级不低于 42.5MPa 普通硅酸盐水泥；水胶比宜为 0.4 左右。对于空隙大的孔道，可采用水泥砂浆灌浆，水泥浆及

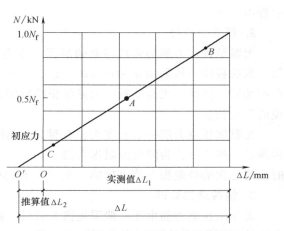

图 2-70 预应力筋实际张拉伸长值图解

水泥砂浆的强度均不得小于 $20N/mm^2$。为增加灌浆密实度和强度，可使用一定比例的膨胀剂和减水剂，减水剂和膨胀剂均应事前检验，不得含有导致预应力钢材锈蚀的物质。建议拌和后的收缩率小于 2%，自由膨胀率不大于 5%。灌浆前孔道应湿润、洁净。对于水平孔道，灌浆顺序应先灌下层孔道，后灌上层孔道。对于竖直孔道，应自下而上分段灌注，每段高度视施工条件而定，下段顶部及上段底部应分别设置排气孔和灌浆孔。灌浆压力以 0.5~0.6MPa 为宜。灌浆应缓慢均匀进行，不得中断，并应排气通畅。不掺外加剂的水泥浆，可采用二次灌浆法，以提高密实度。孔道灌浆前，应检查灌浆孔和泌水孔是否通畅，孔道应用高压水冲洗、湿润，并用高压风吹去积在低点的水。灌浆应先灌下层孔道，一条孔道必须在

一个灌浆口一次把整个孔道灌满。灌浆应缓慢进行，不得中断，并应排气通顺；在灌满孔道并封闭排气孔（泌水口）后，宜再继续加压至 0.5~0.6MPa，稍后再封闭灌浆孔。如果遇到孔道堵塞，必须更换灌浆口，此时必须在第二灌浆口灌入整个孔道的水泥浆量，直至把第一灌浆口灌入的水泥浆排出，使两次灌入水泥浆之间的气体排出，以保证灌浆饱满密实。

曲线孔道灌浆宜由最低点注入水泥浆，至最高点排气孔排尽空气并溢出浓浆为止。

2.6.5 无黏结预应力技术

无黏结预应力结构的主要施工工序为：将无黏结预应力筋准确定位，并与普通钢筋一起绑扎形成钢筋骨架，然后浇筑混凝土；待混凝土达到预期强度后（一般不低于混凝土设计强度的 75%）进行张拉（一端锚固一端张拉或两端同时张拉）。张拉完成后，在张拉端用锚具将预应力筋锚住，形成无黏结预应力结构。

1. 预应力筋铺设

无黏结预应力筋在平板结构中常常为双向曲线配置，因此其铺设顺序很重要。如钢丝束的铺设一般根据双向钢丝束交点的标高差，绘制钢丝束的铺设顺序图，钢丝束波峰低的底层钢丝束先行铺设，然后依次铺设波峰高的上层钢丝束，这样可以避免钢丝束之间的相互穿插。钢丝束铺设波峰的形成是用钢筋制成的"马凳"来架设。一般施工顺序是依次放置钢筋马凳，然后按顺序铺设钢丝束，钢丝束就位后，进行调整波峰高度及其水平位置，经检查无误后，用钢丝将无黏结预应力束与非预应力钢筋绑扎牢固，防止钢丝束在浇筑混凝土施工过程中位移。

2. 预应力张拉

无黏结预应力筋的张拉与普通后张法带有螺母锚具的有黏结预应力钢丝束张拉方法相似。张拉程序一般采用 $0 \rightarrow 103\% \sigma_{con}$ 进行锚固。由于无黏结预应力筋多为曲线配筋，故应采用两端同时张拉。无黏结预应力筋的张拉顺序，应根据其铺设顺序，先铺设的先张拉，后铺设的后张拉。

无黏结预应力筋一般长度大，有时又呈曲线形布置，如何减少其摩阻损失值是一个重要的问题。施工时，为降低摩阻损失值，宜采用多次重复张拉工艺。试验表明，进行三次张拉时，第三次的摩阻损失值可比第一次降低 16.8%~49.1%。

3. 锚头端部处理

无黏结预应力筋由于一般采用镦头锚具，锚头部位的外径比较大，因此，钢丝束两端应在构件上预留有一定长度的孔道，其直径略大于锚具的外径。钢丝束张拉锚固以后，其端部便留下孔道，并且该部分钢丝没有涂层，为此应加以处理保护预应力钢丝。

无黏结预应力筋锚头端部处理，目前常采用两种方法，如图 2-71 所示。第一种方法是在孔道中注入油脂并加以封闭；第二种方法系是在两端留设的孔道内注入环氧树脂水泥砂浆，其抗压强度不低于 35MPa。灌浆时同时将锚头封闭，防止钢丝锈蚀，同时也起一定的锚固作用。

4. 无黏结筋端部处理

无黏结筋的锚固区，必须有严格的密封防护措施，防止水汽进入而锈蚀预应力筋。当锚环被拉出后，应向端部空腔内注防腐油脂。之后再用混凝土将板端外露锚具封闭好，避免长期与大气接触而造成锈蚀。

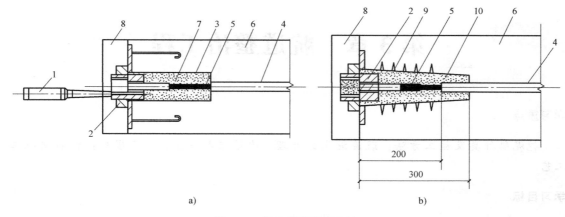

图 2-71 锚头端部处理方法
a）油脂封闭 b）环氧树脂水泥砂浆封闭
1—油枪 2—锚具 3—端部孔道 4—有涂层的无黏结预应力筋 5—无涂层的端部钢丝 6—构件
7—注入孔道的油脂 8—混凝土封闭 9—端部加固螺旋钢筋 10—环氧树脂水泥砂浆

固定端头可直接浇筑在混凝土中，以确保其锚固能力，钢丝束可采用镦头锚板，钢绞线可采用挤压锚头或压花锚头，并应待混凝土达到规定的强度后再张拉。

习 题

2-1 钢筋混凝土结构按照施工方法分为哪几类？
2-2 钢筋的现场检验、钢筋的存放有哪些要求？
2-3 钢筋的连接方式有哪些？
2-4 钢筋的加工方法有哪些？
2-5 简述模板系统的组成和要求？
2-6 模板按材料的性质分为哪几类？
2-7 模板的支设安装有哪些规定？
2-8 混凝土搅拌机有哪几种？
2-9 运输混凝土的基本要求有哪些？混凝土运输形式有哪些？
2-10 施工缝浇筑应符合哪些规定？
2-11 什么是预应力混凝土？预应力混凝土按预应力的大小可分为哪几类？
2-12 工程中常用的预应力钢材品种有哪些？
2-13 什么是预应力钢丝？预应力钢丝分为哪几类？
2-14 钢绞线根据加工要求分为哪几类？
2-15 预应力张拉设备有哪些？
2-16 先张法施工的台具有哪些？先张法的施工工艺流程是什么？
2-17 后张法施工锚具有哪些类型？
2-18 后张法预应力钢筋张拉方式有哪些？

第3章 航道整治工程

学习重点

挖泥船种类及施工方法，疏浚泥土的处理，吹填工程施工；水下爆破；抛石坝施工工艺。

学习目标

了解疏浚工程的性质和任务；熟悉疏浚工程机械设备；掌握常见挖泥船施工方法，疏浚泥土的处理方法，吹填工程施工工序及方法，水下爆破主要方法，抛石坝施工方法及工艺。

航道整治是利用整治建筑物调整水流与河床，或采用疏浚、炸礁等整治工程措施，使河道满足通航要求。本章主要介绍疏浚工程、吹填工程、水下爆破、整治建筑物的施工技术。

3.1 疏浚工程

利用机具开挖水下土石方以疏通航道，浚深港池和锚地水域等活动称为疏浚。它是维持航道尺度，改善船舶航行条件经常采用的手段，特点是适应性强、投资少、收益迅速、实施较快。

疏浚工程按其性质和任务的不同，分为基建性疏浚和维护性疏浚两种。开挖新航道、港池、扩大和加深现有航道、港池等均属于基建性疏浚。为了使现有航道和港池维持所规定的尺度而挖除回淤的泥沙，属于维护性疏浚。

3.1.1 施工准备

1. 一般规定

1）疏浚工程的施工准备应包括编制准备工作计划、组织工程踏勘并编审施工组织设计、成立现场管理机构、设备人员调遣及施工现场准备等内容。

2）准备工作计划应包括主体工程开工前主要准备工作的内容、质量标准及执行人、执行时间、进度要求等。

3）大型、复杂、新辟地区的工程应进行工程踏勘，工程踏勘应包括工程自然条件、施工组织条件、施工安全和环境保护等方面的内容，踏勘的翔实程度应满足编制施工组织设计的要求，工程踏勘实施前应编制踏勘计划，踏勘后应编写踏勘报告。

4）现场管理机构的组织形式、工作职责、管理标准等应根据工程的规模、特点确定。

2. 施工组织设计

疏浚工程施工应编制施工组织设计，施工组织设计的编审应符合规定的程序，小型工程也可以施工方案代替。施工组织设计应根据工程合同文件、现场调查、资源投入等相关资料,对工程施工投入的人力、设备、资金、备配件、燃物料,采用的施工方法和工艺、安全和环境保护措施、施工进度和质量控制等进行全面部署和安排,并对工程实施中可能出现的主要技术问题进行分析,提出相应措施,针对工程的特点,提出施工中技术重点内容。

3.1.2 现场准备

1. 施工现场准备工作内容

疏浚施工现场准备工作包括下列内容:疏浚区和取土区障碍物的清理;施工船舶停泊和补给码头;施工通道;物料堆场;选择施工船舶停泊和避风锚地,并办理相关手续;用水、用电;现场通信手段,配备水上交通船艇和陆地交通用车;施工现场管理机构生活设施和办公用房;疏浚前测量;施工标志设置;设立水位站;设立 GPS 参考台等。

2. 发布施工航行通告

在施工前,施工单位应向当地港航监督部门申请发布挖泥船施工航行通告,航行通告应包括下列内容。

1) 工程名称和地点。
2) 施工起止日期。
3) 施工船舶名称和类型,锚缆、排泥管线设置情况。
4) 施工占用的水域范围。
5) 挖泥船作业时悬挂的信号。
6) 船舶在施工区航行注意事项。
7) 避让方法和联系信号。

3. 施工区测量

疏浚工程施工前应对施工区进行浚前测量,以作为核实疏浚工程量和组织施工的依据。测量时应邀请业主代表或监理工程师参加,成果应由双方确认。

当挖泥船采用导标法定位施工时,应设置挖槽起点导标、终点导标、中心线导标、边线导标、边坡线导标、转向点导标和工程分界线导标等,并根据需要设置里程标、边坡开挖导标和分条施工导标。导标灵敏度应满足施工精度要求,一般情况下导标前后标间距与导距之比宜为 1:5~1:10。导标放样精度应满足下列要求:

1) 陆地导标相对设计轴线的横向偏差应不大 0.1m。
2) 浅滩上的导标相对其设计轴线的横向偏差应不大于 0.3m。
3) 导标放样的方向校核误差应不大于 12″。

导标设置后,应在施工区的最远端对准导标做多点定位检查,检查点应均匀地分布于导标设计轴线两侧,检查点相对于导标轴线在图上的横向位移量应满足式(3-1)的要求。

$$\Delta u \leqslant \sqrt{2.63+\left(\frac{W\times 10^3}{MV}\right)^2} \tag{3-1}$$

式中 Δu——检查点在图上偏离设计轴线横向位移量(mm);
W——导标视角偏离量(m);
M——测图比例尺分母;
V——望远镜放大倍数。

3.1.3 挖泥船及其施工方法

挖泥船是开挖水下土石方的工程船舶,按其工作原理,通常有水力式、机械式两大类。水力式是通过机械使泥沙和水混合形成泥浆,利用泥泵进行吸泥和排泥,包括绞吸式和耙吸式挖泥船等;机械式是依靠泥斗挖掘水下土石方,包括链斗式、抓斗式和铲斗式挖泥船等。挖泥船的选择应综合工程特点、工程量、工期、土质、水文、气象、水深条件和疏浚土管理方式等因素,并结合疏浚设备技术性能确定。

1. 绞吸式挖泥船及其施工方法

绞吸式挖泥船一般为非自航式。它是利用转动着的绞刀绞松河底土,与水混合成泥浆,经吸泥管吸入泵体并经排泥管输送至排泥区。绞吸式挖泥船的生产过程(挖泥、输泥和卸泥)都是由自身连续完成,生产效率较高,一般为 $40\sim400m^3/h$,挖深 $3\sim10m$,现代大型挖泥船的生产效率可达 $5000m^3/h$ 以上,挖深可达 $35m$。它适用于风浪小、流速低的内河湖区和沿海港口的疏浚,以开挖砂、粉质砂土、淤泥等土质较适宜,采用有齿的绞刀后也可挖黏土,但工作效率较低。

开工展布是挖泥开工前的准备工作,包括定船位、抛锚,架接水上、水下及岸上排泥管线等。进点定位方法有很多种,目前采用 GPS 定位,特别是近海航道,该方法简单易行、精度高。

(1) 绞吸挖泥船施工定位、展布与抛锚

1) 应平行挖槽轴线布船,并根据设备配置、施工现场条件和土质情况,综合考虑安全、质量要求和生产效率等因素确定船舶挖泥定位方法。

2) 挖泥船施工展布与抛锚应满足下列要求:

① 进点前在导航图上标示或用导标、浮标等在现场指示施工起点位置并备妥排泥管线。

② 进船方向以逆流为宜。

③ 采用钢桩定位施工时,挖泥船到达挖槽起点附近,拖轮减速、停车,待对地船速消除后下放一根钢桩定住船位,抛设横移锚;不允许在挖泥船行进中下放钢桩。

④ 采用锚缆横挖法施工时,先抛设上风上流锚,或将绞刀桥架下放至泥面定住船位,再抛设其他锚缆;内河逆流施工则先抛设上游艏锚。

⑤ 三缆定位施工时,挖泥船接近定位点时下放桥梁或抛设艉锚控制船位,后艉锚抛设在挖槽中线上,五锚五缆施工左右边锚对称抛设于挖槽两侧,两边缆夹角为 $90°\sim150°$。

⑥ 钢桩定位施工时,锚位及移锚间距视土质和水流情况确定,一般情况下,施工中横移缆与挖泥船中线夹角不小于 $45°$。

⑦ 连接并调整排泥管线,水上管线无死弯。

⑧ 挖泥作业前校正船位,确认挖泥船定位中心在挖槽轴线上且绞刀处于挖槽起点位置。

(2) 施工方法 施工方法应根据设备性能和施工条件按下列要求选择:

1) 只装有对称双钢桩的绞吸挖泥船采用对称钢桩横挖法施工。

2) 只装有台车和双钢桩的绞吸挖泥船采用钢桩台车横挖法施工。

3) 只装有三缆定位设备的绞吸挖泥船采用三缆定位横挖法施工。

4) 同时装有台车、双钢桩和三缆定位设备的绞吸挖泥船,在水域宽阔、风浪较大的地区和挖掘土质较软、挖泥定位精度要求不高时,采用三缆定位横挖法施工;水域狭窄、挖掘岩石或坚硬土质、挖掘基槽等精度要求较高时采用钢桩台车横挖法施工。

5）同时装有台车、单钢桩和三缆定位设备的绞吸挖泥船，在水域宽阔、风浪较大的地区和挖掘土质较软、挖泥定位精度要求不高时，采用三缆定位横挖法施工；水域狭窄、挖掘岩石或坚硬土质、挖掘基槽等精度要求较高时采用单桩双锚四缆施工法施工。

6）只装有锚缆横挖设备的绞吸挖泥船采用锚缆横挖法施工。

挖泥时最简单的前移是利用两根钢桩轮流交替插入水底，作为船体摆动中心，收放左右锚，摆动绞刀，一方面按扇形挖泥，一方面移船前进，称为双桩前移横挖法。两定位桩前移轨迹如图3-1所示。

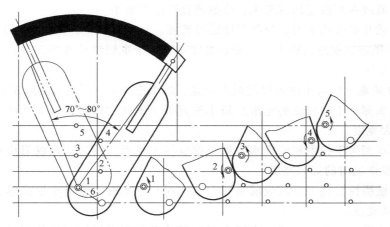

图 3-1 两定位桩前移轨迹

单桩前移横挖法，即以一根钢桩为主桩，始终对准挖槽中心线，作为摆动中心，而以另一根钢桩作为副桩，为前移换桩之用。因只有一个摆动中心，故绞刀的挖泥轨迹互相平行。只要钢桩前移距保持适当，就可以避免重挖和漏挖，如图3-2所示。

（3）绞吸挖泥船分段施工原则

1）挖槽长度大于挖泥船水上管线的有效长度时，根据挖泥船和水上管线所能开挖的长度进行分段。

2）挖槽边线为折线时，按边线拐点进行分段。

3）挖槽规格或工期要求不同时，按挖槽规格变化和工期要求进行分段。

4）选择的施工方法和工艺参数因施工区土质变化相差较大时，按土质进行分段。

5）分段施工能避免或降低航行及其他施工干扰时，根据商定的避让办法进行分段。

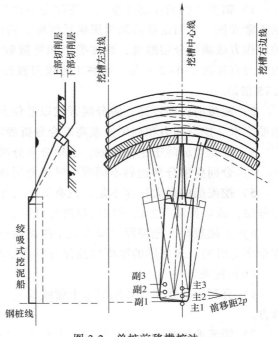

图 3-2 单桩前移横挖法

(4) 分条开挖宽度 挖槽宽度大于绞吸挖泥船的最大挖宽时,应将挖槽分条进行开挖,分条宽度根据挖泥船性能、开挖土质、定位方法及施工区的水流等条件综合分析确定。

1) 采用锚杆抛锚的钢桩横挖法和三缆横挖法施工时,宜按下列原则确定分条宽度:

① 正常情况下分条的宽度等于钢桩或三缆柱中心到绞刀前端水平投影的长度。

② 坚硬土质或在高流速地区施工,分条的宽度适当缩小。

③ 土质松软或顺流施工时,分条的宽度适当放宽。

2) 采用锚艇抛锚的钢桩横挖法和三缆横挖法施工时,宜按下列原则确定分条宽度:

① 正常情况下分条的宽度以钢桩或三缆柱中心到绞刀前端水平投影长度的1.1倍。

② 坚硬土质或在高流速地区施工,分条的宽度适当缩小。

③ 土质松软和顺流施工时,分条宽度适当放宽。

3) 采用锚缆定位横挖法施工时,分条宽度不宜大于主锚缆长度的50%;水流较急的山区河流应适当减小。

4) 最小分条宽度应大于挖泥船的最小挖宽,最小挖宽应按下列方法确定:

① 疏浚前水深小于挖泥船的吃水且最小挖宽等于挖到边线时,取船体前端角不至于碰撞岸坡时的最大宽度。

② 疏浚前水深大于挖泥船的吃水且最小挖宽等于挖到边线时,取绞刀桥架和横移导向滑轮不至于碰撞岸坡时的最大宽度。

③ 对称钢桩横挖法施工且疏浚前水深大于挖泥船吃水时,取最小挖宽等于挖泥船前移换桩所需的摆动宽度。

④ 具有后边缆的绞吸挖泥船在水域水深许可的条件下以锚缆定位施工时,采用十字横挖法以减小挖槽最小宽度。

(5) 绞吸挖泥船分层施工原则

1) 需要开挖的泥层厚度大于挖泥船一次开挖的适宜厚度时,在有利于挖泥船生产能力的正常发挥又不因挖掘面坍塌影响后续施工的情况下,根据挖泥船性能、开挖的土质和采用的操作方法确定分层厚度,淤泥类土和松散砂为绞刀直径的1.5~2.5倍,软黏土和密实砂为绞刀直径的1.0~2.0倍,硬黏土为绞刀直径的0.75~1.0倍,软岩石为绞刀直径的0.3~0.75倍。

2) 疏浚前泥面过高,需分层开挖以避免大量塌方时,利用高潮开挖的第一层厚度根据船舶吃水、挖掘能力和利用的潮高综合分析确定。

3) 稳定边坡陡于挖槽边坡,必须分层分阶梯开挖时,按台阶高度的整数倍进行分层。

4) 合同要求分期达到不同深度时按合同规定的分期深度进行分层。

5) 挖泥船的最大挖深不足,只有低潮时才能挖到设计深度时,以高潮能挖到的深度进行分层,或以低潮开挖的适宜层厚进行分层。

6) 工期较长、挖掘泥层厚度大于挖泥船一次开挖的适宜厚度且施工期有回淤,竣工前需全面清淤的,最底层的厚度以能保持较高生产效率且能保证清淤质量为宜。

(6) 挖泥方向

1) 有利于管线布置和缩短水上管线长度,水上浮管与陆地管或水下管接头处于挖泥船后方。

2) 缓流地区逆流施工,流速较大且土质坚硬时顺流施工。

3) 锚缆横挖法施工时逆流施工。
4) 避免横流施工。

(7) 特殊施工条件下的施工方法和措施

特殊施工条件下绞吸挖泥船宜按表 3-1 所列方法和措施进行施工。

表 3-1　特殊情况下的施工方法和措施

施工条件或区域	施工方法和措施
码头基槽开挖	1. 校对绞刀实际下放深度和深度指示读数，确保挖深指示准确 2. 水位变化不超过 10cm 应通报一次水位，及时调整绞刀下放深度 3. 宜利用挖泥剖面显示仪按设计边坡开挖 4. 采用较低的横移速度和绞刀转速，绞刀中心不超出相应深度的挖槽边线
狭窄管沟开挖	1. 水深较大而管沟较浅，挖泥船桥架不触底时，可不横移，仅利用台车推进 2. 采用有锚缆定位或三缆定位设备的绞吸挖泥船开挖，挖深较大、沟宽小于桥架限制的最小挖宽的管沟时，采用收放后边缆、使船艇与绞刀做反方向运动的十字横挖法施工
挖泥区域内 有大量块石	1. 提前用斗式船或其他设备进行清理 2. 在绞刀上焊接防石环或格栅，格栅孔尺度应略小于泥泵叶轮流道宽度
挖泥区域内 有大量草根	1. 采用较高绞刀转速 2. 在挖深允许的情况下，采用掏挖法施工，避开表层草根
清除淤泥	在绞刀上加装护罩，必要时拆除绞刀
不能一次直接挖 至低潮时最小挖深所 要求深度的浅水区域	1. 高潮时挖上层，低潮时挖下层，分层交替前进 2. 乘潮开挖船窝 3. 泥面高出水面时，提高绞刀转速和横移速度，减小前移距
短管线施工	1. 多个泥泵的挖泥船减少串联泥泵数量 2. 在泥泵柴油机性能允许的范围内降低柴油机转速 3. 使用泥泵小叶轮或切割叶轮 4. 在排泥管线上采取缩小排泥管径、管路增加急弯、沿程插入缩管或挡板、出口加缩口等加大输送阻力的措施，增加等效管线长度

(8) 绞刀及刀齿的选用

1) 淤泥土类、软塑黏土、松散砂等松软土质，选用前端直径较大的冠形平刃绞刀。
2) 软塑黏土、可塑黏土、泥炭选用直径较大的冠形方齿绞刀。
3) 硬塑黏土、各类砂、卵石选用直径较小的可换齿绞刀并配凿形齿。
4) 岩石选用锥形可换齿的挖岩绞刀并配尖齿。
5) 硬塑黏土也可以选用斗轮。

(9) 泥泵和管路的工作区域选定　绞吸挖泥船施工应根据不同的排距、排高、输泥管径、输送土质和挖掘能力及泥泵特性选定泥泵和管路的工作区域。

2. 耙吸式挖泥船及其施工方法

耙吸式挖泥船是一种装备有耙头挖掘机具和水力吸泥装置的大型自航、装舱式挖泥船。

挖泥时，将耙吸管下放河底，利用泥泵的真空作用，通过耙头和吸泥管自河底吸取泥浆进入挖泥船的泥舱中，泥舱满载后，起耙航行至排泥区开启泥门卸泥，或直接将挖起的泥土排出船外。有的挖泥船还可将装载于泥舱的泥土自行吸出进行吹填。它具有良好的航行性能，可以自航、自挖、自载、自卸，并且在作业中处于航行状态，不需要定位装置。它适用于无掩护、狭长和平整度要求低的沿海进港航道的开挖和维护，开挖淤泥时效率最高。

耙吸式挖泥船施工作业无须抛锚展布，挖泥时，用陆上导标或水上浮标定向，也可用雷达、无线电定位或 GPS 卫星定位，罗经定向。耙吸挖泥船宜采用逆流施工；在水域宽阔，水流流速较小的情况下也可采用顺流施工。根据挖槽的情况可以分段、分条、分层施工。耙吸式挖泥船施工可采用装舱溢流、抽舱不溢流、旁通等方法，也可边抛或直接装驳施工。

(1) 耙吸式挖泥船施工方法选择

1) 下列情况宜采用装舱溢流施工：

① 溢流对施工区周边水域不会造成长期不利影响。

② 疏浚区、调头区、抛泥区和抛泥航行区能满足挖泥船重载航行和调头的需要。

2) 下列情况应采用抽舱不溢流施工：

① 疏浚污染土。

② 溢流对施工区周边海产养殖等有严重影响。

③ 溢流对施工区周边水域造成长期不利影响。

④ 疏浚不易在泥舱内沉淀的粉土、粉砂、流动性淤泥且施工区水流不能将溢流土有效带出施工区。

3) 下列情况可采用边抛或旁通施工：

① 在紧急情况下，突击疏浚航道浅段，迅速增加水深。

② 施工初期水深不能满足挖泥船装舱的吃水要求，须开挖施工作业面或作业通道。

③ 施工区水动力条件好，水流足以将疏浚的泥沙携带出挖槽。

(2) 耙吸挖泥船施工方式选择　耙吸挖泥船施工方式可按疏浚土不同处置方法分为挖运抛和挖运吹两种。

1) 在设定的抛泥区或储泥坑进行疏浚土处置时，可采用挖运抛方式施工。

2) 在吹填或海滩养护等工程中，需将装舱的疏浚土卸至挖泥船无法直接抛卸的区域时，可采用挖运吹方式施工。

(3) 分段、分条、分层施工　耙吸挖泥船应根据工程具体情况进行分段、分条、分层施工。

1) 下列情况宜分段施工：

① 挖槽长度大于挖泥船挖满一泥舱内疏浚土所需的挖泥长度时，按挖泥船的性能、土质挖掘的难易程度、挖泥航速和泥土的装舱效果进行分段。

② 挖泥船施工受水深限制时，根据水位变化情况进行分段。

③ 挖槽尺度不一、泥层厚度差距较大或工期要求不同时，按设计尺度、泥层厚度或工期要求进行分段。

④ 分段施工能避免或降低航行及其他施工干扰时，根据商定的避让办法进行分段。

2) 下列情况宜分条施工：

① 挖槽宽度较大的航道、港池按挖泥船性能进行分条。

② 同一地段多艘挖泥船同时进行施工时，根据挖泥船航行需要和性能，按安全合理的原则进行分条。

③ 同一挖槽横断面上泥层厚度或开挖难易程度差距较大时，按泥层厚度或土质进行分条。

④ 部分挖槽需要先行增深时，按工期要求进行分条。

3）下列情况宜分层施工：

① 疏浚泥层厚度大或各区段泥层厚度差距较大时，根据挖泥船性能和泥层厚度进行分层。

② 当挖泥船最大挖深在高水位达不到挖深要求，或在低水位不能满足装载吃水要求时，根据水位变化进行分层，高水位挖上层，低水位挖下层。

③ 当工程需要分期达到不同的深度时，按分期的深度要求进行分层。

（4）耙吸挖泥船施工顺序确定

① 施工区疏浚前水深较浅，挖泥船吃水受限时，先利用高水位挖浅区，逐步加深拓宽；在条件允许时采取抽舱、旁通等方法施工。

② 施工区泥层厚度和工程量较大、工期较长并有一定自然回淤时，先挖浅段，逐次加深，待挖槽各段水深基本相近后再逐步全段加深，全段的扫浅和清淤在施工后期一次完成。

③ 单向水流的河段，从上游端开始挖泥，逐渐向下游延伸；落潮流占优势的河口和感潮河段利用落潮流的作用由里段向外段开挖。

④ 挖槽断面水深两侧较浅、中间较深时，先开挖两侧；当一侧泥层较厚时，先挖泥层较厚的一侧，待整个断面深度基本相近后，再整体逐步加深。

⑤ 挖槽断面中间与两侧疏浚前水深基本相近时，先开挖两侧，再挖中间。

⑥ 疏浚前水下地形平坦，土质为黏性土时，全槽逐层均匀增深。

⑦ 施工区回淤较大，且流向基本与挖槽轴线平行时，先开挖浅水区贯通深槽，然后逐步拓宽。

⑧ 水域条件复杂、疏浚作业难度不等的挖槽，优先安排有利改善其他区域施工条件的地段施工。

（5）耙吸挖泥船施工操作遵循的原则

1）单程挖泥不能达到最佳装载量时，采用往返法施工。

2）挖槽终端水域受限制不能调头、浚挖局部浅段时，采用进退法施工。

3）挖掘黏性土时，采用 S 形法施工。

4）溢流口高度可调时，根据挖泥船设计装舱容重和土质按下式选择合理的舱容。

$$V = \frac{W}{\gamma_m} \tag{3-2}$$

式中 V——舱容（m^3），当计算的舱容在挖泥船两档舱容之间时取高一档的舱容；

W——泥舱的设计净装载量（t）；

γ_m——泥舱内沉淀泥砂的平均密度（t/m^3）。可通过试挖或取土样做沉降试验确定或按表 3-2 确定。

表 3-2 泥舱内沉淀泥砂的平均密度

土的名称	土的天然密度/（t/m^3）	γ_m/（t/m^3）
流动性淤泥	<1.40	1.10~1.25
淤泥土类	<1.65	1.15~1.30
软黏土	1.65~1.75	1.25~1.45

(续)

土的名称	土的天然密度/(t/m³)	γ_m/(t/m³)
硬黏土	1.75~1.80	1.30~1.50
粉土、粉砂	1.60~1.85	1.10~1.30
细砂	1.65~1.90	1.30~1.50
中砂	1.70~2.00	1.50~1.60
粗砂、细砾	1.80~2.00	1.60~1.80

5）施工中根据不同的条件对耙吸挖泥船最佳装舱时间进行测定，最佳装舱时间的测定方法参照图3-3，即 BD/AB 比值最大时所对应的 B 点为最佳装舱时间。

6）疏浚不易在泥舱内沉淀的粉土、粉砂、流动性淤泥等时，采取抽舱和低浓度排放措施，并结合高档位装舱，适当时机调低溢流口排放上层低浓度泥浆，再恢复高档位，继续装载提高舱内泥浆浓度。

7）根据设备性能和开挖的土质选择合理的挖泥对地航速，不同土质的挖泥对地航速参考表3-3确定。

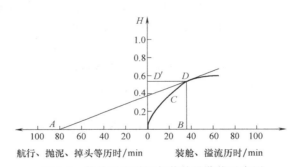

图 3-3 装舱溢流时间与装舱量曲线示意图

H—实际装舱土方量与实际使用泥舱舱容之比　D—经济装舱点　B—最佳装舱时间

表 3-3 不同土质的挖泥对地航速表

开挖土质	对地航速值/kn	开挖土质	对地航速值/kn
淤泥	2.0~2.5	黏性土类	3.0~4.0
淤泥类土	2.0~2.5	中密砂	2.5~3.0
松散砂	2.0~2.5	密实砂	3.0~4.0

注：1kn = 1 海里/h = 1852m ÷ 3600s = 0.514m/s。

8）挖掘淤泥土类、软黏土选用"挖掘型"耙头，挖掘流动性淤泥、松散砂选用"冲刷型"耙头，挖掘中等密实砂选用"冲刷型"耙头加高压冲水，挖掘密实砂选用"挖掘型"耙头加高压冲水或"主动挖掘型"耙头，挖掘较硬黏性土或土砂混合选用"主动挖掘型"耙头加高压冲水。

9）选用"挖掘型"耙头施工时，挖黏性土选用扁齿，挖砂性土选用尖齿，挖硬质土耙齿短，挖软质土耙齿长。

10）根据开挖的土质和挖泥效果调节耙头波浪补偿器的压力。

11）侧风或横流时，保持适当的风流压角。

12)边坡施工时,避免耙头钻入船底而造成耙头、耙管或船体损坏。

13)抛泥时确认挖泥船处于抛泥区内,并了解抛泥区水深变化和弃土堆积情况。

(6)耙吸挖泥船艏吹和艏喷施工应满足的要求

1)驻船水域水深满足挖泥船满载吃水要求,单点定位吹泥时水域宽度不低于2倍船长。

2)单点定位吹泥进点时控制航速并提前抛艏锚,有条件时抛艉锚辅助定位。

3)接通吹泥管线后先打开引水阀门吹水,确认管线正常后打开抽泥舱内疏浚土门抽取泥砂。

4)泥门按顺序启闭,开启的泥门处泥沙接近抽尽时开启下一组泥门,随后关闭原开启的泥门,双列泥门左右对称成对启闭。

5)施工过程中根据流量和浓度调节引水阀门,保持引水阀门与泥门启闭的协调,避免舱内泥沙经引水通道流出船外。

6)通过管线进行吹填时,抽舱完毕后继续吹水,直至管线内泥沙已吹尽或管线内残留泥沙不会对下步施工造成不利影响时再停泵和断开管线。

7)施工过程中,根据真空、流量、浓度和压力等变化情况,对泥泵转速、泥门开启数量和引水阀开度进行调节。

8)艏喷施工时,根据水流、潮流、风向、水深及挖泥船操纵要求选择就位点;根据施工工况选取合理的喷嘴尺度、喷射角度和泥泵转速。

耙吸挖泥船施工后期宜选用粗平器配合扫浅施工。

3. 链斗式挖泥船及施工方法

链斗式挖泥船工作原理是将斗桥的下端放入水下一定深度,使之与疏浚土层相接触。在导轮驱动下,使斗链连续运转,带动斗链上的泥斗,挖泥后装入,再随斗链的转动提升出水面,并传送至斗塔顶部,经过上导轮而改变方向后,斗内泥沙在重力作用下,倒入斗塔中的泥井。最后,泥沙经过两边的溜泥槽排出挖泥船的舷外。链斗挖泥船分为非自航和自航两种,其斗容一般为 $0.1\sim1.0\text{m}^3$,生产效率一般为 $10\sim1000\text{m}^3/\text{h}$。由于其挖后平整度较其他类型挖泥船好,适用于开挖港池、锚地和建筑物基槽等。链斗挖泥船可以挖掘各种淤泥、软黏土、砂和砂质黏土等。但缺点是噪声大,振动大,部件磨损大,成本高。

链斗挖泥船应根据挖泥船和泥斗的规格、性能配备适用的泥驳,航运繁忙和风浪较大的区域施工宜配备自航泥驳。

(1)链斗挖泥船船位与锚位布置

1)一般采用逆流施工,在施工条件受限制或有涨落潮往复流的情况下,采用顺流施工,顺流施工时使用艉主锚缆配合控制船的前移。

2)链斗挖泥船施工船位平行挖槽轴线布置,船艏朝向挖泥前进方向。

3)施工一般布设6根锚缆,其中艏锚、艉锚各1只,左右艏艉边锚各1只;逆流施工流速较大且稳定时可以不设艉锚。

(2)链斗挖泥船开工展布

1)应在导航图上标示或用导标、浮标等在现场指示施工起点位置。

2)挖泥船移至施工起点概位时,应下放斗桥定住船位。

3)艏锚宜下在挖泥中心线上,艏锚缆长度应根据缆绳容量和现场条件确定,不宜低于500m;艏锚缆通过区为水域时应设托缆方驳,通过区为滩地时应设托缆滚筒。

4) 左右边锚宜对称布设;艉锚宜下在挖泥中心线上,缆长视流向确定,逆流施工取 100~200m,顺流施工适当加长。

(3) 链斗挖泥船分段、分条、分层施工

1) 挖槽长度大于挖泥船一次抛设主锚所能开挖的长度时,按其所能开挖的长度对挖槽进行分段。

2) 挖槽边线为折线时,按边线拐点进行分段。

3) 挖槽规格不一或工期要求不同时,按挖槽规格变化和工期要求进行分段。

4) 分段施工能避免或降低航行及其他施工干扰时,根据商定的避让办法进行分段。

5) 挖槽宽度超过挖泥船的最大挖宽或挖槽内泥层厚度相差较大时,进行分条;分条的宽度视主锚缆的抛设长度而定,一般情况下取 100m;浅水区施工时,分条的最小宽度要满足挖泥船作业和泥驳的靠泊需要。

6) 泥层厚度大于一次开挖的适宜厚度时进行分层,分层厚度根据土质和性能确定,一般不大于斗高的 2 倍。

(4) 链斗挖泥船横挖法施工

1) 施工水域条件好,挖泥船不受挖槽宽度和边缘水深限制时,采用斜向横挖法施工,如图 3-4 所示。

2) 挖槽狭窄、挖槽边缘水域水深小于挖泥船吃水时,采用扇形横挖法施工,如图 3-5 所示。

3) 挖槽边缘水深小于挖泥船吃水,挖槽宽度小于挖泥船长度时,采用十字横挖法施工。

4) 施工水域水流流速较大时,采用平行横挖法施工。

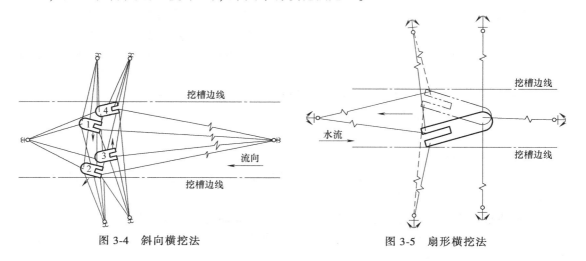

图 3-4　斜向横挖法　　　　　图 3-5　扇形横挖法

(5) 链斗挖泥船施工工艺参数选取原则

1) 根据斗高和土质确定一次挖泥厚度,一般为斗高的 1~2 倍,松软土层适当增加,硬质黏土、砂、石适当减少。

2) 根据斗高和土质并参考分层厚度及横移速度确定前移距,软土前移距大,硬土前移距小。

3) 根据疏浚土的切削特性、切削厚度、前移距和斗链运转速度确定横移速度,一般控制在 6~8m/min。

4) 根据开挖的土质和水流确定斗链运转速度,挖淤泥类土和砂性土时斗速适当提高;流速较大挖松散砂,挖槽内有垃圾、杂物、大块石等障碍物,挖硬黏土、密实砂、碎石等硬质土和黏附斗壁不易倒泥时,斗速适当降低。

(6) 链斗挖泥船其他方法施工 特殊情况下,根据现场条件链斗挖泥船可选用下列方法进行施工。

1) 施工区水深不能满足挖泥船吃水要求时,利用高潮抢挖"船窝";无潮差可利用时,先从能满足挖泥船吃水的深水水域开始施工。

2) 外深里浅的边滩或码头泊位,采取斜向切入法施工。

3) 栈桥码头基槽、船台滑道基槽等垂直岸坡的挖槽采用顶滩挖泥法施工。

4) 挖槽起点起挖时,根据土质和挖深按一定纵向坡度逐渐向下开挖,第一步挖厚取 0.2~0.3m,待斗链运转正常后,再每进一步加深 0.3m 左右,直至正常开挖深度。

5) 一次开挖到底的挖槽边坡,按 1/2 坡距开挖。

6) 范围大、泥层厚、分条多的工程,垂直分条方向在起挖线处先开挖一条宽度大于船长的挖槽。

7) 水上开挖滩地或陆域土方,利用高潮位开挖土层,开挖时严格控制挖深和前移距,并保证挖泥船随时能主动后移。

4. 抓斗式挖泥船及其施工方法

抓斗式挖泥船有自航式和非自航式两种。自航式一般自带泥舱,泥舱装满后自航至排泥区卸泥;非自航式利用泥驳装泥和卸泥。挖泥时运用钢缆上的抓斗,依靠其重力作用,放入水中一定深度,通过插入泥层和闭合抓斗来挖掘和抓取泥沙。然后通过操纵船上的起重机械提升抓斗出水面,回旋到预定位置将泥沙卸入泥舱或泥驳中,如此反复进行。

抓斗式挖泥船一般用于航道、港池及水下基础工程的挖泥工作。它适合于挖掘淤泥、砾石、卵石和黏性土等,但不适合挖掘细砂和粉砂土。若采用特制的抓斗,也可用于水下的清除碎石。

抓斗挖泥船定位抛锚和链斗式挖泥船基本相同,只是由于多为顺流挖泥,前边锚不考虑超前角,后边锚多向后抛,当流速比较小时,也可不抛设边锚。一般采用纵挖法施工,可根据施工条件采用顺流、分条、分段、分层施工。当泥层厚度较薄,土质松软时,可采用梅花挖泥法,即挖泥时不连续下斗,而是斗与斗之间留有一定距离,前移后挖第二排时,在原第一排两斗之间处下斗,这样依次进行,使泥面呈梅花形土坑。如图 3-6 所示。抓斗挖泥船的挖泥为非连续性,质量控制比较困难,因此必须加强施工的深度和平面控制,加强定位和水深检测。

(1) 抓斗挖泥船船位与锚位布置

1) 抓斗挖泥船宜顺流施工,船位平行挖槽轴线布置,船艏朝向挖泥前进方向。

2) 锚缆定位的抓斗挖泥船宜布设 4 组锚缆,艏边锚 2 只,对称挖槽呈八字形布设于船艏前方两侧;艉边锚 2 只,对称挖槽交叉呈八字形布设于船艉后方两侧,缆长视施工区条件确定,不宜短于 100m,流速大、底质硬时应适当加长;流速较大顺流施工或需用缆长测定船位时也可另设主锚缆,主锚缆长度宜为 200~300m。

3) 在流速不大或有往复潮流的地区,也可采用逆流施工。

(2) 抓斗挖泥船开工展布

1) 开工展布前应在导航图上标示或用导标、浮标等在现场指示施工起点位置。

2) 锚缆定位的抓斗挖泥船宜逆流进点,顺流施工时将挖泥船拖至计划艉边锚的位置,抛相反一侧艉边锚,待挖泥船到达挖泥起点概位处刹住该锚缆,下放抓斗协助固定船位,抛设其余边锚后收起抓斗,绞船至挖泥起点。

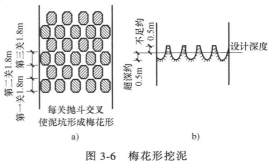

图 3-6 梅花形挖泥
a) 抓斗斗迹平面图 b) 抓斗斗迹断面图

3) 锚缆定位的抓斗挖泥船逆流施工时,应将挖泥船拖至挖泥起点概位处边锚位置,下放抓斗固定船位,抛设八字形艏锚,再交叉抛设八字形艉锚并收起抓斗,调整船位至挖泥起点。

4) 锚缆定位的抓斗挖泥船顺流进点顺流施工时,应先将挖泥船拖带至挖槽一侧接近计划艉边锚位置,再抛相反一侧艉边锚,待挖泥船到达挖泥起点概位处,下放抓斗协助固定船位,抛其余边锚并收起抓斗,调整船位至挖泥起点。

5) 疏浚码头前沿水域时,可将挖泥船停靠码头后再布设锚缆,并将一侧边缆系于系缆桩上或系于连接系缆桩的横绷缆上。

6) 在高潮位也无法水上布锚的滩地或临岸地区展布时,可提前布设地垄,将挖泥船系于连接地垄的横绷缆上。

7) 钢桩定位的抓斗挖泥船展布时宜顺流施工逆流进点,到达预定位置时,拖轮减速、停车,待对地船速消除后下放定位钢桩。

8) 水流湍急的山区河流,挖泥船应设两条主缆和两根边横缆,主缆长度宜为 500 ~ 1000m,边横缆系在艏部两侧,通航一侧应采用沉链;挖泥船应在施工区上游连接主缆后按照事先拟定的航路顶流退船进点,顺流展布。

(3) 抓斗挖泥船分段、分条、分层施工的要求

1) 挖槽长度超过挖泥船一次抛锚所能开挖的长度时,分段施工;分段的长度取决于定位边缆长度和水流流向,顺流施工取艏边缆起始长度的 75%,逆流施工取艏边缆起始长度的 60%。

2) 挖槽宽度大于挖泥船的最大挖宽时,分条施工;分条宽度不超过挖泥船抓斗吊机有效工作半径的 2 倍;流速大的深水挖槽分条宽度不大于挖泥船的船宽。

3) 疏浚区泥层厚度超过抓斗一次所能开挖的厚度,或受水位影响需乘潮施工时,分层施工;分层的厚度根据土质、抓斗斗高及张斗宽度等因素确定。

(4) 抓斗类型的选择 抓斗类型的选择应根据疏浚土的特性选用,并遵循下列原则。

1) 淤泥土类、软塑黏土、松散砂选用斗容较大的轻型平口抓斗。

2) 可塑黏土、中等密实砂选用中型抓斗。

3) 硬塑黏土、密实砂、中等密实碎石选用重型全齿抓斗。

4) 风化岩、密实碎石选用超重型抓斗。

(5) 抓斗挖泥船施工定位的要求

1) 抓斗位置对正开挖位置,船舶中线平行于挖槽轴线。

2) 实测船艏及两侧水深与水深测量图进行校核,确定开挖位置及水深。

(6) 抓斗挖泥船挖泥操作控制

1) 挖泥过程中应始终保持锚缆处于张紧状态,船位始终保持在开挖位置,避免因船位变动造成漏挖和叠斗。

2) 每次前移前,应实测开挖水深,在达到计划开挖深度后方可进船。前移量宜取抓斗全张开尺度的 0.6~0.8 倍。前移后,挖泥船中线应与挖槽平行。开挖第二条时,要对准先堑口,防止漏挖和重叠过多。

3) 安装有计算机监控系统的抓斗挖泥船可根据屏幕显示进行排斗、下斗。

4) 抓斗挖泥船应根据深度位置指示器进行挖深操作,无深度指示仪的船舶,应在吊斗钢缆上做好尺度标记控制挖深。

5) 对挖槽平整度要求较高的项目,最后一层土的开挖宜使用抓斗定深装置进行挖深控制。

(7) 下斗的间距和前移距的确定 抓斗挖泥船挖泥作业时,应根据土质和泥层厚度确定下斗的间距和前移距,并遵循下列原则:

1) 土质松软、泥层薄时,下斗间距宜大;土质坚硬、泥层厚时,下斗距宜小。

2) 挖黏土和密实砂,抓斗充泥量不足时,应减少布斗的重叠量。

3) 挖厚层软土,抓斗充泥量超过最大容量时,应增加布斗的重叠量。

4) 流速较大时,应根据水流对泥斗造成的漂移修正下斗位置,必要时选用更重的抓斗。

(8) 特殊条件下的施工方法

1) 水深小于泥驳吃水时,宜利用高潮位分层开挖出满足泥驳吃水的挖槽,低潮位时挖泥船退至起挖点开挖,依次交替进行施工。

2) 挖槽特别狭窄且水深较浅时,抓斗挖泥船宜高潮位时将泥土直接卸于挖泥船两侧,低潮位时退至口外处,依次循环施工。

3) 硬黏土开挖宜采用切角挖泥方法和留埂挖泥方法,挖泥船每排自水深相对较深处或堑口处向另一侧排斗,船位前移时采用进二退一的方法。

4) 密实砂土开挖宜适当增加分层厚度。

5) 强风化岩等软质岩石可选用超重型抓斗直接开挖,每开挖一层后放置一段时间,待泡水软化后再开挖下一层。

5. 铲斗式挖泥船及其施工方法

铲斗式挖泥船是一种非自航的单斗式挖泥船,其工作机构与反向铲、正向铲挖土机类似。挖起的泥土卸入停靠在船旁的泥驳,满载后运至卸泥区卸泥。铲斗式挖泥船常用的铲斗容量一般为 $2\sim4m^3$,最大的可达 $22m^3$,通常备有轻重不同类型的铲斗,以挖掘不同性质的土壤。铲斗式挖泥船因生产效率不高而不能广泛采用,但由于有较大的切削力,故仍然得到一定的发展。它适用于挖掘黏土、砾石、卵石、珊瑚礁和水下爆破的石块等,还可以清理围堰、打捞沉物和排除水下障碍物等。

船舶定位时将挖泥船拖至挖槽起点导标附近,对准施工导标,待拖轮航行惯性消失后,放下铲斗和船艄定位桩,校正船位,然后下船艏定位桩。定位后利用船艏两定位桩将船体稍微升起,使船处于悬浮状态,定位桩在船重作用下再下沉。船艏定位桩起定位作用,还承受掘土时的反作用力;船艄定位桩则起艄锚作用。挖泥船的移动分为前移、斜移和后退(挖完一段后)。移动的方式可采用锚缆式,也可采用定位桩-铲斗式。铲斗式挖泥船通常用后一种方式,这样操作灵活、方便,特别是在狭窄水域内施工时,不会影响其他船舶航行。用定位桩-铲斗式移位时,为前移,下落铲斗于船艏的正前方,提升船艏两定位桩(船艄定位桩仍插入泥中不动),然后拔起船艄桩借助铲斗的锚着力,使船前移,距离一般为2~5m;斜移与前移基本相同,只是下落铲斗要偏向于斜移一侧;要后退,则提升前、后定位桩,下落铲斗,借助铲斗柄撑船后退。

铲斗挖泥船应采用纵挖法施工。对坚硬的土质和风化岩,宜配备小容量带齿铲斗,并采用挖掘与提升铲斗同步挖掘法施工;对软质土及平整度要求高的工程宜配备大容量铲斗,并采用挖掘制动、提升铲斗挖掘法施工。挖掘不同土质的抬船高度、回转角、铲斗回转角进量及铲斗前移距等施工参数应通过试挖确定。正铲挖泥船宜位于已开挖区域顺挖槽前进挖泥;反铲挖泥船宜位于未开挖区域顺挖槽后退挖泥。铲斗挖泥船施工中铲斗未离地时不应摆动铲臂。

当挖槽宽度超过铲斗挖泥船一次所能开挖的宽度时应分条施工,泥层厚度过厚时应分层进行开挖。

挖泥作业宽度取决于铲斗的旋回半径和回转角,但由于需停靠泥驳,一般约等于船体的宽度,如图3-7所示。用铲斗挖泥船挖泥,如操作得当,挖泥平整度较高,一般仅有0.3~0.4m的误差。挖石块和硬质土用重铲斗;挖软土用轻铲斗。铲斗斗齿的形状对挖掘效率有显著的影响,特别是挖硬质土,宜用强度高、耐磨钢材制作的齿,齿形要易于切土。

6. 联合施工

单一挖泥船型施工不能满足工程要求时,应采用联合施工方式进行施工。联合施工方式应根据工程要求、现场条件和设备供应能力选取,常用联合施工方式的适用条件与特点见表3-4。

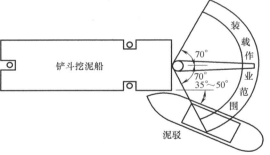

图3-7 铲斗挖泥船作业宽度

表3-4 常用联合施工方式适用条件与特点

联合施工方式	适用条件	特点
斗式或其他挖泥船—泥驳—吹泥船	内河或风浪较小的海区,淤泥类土、砂质土及软黏土的吹填工程;具备运泥通道和靠泊条件	优点:不受运距限制 缺点:1.风浪和土质适应能力差;2.使用设备多,组织工作量大;3.施工干扰大
耙吸挖泥船—储泥坑—绞吸挖泥船	挖泥区具备耙吸挖泥船取土条件,具备运泥通道、吹填区附近设置储泥坑且该区受风浪水流影响较小	优点:1.疏浚区风浪和土质适应能力强;2.不受运距限制;3.施工能力强,能适应高强度施工 缺点:1.对运泥通道要求高;2.储泥坑规格大,受流速限制;3.抛泥扩散易影响周边水域

(续)

联合施工方式	适用条件	特点
斗式或其他挖泥船—泥驳—储泥坑—绞吸挖泥船	内河或风浪较小的海区;具备运泥通道、吹填区附近设置储泥坑且该区受风浪水流影响较小	优点:1.不受运距限制;2.绞吸船连续工作,施工能力强;3.土质适应能力强 缺点:1.抗风浪能力差;2.使用设备多,组织工作量大;3.施工干扰大;4.储泥坑规格及对流速要求较高;5.抛泥扩散易引起周边水域污染或淤积
绞吸挖泥船—泥驳—吹泥船	内河或风浪较小的海区、吹填区距挖泥区水上距离较远的砂性土疏浚,具备运泥通道和靠泊条件	优点:1.绞吸挖泥船生产能力不受输送能力限制;2.减少输泥管线磨耗 缺点:1.吹泥间断施工,停工前要吹净管内存砂;2.装驳时有泥土流失、扩散
绞吸挖泥船—泥驳	内河或风浪较小的海区、疏浚区与泥土处置区有一定距离的粗颗粒砂石、软质岩石疏浚,泥土处置区具备抛卸条件	优点:1.绞吸挖泥船生产能力不受输送能力限制;2.避免输泥管线磨耗;3.泥土处置不受运距限制 缺点:1.必须有水上抛泥通道且受风浪限制;2.装驳时有泥土流失、扩散及二次回淤
绞吸挖泥船—泥驳—储泥坑—绞吸挖泥船	内河或风浪较小的海区、吹填区距挖泥区水上距离较远的粗颗粒砂、碎卵石、软质岩石疏浚,具备运泥通道和设置储泥坑条件且该区受风浪、水流影响较小	优点:1.绞吸挖泥船生产能力不受输送能力限制;2.挖泥和吹泥互不干扰,吹泥能连续工作;3.泥土处置不受水上距离限制 缺点:1.必须有水上运泥通道且受风浪限制;2.装驳时有泥土流失、扩散及二次回淤;3.储泥坑规格较大且受流速限制;4.抛泥扩散易影响周边水域
耙吸挖泥船、绞吸挖泥船、吹泥船—接力泵	吹填区距耙吸挖泥船、绞吸挖泥船、吹泥船吹泥点的距离超出这些船的合理吹距且输泥管沿程具备布设接力泵站或船的条件	优点:延长吹泥距离 缺点:1.接力泵船接耙吸挖泥船或吹泥船时会间断施工;2.接力泵与被接力船舶之间的配合要求较高,组织难度较大
耙吸挖泥船—泥驳	抛泥运距远,疏浚区、取土区水域宽阔且风浪条件相对较好的区域	优点:以泥驳代替耙吸挖泥船进行长距离运输,经济性好 缺点:1.耙吸挖泥船必须有专门的靠驳设施且只能单耙挖泥;2.对疏浚区、取土区水域宽度和风浪条件要求较高

注:表中所列其他挖泥船指吸扬船、射流泵船、气动泵、潜水泵、吸沙船等。

7. 其他情况的疏浚

岩石疏浚应综合分析岩石性质和设备性能决定疏浚方法;中等风化岩和强风化岩宜用大型绞吸挖泥船直接开挖,少量的强风化岩也可用大型抓斗和铲斗挖泥船开挖,微风化、未风化的岩石应进行预处理。

(1)挖泥船开挖岩石

1)挖泥船结构强度能承受挖岩引起的振动和冲击。

2)选择专用的高强度高耐磨挖掘机具并备有充足的备件,绞吸挖泥船绞刀不少于3个,抓斗挖泥船重型抓斗不少于2个。

3）绞吸挖泥船视需要采取安装格栅、防石环等措施。

4）挖岩过程中加强对疏浚设备和机具的检查。

(2) 疏浚土为高附着力的黏性土

疏浚土为高附着力的黏性土时，绞吸挖泥船宜采用大开档的冠形方齿绞刀；链斗挖泥船宜在泥井内设冲水装置；斗式挖泥船应选用开体泥驳运泥且及时抛泥，不得压舱。

(3) 疏浚土中含有大量漂石

疏浚土中含有大量漂石时应选用斗式挖泥船施工；漂石数量不多时可选用耙吸挖泥船施工；使用绞吸挖泥船施工时，应安装格栅和防石环并采用大的前移距、大的一次挖泥厚度、绞刀低转速、低横移速度的操作方法，遇到大块的漂石宜采用抓斗挖泥船或铲斗挖泥船单独清理。

(4) 维护性疏浚工程施工

1）应加强维护区域水深监测及变化趋势分析，确定维护的最佳时机。

2）应根据维护工程量、土质类别、分布情况和港口航道营运情况等选择经济适用、干扰小、效率高的施工设备进行施工；对于常年维护的大型航道，宜选用大舱容的耙吸挖泥船进行施工。

3）以风浪掀沙、潮流输沙为主的回淤性港口、航道宜在大风季节可作业条件下集中疏浚，也可在大风季节之前按设计要求完成备淤深度的施工。

4）以河流汛期携带泥砂为主的回淤性港口、航道宜在洪水季节集中疏浚；当航槽比较稳定时，也可在洪水季节之前按设计要求完成备淤深度的施工。

5）枯水期可能出浅的内河航道，宜在枯水期来临之前突击疏浚避免浅段出现，有条件时也可在疏浚的同时借助水流的冲刷和挟沙能力提高疏浚效果。

6）航道和港口内出现多个浅区或浅段时，应根据浅区的碍航程度，安排维护疏浚的顺序。按照同步增加浅滩水深的原则，可先疏浚最浅地段，后疏浚次浅地段。

7）在有骤淤出现或回淤较集中的区域，施工时可增加备淤深度，以确保通航水深。

8）回淤比较严重的区域，可选择合理位置开挖截泥坑拦截浮泥或截留底部输移的泥沙。

3.1.4 作业船的选择和数量的确定

1. 挖泥船选择

选择挖泥船时要考虑工程土方量、施工地区自然条件、施工条件及泥土处理要求等因素具体有以下几方面：

1）挖泥船的性能。包括船长、船宽、吃水、动力、航速、排泥方法、泥泵性能、最大最小和最有效挖深、最大最小挖宽、船的抗风浪能力和各种条件下的生产效率等，是否与所承担的任务和施工条件相适应。

2）对土质的适应性。土质对挖泥船的生产效率影响很大，对不同性质的土壤，应选择与之相适应的挖泥船类型。自航耙吸式和绞吸式挖泥船适宜挖淤泥、砂土；链斗式挖泥船适宜挖松软砂质土，除细砂、石质外，其他土质一般也能适用；抓斗式挖泥船适宜挖松软成块土或坚硬夹石质土；铲斗式挖泥船适宜开挖硬土、碎石或砾石河床。

3）考虑挖泥船的生产能力及经济合理性。土方量较大的河口浅滩和进港航道，一般选用自航耙吸式挖泥船施工；港池、锚泊地以及要求质量较高的基槽开挖，一般选用链斗式和绞吸式挖泥船施工；土方量不大的码头泊位、基槽等，选用抓斗式挖泥船施工。

4) 考虑施工地区（包括抛泥区）的水文、气象及地理条件。自航式挖泥船抗浪性能强，可进行外海作业；非自航挖泥船抗浪性能差，尤其是靠定位桩固定和输泥管拉得很长的绞吸式挖泥船抗风浪能力更弱，仅适于在内河、湖区和有掩护的港池施工。

5) 考虑挖槽条件及排泥方式。挖槽条件主要是指挖槽宽度、水深和泥层厚度。排泥方式主要有运到远处深水抛弃，直接或间接吹填等。

2. 辅助船只配备

当确定某种类型的挖泥船作为施工主体船后，就必须选择配备相应的辅助船只，组成挖泥船队。辅助船只应根据挖泥船的类型、大小和卸泥方法来配备。例如，采用链斗式、抓斗式和铲斗式挖泥船施工，应配备拖船和泥驳；采用绞吸式挖泥船施工，则需配备排泥管、水上浮筒、拖船和绞锚艇。

此外，尚需配备供应船（包括供水、供煤、供油船）、抛锚艇、宿舍船、交通船和舢板等。

3. 作业船数量的确定

(1) 挖泥船数量计算 若已知疏浚工程的工期和挖泥船的计算生产效率 P_c（m³/h），则每艘挖泥船可以完成的工量 E（m³）为

$$E = T_e h_e P_c \tag{3-3}$$

$$T_e = k_d T \tag{3-4}$$

$$h_e = k_h t \tag{3-5}$$

式中 T_e——挖泥船在规定的工期中进行实际疏浚作业的天数（天）；

T——疏浚的工期（天）；

k_d——工作天利用率，我国华东和华北地区其值为 0.55，华南地区为 0.50；

h_e——每天平均工作小时数（即在一天中实际进行疏浚作业的小时数）；

k_h——工时利用率，一般不小于 0.75；

t——一天的工作时间（h），三班制按 24h 计算。

所需挖泥船数量 N（艘）

$$N = \frac{Q}{E} \tag{3-6}$$

式中 Q——总工程量（m³）。

(2) 泥驳和拖船数量计算 用链斗或抓斗、铲斗等挖泥船作业时，必须配备足够数量的泥驳和拖船（自航泥驳则不需拖船），以保证挖泥船连续工作。设 t_1 为泥驳到抛泥地点抛泥及往返所需时间，t_2 为每只泥驳装泥所需时间，则每艘挖泥船所需配备的泥驳数 n 和拖船数目 B 为

$$n = \frac{t_1}{t_2} + n_0 \tag{3-7}$$

$$B = \frac{t_1}{t_2 D} \tag{3-8}$$

式中 n_0——停靠在挖泥船旁备用的泥驳数；
　　　D——拖船一次拖带的泥驳数。

上述关系中，是假定所有的泥驳容量、拖船能力都是相同的，而实际上很难集合相同的泥驳和拖船来施工，这时 t_1 和 t_2 都各不相同，则可先求 t_1 和 t_2 的平均值，再按上述原则进行估计。

3.1.5　疏浚泥土的处理

疏浚泥土的处理，是疏浚工程施工中一个极其重要的问题。经验表明，疏浚泥土处理方法恰当与否，直接关系到工程进度、挖泥效率、巩固疏浚成果、工程成本以及环境保护等，必须从经济和环保的角度分析和评价。疏浚泥土的处理方法随挖泥船的类型、生产方式和施工条件而异，主要有水下抛泥法、边抛法和吹填法三种。

1. 水下抛泥法

将疏浚泥土运往指定的水下抛泥区，抛弃不用，称为水下抛填法。若有关部门未事先规定抛泥区，可自由选择适宜的抛填区，需要考虑以下几方面：

1）尽量靠近挖泥地点，以缩短抛泥距离，降低费用。
2）抛泥区要有一定的水域面积和水深，以便于船只出入和转头，节省抛泥作业时间。
3）抛泥区沿途的水域风浪，不妨碍抛泥作业。
4）不影响其他船只航行，不妨碍其他用水行业（如水利、筏运、渔业等），不影响环境，选择的抛泥区要征得港航、海事和环保部门及其他有关部门的同意。
5）在满足上述要求的前提下，同时必须摸清水流情况，把抛泥区选在流速小、流向偏离挖槽一侧的地区，以避免抛弃的泥土重新返回港池或航道。

2. 边抛法

自航耙吸式挖泥船在疏浚作业中，一边挖泥，一边将吸起的泥浆排入水中，随水流带走，称为边抛法。具体内容见耙吸式挖泥船的施工方法。

3. 吹填法

吹填法是将疏浚泥土送往陆地或水下边滩等进行填筑，不仅增加了港口陆域面积，可使废土得到利用，而且避免了疏浚泥土回淤航道的可能性，是一种较优的方案。

3.2　吹填工程

吹填工程按其性质可分为以挖泥为主，结合处理疏浚泥土的吹填工程；以吹填为主，专为某些建设项目服务的吹填工程。吹填工程广泛应用于围垦造地，扩大陆域，吹砂填筑路基及结合河道整治等，可节省大量的建设资金。

吹填施工应对进度、质量进行全过程监控，并重点对吹填流失量与沉降量进行观测，统筹协调施工船舶作业、排泥管线布设、围捻及排水口的施工。吹填距离超过吹填施工船舶的最大合理吹距时宜采用接力泵。吹填管线的规格和质量应适应吹填土质、流量和排压的要求；施工中应对管线进行跟踪检测，因磨耗致管线质量难以满足吹填要求时，应提前更换。

3.2.1 现场准备

吹填区的准备工作应包括测量、现场清理、管线路由和敷设方案的确定，围埝、排水口、排水通道的建造，沉降杆的设置。

测量范围应包括取土区、运泥通道、储泥坑、锚泊区域、吹填区、围埝、排水口、排水通道、管线路由和组装施工区域。测量应采用统一的平面与高程控制系统。

施工前应根据工程用途和施工合同的要求对吹填区进行清理。

对选择或提供的管线路由、管线堆放场地、水下管线组装、岸线和水域等应进行核查确认，管线堆场、组装、岸线和水域应满足堆放数量的使用和施工机械船艇作业的要求。

对围埝、排水口、排水通道等应进行验收或确认。

沉降杆的设置应符合下列规定：

1）沉降杆的布置和数量应根据设计要求和吹填区地基条件确定，同一地基宜均匀布设。

2）沉降杆底盘应设在吹填区的原始地面上，布设区平整，杆的长度宜超出该区吹填厚度和沉降量之和 1m 左右，并保持与地面垂直。

3）沉降杆应设置拉索，也可同时在沉降杆底盘压沙袋或石块等，对沉降杆进行固定。

4）同一吹填区内的沉降杆应在该区开始吹填前布设完毕。

3.2.2 接力泵站的布置

当疏浚泥土需经中转并进行远距离输送时，必须设立固定的接力泵站。它是把几台泥泵用输泥管线串联起来工作的输泥系统。接力泵站与吹泥船的连接方式，一种是设中间站池（泥浆池）储存泥浆方式，吹泥船和接力泵站分别单独工作，互不干扰；另一种是将吹泥船与接力泵站直接串联的方式。但在吹泥船换驳时，为了不使接力泵停顿需改吸清水。相互串联的泥泵可以集中串在一起，也可以分段设置。前者管理方便，但输泥管内的压力成倍增加，输泥管的管壁需要增厚；后者两泵站距离越远，输泥管内压力降得越低，所以应保证后面接力泵的吸泥管具有正压力，以免空气进入管路。

3.2.3 泥场的选择

用来储存吹填泥浆的区域，称为泥场。泥场的选择条件因工程性质而异。对以吹填为主的吹填工程，主要取决于所需吹填的范围，选择时应考虑以下几点：

1）根据挖槽的土质、数量来决定泥场的范围和容量大小。

2）选择有低洼、废坑、荒地等有利于容泥的地区。

3）附近有沟渠（河浜）相通，以便于排水。

4）在没有接力泵条件时，只能就近吹填，此时，泥场的数量和容量需根据挖泥船扬程和排泥管线长度等决定。

3.2.4 围埝的修筑

围埝的作用在于构造泥场，促使泥浆在规定的范围内沉积，使其不能任意漫流；在水中吹填时，围埝可起到护岸或护坡的作用。保护吹填土不受水流和风浪的淘刷。围埝的布置要按照地形,尽量把堤线布置在有高岗、土埂处,以减少工程量。围埝的断面形式一般为梯形,如图3-8所示为分期进行吹填作业设置两期围堰的情况。

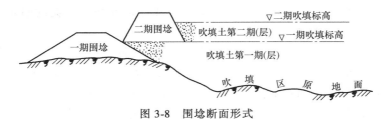

图3-8 围埝断面形式

1. 围埝的尺度

围埝的尺度,依不同的土质而定。当围堤高度大于3m时,一般采用分期吹填分层填筑,以减小围堤断面,防止坍塌事故。

$$H = H_0 + \Delta H \tag{3-9}$$

式中 H——围堤标高(m);

H_0——要求吹填的泥场设计标高(m);

ΔH——预留超高,即考虑吹填终了时泥场水位超出泥场设计标高和围埝本身的沉降所预留的高度,一般为0.3~0.5m。

2. 围埝基础处理

1)围埝地基为坚硬土或旧堤基时,应将表面土翻松后再填新土。

2)围埝地基为淤泥质土时,可采用土工织物、柴排、竹排垫底或施打塑料排水板等方法加固。

3)围埝地基为砂质土时应采取防渗措施。

4)围埝地基坡度大于1:5时,应先挖出阶梯,然后逐层填筑,当设计有明确要求时,按设计要求执行。

3. 就地取土筑埝

就地取土筑埝应在围埝两侧安全距离以外取土,并应符合下列规定:

1)平坦区域取土边线与埝脚的距离不应小于5m,软泥滩上不应小于10m,埝高大于3m时,尚应适当加大距离。

2)排泥管架两侧5m内不得取土,5~10m范围内取土深度不应大于1.5m。

3)不得取冻土、腐殖土、含杂物的土筑埝。

4)取土区内取土坑不得贯通。

4. 围埝施工

围埝施工应自低处开始逐层填筑。

黏土围埝施工应符合下列规定:

1)应分层修筑、分层夯实,分层厚度宜取0.3~0.5m。

2)围埝的顶部和边坡应整平、夯实。

3)黏土围埝施工的允许偏差应符合表3-5的规定。

抛石围埝施工应符合下列规定:

1)应根据水深、水流及波浪等自然条件计算块石的漂移距离,并通过试抛确定抛石船的驻位,先随机抛,后定点抛。

表 3-5 黏土围埝施工允许偏差

项目	允许偏差/mm	项目	允许偏差/mm
围埝顶部宽度	±100	围埝坡面轮廓线	±150
围埝顶部高程	+100 0	围埝轴线	±200

2)水上抛填时,应根据地基承载力结合水深、波浪影响情况,确定一次抛填到顶或分层抛填。

3)软土地基上的抛填程序、分层厚度和加载速率应满足设计要求;有挤淤要求时,应从轴线逐渐向两侧抛填。

4)碎石倒滤层施工应符合下列规定:
① 倒滤层材料的规格和质量满足设计要求。
② 倒滤层分段、分层由坡脚向坡顶施工,每段、每层推进面错开一定距离。
③ 受风浪影响的地区,倒滤层施工后及时进行覆盖。
④ 倒滤层厚度的允许偏差符合表 3-6 的规定。

表 3-6 倒滤层厚度施工允许偏差

项目	允许偏差/mm	
	水上	水下
倒滤层各分层厚度	+50 0	+100 0
混合倒滤层总厚度	+100 0	+200 0

5)土工织物倒滤层施工应符合下列规定:
① 所用土工织物的品种、规格和性能满足设计要求。
② 铺设前对基层进行整平,表面无尖角,其平整度符合表 3-7 的规定。

表 3-7 土工织物基层施工允许偏差

项目	允许偏差/mm	
	水上	水下
平整度	100	200
搭接长度	±L/10	±L/5

注:L 设计搭接长度。

③ 土工织物的拼幅与接长采用"包缝"或"丁缝",尼龙线的强度不小于 150N。
④ 土工织物铺设平顺,松紧适度,其坡顶锚固及坡底压稳满足设计要求。
⑤ 相邻两块土工织物搭接长度允许偏差满足设计要求,设计无要求时,符合表 3-7 的规定。
⑥ 土工织物铺设后及时覆盖或进行上部施工。

6)抛石围埝施工的允许偏差应符合表 3-8 的规定。

表 3-8 抛石围埝施工允许偏差

项目	允许偏差/mm	
	水上	水下
围埝顶部宽度	±150	—
围埝顶部高程	+200 0	—
围埝坡面轮廓线	±200	±300
围埝轴线	±200	—

袋装土围埝施工应符合下列规定：

1）袋装土的饱满度宜控制在 75%～85%，并应分层错缝垒筑。

2）围埝的顶部和边坡应进行整平、夯实。

3）袋装土围埝施工的允许偏差应符合表 3-9 的规定。

表 3-9 袋装土围埝施工允许偏差

项目	允许偏差/mm	
	水上	水下
围埝顶部宽度	±150	—
围埝顶部高程	+150 0	—
围埝坡面轮廓线	±200	±300
围埝轴线	±200	±300

3.2.5 管线敷设

1. 排泥管线总体布置

1）遵循安全、经济、环保、平直和易于实施的原则。

2）管线布置按吹填顺序统筹考虑。

3）平面布置根据施工船舶的总扬程，取土区至吹填区的距离、地形地貌，施工区的水位或潮沙变化等因素综合考虑确定。

4）减少与交通及其他施工的干扰，在保证吹填质量的前提下减少安拆次数。

5）根据所架设区域和排压确定管线形式和材料规格要求。

2. 陆上排泥管线敷设

1）应选择地势平坦交通方便的场地、道路、堤岸布置，且走向平直，线路短，避免与公路、铁路、水渠和其他建筑物交叉；交叉穿越时，事先应征得相关单位同意并采取相应措施。

2）排泥钢管法兰之间应装设密封圈并卡接紧固水密，管底的基础、衬垫物、支架牢固。

3）排泥管线穿越铁路时，应选用符合要求且质量优良的排泥管，宜利用现有涵洞。埋设在铁路之下时，应将钢管管壁、法兰加厚并加设橡胶软管，或在排泥管外加设套管。

4）排泥管线穿越公路时，可采用半埋、全埋、明铺或架设管桥等方式；半埋、全埋或明铺穿越时，钢管强度应满足要求，卡接紧固并宜加设软管；采用架空方式时，管桥的净空应符合公路标准，架空管强度满足要求；采用半埋或明铺时，应对管道的顶部及两侧进行填土保护，两侧填土的坡度不宜大于1∶10。

5）排泥管线穿越水渠、河沟时，宜架设在管架或浮筒之上。

6）排泥管架应牢固可靠，不得倾斜或晃动。

7）需装设支管时，宜在主排泥管线上装设三通、四通和闸阀。

3. 管架及接头敷设

1）管架及接头位置应根据施工安排和现场条件等因素综合确定，出口管架头宜远离吹填区排水口，其高程应根据施工地形及设计要求设定。

2）管架结构应根据地基、排泥管径、管架间距、高度、用途及使用时间长短确定，可采用竹木桩、钢桩或充填沙袋等结构，管架头应稳固，满足使用要求。

3）水陆管线接头应采用柔性连接，水上管部分宜留有一定的活动余量，高差或潮差大的区域可在水上加设过渡平台。

4. 水上排泥管线敷设

1）应根据水流、风向敷设成平滑的弧形，并抛管子锚固定。在水上管线和水下管线、水上管线和陆上排泥管连接处宜设多向管子锚固定。

2）港口、航道附近施工时，管线上应安装标志灯，管子锚应设置锚漂并用灯号显示。

3）水上排泥管线的长度应根据施工区平面布置及自然条件结合挖泥船的船型大小确定，在风浪、流速较大的地区，宜取300~500m。

4）水上管线由钢管和柔性接头组成时，单组钢管长度应根据钢管强度、现场风流条件和施工布置确定，采用橡胶管连接时宜短，采用球形接头连接时可适当加长。

5）直接在水上吹填时，管线出口应采用打桩或抛锚等措施予以固定。

6）水上与水下排泥管宜采用特制的自浮沉降软管连接，当采用钢管作斜管连接时，钢管长度应大于该地点最大水深的3倍，水深较大时，钢管强度应重新进行计算。

5. 水下管线敷设

1）敷设前应对预定敷设水域进行水深测量，并根据测图选择线路较短、水深满足要求、水下地形相对平坦且无大的障碍物的区域作为敷设区域。

2）应选择水流相对平缓、底床比较稳定、水深变化平缓的路径作为水下管线的线路，线路确定后应在水深图上标示并进行方案设计。

3）水下管线跨越航道不能保证航道通航水深时可采用挖槽的方法，将管线敷设于挖槽内。

4）水下管线可在波浪和流速较小、水深满足要求处的临水码头、滩地或驳船上进行组装并同时下水，也可在干出滩低潮时顺岸组装高潮时下水，组装好的水下管线管口两端应用盲板密封。

5）宜采用钢管为主并用胶管进行柔性连接；在水下地形平坦且软底质的区域也可采用刚性连接。当采用钢管和胶管连接时单组钢管长度视钢管强度、敷设区地形和组装拆卸条件确定，一般情况下可由20~30m钢管加1节胶管组成；钢管强度高，单组长度可长；地形起伏大，单组长度宜短。

6) 出入水段的坡度不宜太陡，用胶管过渡钢管作斜管时一般限制在20°以下；其两端应设八字锚固定端点位置，入水端设排气阀，排气阀规格和数量应满足排气要求，必要时可在出入水处设端点站。

7) 组装好的水下管线应进行加压检验，达到设定压力且无漏气时，方可沉放入水。

8) 水下管线下沉宜选择在风浪较小时进行。水下排泥管线较长时，应配备足够数量的拖轮或锚艇进行拖带和协助水下排泥管线定位，水下管线沉放时应保持顺直，在通航区域沉放时应发布通告并设警戒船。水下管线沉放宜采用自然灌水的方法。水下管线两端应下锚固定并设置明显标志。

9) 拆除水下管线时宜从浅水端向管内充气，使其缓缓起浮，待水下排泥管线全部起浮后，拖运至水流平稳、不碍航的水域妥善置放或拆除。

6. 吹填区内管线敷设

1) 吹填区内排泥管线的总体布置及顺序应根据吹填区地形和形状、陆地管线线路、排水口位置、管线架设条件和方法、吹填土质和质量要求等因素综合分析确定，吹填起始点宜远离排水口；管线平面布置宜顺直，拐弯平缓。

2) 管底高程应根据吹填土质、吹填高程、吹填平整度要求结合机械配合条件确定，后期不采用机械整平的吹填管线，底部高程宜比设计吹填高程高出0.20~0.30m。采用机械整平时，吹填管线底部高程应根据整平能力和成本最低的原则测算确定。

3) 排泥管口宜远离和背向围埝，吹填形成的旋流不得直接冲刷围埝。

4) 排泥管线和出口的敷设间距应根据吹填土的特性、吹填流量、吹填平整度和质量要求、机械整平能力和成本、现场吹填土的流径和坡度等因素确定；施工中应根据情况变化及时调整。

各类吹填土的坡度参考表3-10确定；单出口吹填时排泥管口间距见表3-11；不用机械整平而采用不同管径的干支管进行吹填时，排泥管口间距见表3-12。

表3-10 各类吹填土的坡度

区域	陆上	平静海域	有风浪海域
淤泥、粉砂	1:100~1:300	—	—
细砂	1:50~1:100	1:6~1:8	1:15~1:30
中砂	1:25~1:50	1:5~1:8	1:10~1:15
粗砂	1:10~1:25	1:3~1:4	1:4~1:10
砾石	1:5~1:10	1:2	1:3~1:6

表3-11 单出口吹填时排泥管口间距 （单位：m）

流量 $Q/(m^3/h)$	$Q<2000$	$2000 \leq Q<4000$	$4000 \leq Q<6000$	$6000 \leq Q<9000$	$Q \geq 9000$
淤泥、粉砂	300	350	400	450	500
黏土	40	50	60	70	80
细砂	100	150	200	250	300
中砂	60	80	100	120	150
粗砂	40	50	60	80	100
砾石	30	40	50	60	80

表 3-12　干支管吹填的排泥管口间距　　　　　　　　　　　（单位：m）

流量 $Q/(m^3/h)$		$Q<2000$	$2000 \leqslant Q<4000$	$4000 \leqslant Q<6000$	$6000 \leqslant Q<9000$	$Q \geqslant 9000$
软淤泥	围埝与排泥管之间	15~20	20~25	25~30	30~35	35~40
	干管之间	150	250	350	400	450
淤泥黏土	软埝与排泥管之间	10~15	10~15	20~25	25~30	25~30
	干管之间	100	180	300	350	400
	支管之间	40	60	100	130	180
粉细砂	软埝与排泥管之间	10	10~15	20	20~25	20~25
	干管之间	80	150	250	300	350
	支管之间	30	50	70	80	120
中粗砂	软埝与排泥管之间	5~6	10	15	20	20
	干管之间	60	120	200	250	300
	支管之间	20	40	50	60	100

5）以干支管方式吹填时，应在干管线上装设三通或四通和闸阀与支管连通，支管的管径和数量应根据吹填土质和流量确定，闸阀结构应坚固水密，操作方便快捷。

6）吹填淤泥、粉细砂等不易沉淀的细颗粒土质时，宜在排泥管出口安装消能器；吹填中粗砂、黏土球等易堆积的土质时，宜在排泥管出口安装缩口。

3.2.6　吹填区排水

吹填区排水口位置应按有利于泥沙沉淀、吹填土质均匀分布、吹填平整及余水含泥量低的原则，根据吹填区地形、几何形状、吹填管口位置、排水通道情况等因素确定，宜布设在吹填区的死角或远离排泥管线出口处。排水口形式、规格和数量应满足设计要求。

1. 排水口

排水口应与围埝同步修筑，并满足以下要求：

1）与围埝结合处设置有效防渗和防冲刷设施。

2）排水口出水处底面采用块石、软体排或竹排、土袋等护底。

3）采用埋管式排水口时，排水管伸进吹填区内并超出埝体不少于 2.0m，管与管之间的泥土夯实，排水管与埝体结合紧密不渗漏。

2. 排水控制原则

1）泥沙沉淀效果好，排出余水中含泥量低，吹填土流失量少。

2）泥浆流径合理，吹填土质均匀。

3）泥浆流径长，吹填平整度好。

4）泥塘内作业方便，管线架设量小。

3. 排水控制方法

1）根据吹填土质、吹填的实际高程和吹填区容水量调节排水口的高程。

2）根据排水口位置安排吹填管口位置和吹填顺序。

3）根据吹填管口位置调整排水口位置和高程。

4）吹填区内交错设置若干导流围埝或拦砂隔栅。

5）吹填区内设置沉淀池。

6）在排水口外适当位置设置防污屏。

吹填污染土或现场有特殊环保要求时，应按设计要求采取相应的排水控制措施。

3.2.7 吹填

1. 吹填方法和配置设备

吹填施工应根据合同要求和疏浚取土区与吹填区距离选择吹填方法和配置设备。施工前应结合现场条件和工程特点在施工组织设计的基础上细化取土、吹填和管线架设方案。

1）设备选择应根据工程规模、吹填厚度、施工强度、吹距、吹填土挖掘输送难度和吹填区容量、平整度要求等因素综合考虑确定。

2）取土区的分区分层应按照泥泵处于较佳的工作区域且吹填土质满足工程要求，根据设备性能、输泥距离分配、土质分布等因素确定。

3）吹填区的分区分层应按照保证吹填质量和工期要求、低成本和方便施工的原则确定。

4）输泥管径可根据泥泵性能、吹填土质和吹距选择，吹距远且输送细颗粒土时可选用较大口径的管线输送，距离短且输送粗颗粒砂石时宜选用较小口径的管线。

在软基上进行吹填，应根据设计要求和现场观测数据，控制吹填加载的速率。

2. 分区施工

1）工期要求不同时，按合同工期要求分区。

2）对吹填土质要求不同时，按土质要求分区。

3）吹填区面积较大、原有底质为淤泥或吹填砂质土中有一定淤泥含量时，按避免底泥推移隆起和防止淤泥集中的要求分区。

3. 分层施工

1）合同要求不同时间达到不同的吹填高程时。

2）不同的吹填高程有不同的土质要求时。

3）吹填区底质为淤泥类土，吹填易引起底泥推移造成淤泥集中时。

4）围埝高度不足，需用吹填土在吹填区分层修筑围埝时。

4. 吹填工程质量要求

取土区和吹填土料应根据吹填工程的使用要求选择，并满足设计要求。吹填后的高程应满足设计要求，其允许偏差应满足合同要求，合同无要求时，可按表3-13确定。

表3-13 吹填区高程允许偏差

偏差内容	工程要求和内容		允许偏差/m
平均偏差	完工后吹填平均高程不允许低于设计吹填高程时		+0.20
	完工后吹填平均高程允许有正负偏差时		±0.15
最大偏差	未经机械整平	淤泥类土	±0.60
		粉砂、细砂	±0.70
		中砂、粗砂、砾砂	±0.90
		中等、硬黏性土	±1.00
		砾石	±1.10
	经过机械整平		±0.30

当吹填土质为中粗砂、岩石和黏性土时，采取的辅助措施有：管线进入吹填区后设置支管同时保留多个吹填出口，各支管以三通管和活动闸阀分隔，吹填施工中各出口轮流使用，吹填施工连续进行；必要时，配置整平机械设备。

3.3 水下爆破

在岩基上加深或拓宽航道、开挖港工建筑物基础，炸除岩石或障碍物体时，均需采用水下爆破。水下爆破的优点是设备简单、收效迅速。但水下装药工作较复杂；钻孔定位和打设均较困难；若药包在水下放置较长时间，炸药和起爆装置就会受到损害。

影响水下爆破效果的主要因素是水深、流速、泥沙类型、潮汐和风浪等。

水下爆破一般采用防水类炸药，如胶质炸药；当温度在10℃以下，尚需选用防水、耐冻的胶质炸药，如采用其他不防水的炸药则应采取严格的防水措施。如用牛皮纸包裹，外涂沥青（仅用于水深小于4m时），或装在竹筒、陶瓷罐、铁桶内等。当铁桶又用铁盖封口而需用焊锡焊封时，炸药和铁盖之间应隔以厚2~2.5cm的隔热材料，以免焊封时因温度过高而发生爆炸。筒的大小、长短因便于运输和装药，用于浅孔时，筒的直径应略小于孔径。为提高爆破的效果和避免出现瞎炮，起爆药包内应放置2~3个雷管，并用并联法进行连接以尽量提高成功率。水下爆破所用的雷管、导火索、导爆索、电线等起爆器材，均要求具有防水能力。

水下爆破主要采用浅孔爆破法和裸露爆破法。

3.3.1 浅孔爆破法

浅孔爆破法是在被爆破体内钻直径为20~50mm、深度为0.5~5.0m的炮孔，内装延长药包进行爆破的方法。

当爆破面积大、厚度超过1m时，宜采用浅孔爆破法。

水下钻机钻孔，需配备的设备主要有钻机和工作船。

船的定位，通常是用船首的一根或二根主缆和两侧的四根边缆，采用岸上锚固或抛锚抓固的方法将船固定在设计位置上。定位时先用拖轮将钻探船拖到施工区的上游，接上预先锚固好的主缆，然后放松主缆让钻探船顺水流下移，待船尾接近钻孔区时，用机艇放两舷边缆，并用船首锚机收绞主缆和前边缆，移动船位，以对准纵横导标，并用仪器精确定位。为解决施工通航，可采用"沉链过船"的方法，即在通航一侧的边缆中段，改用铁链条以加大重力，使边缆下沉到不碍航的深度。距船舷30m外的航道上，缆上水深要求大于通航水深。

水下钻孔方法，当水深小于0.5m时，可用人钻或风钻打孔；当水深较大时，则须用专用船舶上的钻机钻孔。可用于水下作业的船舶钻机有地质钻机、压缩空气冲击式钻机、液压高频冲击式钻机。除用专用钻孔船外，也可用400~600t方驳，在甲板上安设轨道，供钻机移动、钻孔，或用两艘小方驳组装，钻机固定在两方驳之间，每钻完一孔，船移动一次。钻机一般用潜孔钻YQ100A型和瑞典钻ROC601型。钻孔船的定位可采用对纵横标、六分仪后方交会或前方交会。

如水下钻孔中遇有覆盖层或岩石破碎带的情况，根据经验可采用三管两钻法，三管即导向管、护孔管、岩心管，两钻即先用护孔管脚带钻头通过覆盖层钻到基岩，而后改由岩心管钻进，在基岩中凿岩成孔，这样方便钻进又可防止淤孔。浅水无覆盖层并岩层完整的钻孔，可采用两管一钻法施工。

药包加工方法由所用炸药而定。用胶质炸药时只需将药卷数条拼接成一个大圆药卷，其直径比钻孔小 10~20mm，然后按照计划的药筒长度将数个大药卷连接，外用竹篾或牛皮纸等捆扎即成圆形药筒。

在流速大水草多的地方，为避免电爆线在水中时间过长，一般采用钻完一孔后即堵眼护孔，待全部孔眼钻完后再集中进行装药。为便于找到孔眼，需设立孔位标志。在浅水区一般用竹竿插在孔中，深水区通常由潜水员用一木楔（带系上塑料泡沫的尼龙绳）堵孔。

装药和爆破施工方法见第 2 章。

3.3.2 裸露爆破法

爆破个别高点、孤石和礁石时或爆破面积小、厚度薄的岩层时，由于水上钻孔困难、效率低，采用裸露爆破法，如水深、流急、浪大。其优点为准备工作少，不需钻孔设备，操作简便；缺点为爆炸后高压气体易逸散，耗药量比浅孔法多，效果差。

1. 影响裸露爆破作用的因素

影响裸露爆破作用的因素很多。岩石的破碎主要靠爆炸时的初始冲击能量，若炸药的爆速低猛度小则岩石破碎就差。实践证明炸坚硬致密的岩石，需要烈性炸药才能获得满意的破碎效果，而一般岩石，可用较经济的硝铵类炸药。水深对裸露爆破效应有一定的影响，若水浅则被激起的水柱很高，大部分爆炸能量消耗于掀起的水柱中，而对岩石的破坏能量却相应减少。

（1）水深　据实践观察，水深对爆破效果有一定影响。

以 h 表示药包所在的位置水深，以 m 计；q 表示单药包质量，以 kg 计，一般情况下，水深应满足 $h \geq 1.3\sqrt[3]{q}$ 的条件。

当 $h < 1.3\sqrt[3]{q}$ 时，水越浅，爆破效果越差，而且随水深变化显著。

当 $h > (1.3~1.5)\sqrt[3]{q}$ 时，水越深，爆破效果略好，但随水深变化不大。

（2）岩石性质　岩石的物理力学性质，如岩石的抗压、抗拉、抗剪特性等对爆破影响很大。另外层理、裂隙、风化程度等也有一定影响。介质的自由面越多，效果越好。将药包放在低凹处和塞在裂纹内，可以提高爆破效率。药包爆炸时所产生的冲击波是以球面的形式向各方面传播的，在传播过程中，冲击波的强度随距离增加而衰减很快。因此，在爆破前须将岩石表面的覆盖物清除干净，使药包尽可能和岩石紧密接触。

（3）药包形状　水下爆破中所用的裸露药包形状，对爆破效果也有很大影响。常用的形状有圆形、方形、扁盘形等，它们的横高比不应超过 3~4，以免药包过于宽大，距雷管较远的部分炸药可能不能完全爆炸而影响效果。在选择药包形状和安置药包时，应尽可能使药包和被炸的岩石之间有较大的接触面积，为求得较好的爆破效果，故以扁盘形最佳。但野外制作较困难，所以圆形或扁方形应用较多。

2. 药包防水处理

药包的防水广泛使用塑料袋，为了确保防水质量，必须进行泡水试验，合格后才准使用。现场使用时，只需将成包的炸药和起爆药包装入袋内，捆扎封口即可。为了预防塑料袋被擦破，通常在袋外面再包上一层用麻袋、篾席、篾条等做成的保护层，但要注意保护层不能太厚，否则将影响药包密度和降低爆破效果。裸露药包的相对密度应大于1.5，否则要在药包上捆绑坠石（也叫锚石），以便于下沉，在药包上还要系以浮标，便于检查和识别。要注意使药包沉底后能贴近岩石，避免发生药包在坠石顶部悬空爆炸。

3. 药包投放方法

药包投放方法有很多种。当水较浅，爆破区靠岸，能从水面看见拟炸目标时，可以在岸边通过斜坡平台滑放或钎杆插送。当水较深时，水面不易观测到拟炸目标，爆破点又较零散时，则采用潜水员下水敷设药包。还可以采用在设有斜坡平台的工作船上或岸边斜坡平台上，将药包按设计间距排列在木排、竹排或尼龙架上，形成网状，然后推滑下水，再利用锚石压重沉水的沉排法。在山区航道整治中，水下裸露药包的投放，可分为船投法和缆递法。船投法又可分为机动船和非机动船投药。在中小山区河流，因航道条件较差，多采用非机动船投药。先将投药船放置到投药点，对准需炸位置后投放药包，然后将投药船驶离危险区。在大型山区河流，采用机动船投药。缆递法投放药包，有跨河缆投放和边缆牵引投放两种，跨河缆比较常用，在急流中，跨河缆设在礁石上游，药包用铁环吊在铁缆上，并用牵绳使之可沿缆移动，谨慎安全地贴放在礁石一侧。

3.4 整治建筑物施工

各种整治建筑物，如丁坝、顺坝、锁坝和护岸工程等是由不同的材料和构件组成的。为达到整治效果，降低工程造价，其结构形式繁多。整治建筑物应具有柔韧性、坚固性、防腐性。根据材料的性质，通常将整治建筑物分为轻型和重型两大类。

3.4.1 轻型整治建筑物施工

采用梢料、竹木、聚烯烃等材料构成的整治建筑物，称为轻型整治建筑物。其结构简单、施工期短、工程费用小，但强度小、使用期限不长，大多用在不宜抛石整治的地方。

柴排就是用梢料或薪柴用绳或铅丝扎制成把，编成上下两层网格，其间平铺梢料，再结扎成排。一般厚0.5~1.2m，主要用来护岸或护底，防止水流淘刷。沉排在岸上扎好后，顺着特定的滑面下滑至水中，然后在沉排上抛石镇压。铺设化纤织物的软体排常用船拖至指定地点后，自岸边至水中，从浅水到深水铺设，然后用连成网络的混凝土小方块压紧使贴在河床上，或再自上游至下游抛石压载。在抛石前应在土工布上设一层200~300mm的碎石或砾石保护层。

竹木编篱构成的建筑物是在河底沿整治建筑物轴线打下竹、木桩，用柳枝、竹等编成篱笆。单排编篱要根据土质和水流流速确定桩的入土深度，一般还在背水面用支撑加固，有时在编篱下铺设梢束护底。为加强整治建筑物的整体强度，还可做成双排木桩编篱，在两排编篱之间设横向连接编篱，有时还在中间填筑泥土用以加固。其施工速度快，常用于抗洪抢险等工程中。

梢料来源日益紧缺，使用受到了限制。化纤织物的应用越来越广泛，如将聚烯烃编织布加热加压处理后，使聚烯烃经纬线保持相对固定的片状，具有一定的透水性，可用于沉排或护岸的底层，起到反滤层的作用。还可以用来做成网坝，保护河道边滩。在我国长江口一带为保滩促淤采用过这种方法。美国曾采用聚乙烯防护网固定沙丘，建后3个多月，沉积泥沙达1.2m厚，取得了良好的效果。可以用有机化工材料制成人工水草，将水草集结后一端系上坠体，抛入水中，由于其密度较小，在水中成漂浮状，从而加大糙率，起到滞流促淤的作用。还可在水底管道抛置人工水草使管道上淤积泥沙，保护管道安全。

3.4.2 重型整治建筑物施工

重型整治建筑物主要是指用块石、混凝土、钢板桩等构筑而成的整治建筑物。它们经久耐用，尤其是抛石坝，靠自重稳定，可几乎用在任何水力条件的河流中。抛石坝施工比较简单，维修方便，容易就地取材，是当前国内外采用最普遍的一种形式。

1. 抛石坝施工

航道整治抛石坝包括抛石丁坝、顺坝和锁坝等。一般平原河流中大多采用直径小于0.5m的石块筑坝，每块质量小于150kg，以适应机械化程度较低时用人工抛筑。但在流急的山区河流、有涌潮的河口或受风浪作用的海堤工程中，石块直径应大，有的还采用人工混凝土块体。例如，三峡工程明渠截流时抛筑的块石重达3~5t，还制作了单个质量20t的混凝土四面体。抛石坝可以因地制宜选用石料，一般多采用花岗岩、石灰岩。

丁坝抛筑之前，在岸上导设标，定好坝轴线，并应在水浅流缓处的坝轴线位置上设中心桩，丁坝还应在坝头设标。施工测量控制用全站仪或经纬仪定位。

（1）水上施工　水上施工的主要工作有沉排、抛枕和抛石。坝底基础的作用是防止坝体下陷和坝脚淘刷，通常采用在坝体下铺设护底沉排。传统的沉排为梢料结构，近几年采用较多的是土工布和砂袋组成的软体排。某些沙质河床上的抛石坝不设专门的基础也能维护坝体稳定。如川江筑坝区的河床多为基石和卵石覆盖层，丁顺坝一般不做护底。在潜坝下游则需抛石护脚，以防坝脚溢流冲刷。沉排护底完成后，进行沙枕抛填。冲填好的沙枕，依照轴线位置，顺水流方向沉放，为保证沉放位置的准确性，有的还需要潜水员进行水下作业。土工织物沉排、沉枕施工见护脚施工部分。抛枕完成后进行抛石，石料由民船或方驳运输，部分块石可预先在中洪水位时备料。块石应有一定级配以提高坝体的密实度，并注意在坝下游坡脚和坝头等部位抛较大块石。抛石时当流速大于1.0m/s时，施工船只应采用纵向停泊，从河岸向河心方向，沿船的向岸一侧抛石上坝，若流速小于1.0m/s，可横向停泊，沿船的一侧抛石。当坝接近或露出水面时，大多采取横向停泊，从船的下游一侧抛石上坝。

为了使石块沉放到设计位置，要测算块石的漂移距，也就是块石投入水中后，漂移至沉底处的水平距离。筑坝抛石前，应根据流速和水深的大小，确定抛石的起点距离。漂移距一般可凭经验和实测控制，也可按公式计算。

川江常用的经验公式为

$$L = \frac{nV_D h}{V_C} \tag{3-10}$$

$$V_C = 4.2 d^{\frac{1}{2}} \tag{3-11}$$

式中　L——漂移距（m）；

V_D——漂移段的平均流速（m/s）；

h——漂移段的平均垂线水深（m）；

V_C——块石在静水中的沉速（m/s）；

d——块石换算的圆直径（m）；

n——与水深、流速和块石形状有关的系数，一般取 $n=0.6 \sim 0.8$。

湖北省荆江堤防加固工程经多年实测，总结出抛石漂移距，见表3-14，可供参考。

表3-14 抛石漂移距 （单位：m）

块石重 /kg	水深10m处流速/(m/s)				水深15m处流速/(m/s)				水深20m处流速/(m/s)			
	0.4	0.5	0.8	1.1	0.4	0.5	0.8	1.1	0.4	0.5	0.8	1.1
30	3.6	5.7	7.9	10.0	5.4	8.6	11.8	15.1	7.2	11.4	15.7	20.1
50	3.2	5.2	7.2	9.2	4.9	8.0	10.8	13.8	6.6	10.5	14.4	18.5
70	3.1	5.0	6.9	8.7	4.7	7.5	10.3	13.1	6.3	10.5	13.8	17.4
90	3.0	4.8	6.6	8.4	4.5	7.2	9.9	12.5	6.0	9.6	13.1	16.4
110	2.9	4.6	6.4	8.1	4.4	7.0	9.6	12.2	5.8	9.3	12.7	16.2
130	2.8	4.5	6.2	7.9	4.2	6.8	9.3	11.8	5.6	9.0	12.4	15.8
150	2.7	4.4	6.0	7.7	4.1	6.6	9.0	11.5	5.5	8.8	12.1	15.4

等水位退至枯水位，坝的上部露出后，再进行人工整坝，沿坝轴线铺平嵌紧，并将上下游坡面整成设计要求。

坝根处理方法基本分为三种，若坝根处为岩石河岸，只需抛石紧接河岸即可，不必另做处理；若坝根处为密实稳定的卵石滩，可将坝根嵌入一定长度；若坝根处为砂土或不稳定的卵石边滩，则需要开挖基槽，将坝根延伸至岩岸连接。必要时可在坝根的上下游两侧加筑护岸。

丁坝坝头流速较大，除设计中采取加大坝体尺寸，放缓坝头边坡和加筑勾头等措施外，施工时应尽量选用大石块，或利用钢丝笼装石抛筑等。

（2）陆上施工 枯水位时，航道整治的抛石坝的坝根部分处于干滩上，具有陆上施工条件。主要工序包括干滩及坝体开挖、铺陆上软体排、铺砂垫层及抛石。

干滩及坝体开挖工程量较小，通常可采用人力开挖、人力转运弃渣。陆上软体排的铺放由人工完成，其他工艺同水下沉排。为防止土工布老化，对铺好的软体排要及时覆盖一定厚度的砂垫层，然后进行抛石，抛石沿坝轴线由岸向水进行。

2. 抛泥坝施工

利用疏浚航道挖取的泥土，吹填坝心，在坝头和坝面上分别用沉排和块石保护。坝头常做成梨形，坝根拓宽成喇叭形。

疏浚出的泥土中如含有一部分粒径较粗的砂卵石，在流速不大的河道上，就可以用来吹填丁坝、顺坝。这种丁坝、顺坝上下游坡面比较平坦，其坡度约为1:6~1:8。在吹填泥土受水流冲刷粗化后，其表面覆盖一层粗颗粒砂卵石，能经受浅滩上最大流速的冲刷，此时坝表面就不需要覆盖块石护面。

抛泥坝的施工方法，可分为泥驳抛筑和排泥管吹填两种。泥驳抛筑时，施工水位要求较高，水深应大于坝高与泥驳吃水的总和，一般由河岸向河心抛筑。水位退落至坝顶露出水面后，应补缺整平，进行坝头、坝根处理。采用排泥管吹填时，抛筑地点流速应小于1.0~

1.5m/s，否则泥砂不易沉积。有时在坝位抛沉梢料，以减缓水流流速，促使吹填泥土沉积，或在坝下游一侧先填筑一条横断面较小的石坝，以拦阻泥沙。一般要求抛填的泥浆浓度控制在13%~15%，尽量避免浓度过小的泥浆上坝，以减少泥沙流失。

在水力、地质、机械等条件适合的地方，应积极创造条件采取筑抛泥坝，既省石料，又可利用疏浚弃土，节省投资。

在航道整治工程施工中，广泛采用以土工织物袋装砂作为堤芯，在堤芯两侧抛泥构成坝体，再于其上抛填块石作坝体保护坡面的结构形式。

此外，还有混凝土结构组成的整治建筑物。例如，板桩式整治建筑物就是沿坝轴线将预制混凝土桩打入，然后在桩预留槽内嵌入混凝土板，组成丁坝。还有混凝土沉箱式整治建筑物等。

习 题

3-1 疏浚工程施工准备工作有哪些？
3-2 简述绞吸式、耙吸式挖泥船的施工方法。
3-3 简述链斗式、抓斗式、铲斗式挖泥船的施工方法。
3-4 疏浚工程联合施工方式有哪些？各有什么特点？
3-5 维护性疏浚工程施工有哪些规定？
3-6 如何确定疏浚工程的作业船及数量？
3-7 疏浚泥土的处理方法有哪些？
3-8 泥场的选择应考虑哪些问题？
3-9 抛石围埝施工有哪些规定？
3-10 碎石倒滤层施工有哪些规定？
3-11 吹填区排水控制原则和方法有哪些？
3-12 在什么情况下吹填需要分区、分层施工？
3-13 水下爆破的方法有哪些？各适用什么情况？
3-14 抛石坝施工方法有哪些？简述各类方法的要点。
3-15 抛泥坝施工方法有哪些？简述各类方法的要点。

第4章 船闸工程

学习重点

导流方式，围堰的类型及特点，基坑开挖、基坑的降水和排水，船闸混凝土的运输和浇筑，闸门安装工艺。

学习目标

了解船闸工程施工内容；掌握施工导流方式，围堰形式及特点，基坑的降水和排水；熟悉船闸混凝土施工工艺及人字闸门安装工艺。

船闸工程施工主要包括施工导流、基坑开挖及地基处理、船闸混凝土浇筑、闸门安装工程、引航道施工等。其中基坑开挖、地基处理、船闸混凝土浇筑等作为控制性项目，是施工方案和进度计划的中心，其他项目围绕穿插进行。

船闸工程施工应根据工程特点、设计要求、施工地区的自然条件和周围环境等综合因素编制施工组织设计，制订环境保护和施工安全防护方案，对可能发生的危害或灾害应制订应急预案。

4.1 施工导流

在水运工程中，为给施工创造必要的工作环境，使建筑物能在不受水流干扰的情况下进行施工，而采取工程措施在建筑区域外将原河水引向下游，使工程施工与河水宣泄互不干扰，称为施工导流。施工导流包括选择导流方式、确定导流流量、设计导流建筑物、制订截流措施以及解决基坑排水等。施工导流及基坑排水关系到整个工程的施工安全、施工质量、施工进度和工程成本，因此必须足够重视。

4.1.1 导流方式的选择

常用的导流方式有全段围堰法和分段围堰法两大类。其中全段围堰法又分为明渠、隧洞、涵洞、倒虹吸、渡槽导流等。

1. 全段围堰法

（1）明渠导流　明渠导流有多种方式。例如，在河岸或河滩上开挖渠道，如图4-1所示，用于宣泄河水，并在施工河段的上下游筑两道围堰以拦断河流，使河水经渠道流向下游。上下游围堰内的水抽干后，即成为基坑，可进行基坑开挖、地基处理和工程施工。在建筑施工结束后或在建筑物的水下部分完工后即可拆除围堰，堵塞明渠使河水由建筑物的输水孔道流向下游。明渠导流适用于河流两岸地势平坦或有可利用滩地的河道，以便开挖明渠。另外，若河道有弯道，则可以裁弯取直，在裁弯的直线段上修筑船闸，将原河流用作导流，如图 4-2 所示。在船闸的上下游，以人工运河与河流相接。施工结束后，将弯道堵塞。

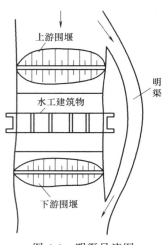

图 4-1　明渠导流图

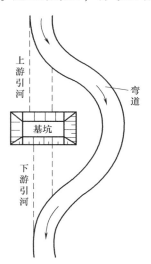

图 4-2　裁弯导流

（2）隧洞导流　隧洞导流一般用于山区河道，如图 4-3 所示。在河道的凸岸山坡内开凿隧洞，用于宣泄河水，在河流上筑两道围堰截断河流，使河水经隧洞流向下游。然后在围堰的基坑内进行排水、清基和建筑物的施工。隧洞导流适用于河谷狭窄、岸坡陡峻、岩石坚固、有适合于布置隧洞的地形和地质条件的河道。由于隧洞导流的泄流能力有限，同时隧洞施工技术要求较高、费用较大，因此通常将隧洞与永久性建筑物结合考虑，一般不会仅为了导流而设专用隧洞。

（3）渡槽导流　渡槽导流是在河流上筑两道围堰将河水拦断，然后在围堰上顺水流架设渡槽，使河水经渡槽流向下游，如图 4-4 所示。渡槽导流适用于流量较小的山区河道，且河床不太窄。由于渡槽通过基坑，对工程施工有一定的干扰。若渡槽漏水，将增加基坑排水的工作量，甚至影响工程施工。渡槽导流大多用于施工初期。在围堰内主体工程的输水建筑

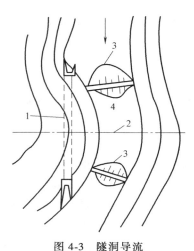

图 4-3　隧洞导流
1—隧洞　2—坝轴线　3—围堰　4—基坑

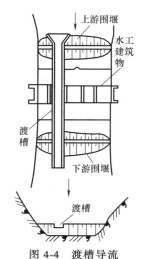

图 4-4　渡槽导流

物完工后,即可拆除渡槽利用输水建筑物宣泄河水。渡槽一般采用装配式钢筋混凝土结构或木渡槽。

2. 分段围堰法

分段围堰导流是将河床分为左、右两部分(或左、中、右,甚至更多部分),先在河床的一侧修建纵横围堰,在围堰内进行第一期工程的施工,这时河床的另一侧作为导流通道。第一期工程完工后,拆除横向围堰,利用第一期工程的输水建筑物进行导流。然后在河床的另一侧修建围堰,在围堰内进行第二期工程,如图 4-5 所示。河床分段导流适用于河床较宽、水深较浅的河流,或河流中有浅滩、小岛的情况,这样可利用有利地形在河床中修建纵向围堰,从而达到节省工程量降低工程造价的目的。采用河床导流,通常把枢纽中的输水建筑物,如冲沙闸、泄水闸、船闸、涵洞或底孔等安排在第一期工程中进行施工。第二期工程施工时,即可利用第一期工程中的输水建筑物作为导流通道。河床分段围堰不需另加导流建筑物,对原河道的通航影响较小。但由于河床被围堰束窄,流速加大,围堰临水面易被水流冲刷,同时上游水位壅高。相应地要增加围堰高程。

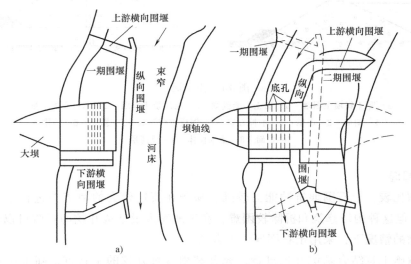

图 4-5 河床分段导流法
a) 第一期围堰 b) 第二期围堰

选择导流方式时,应综合考虑枢纽工程所在地的地形、地质、水文条件以及建筑物的布置结构形式、施工能力、材料供应等因素。在实际工程中,各种因素错综复杂,需要对几种导流方案加以比较,最后选择一个比较好的导流方案。

4.1.2 围堰工程

围堰按其所使用的材料不同,可分为土围堰、土石围堰、木(竹)笼围堰、混凝土围堰及钢板桩围堰等多种类型。小型船闸工程的建筑物规模较小,常采用的围堰形式有土围堰、土石围堰和草土围堰等。

1. 土围堰

土围堰是常用的不过水围堰形式,如图 4-6 所示。其特点是构造简单、就地取材、施工方便、造价较低,适用于各种地基,条件允许时应尽可能利用弃土填筑堰体。但土围堰抗冲性能差、底宽大,一般仅适用于横向围堰,很少用于纵向围堰。当水头低于3m,流速小于0.70m/s时,可采用土围堰。由于围堰迎水面坡经常受到水流冲刷和波浪的作用,因此常用草袋防护。土围堰是用土抛入水中填筑的,水下部分不可能加以压实,渗透曲线位置较高,为避免背面滑坡,常用草袋或堆石填筑排水棱体。为了改善土围堰的抗冲性能,减少围堰工程量,也可采用装土麻袋或草袋填筑土围堰,这种围堰的边坡可适当放陡,一般为1:0.5~1:1.5。

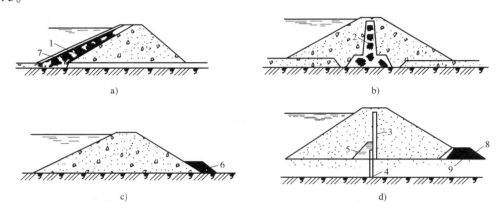

图4-6 土围堰
a) 黏土斜墙土围堰 b) 黏土心墙围堰 c) 均质填土围堰 d) 木板心墙围堰
1—斜墙 2—心墙 3—木板心墙 4—钢板桩防渗墙 5—黏土 6—压重
7—护面 8—滤水棱体 9—反滤层

2. 土石围堰

与土围堰比较,土石围堰抗冲能力较强,易于在流速较大的河流中进行水下填筑,如图4-7所示。但这种围堰修筑和拆除较困难,在工地有大量基坑开挖的石渣可以利用,而围堰又不需拆除的情况下,采用土石围堰较为合理。

土石围堰施工宜结合基坑开挖进行,充分利用基坑开挖的土石方。陆上围堰应分层填筑、分层压实,分层厚度应符合设计要求或由现场碾压试验确定,堰体密实度应满足设计要求。水中围堰填筑宜由岸边向水中推进,一次填筑出水并压实,填筑过程中应防止临水面坍塌。

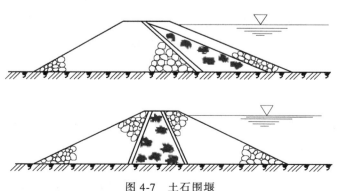

图4-7 土石围堰

3. 草土围堰

如图 4-8 所示，草土围堰的特点是施工简单、就地取材、速度快、造价低，拆除方便。堰体体积小，适用于软土地基，且具有一定的抗冲和抗渗透能力，可在水深达 6m、流速为 1.5~3.0m/s 时进行填筑。缺点是柴草容易腐烂，只能用于 1~2 年的短期施工。它适合于小型船闸的基坑围护。类似的围堰还有竹笼围堰和木笼围堰。

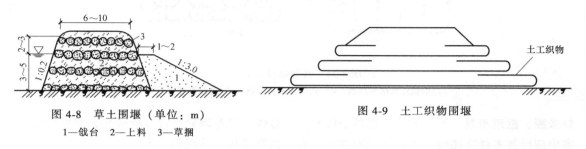

图 4-8 草土围堰（单位：m）
1—戗台 2—上料 3—草捆

图 4-9 土工织物围堰

4. 土工织物围堰

随着土工织物在工程中的广泛应用，土工织物围堰得到了迅速的发展，如图 4-9 所示。土工织物具有很好的强度和倒滤作用。施工时先在要修建围堰的地方铺一层土工织物，再在其上铺一层土后，将土工织物两边向上卷起，然后又在上面铺一层土工织物，又在其上加土，如此重复直至设计高度，类似于加筋土。这种围堰可用于软土地基或淤泥质地区，曾有工程先用土工织物铺垫后再加柴排，在软土上修建围堰获得成功的实例。也有用其在卵石基础上修建围堰获得成功的经验，为防止卵石基础中的渗流，可先将基槽开挖至无卵石或少卵石土层，在基槽中铺一层土工织物后填土，将土工织物卷起再铺一层土工组织物，再填土，此后重复前述工序直至设计高程。

5. 板桩围堰

板桩材料有木板、钢筋混凝土和型钢等，其结构形式有单排，双排和格形围堰等几种形式。双排钢板桩围堰如图 4-10 所示，其挡水高度可达 20m，堰顶加混凝土顶盖后可作为过水堰。格形钢板桩围堰如图 4-11 所示，有单圆柱形格形围堰、隔板形格形围堰和花瓣形格形围堰三种。钢板桩围堰具有坚固、抗冲、断面小，修建和拆除均比较方便的特点，且可重复使用，又可作为过水围堰。

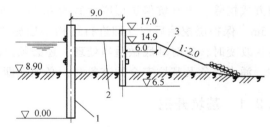

图 4-10 双排钢板桩围堰（单位：m）
1—钢板桩 2—拉杆 3—填土

双排钢板桩围堰施工前应清除影响施工的障碍物。当钢板桩需要接长时接头不应超过 1 个。施打钢板桩前应先构筑导向定位架，确保围堰的尺寸、位置和线形，锁口宜进行防渗处理，钢拉杆安装时应施加一定的初始拉力，施工方法参阅第七章板桩码头施工部分。

6. 钢筋混凝土围堰

钢筋混凝土围堰的形式有重力式、支墩式，拱式、框格式等。其优点是挡水水头高、底宽小、抗冲能力强、堰顶可以溢流等。其缺点是当遇到有在施工水位以下混凝土施工时还需另建临时施工围堰，以保证混凝土围堰的施工和质量。

围堰的形式很多，但它们的适用条件不同。选择围堰形式必须根据当地的自然条件、材

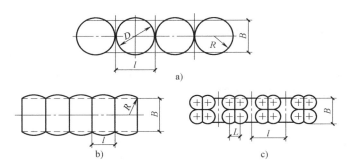

图 4-11 格形钢板桩围堰
a) 单圆柱形格形围堰 b) 隔板形格形围堰 c) 花瓣形格形围堰

料来源、枢纽布置、施工方法、设备条件及施工总体布置等因素综合分析研究,在可行的方案中进行技术经济比较,选定合理的围堰形式,达到经济、适用的效果。

4.2 基坑开挖及地基处理

基坑开挖前,应排干明水,并应将地下水位降至开挖层底面 0.5m 以下。基坑开挖应分层进行,分层厚度根据施工设备能力和支护条件等确定。岩石基坑采用爆破开挖时,应根据周边环境和环保要求选择爆破方式,并根据基岩特性等因素进行试验性施工确定爆破参数,必要时应对建构筑物进行爆破震动监测。开挖形成的坡面应根据坡面土质情况,采取适当措施及时防护。基坑开挖时,基底应预留保护层,在船闸结构垫层施工前采用对基底扰动较小的方式挖除。土基坑保护层厚度宜为 0.3~0.5m,严寒地区适当加厚;岩石基坑宜为 1.0~1.5m。保护层挖除后应立即进行结构垫层施工。基坑开挖过程中,遇基底被浸泡使原状土性状改变时,应对基底做适当处理,还必须监测边坡稳定及基坑周边构筑物情况,当出现塌方、涌水等危及基坑安全的迹象时,必须立即采取适宜的基坑保护措施。

4.2.1 基坑开挖

建筑物施工的第一道工序就是开挖基坑。决定基坑开挖线的依据是船闸的轮廓尺寸,开挖线需在船闸平面布置图上绘制,它与船闸底面的轮廓、排水方式、施工条件及边坡坡度等因素有关。在任何情况下,基坑开挖和基础施工都应该在最短的时间内连续完成,以免边坡坍方和坑底部的承载能力遭到破坏,也可减少基坑的排水费用和加快施工进度。

1. 基坑轮廓尺寸的确定

由于基坑排水要考虑布置排水沟以及模板的架立、支撑和施工机具的运转等的需要,在船闸底平面外侧要留有一定的富余尺寸,一般取 3~5m,砂土地基或有承压水者,每侧可留 5~8m。由于船闸闸首比闸室宽且深,为节省开挖和回填的土方,基坑的形状一般为多边形,而基坑的横断面,随施工现场客观条件的不同有倒梯形或多级变坡倒梯形等。在选择基坑开挖断面形式时,通常要考虑土的性质、地下水情况、施工场地大小、施工方法和开挖深度等因素。当土壤较松软、挖深较大时,坡度应放缓,反之则可较陡。

当基坑处于不同性质的土层时,则应根据各层土的不同性质确定每一层的边坡坡度,采用变坡的形式，即各段坡度不一的曲折边坡，如图4-12所示。

当基坑较深时，一般挖成复式断面槽，以减少土方量，通常在15~20m深度可在中间留出3~5m宽的平台，以便于施工布置及增加边坡稳定，上部的边坡可适当陡些，如图4-13所示。

图4-12　变坡梯形断面图　　　　　　图4-13　复式断面槽

各种开挖断面形式的选择应以节省土方、施工简便、工期短以及保证工程质量和施工安全为前提。基坑的边坡，在初步估算时可参考下列经验取值。

用明沟排水时，对坚实黏土为1∶1.5~1∶2；砂性土为1∶2~1∶3；粉砂土为1∶5~1∶7。

用人工降低地下水位时，对黏土为1∶1~1∶1.5；砂性土为1∶1.5~1∶2。岩石基坑的边坡约为1∶0.5，风化岩及软岩石为1∶1左右。

基坑开挖的顺序应依照船闸建筑物施工的先后决定。基础土层挖好后不能扰动。如果开挖完毕至浇筑要相隔几天或遇天气阴雨时，均应预留厚约15~20cm的保护层不挖，待浇筑前再开挖至设计标高。

基坑开挖高程应控制准确，以免超挖。个别地方如确因施工错误或其他原因而使挖深超过设计高程时，应用砂、砾石或碎石填补，并夯实。在重要的结构部位偶然超挖时，应用石砌或低强度混凝土填补并应取得监理和设计单位的同意。

2．基坑开挖方法

基坑开挖的基本方法有人工开挖、机械开挖、爆破开挖和水力机械开挖。人工开挖很少，只有一些机械施工受到限制，机械难以施工的局部地方采用。水下开挖的土方工程需要挖泥船或能进行水下挖掘的机械进行施工。

4.2.2　基坑的降水和排水

基底设集水坑时，坑内水位应始终低于在建基础底面0.7m；基坑顶部应设置截水沟，截水沟外侧水流不得流入基坑内。

基坑降水方案应根据基坑的工程水文地质条件、基坑开挖平面尺度、降水深度、基坑边界条件、船闸施工要求等确定；基坑排水方案应根据基坑条件、基坑出水量、水文气象条件、船闸施工要求等确定。基坑可采用井点降水与明沟排水相结合的方式降水和排水。排水明沟应设置于基坑坡脚处。初步确定基坑降水方案后，应进行抽水试验，根据试验结果对基坑降水方案进行调整优化。

无支护基坑径流排水量按下式计算。

$$Q = AR \tag{4-1}$$

式中　Q——基坑径流排水量（m³/h）；

A——基坑汇水面积（m^2）；

R——计算降水强度（m/h），可取当地近年 5 年一遇日最大降水量的 1/2。

基坑径流排水设备根据基坑径流量及基坑设计施工要求确定，设备的排水能力应现场测定，其额定排水能力不宜小于基坑径流排水量的 2 倍。

各种井点降水的适用范围可按表 4-1 确定。

表 4-1 井点降水适用范围

井点类别	土的渗透系数/（cm/s）	降低水位深度/m	水文地质特征
深井井点	$1.0\times10^{-3} \sim 2.0\times10^{-1}$	5~20	含水丰富的潜水、承压水、裂隙水
轻型井点	$1.0\times10^{-4} \sim 2.0\times10^{-2}$	<6	水量不大的潜水

深井井点井管内径不宜小于 200mm，管壁外侧应设置多层反滤设施，排水设备应与井点出水量匹配。

轻型井点滤管直径可采用 38~110mm 的金属管或硬塑管；管壁外应设两层滤网，内层滤网宜采用 30~80 目的金属网或尼龙网；井孔直径不宜大于 300mm，孔深宜比滤管底部深 0.5~1.0m。

基坑单井出水量应根据现场抽水试验确定。井点使用前，应进行试抽水，确保无漏水、漏气等异常现象。井点降水应保证连续不断抽水，在抽水过程中应定时观测出水量和井内水位，真空度应保持在 55kPa 以上。

基坑降水过程中应定期监测基坑周边建筑物的沉降和位移，并对监测结果进行分析，必要时应采取应对措施。深井降水时应跟踪检测出水的含泥量。

在船闸结构物沉降位移满足要求且结构物施工至地下水位浸润线以上后可停止降水，但船闸放水前应保持干地施工及监测条件。降水结束后，应填筑黏土、素混凝土等封闭降水井。

4.2.3 基础防渗措施

为了保证围堰和基坑边坡的稳定性，达到减少渗流量和降低渗透压力的目的，一般均要采取一定的防渗措施。常用的防渗措施有打钢板桩、浇筑地下连续墙、基坑帷幕灌浆和防渗板桩墙等。

钢板桩的防渗效果好，施工速度快，而且可起挡土墙的作用，能减少开挖和回填土方量。

帷幕灌浆是工程中常用的防渗措施。灌浆材料有黏土和水泥浆等，如图 4-14 所示。

4.2.4 地基处理

在软土地基上建造船闸时，由于地基承载力不足或者沉降过大而需要处理。地基处理技术发展迅速，新方法、新材料、新工艺等层出不穷，应用于工程实践取得了成功。常用的方法有置换砂垫层、预压

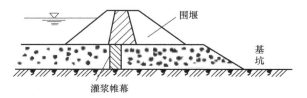

图 4-14 围堰基础帷幕灌浆

排水加固、打挤密桩或碎石桩及深层搅拌法，详见第 5 章内容。

4.3 船闸主体施工

船闸施工应按设计要求采取必要措施，满足耐久性要求。混凝土结构施工中原材料、混凝土配制、钢筋施工、模板施工、混凝土和特殊混凝土施工等应满足设计要求。大体积混凝土施工应采取减少水泥用量等措施，降低水化热。整体式船闸混凝土宜对称施工。砌石结构所选用石材的质地、强度、形状、尺寸和砂浆材料及配合比应满足设计要求。变形缝的止水材料应根据设计要求，采用对结构变形适应性强、防渗性能和耐久性能好的材料。墙后回填选用的材料和压实度应满足设计要求。建在土质地基上的船闸构筑物，应按设计要求预留沉降量，并根据设计要求、结构形式、地质情况和墙后填土情况预留墙体的后仰量；设计未做规定时，后仰量应根据船闸构筑物结构形式、地基情况和墙后填土情况等计算分析确定。

4.3.1 船闸混凝土施工

1. 混凝土运输方法

船闸混凝土的运输方法，应根据工程规模、施工条件和设备能力等因素，因地制宜综合考虑。常用的方法有斗车与排架脚手配合运输，用起重机运输，用皮带机或混凝土泵输送等。

（1）斗车与排架脚手配合　很多中小型船闸均采用该法施工，其优点是不需要大型设备、适应性强，但花费劳动力多。图 4-15 所示是斗车与排架脚手运输混凝土浇筑坞式船闸的例子，混凝土拌和站设于一岸的基坑边上，用窄轨斗车进料和出料。

混凝土运输路线根据分层浇筑要求布置。例如，浇筑闸室底板，须沿闸室一侧全长搭设总脚手跳一道。混凝土经滑槽卸至手推车或翻斗车，运至底板脚手跳（沿总脚手跳每隔一定间距设一道），经滑槽漏斗将混凝土分道卸至底板的浇筑部位。

浇筑第一段及第二段闸墙时，分别设斜坡脚手及高塔（井式升降机）运送混凝土，为使两侧闸墙都能浇筑，还需在闸室内沿闸墙边缘设两道排架，排架顶面高出每段浇筑高程约 50cm，两侧的排架每隔一定距离有桁架桥沟通作业通道。

（2）起重机运输　大中型船闸工程常用起重机进行混凝土运输，起重机主要有塔吊和门机两种。起重机运输时，如图 4-16 所示，通常将起重机轨道铺设在船闸底板以外的基坑边缘，这样对浇筑底板和船闸都有利。根据船闸闸室的宽度和起重机的一侧或双侧运输，在底板浇筑完成后，也可将起重机架设于船闸底板上，对闸墙进行浇筑作业。拌和站一般应集中布置，当然也可根据具体施工条件和起重机的布置方式而定。

（3）皮带机输送　用皮带机输送混凝土时，其布置如图 4-17a 所示。主输送带沿船闸纵轴方向布置，通过横向卸料输送带分配混凝土。横向带可正传或倒转，它和缓注器可以在塔架的悬臂上移动，而塔架又可在栈桥上行驶，因而可控制整个船闸范围，浇筑方便。但塔架和栈桥结构较为笨重。图 4-17b 所示为另一种皮带机运输混凝土浇筑船闸的方案。

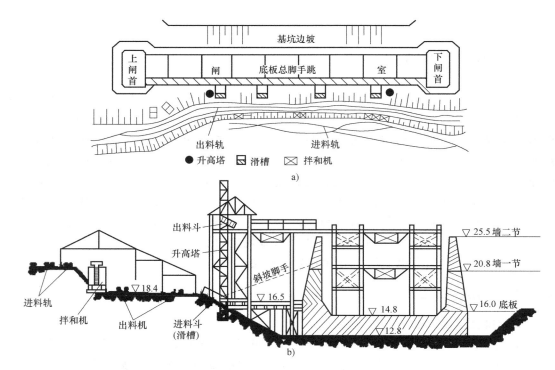

图 4-15 斗车与排架脚手运输混凝土浇筑坞式船闸

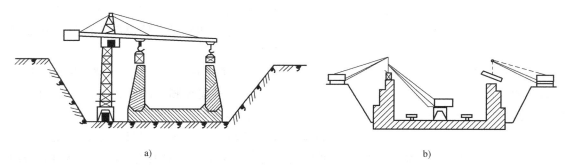

图 4-16 起重机运输混凝土浇筑船闸
a) 起重机布置在基坑底边缘的浇筑法　b) 门座式和履带式起重机浇筑法

采用混凝土泵输送，其生产效率高，只有在船闸混凝土浇筑强度要求较大时，优越性明显。

商品混凝土的应用也越来越广泛。从拌和厂用混凝土泵车运送到工地，简化工地布置，加快施工进度，有利于保证混凝土的质量。

2. 船闸混凝土的浇筑

船闸混凝土浇筑顺序应遵循"先深后浅、先高后低、先主后次"的原则进行安排。"先深后浅"是指先浇筑基础深的工程部位，否则，在浅的部位施工完成后，再浇筑深的部位时，便会扰动邻近表浅部位工程的基础，造成已浇筑部分的混凝土发生沉降、移位和裂缝。"先高后低"是指在高度较大的结构物浇筑时，先浇高大建筑的底下一部分，再浇邻近低矮

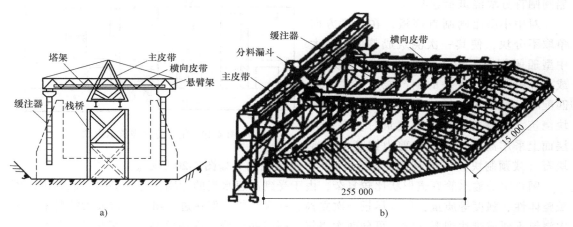

图 4-17 皮带机运输混凝土浇筑船闸（单位：mm）

建筑物，最后完成高大建筑物的上部，这样的施工安排也有利于地基的稳定。"先主后次"是次要施工工程项目应服从主要项目，将次要项目穿插于主要项目之间进行。一般是闸首应先浇筑，但考虑到闸首的准备工作时间长，且闸室的工程量较大，为使基坑不致长时间的裸露，所以在不妨碍闸首浇筑的前提下，也可以将闸室的浇筑穿插进行。

闸室底板或闸墙是混凝土结构，由于闸室一般较长，要分块，在底板施工时应间隔浇筑，尽量在船闸闸室长度范围内均匀全面铺开，不要由一端向另一端浇筑。如图 4-18 所示，悬臂式船闸闸室结构分块示意图，这样有利于进度加快。底板和闸室墙的混凝土浇筑时间间隔以及闸墙的分层高度，应考虑防止因新老混凝土约束应力而产生的闸室墙垂直裂缝。

对护底、闸身上部结构及一些安装构件、导航建筑物的混凝土等，在关键部位浇筑允许的情况下，均可与闸身混凝土的浇筑和回填土同时穿插进行。需要注意墙后回填必须严格按设计要求进行，分层夯实，控制施工进度，使施工时的荷载图式与设计相符。

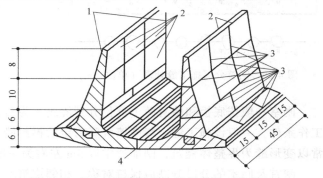

图 4-18 闸室墙混凝分块浇筑示意图（单位：m）
1、4—变形缝　2—分块　3—施工缝

船闸工程由于其空间尺寸庞大，同时受基础、结构、环境温度等因素的影响，容易产生不均匀沉降和裂缝，所以必须进行分块浇筑，并采取一系列温控措施，以保证船闸工程的质量。而各块之间的变形缝，是永久性接缝。由于结构块高度和平面尺寸较大，如果一次整体浇筑，在混凝土的拌和、起重和运输等工序的力度上都难以满足要求，另外受施工条件、施工机具等的限制一般还要分块浇筑，在结构上横向或竖向仍需要划分水平缝及垂直缝，这种临时性的接缝称为施工缝。施工缝必须在施工过程中专门处理，以免使临时缝成为"永久"缝。

现以船闸闸首为例，简要叙述分块浇筑的施工步骤。

船闸闸首通常按底板、输水廊道、阀门井或墙身等部分进行分块浇筑，图 4-19 所示为船闸闸首分块浇筑示意图。

对中小型船闸闸首底板,在长度方向争取不分块,使其一次浇筑成整体,但大中型船闸闸首,由于底板平面尺寸较大,或拌和机及运输设备的生产能力与要求难匹配时,可采用阶梯法浇筑,或将底板分块浇筑。较厚的底板分层浇筑时,应在分层面上采用高低榫槽并加剪力钢筋也可将块石(或预制块)一半埋于地下层底板内,造成毛面,如图4-20所示。

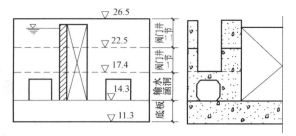

图4-19 闸首分块浇筑示意图

闸首中的输水管廊道形状比较复杂,由于受到高速水流的冲刷,施工必须保证廊道的模板整体性、强度等质量,所以尽量一次立模、一次浇筑。但在进、出口高差较大情况下,一次浇筑不便或难达到要求时,可分两次浇筑。阀门井部分一次浇筑高度一般取5m左右,若边墩较宽,钢筋笼内可人工进行平仓时,也可根据需要酌情加高。若闸首地基土质较差,则可按图4-21所示的顺序进行浇筑,以便两侧输水廊道和回填土提前施工,使其发生先期沉降防止出现裂缝。

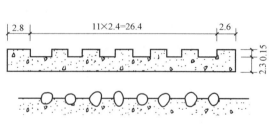

图4-20 闸首分层施工缝处理(单位:m)

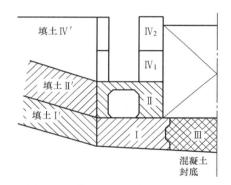

图4-21 软土地基上闸首施工顺序

闸室一般按底板和墙身两个部位分开浇筑。为防止在施工期底板出现裂缝,改善底板的工作条件,一般设施工缝,待闸墙沉降稳定后再封缝,使底板与闸墙形成整体。在长度方向常以变形缝为界整体浇筑,闸墙通常以5m左右为一段进行浇筑。

闸首及闸室的分段升高应保持对称,相邻浇筑块高差一般不超过一段。

4.3.2 船闸主体施工要点

1. 现浇闸首、闸室和输水廊道等混凝土结构

船闸工程混凝土结构施工前应根据工程规模、工期要求和资源条件等因素制定混凝土施工专项方案。

混凝土模板应根据施工要求进行专项设计。输水廊道混凝土模板应严格控制变形量。

大体积混凝土结构应进行温度裂缝控制设计。

闸首、闸室和输水廊道等混凝土结构的浇筑应满足下列要求:

1)混凝土浇筑应以永久伸缩缝为界面划分浇筑单元。当有高低不同的层面时,应设斜面过渡段。

2）分层浇筑时，每次浇筑高度不宜大于 4.0m，强约束区宜控制在 2.5m 内。覆盖闸首帷幕灌浆区的首次混凝土浇筑，其浇筑高度应控制在 1.0m 内。

3）上下层与相邻段混凝土浇筑的间隔时间不宜超过 14d。

4）混凝土的浇筑强度应与每次浇筑的分层厚度相适应，连续浇筑时，上下层浇筑时间间隔应小于混凝土的初凝时间；浇筑面积过大时，宜采用阶梯形分层浇筑。

5）施工缝凿毛可采取化学法、机械或人工凿毛，二期混凝土的施工缝宜采用人工凿毛，凿毛处理后的施工缝应符合现行行业标准《水运工程混凝土施工规范》（JTS202—2011）的有关规定。混凝土浇筑前，应清除施工缝上的一切杂物。

6）输水廊道混凝土结构应控制收缩裂缝，施工中宜留设后浇带。

当采用吊罐入仓工艺时，混凝土坍落度宜为 50~80mm，混凝土粗骨料宜用 3 级级配，最大粒径不宜大于 80mm。当采用泵送混凝土工艺时，混凝土坍落度宜为 120~180mm，粗骨料宜采用连续级配。

混凝土内可掺加粉煤灰、磨细粒化高炉矿渣粉等掺合料，质量及掺入量应符合规定。

混凝土宜采取喷水养护并适当延长养护时间，养护期内，混凝土的暴露面宜采用土工布等蓄水材料覆盖。

后浇带混凝土施工应符合下列规定：

1）后浇带混凝土的浇筑时间应满足设计要求。当设计未做规定时，应滞后于后浇带两侧混凝土的浇筑时间不少于 30d。

2）后浇带两侧的混凝土浇筑完成后，应对其沉降量进行连续观测，并应在沉降稳定后浇筑后浇带混凝土。

3）后浇带宜采用膨胀混凝土。

4）底板施工宽缝的混凝土浇筑温度控制和临时止水施工应满足设计要求；宽缝施工前；闸墙混凝土的浇筑高度和墙后回填土的高度应满足设计要求。

2. 衬砌式闸室结构

衬砌式闸室结构混凝土应与围岩牢固连接，并按设计要求检验其黏结强度。采用锚筋连接的闸室衬砌墙，锚孔直径和锚固长度应满足设计要求。以锚杆连接的闸室衬砌墙锚孔直径应大于锚杆直径 30mm 以上；锚固砂浆性能参数应通过试验确定，水胶比宜取 0.38~0.42。掺合剂应选取微膨胀剂和速凝剂。接触灌浆的岩面灌浆管管口嵌岩应大于 30cm，灌浆浆液性能参数和灌浆压力应满足设计要求。

衬砌墙体混凝土浇筑完成后应在墙顶设置观测点进行变形观测，接触灌浆或固结灌浆浆体强度达到设计要求后，方可施工上部结构。

3. 板桩结构

所用板桩型号和材质必须满足设计要求。板桩的接长检查、验收、吊运、堆存和涂层防护等施工应符合有关规定。

施打板桩前应根据测量放线施打导桩、安装导架和构筑导槽。导槽的宽度宜比板桩墙的厚度大 10mm。导架应有足够的刚度。钢板桩宜成组施打，应采取往复循环施打工艺。板桩墙的允许偏差应符合表 4-2 的规定。

表 4-2　板桩墙的允许偏差

项目	允许偏差/mm	项目	允许偏差
桩顶横向位置	±50	横向垂直度	1.0%
桩顶纵向位置	±20	纵向垂直度	1.5%
桩顶高程	+100 0		

注：板桩墙不允许出现前倾。

打板桩过程中出现超过表 4-2 所规定的允许偏差时应及时采取措施予以纠正。施打板桩过程中，应采取措施，防止已沉桩到位的相邻桩出现"带下"和"上浮"。

地下连续墙施工应满足设计要求，并应符合《港口工程地下连续墙结构设计与施工规程》（JTJ 303—2019）的有关规定。地下连续墙成槽宜采用铣槽机或液压抓斗和与之配套的渣浆分离设备。板桩和地下连续墙的锚碇系统的施工，应满足设计要求，并应符合施工规范要求。采用地下连续墙结构的闸室墙，基坑开挖施工过程中应对在地下连续墙钢筋笼中所设置的与衬砌混凝土连接的锚固钢筋采取保护措施。

4. 伸缩缝、沉降缝与止水

伸缩缝、沉降缝构造尺寸、材料、质量应满足设计要求。止水材料品种规格、质量应满足设计要求。膨胀止水材料的主要性能应满足设计要求。伸缩缝、沉降缝处填料可采用石油沥青油毡或聚乙烯板。

止水带安装前应整修平整，表面油污与浮皮等应清除干净，不得有砂眼与钉孔。铜止水片搭焊长度不宜小于 20mm，并应采用连续双面焊，必须保证焊缝不漏水。橡胶止水带连接宜采用硫化热黏结；PVC 止水带连接按厂家要求进行，可采用热黏结，搭接长度不小于 10cm。接头应逐个检查合格。铜止水片与 PVC 止水带接头宜采用螺栓栓接法，栓接长度不宜小于 35cm。伸缩缝、沉降缝填料板若需接头，则其接头处应保持紧密贴靠，不留间隙。止水带安装的位置应满足设计要求。

在浇筑止水带附近的混凝土时，应防止止水带发生破坏和卷曲，止水带与混凝土结合应严密。

在现浇混凝土结构中，填料板安装后应保持接触面平整、垂直、紧贴，止水带与板的接合处不得留有间隙。

5. 防渗结构施工和排水设施

黏土防渗体施工应符合下列规定：

1）土料的原材料应进行粉碎加工。加工后的粒径，黏土不应大于 2.0cm，石灰不应大于 0.5cm。

2）防渗体基底应清理杂物和排干积水。

3）防渗体与截水槽宜同步施工。

4）分层铺筑时，上下层接缝错开，采用人工夯实时每层虚土铺筑厚度不应大于 20cm，采用机械夯实时每层虚土铺筑厚度不应大于 30cm，层面间应刨毛、洒水。

5）分段、分片施工时，相邻工作面搭接碾压宽度，平行轴线方向不应小于 0.5m，垂直轴线方向不应小于 3m。

水泥土防渗体施工应符合下列规定：

1) 水泥土防渗体配合比应满足设计要求。当设计无要求时,应通过现场试验确定。

2) 采用高压旋喷桩及搅拌工艺形成的水泥土防渗体施工应符合《建筑地基处理技术规范》(JGJ 79—2012)的有关规定。

土工膜防渗施工应符合下列规定:

1) 土工膜性能指标、规格应满足设计要求。

2) 大幅土工膜拼接,宜采用胶接法或热元件法焊接,胶接法搭接宽度宜为 5~7cm,热元件法焊接叠合宽度宜为 1.0~1.5cm。

3) 土工膜铺设前应将基面整平,铺设完成后应及时进行保护层施工。

地下连续墙防渗体施工应满足设计要求。

防渗帷幕防渗体施工前应进行试验性施工,其施工工艺、材料、设备、控制质量等应满足设计要求。

土工织物作倒滤层、垫层、排水层铺设应符合要求。排水减压沟应在枯水期施工。

6. 墙后回填施工

回填施工前宜进行压实试验性施工。墙后回填材料应满足设计要求。在墙后回填前应对结构进行检查,施工中产生的缺陷、施工措施预留的孔、洞应及时修补并应采取防渗措施。对伸缩缝、沉降缝应进行防渗处理。

回填土应水平分层、由内而外、层厚均匀,每层压实厚度不超过 30cm。应控制回填速度。施工时如层面上有积水,应将其排除。对含水量较大的土层应翻松风干或挖除换土进行压实。回填宜对称进行,相邻段的填土高差应满足设计要求。

压实的质量应以干容重或压实度指标控制,压实质量应满足设计要求,宜采用机械压实。墙背与岩体间采用混凝土回填时,混凝土回填应与墙体混凝土浇筑协调。在回填土区设有排水管时,应回填至排水管顶面以上,压实后开挖铺设排水管。

4.4 闸门安装工程

闸门安装的方法及具体要求随门型的不同而有所不同。任何形式的闸门都是由预埋件和闸门两大部分组成。预埋件的埋设是闸门安装的关键,因为它的准确和坚固程度,将直接影响到闸门能否正常运转。常用的门型有人字门、横拉门、平板闸门、平板阀门、弧形闸门、弧形阀门、三角闸门、一字闸门等,现以应用最广的人字门为例,简述闸门的安装方法。

4.4.1 人字闸门预埋件的安装

人字闸门预埋构件有底枢、顶枢、枕垫底、门槛防漏设备等。

1. 底枢埋设

人字闸门底枢的构造如图 4-22 所示,底枢安装的允许误差规定如下:底枢蘑菇头顶面与设计高程的偏差不得大于 3mm,底枢中心与设计中心位置的偏差不得大于 ±1.0mm,蘑菇头与轴套应在工厂试装,并研磨吻合,其接触面积应符合设计要求,设计无要求时,最低不得小于 65%;两侧底枢有加油孔,孔口错位不得超过 0.1 倍的孔径,其绝对值应不大于 2mm;底枢的轴承台的水平倾斜度不能超过 D_c‰,D_c 为轴承台的外径。

安装底枢时,以采用二期混凝土的方法埋设较好。第一期定出底枢轴心位置,并埋设承轴台的基座螺栓。因底枢预埋件的高程与平面位置的要求都很严格，为了保证安装准确，一般采用样板埋设的施工方法。预埋底枢承轴台的螺栓时，上下用螺帽夹住，并把它们焊于结实的钢筋上，如图 4-23 所示，这样就严格固定了螺栓的相对位置，然后将穿好螺栓的硬木样板安装于设计位置。混凝土凝固后，即可拆去样板，安装底枢。承轴台套入地脚螺钉后用上下螺帽调整蘑菇头底座至精确高程并固定。在第二期混凝土浇筑前应进一步测量底枢轴心位置（含平面位置和高程），可利用扳动基座螺栓和螺母来达到调整的目的，在反复检查调整达到设计要求后，可用喷浆法浇筑承轴台上的后期混凝土，即二期混凝土。

2. 顶枢埋设

顶枢安装要达到如下要求：顶枢的高程应根据闸门实际高度尺寸而定，还应留有调节余地，且同一闸首两顶枢的相对误差应不大于±1.0mm。

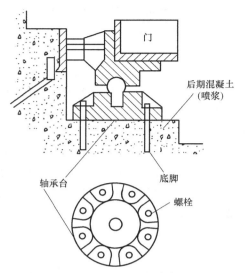

图 4-22 人字闸门底枢构造

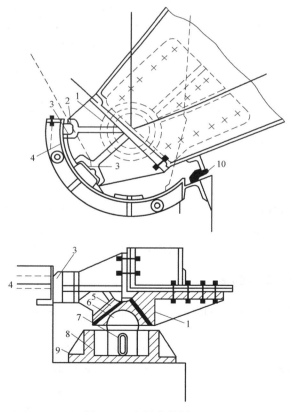

图 4-23 底枢安装图

1—轴头　2—活动圆盘　3—承轴巢　4—青铜衬套　5—橡皮垫圈
6—导向键　7—枕垫座　8—支垫座　9—锚固构件　10—承轴台

埋设顶枢时可用支架平台,然后用样板放样定线,再将顶枢拉杆及其基脚螺栓安装调整至设计位置。检查轴孔符合上述要求后,即可浇筑一期混凝土,将螺栓或预埋件长度的2/3填埋,待复查无误后再浇筑二期混凝土。顶枢的高程应用水准仪进行反复测量,并相互验证,确保准确。

3. 支枕垫块和承压条安装

人字闸门的门轴柱的支垫座和闸首上的枕垫座,如图4-24所示。安装要求为:中心支枕座与中心线的偏差应小于2mm;每一对支枕垫块中心线相对偏差应小于2mm;门轴柱处支枕垫块或承压条间的间隙应小于0.4mm;斜接柱处支枕垫块或承压条局部间隙应小于0.4mm;中间承压条与中心线的偏差应小于2mm;任一承压条与中心线相对偏差应小于3mm。

4. 止水安装

止水的材料有橡胶、钢、木。对橡胶止水和木质止水应妥善保管,不得放在露天,更不能接近高温,橡胶应严防油类侵蚀。侧止水压缩量应控制在2~4mm,底止水压缩量应在0~2mm,橡胶止水的螺栓孔应按止水压板划出,然后进行冲孔或钻孔,严禁烫孔。止水螺栓应全部拧紧,在侧、底止水的拐角处不得有高低不平现象。若用木质止水时需注意必须将浇筑门槛时所遗漏的洞穴修补好,以免影响止水效果。木止水的材质应采用无节、无裂缝的木材,其湿度不超过15%,木材加工后要进行防腐处理或用热沥青加以浸泡。

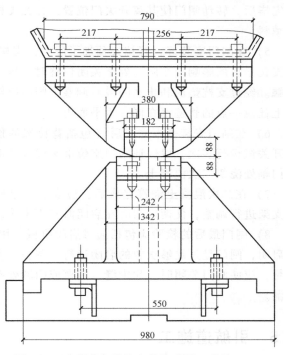

图4-24 支垫座与枕垫座的构造图(单位:mm)

4.4.2 人字闸门的拼装

人字闸门尺寸通常较大,而且笨重。小型闸门可以由工厂直接生产出成品到工地安装,通常闸门是由工厂生产出单元构件,运到工地拼装。除少量能陆运、水运或浮运的整体门外,一般采用卧放拼装的方法,拼装时要不变形,尺寸符合设计要求。在制作单元构件时要考虑焊接拼装工序可能引起的收缩或扩大,注意各拼装工艺的要求。一般闸门的拼装程序为:门面板→门轴柱→斜接柱→枕垫座→纵横梁连接板→背拉架→其他附件等。

4.4.3 人字闸门安装

闸门拼装检验合格后,就要进行安装。简单的可用扒杆起吊,较大的需用起重机吊装。闸门吊装和安装应注意以下几点:

1)底枢铸件应调整到适当的高度和位置,然后在装配闸门前用混凝土浇筑固定。底枢和轴套的受压面在安装到位后要彻底清洗并润滑。安装时须考虑垫木等临时支垫闸门,每一扇门至少要用两块垫木，并由底枢支撑闸门的门轴柱。

2) 吊装谨慎小心，保证闸门不因吊装而变形、扭曲、损坏，每一部件都应准确定位。

3) 闸门吊装就位后，应立即上牢顶枢拉杆的枢销，再根据与枕垫座的接触情况，调整花篮螺栓的松紧程度，使顶枢的中心与底枢中心在同一垂线上。其允许偏差为：当门叶高度大于 1500mm 时，其同轴度误差小于 1.0mm，否则小于 0.5mm。

4) 在对背拉架施加预应力和对顶枢的最后调整完成后，调整门轴柱和斜接柱支枕垫块，使其紧密地接触在一起，其允许误差量参照前面介绍的支枕垫块的安装部分。在垫块调整完毕后，转动闸门使其离开关门位置，并在支枕垫块与闸门端板之间的空隙中填入环氧树脂填料。

5) 在闸门安装好，背拉架预加了应力，支枕垫座调整放置好后，每扇闸门的转动应不受支枕垫块的影响。在闸门处于关闭位置时，每扇闸门上的支垫块应与闸墙上的枕垫块紧紧接触。经过支枕垫块和止水的最后调整，闸门应转动自如，并且在整个转动过程中应保证闸门上任意一点的轨迹都在同一水平面内。

6) 在闸门安装基本完成后（包括背拉架的预加应力，所有止水的安装调试），应使闸门开关试运行多次，以保证闸门定位准确以及各部分预留空间满足要求。试运转后，在闸槛和门轴处浇筑二次混凝土。

7) 在二次混凝土浇筑完成后，应安装人字闸门导向装置。再使闸门处于关闭位置上，对支架进行调整，使两扇门叶在启闭时互不干扰。

8) 闸门最后的检验应包括通过启闭机械，用动力先在无水条件下，后在有水条件下分别启闭，闸门经过足够次数的启闭运行、调整，直至所有部分运行正常。闸门制作和安装的质量，应使闸门关闭时，除中缝、闸槛或门轴处有少量可忽略不计的渗漏外，其余均不应有泄漏。

4.5 引航道施工

引航道施工包括引航道开挖，护岸与护底施工，导航、靠船构筑物等。

4.5.1 引航道开挖

开挖的航道宽度、航道中心线、河底高程和边坡应满足设计要求。引航道开挖允许偏差应符合表 4-3 的规定。

表 4-3 引航道开挖允许偏差

项目		允许偏差/mm
轴线位置		100
底高程	陆上	0 −100
	水下	0 −500

(续)

项目		允许偏差/mm
宽度	陆上	+300 0
	水下	+500 0

挖泥船开挖不得危及堤防和已有岸坡的安全。航道边坡宜采用阶梯形开挖。水面以上的边坡有修整要求时，宜待水下开挖完成后进行。削坡及整平应符合表4-4的规定。

表4-4 削坡及整平允许偏差

项目	允许偏差
边线位置	200mm
高程	$^{\ \ 0}_{-200}$mm
坡度	±5%

爆破作业应符合有关规定。引航道开挖弃土应运至指定弃土区。

4.5.2 护岸与护底施工

砌体护岸与护底所用石料质地应坚硬、不易风化、无裂纹。砌石形状应大致方正，厚度不小于20cm，宽度宜为厚度的1.0~1.5倍，长度宜为厚度的1.5~4.0倍。砌石块重不宜小于25kg。砌筑石料的分类和规格应符合表4-5的规定。

表4-5 砌筑石料的分类和规格

类别	形状	加工方法	规格尺寸
填筑块石	形状不规则的块状石	用爆破或楔劈法直接开采	块石中部厚度不小于15cm
片石	形状不规则的块状石	用爆破或楔劈法直接开采	块石中部厚度小于15cm
块石	外形大致方正	外露面或四周稍加修凿	大致方正,厚度不小于20cm,宽度宜为厚度的1.0~1.5倍,长度宜为厚度的1.5~4.0倍
条石	近似长方六面体	劈砍并经粗凿加工	表面平整,长度方向顺直,各面相互垂直,长度不小于宽度的3.0倍

灌砌块石所用混凝土的粗骨料粒径不宜大于20mm，混凝土掺合料和外加剂应通过试验确定。掺合料宜优先选用粉煤灰。

浆砌块石护岸与护底施工，砌石在使用前必须浇水湿润，表面清除干净，不得有油污。所有石块均应坐于新拌砂浆上，填缝饱满并插捣密实。

砌体表面砌缝宜采用平缝和凸缝勾缝。勾缝应宽窄均匀、深浅一致；不得有假缝、通缝、丢缝、断裂和粘结不牢等现象。勾缝前应先清洁砌筑面，将原砌体缝隙凿进20mm左右，先勾平缝，再勾凸缝。凸缝缝宽一般30mm，厚10mm，形状为长方形，四角呈圆状。

勾凸缝必须及时养护。

干砌块石护岸与护底施工，干砌块石表面应平整，砌缝密实。干砌块石应自下而上错缝立砌，块石应相互镶紧，不得由坡外侧填塞。

灌砌块石护岸与护底施工，采用混凝土灌砌时，块石净距应大于碎石粒径，不得先嵌填后灌缝。灌入的混凝土应插捣密实。采用砂浆灌砌时，应先将块石理砌平整后再灌注砂浆，砂浆应灌注饱满。

砌石允许偏差应满足表4-6的要求。

表4-6 砌石允许偏差

项目前沿线位置	允许偏差/mm			
	浆砌块石		浆砌料石	
	墩类	墙类	墩类	墙类
轴线、前沿线对施工准线偏移	—	30	—	30
外形尺寸	±30	±50	±20	±40
顶面高程	±25	±40	±15	±20
竖向倾斜 前倾	—	0	—	0
竖向倾斜 后倾	—	$2H/1000$	—	$2H/1000$
正面平整度	—	40	—	20
正面相邻块石错台	—	—	—	10

注：H 为墙高（mm）。

砌体上的预埋件预留孔洞、排水孔、反滤层、防水设施等，应按设计要求预留。沉降缝、伸缩缝的缝面应平整垂直，与压顶形成上、下通缝。砌筑完成后应保持砌石表面湿润，养护时间不宜少于14d，养护期内不宜回填。

垫层和倒滤层铺设应满足设计要求，允许偏差应符合表4-7～表4-10的规定。

护坡护底齿坎格埂的平均深度应满足设计要求。

表4-7 砂石垫层允许偏差

项目		允许偏差/mm
顶部高程	陆上	+30 −20
	水下	+300 −200
表面平整度	陆上	100
	水下	200

表4-8 土工织物垫层允许偏差

项目	允许偏差/mm
覆盖范围	+500 0

表 4-9 砂石倒滤层允许偏差

项目		允许偏差/mm
倒滤层分层厚度	陆上	+50 0
	水下	+100 0
倒滤层总厚度	陆上	+100 0
	水下	+200 0

表 4-10 土工织物倒滤层允许偏差

项目		允许偏差
搭接宽度	陆上	±0.1B
	水下	±0.2B

注：B 为设计搭接长度（mm）。

现浇混凝土结构护岸施工，梯形断面宜整体连续浇筑，当墙高较大需分层浇筑时，分层高度宜取 1.5～3.0m。现浇混凝土结构允许偏差应满足表 4-11 的要求。

表 4-11 现浇混凝土结构允许偏差

项目		允许偏差/mm	
		墩台	导航墙
轴线位置		50	—
截面尺寸	长度	±20	±20
	宽度	±15	±20
顶面平整度		6	10
顶面高程		±15	±20
表面平整度		20	20
表面竖向倾斜		$H/200$	$H/200$
相邻接缝平直		—	15
相邻段顶面高差		—	±20
预留孔中心位置		20	20

注：H 为墙与墩台高度（mm）。

沉井、板桩结构护岸施工见第 3 章内容。扶壁混凝土结构宜一次浇筑完成。大型扶壁构件也可分次浇筑，其施工缝不宜设在水位变动区、底板与立板的连接处。扶壁分段间的沉降缝处理应满足设计要求。

现浇混凝土胸墙、挡浪墙与挡土墙允许偏差应满足表 4-12 的要求。

混凝土护面块体应分段施工，自下而上安放，底部块体应与护脚紧密接触。

大块石护面施工时，块石的长边尺寸不宜小于护面层的设计厚度。对于安放一层块石的护面层，块石应互相靠紧，其最大缝隙宽度不大于垫层块石最小粒径的 2/3。坡面上不应有连续两块块石以上垂直于护面层的通缝，护面石理坡、安放高程允许偏差应满足表 4-13 的要求。

表 4-12　现浇混凝土胸墙、挡浪墙、挡土墙允许偏差

项目	允许偏差/mm		
	胸墙	挡浪墙	挡土墙
前沿线位置	30	30	20
顶面高程	±30	±30	±20
顶面宽度	—	±10	+20 -10
相邻段错台	20	20	10
平整度	20	20	20
竖向倾斜	—	—	5H/1000
顶面平整度	10	10	10
孔洞位置	20	20	20

注：H 为现浇混凝土胸墙、挡浪墙或挡土墙的高度（mm）。

表 4-13　护面石理坡、安放高程允许偏差

护面石质量/kg	高程允许偏差/mm
200~300	±300
300~500	±400

模袋混凝土护面施工时，模袋种类及性能应满足设计要求，模袋铺设前应对其基层表面进行整平处理，其表面平整度允许偏差，陆上不应大于100mm，水下不应大于150mm。模袋应自上而下垂直坡向铺设，随铺随压砂袋或石袋，并应及时浇灌混凝土。模袋混凝土护面施工允许偏差应满足表4-14的规定。

表 4-14　模袋混凝土护面施工允许偏差

项目	允许偏差/mm	项目	允许偏差/mm
厚度	+8%H -5%H	表面平整度	100
		坡顶平台宽度	±100

注：H 为模袋混凝土设计厚度（mm）；相邻块最大缝宽不宜大于30mm。

4.5.3　导航、靠船构筑物施工

沉井结构、扶壁结构的导航墙、靠船墩施工见第5章内容，板桩结构和高桩墩台的导航墙、靠船墩施工见第6、7章内容，砌石结构施工见第8章护岸与护底施工内容。

习　题

4-1　导流方式有哪几种？各适用什么情况？
4-2　简述围堰的类型及其特点。
4-3　基坑开挖的准备工作有哪些？
4-4　如何确定基坑轮廓尺寸？
4-5　简述基坑开挖方法。
4-6　基坑降水方法有哪些？
4-7　基础防渗措施有哪些？
4-8　船闸混凝土运输方法有哪些？各有什么特点？
4-9　简述船闸混凝土浇筑原则。
4-10　简述船闸主体施工要点。
4-11　简述人字闸门预埋件的安装顺序。
4-12　闸门吊装和安装应注意哪些问题？
4-13　简述引航道施工工序及要求。

第 5 章 重力式码头

学习重点

重力式码头的施工特点；基床抛石顺序，抛石方式，基床抛石、夯实要点，基床整平方法；墙体构件的预制及安装工艺；胸墙及墙后回填的施工要点。

学习目标

了解重力式码头施工机械；掌握基床抛石顺序、方式，基床抛石、夯实要点，基床整平方法；熟悉墙体构件的预制及安装工艺；掌握胸墙及墙后回填施工要点；理解软基的概念及软基处理方法。

重力式码头是码头的一种常用结构形式，主要用于岩石地基或持力层埋藏较浅的地区。重力式码头施工主要有抛石基床施工、墙体构件的预制及安装、胸墙及墙后回填等。

5.1 抛石基床施工

5.1.1 基槽挖泥

挖泥前，先测量定位，在现场设置定位标志，设临时控制水尺；施工中，要复测水深，核实挖泥量，安排挖泥程序。挖泥时，要勤对标，勤测量水深，防止超挖或欠挖；对有标高和土质"双控"要求的基槽，挖至设计标高后，要核对土质，如地质情况与设计要求不符，应继续挖至设计土层的出现或与设计单位研究解决办法。挖完后，如有淤泥，需用吸泥泵清淤；如不能及时基床抛石，需要采取防淤措施。

基槽开挖，应根据地质条件采用相应的开挖方式。地基为岩基时，据岩石风化程度，可采用水下爆破，爆破作业时，特别要注意不能使基础受到严重破坏，应根据周边环境和环保要求选择施工方案。爆破开挖水下岩石基槽，浅点处整平层的厚度不应小于 0.3m。用抓斗（铲斗）挖泥船开挖。选择挖泥船时，要对自然环境条件、工程要求和挖泥技术性能等因素综合分析，选择可作业的、能满足工程要求和挖泥效率高的挖泥船。

干地施工时，必须做好基坑的防水、排水和基土保护。干地施工排水能力不足时宜分段设围堰；对黏性土地基，在槽底设计高程上应保留 0.15~0.30m 的土层，并应在下一工序开始前挖除。

基槽开挖的质量标准：基槽平面尺寸不得小于设计规定，对水下开挖非岩石地基，每边超宽和超长一般不大于 2.0m，平均不大于 1.0m；超深一般不大于 0.5m，平均不大于 0.3m。根据挖泥船的实际情况（如抓斗的大小等），可适当增加超宽、超长和超深量。

基槽开挖后，应对开挖断面进行实测验收，若不符合设计要求时，应进行补挖。

5.1.2 基床抛石

每段基槽开挖后,应及时进行抛石。对松软地基,抛石前应先在基床底部铺设 0.3~0.5m 厚的砾石或碎石作为反滤层,起减少石块陷入土中的作用。

1. 石质要求

1) 基床抛石一般质量为 10~100kg,厚基床的块石可大些,未风化、无严重裂缝的块石,对有可能遭受波浪水流冲刷作用的部分,需用大块石护面,并注意级配。

2) 在水中饱和状态下的抗压强度:夯实基床不低于 50MPa,不夯实基床不低于 30MPa。

2. 抛石顺序与分层

抛石的顺序,既要考虑与基槽挖泥紧密衔接,又要为夯实以及后续安装预制构件创造条件,以达到确保工程质量和加速工程进度的目的。当基床设计底标高相差不大时,可从一端开始向另一端分段抛。对于顺岸式码头,可从任一端开始;对于突堤式码头一般从近岸端开始。当基床设计底标高相差较大时,应从底标高低处向高处分段抛。抛石基床的厚度应为设计厚度加预留沉降量,对于夯实的基床,只考虑地基的沉降量,对于不夯实的基床,还需要考虑基床本身的沉降量。

当基床厚度较大、基床抛石需作重锤夯实处理时,基床需分层抛石、分层夯实,每层厚度一般不大于 2m。爆夯处理时,厚度可加大。

3. 抛石方式

抛石方式有压茬抛石和定位定量抛石两种,这两种抛石方式的优缺点和适用范围见表 5-1 及如图 5-1~图 5-6 所示。

表 5-1 抛石方式比较

抛石方法		主要优缺点		适用范围
		优点	缺点	
压茬抛石	人力 {民船 方驳}	1. 抛填位置较准确 2. 抛填灵活,抛填量易控制 3. 不易漏抛,顶面平整度较好 4. 方驳驻位较稳	1. 抛填效率低 2. 劳力用量大 3. 劳动强度大	1. 风浪较小时的抛填 2. 基床顶部的细抛填 3. 人工费用较低的地区
	推土机 装载机 }方驳	1. 抛填效率较高 2. 劳力用量少 3. 方驳驻位较稳	1. 抛填量不易控制 2. 顶面平整度较差 3. 需用推土机或装载机	1. 风浪较大时,基床顶部细抛填,其余部位粗抛填 2. 人工费用较高的地区
定位定量抛石	人力 {民船 方驳}	1. 抛填位置较准确 2. 抛填效率较高 3. 抛填控制较为简单	1. 定位标志设置量大 2. 顶面平整度较差 3. 劳力用量大 4. 劳动强度大	1. 风浪较大时,基床顶部细抛填,其余部位粗抛填 2. 人工费用较低的地区
	侧倾式 底开式 }抛石船	1. 定位较准确 2. 抛填效率高	1. 定位控制工作量大 2. 顶面平整度差 3. 粗平工作量大	风浪大时,基床顶部细抛填,其余部位粗抛填

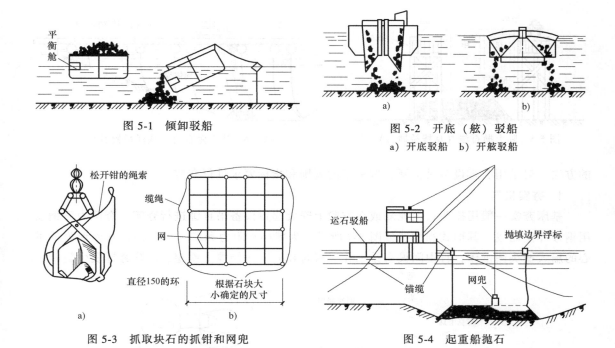

图 5-1 倾卸驳船

图 5-2 开底（舷）驳船
a）开底驳船 b）开舷驳船

图 5-3 抓取块石的抓钳和网兜
a）抓钳 b）网兜

图 5-4 起重船抛石

4. 抛石要点

1）导标标位要正确，要勤对标、对准标，以确保基床平面的位置和尺度。

2）粗抛与细抛相结合，顶层为顶面以下 0.5～0.8m，在该范围内应细抛；顶层以下各层可粗抛。抛填控制高差：粗抛一般为 30cm 左右；细抛一般为 0～30cm，抛石应在风、浪、流均较小时进行。

3）抛石前应进行试抛。通过试抛，当用人力抛时，掌握块石漂流与水深、流速的关系；当用推土机、装载机、开底式和侧倾式抛石船抛石时，应掌握块石扩散情况，以选定起始点位置和移船距离。

4）勤测水深，防止漏抛或抛填过多。接茬处，应在邻近接茬 2～3m 的已抛部位开始测水深，并采取先测水深，后抛石，再测水深的方法进行抛填，以免漏抛或抛填过多。测水深时，测点间距不宜超过 1m，测锤的底部直径不小于 30cm。

5）当有流速又用人力抛填时，要顺流有序进行抛填，且抛石和移船的方向应与水流方向一致，以免块石落在已抛部位而超高。

6）当用开底式和侧倾式抛石船抛石时，除掌握石堆扩散情况外，一般应控制在 30～90s 内抛下，使抛下的石堆厚度比较均匀。

7）基床抛石的富余高度应适当，若过大，夯实后基床超高，水下扒除非常困难；若过小，夯实后欠高，尚需补抛、补夯，影响工程的进展。根据实践经验，应掌握宁低勿高的原则，每一层抛石的富余高度控制在抛石层厚度的 10%～15%。

5.1.3 基床夯实

有夯实要求的抛石基床中，每层抛石后必须进行夯实，以消除或减少其压缩沉降。夯实

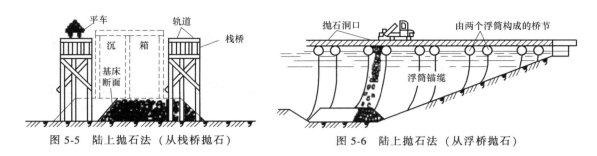

图 5-5　陆上抛石法（从栈桥抛石）　　　　图 5-6　陆上抛石法（从浮桥抛石）

的方法一般是用起重设备吊重锤，按一定的规则和指标要求进行夯实。

1. 夯实机具

基床夯实一般用抓斗式挖泥船或在方驳上安装起重设备吊重锤进行夯实。夯锤为铸钢或用钢板焊接而成，其形式和构造如图 5-7 所示。为减小水阻力和增加稳定性，其外形为低重心的扁式截头圆锥体，且中间设有排水孔。有时在夯锤两侧焊上铁翅，以防夯锤发生旋转。

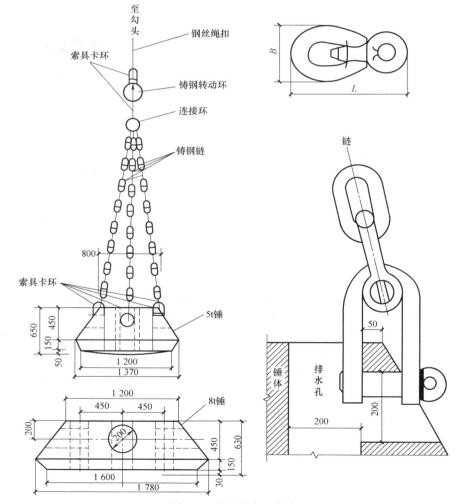

图 5-7　夯锤形式和构造

2. 重锤夯实的主要技术要求

1) 基床夯实范围应符合设计规定,如设计未规定,可按建筑物底面尺寸各边加宽1m。对于施工定位和作业困难的水域,锤夯范围可适当加宽。分层夯实时,锤夯范围可根据分层处的应力扩散线各边加宽1m,如图5-8所示。

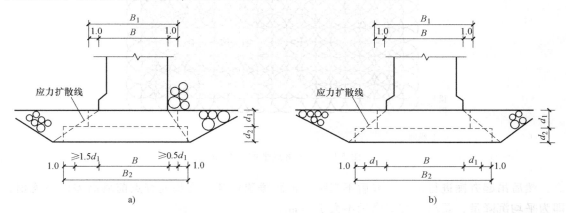

图 5-8 基床夯实范围示意图 (单位:m)
a) 墙后有填土　b) 墙后无填土
注:B_1 为 d_1 层夯实范围; B_2 为 d_2 层夯实范围;
B 为墙底宽; d_1、d_2 为抛石基床夯实分层厚度。

2) 为防止因局部高差太大造成"倒锤"或夯偏而影响夯实效果,夯实前应对抛石层顶面做适当整平,其局部高差不宜大于30cm。

3) 基床应分层分段夯实,每层厚度宜大致相等,每层夯实后的厚度一般不大于2m。夯击能量较大时,分层厚度可适当加大。分段夯实的搭接长度不小于2m。

4) 夯锤底面积不宜小于$0.8m^2$,底面静压强宜采用40~60kPa,落距为2~3.5m。不计浮力、阻力的影响时,每夯的冲击能不小于$120kJ/m^2$;对无掩护水域的深水码头,冲击能宜用$150~200kJ/m^2$。

5) 锤夯宜采用纵横向相邻接压半夯,每点一锤,初、复夯各一遍,或多遍夯实,如图5-9所示。夯击遍数应根据试夯确定。不进行试夯时,夯击不宜少于2遍。

6) 在新旧码头结合处,基床施工宜采用减小分层厚度、适当降低夯击能量等保证旧码头结构安全的措施。

7) 当夯实后补抛块石的面积大于1/3倍构件底面积或连续面积大于$30m^2$,且厚度普遍大于0.5m时,宜做补夯处理。

3. 夯实要点

1) 夯实明基床时,为防止"倒锤"和夯坍边坡,每遍的夯实要先中间后周边。

2) 当基床顶面标高不同时,要先夯顶面标高较低的基床,并于其上安装预制构件后,再夯顶面标高较高的基床。在夯顶面标高较高的基床时,对邻近已安装预制构件的夯点,要减小夯击的落距,增加夯击的遍数。

3) 基床夯实后,要作夯实检验。一般采用"选点检验"法,特别是离岸式码头,即在选定复夯范围内,均匀布设20个以上的复夯点,每点复夯前,将锤落在基床上,测锤顶标

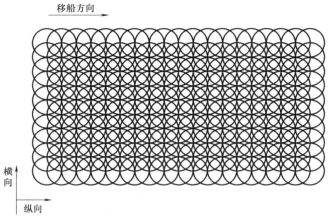

图 5-9 夯锤落点平面示意图

高,然后吊起夯锤进行复夯,夯后不起锤,再测锤顶标高。这些复夯点前后高差的平均值,即为平均沉降量,要求平均沉降量不大于 5cm。

4. 爆夯(爆炸夯实)

爆夯法是保工期、保质量的一种先进施工方法。当基床抛石量大、工期紧,应用传统的重锤分层夯实工艺施工,根本无法满足施工进度要求时,可采用爆炸夯实法施工。爆夯是一种新技术、新工艺,具有使用设备少、操作简单、施工速度快等优点,特别是处于外海水域,基槽开挖后为防骤淤需立即将块石抛填满槽,厚度在 3m 以上,以及爆夯与挤淤合并进行以省掉开挖基槽工序者,其优点尤为突出。

(1) 爆夯机理 悬浮在基床顶面上的炸药包在水中爆炸后,产生巨大的瞬间冲击荷载,对抛石基床有自上而下的压缩作用。同时,爆炸产生的地基振动,对基床有自下而上的振动密实作用。爆炸中的这两种作用都使块石产生挤压、位移、相互错动、减少孔隙,从而使基床达到密实的目的。其中以地基振动对基床的密实影响较大,对基床密实起主要作用。爆炸夯实的影响因素有,爆破规模(即一次起爆的总装药量)、爆夯次数(通常 2~4 次)及上覆水层厚度等。其中爆破规模是主要因素。因此,为达到理想的爆夯效果,在条件允许的情况下,应尽可能采用大规模爆夯。但一次爆夯的药量又受安全控制的影响,因此,有时要进行小药量多次爆夯。

(2) 爆夯的工艺流程 爆夯的工艺流程为:基床抛石→夯前断面测量→布药→起爆→夯后断面测量→检查沉降量→验收。

(3) 药包加工 爆夯所采用的药包,工程上大多采用硝铵炸药,其敏感度低,使用安全,有一定威力,制作加工方便。药包必须在距人群和建筑物安全距离以外的地点加工,也可在离开施工区域和其他船上进行,加工操作必须符合安全操作规程。硝铵炸药会因湿度超过 30% 而拒爆,每个药包均要求有良好的水密性。通常用双层或多层塑料袋密封防水,外面用编织袋包裹。为了使药包悬浮在水中,编织袋内先放置一定数量的泡沫塑料,以确保药包能起浮,装入药包后用尼龙绳绑扎牢靠。药包的装药量一般在 15kg/包,可根据试爆情况、基床厚度、炸药的上覆水深、重复爆夯的次数,以及周围安全范围的大小等增减。

(4) 布药　布药主要是控制药包在水中的吊高和药包间的距离。为避免潮流和气候的不良影响，布药应在晴天和平潮时进行。药包的吊高，即药包在基床面以上的高度，按每一药包控制的范围和上覆水深及装药量等不同而控制在 0.8~1.2m。该距离在药包加工时通过编织袋和坠体（绑扎的石块）间的尼龙绳长度进行控制。药包定位采用梅花形布置，每排排距可取 3m，每排内药包的间距可取 4m。

(5) 起爆　布药完毕后，即将各药包的单股导爆索与双股主导爆索连接。在布药时，无关船只及人员必须撤至安全区，在布药和导爆索连接完毕后，全面检查警戒水域，确认无任何船只和人员以后，发出爆破信号，然后正式起爆。

(6) 质量检验　基床爆夯是近几年开始采用并得到发展的新技术、新工艺，目前尚无成熟的经验和正式的质量检验评定标准。但根据已有码头的施工实践其夯沉率宜以大于10%为控制标准。在爆夯达到规定的夯沉率后，对造成的深坑补抛和平整，在表层再用重锤普夯一遍。

(7) 爆夯试验　在正式施工之前，应进行爆夯试验，检验技术参数、炸药的防水性、安全措施等是否满足要求。

5.1.4　基床整平

抛石基床的整平分为粗平、细平和极细平。大型构件底面尺寸大于或等于 30m² 时，其基床可不进行极细平。基床整平偏差应符合表 5-2 的规定。

表 5-2　基床整平允许偏差

项目		允许偏差/mm	适用部位	整平范围	整平用料
顶面高程	细平	±50	①基床肩部 ②压肩方块下的基床	①前肩部分 ②压肩方块底边外加宽 0.5m	二片石
	极细平	±30	墙身下的基床	墙身底面各边加宽 0.5m	10~30mm 碎石
整平边线		+500 0	—	—	—

注：当需进行粗平时，其高程允许偏差为±150mm。

基床整平时，对于块石间不平整部分，宜用二片石填充，对二片石间不平整部分宜用碎石填充，其碎石层厚度不应大于 50mm。明基床外坡应进行理坡。每段基床整平后应及时安装预制构件。

1. 基床的粗平

码头基床的边坡只进行粗平，有时每层夯实前也需进行粗平。粗平的方法有悬挂刮道法和埋桩拉线法。

1) 悬挂刮道法如图 5-10 所示，整平船横向驻位，按整平标高用滑车控制刮道下放深度，水位每变化 5cm 调整一次，潜水员以刮道底为准"去高填洼"进行整平，边整平，边移船。

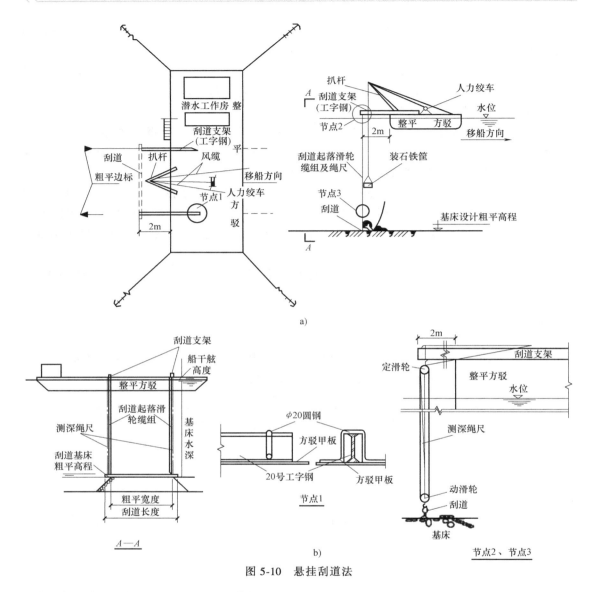

图 5-10 悬挂刮道法

2) 埋桩拉线法如图 5-11 所示，在基床纵向两侧，陆上用经纬仪定方向，船上用垂球引点，每隔 15~30m 埋设木桩，桩侧设置短护木以增加木桩抗拉线拉力的能力，桩顶用测深杆测设整平标高，每侧木桩按整平标高拉铅丝线，两线之间用直径为 3mm 测缆作为滑动线，潜水员以滑动线为准"去高填洼"进行整平，边整平，边移动滑动线。

这两种方法，埋桩拉线法较好。其优点是不受风浪、潮流的影响，整平精度高；缺点是增加了埋拉线桩工序。

2. 基床的细平和极细平

基床肩部、压肩方块下的基床，需要细平；墙身下的基床需要极细平。

细平和极细平时，大块石之间不平整部分宜用二片石填充；二片石之间不平整处用碎石填充，碎石允许成层，但其厚度不应大于 5cm。

施工一般采用导轨刮道法，在基床的整平范围内，沿纵向的两侧每隔 5~11m 安设混凝

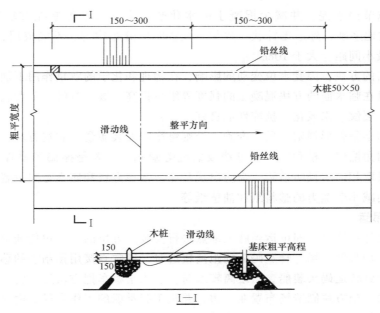

图 5-11 埋桩拉线法

土小方块,方块上安设导轨用的钢轨,方块和钢轨之间垫厚薄不一的钢板,严格控制轨顶为整平标高,且误差不超过±1cm。整平船横向驻位,填注所用石料装在船上,通过浮鼓式漏斗向水下运送,潜水员于水下用刮杆沿埋设的钢轨顶将碎石刮平。

5.2 墙体构件的预制及安装

对预制安装的重力式码头,经整平后的抛石基床为避免遭受风浪的破坏或回淤,应及时安装墙身预制构件。重力式码头预制构件有方块、沉箱和扶壁。

5.2.1 方块码头墙身施工

混凝土方块是重力式码头墙身结构的一种主要形式。常用的有空心方块和实心方块两种,其质量可以从数十吨至数百吨,一般高度为2.0~4.0m、宽度为2.0~5.0m、长度为4.0~13.0m。由于方块的质量和体积大,并且大多在水上进行安装,故须配备大型的陆上、水上起重运输机械。

方块墙身的建造程序是方块预制、储存、出场、运输及方块安装。

1. 方块预制场

混凝土方块预制场的选择除满足一般预制的要求外,因方块自重较大,其地基应有足够的承载力,以免混凝土底模由于不均匀沉降而遭到破坏,必要时须对地基做加固处理。当利用现有码头或岸壁作为临时的预制场时,不论预制或存放均不应超过码头的承载能力和影响岸壁的稳定,而且其前沿水深应满足起重船和方驳作业吃水的要求。

预制场的平面布置主要包括混凝土底模的布置和存放场的布置。布置时除应验算地基或码头的承载能力及岸壁稳定外,需考虑支拆模板、浇筑和用起重设备吊方块装方驳等因素的要求。

2. 方块的制造

混凝土方块的施工工艺及技术要求,与一般水工混凝土基本相同。体积较大的混凝土方块应掺块石，以节约水泥，并减少混凝土的水化热。块石总量控制在方块体积的 20% ~ 30%，块石应质地坚硬，外形无针状、片状，埋置时应分布均匀，不能成层，块石与块石、块石与模板的最小间距应大于 10cm。

码头临水面的方块，因受水位变动的影响，在物理和化学的双重作用下加剧了混凝土的破坏过程，所以在临水面混凝土的强度等级应提高一级。有时也采用花岗石镶面，镶面的花岗石应无裂纹、未风化、抗冻性能良好。

方块预制品必须外形规则、尺寸准确，否则将影响安装质量。制造方块时，经常会出现黏底、鼓肚、裙角漏浆、松顶、表面砂线及裂缝等缺陷。主要是振捣和模板故障产生的问题，施工中应采取相应的预防措施。为防止出现黏底，常在方块和底模之间设置脱模层，但脱模层不得采用会减小摩擦力的塑料纸和油毡纸等。

3. 方块的吊运

方块达到设计强度后，即可运到施工地点进行安装。方块的吊运包括陆上吊运和水上吊运。当方块制造场和储存场与转运码头的距离较近时，通常直接用预制场的移动式龙门起重机吊起方块行驶到转运码头装船。当距离较远时，须用平板车把方块运到转运码头，用专门的起重设备装船。当方块制造场布置在岸边，并位于起重船的工作半径之内时，则可以利用起重船直接转运的方式。

方块的起吊方法是，在起重吊钩下吊以丁字吊杆，如图 5-12 所示，将丁字吊杆插入方块的吊孔中然后转 90°，则丁字吊杆端头卡在吊孔中，起重机收起吊钩即可将方块吊起。丁字吊杆和吊孔的数目，根据起吊时端头与混凝土接触面的挤压应力来决定。若方块中预埋吊环，则用起重机吊钩直接起吊，为了便于方块的储存堆叠和安装，须在方块吊环位置设凹槽，使吊环顶部不高出方块顶面。

4. 方块的安装

以实心方块的安装为例。在安装方块前，必须对基床进行全面检查。如发现基床平面有损坏时，须加以修整；基床表面有淤积物时，则应清除。同时，还须在基床上设置安装方块的水下基线。

（1）方块的安装方法 方块的安装一般采用水上安装法，为保证安装质量和安全，应在风浪不大时进行。方块安装的施工方法，由地质条件、基床厚度以及建筑物的施工条件而定。在平面上，先安外侧、后安内侧；在立面上，如图 5-13 所示，大致可分为以单块为单元的阶梯式，按变形缝划分以段为单元的分层逐层式，以几段为单元的阶梯式和以整个码头为单元的分层逐层式四种基本形式。在这四种形式中，依次前者比后者传给地基的荷载较为集中，当地基土压缩变形比较大时，安装后的墙身易产生不均匀沉降，但在安装时，起重船移动幅度小，移锚次数少，安装效率高。

具体选用何种形式，与地基土性质、码头长度、

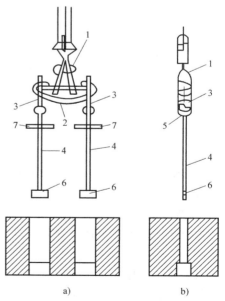

图 5-12 用丁字吊杆吊方块
a) 正面图 b) 侧面图
1—吊钩 2—横钢架 3—鞍形夹板 4—丁字吊杆 5—套筒 6—丁头 7—手柄

分段长度和层数,以及后续工序安排和风浪条件等因素有关。选用的原则是不均匀沉降小,受风浪破坏少,安装效率高和有利于后续工序的施工。

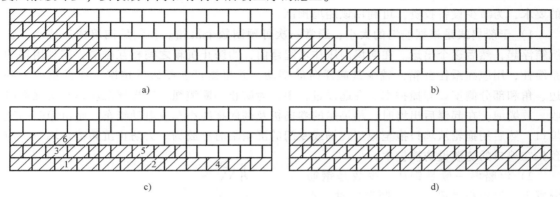

图 5-13 方块的安装方法
a) 以单块为单元的阶梯式　b) 以段为单元的分层逐层式
c) 以几段为单元的阶梯式　d) 以整个码头为单元的分层逐层式

(2) 方块的安装顺序　开始安装方块时,先要确定起始地点。对于与现有建筑物相连接的方块工程,可以从与既有建筑物相邻的一面开始;对于没有建筑物可依,则可从任意一端开始。对于必须严格保持其中心位置,则必须从中心开始,使误差均匀分布。安装第一层方块时,尤其是靠基线的一排和第一块方块,要特别注意其平面位置和标高的准确,因为上层方块都要以此为依据。在平面上安装方块的顺序,应尽量使拟安装方块与已安装方块有两面相接。这种安装顺序可简化施工过程,并使安装接缝的交错排列达到最大准确度。

(3) 临时压载措施　为了使方块建筑物下的地基土和基床加速密实,在方块墙安装过程中或安装到顶层以后,要进行临时压载。压载可利用其他段尚未安装的方块作为压重,压载时间以达到沉降量符合计算规定为止,一般约为两周。根据建筑物类型、土质条件、抛石基床的厚度和土的计算应力的情况,采用偏心压载或均布压载,若基床夯实质量较好,一般可不需压载。

5.2.2　沉箱岸墙施工

随着港口工程日益向深水发展,沉箱逐步向高、大型转化,一些沉箱高达 20m 以上,重数千吨。此外,为了满足各种使用要求,沉箱形式多种多样,有圆形、矩形、单格、带趾、带孔、削角等。使预制沉箱的方式、方法和工艺等不同。

沉箱的施工程序是沉箱的制造、下水、浮运、沉放及箱内填充等。

1. 沉箱的预制方式

沉箱的预制方式较多,根据预制和移动下水情况不同可分为滑道式、船坞式、吊放式、挖掘式。

(1) 滑道式　滑道式预制沉箱,有横、纵移式和纵移式,沉箱都是在平台上预制的,两者的主要区别是横、纵移式的平台设在滑道的一侧或两侧,沉箱可预制一个出运一个,平台能及时周转;沉箱出运时,要先横移,而后纵移下水,除配纵移车外尚需配横移车,设备费用高。纵移式的平台设在滑道的纵轴线上,沉箱要成批预制和运出,平台不能及时周转,沉箱出运时不经横移直接下水,只需配纵移车,设备费用低。

（2）船坞式 当沉箱的预制数量不多、预制期不长、工程附近没有固定的沉箱预制场或即使有但不经济、不安全时，如附近有船坞可租用，且其技术条件能满足预制和出运沉箱的要求，为减少设备投资，可利用该船坞预制。

1）干船坞式是根据船坞的大小，通常一次可预制数个沉箱。预制后向坞内压注水，让沉箱浮起，然后逐个出运。在向坞内压注水起浮前，为防止沉箱之间相互碰撞，需利用坞的系缆柱，用缆绳系住沉箱，减少其起浮时的摆动，并根据可能相碰的情况，在沉箱的一些边、角和部分侧壁设防撞护木。在起浮过程中，为防止绷断缆绳，应根据沉箱摆动情况适时收、放缆绳。在起浮后出坞时，用坞船的卷扬机及两侧拖缆小车或电动绞车，将沉箱牵引至坞口，然后用拖轮从坞口拖至施工现场或专门的沉箱临时存放场。为防止沉箱撞坏坞口，应预先在坞口的侧壁设防撞护木。

2）浮船坞一般是钢质，少数是钢筋混凝土。坞甲板是平的，预制沉箱时，不设底模，只需铺不浸油的油毡原纸隔离层。根据船坞和沉箱的大小，一次可预制1~3个沉箱，沉箱出坞与船的出坞相同，即向坞底和侧墙的水舱内压注水，坞下沉至一定水深，沉箱起浮后用拖轮拖出坞，其他施工过程与干船坞预式制沉箱相同。

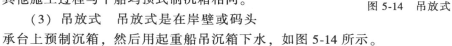

图 5-14 吊放式

（3）吊放式 吊放式是在岸壁或码头承台上预制沉箱，然后用起重船吊沉箱下水，如图 5-14 所示。

（4）挖掘式 挖掘式是在砂质岸边上预制沉箱，然后用挖泥船挖泥，使沉箱按表 5-3 所示的过程，滑移下水起浮。

表 5-3 沉箱下水起浮过程

沉箱下水起浮过程图	挖泥船工作过程
开始挖泥 （GL 沉箱 18~20m，−7.5m）	挖泥船开始时的状态
即将下水时的状态 （5~8m，6~12m，−6~10m）	挖泥船工作进行之中，沉箱下部的砂土剧烈下坍，沉箱后部略向上抬，砂土地基的承载力达到极限状态
下水进行中的状态	挖泥船退避，沉箱后墙进一步上抬，边向前倾斜，边产生滑动的状态

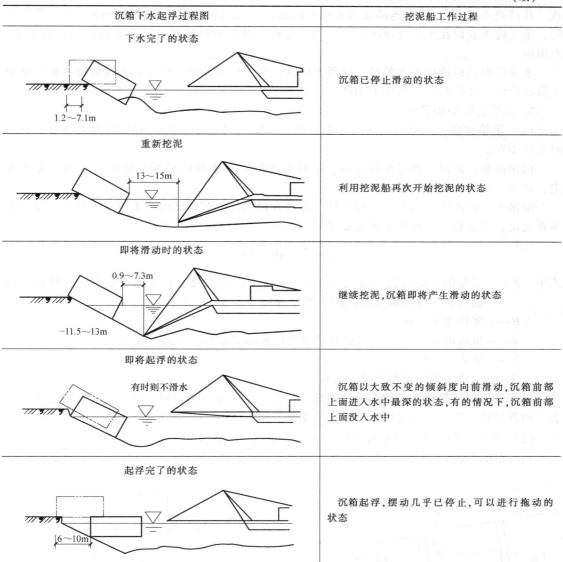

（续）

沉箱下水起浮过程图	挖泥船工作过程
下水完了的状态	沉箱已停止滑动的状态
重新挖泥	利用挖泥船再次开始挖泥的状态
即将滑动时的状态	继续挖泥，沉箱即将产生滑动的状态
即将起浮的状态 有时则不滑水	沉箱以大致不变的倾斜度向前滑动，沉箱前部上面进入水中最深的状态，有的情况下，沉箱前部上面没入水中
起浮完了的状态	沉箱起浮，摆动几乎已停止，可以进行拖动的状态

2. 沉箱制造

制造沉箱时，需架设数量很多的模板，过程繁杂且精度要求高，因此必须选择制作、立模和拆模都比较方便，刚度大、周转率较高的模板形式。对于壁墙模板，大多采用组合式钢模板和工具式模板。但高度很大的沉箱也可考虑采用滑移式模板。固定式模板的立模和拆模复杂，费工费料，现已不大采用。沉箱的底模板与侧模板不同，均做成一种形式，由梁木（12cm×20cm）和底板（厚40~50mm）组成。底模板由支柱支承，该支柱遍布于整个制作台。

沉箱混凝土浇筑，通常是用窄轨小平车运载混凝土桶至各个沉箱台座的起重机下，由起重机起吊卸在沉箱顶上工作台的漏斗内，再分送至各格舱中的溜筒进行浇注。另外采用混凝土泵车，通过布料杆的竖向软管直接将混凝土输入模内。

混凝土的浇筑顺序是先浇沉箱底板，后浇侧壁和隔墙。壁墙混凝土浇筑速度应基本一致，其高差不超过 1m，应连续浇筑完一个沉箱，以免出现接缝。在特殊情况下需分段浇筑时，施工缝不宜设在水位变动区、底板内、底板与壁墙的连接处、吊孔处以及吊孔以下 1m 范围内。

水泥终凝后即进行浇水养护，混凝土达到一定强度后拆模，使用普通硅酸盐水泥的混凝土拆模后浇水养护时间不得少于 10d。

3. 沉箱的移动和下水

（1）沉箱移动　沉箱的移动，应在混凝土强度达到设计强度的 80% 后方可进行，下水时应达 100%。

沉箱溜放、漂浮、浮运和沉放时，沉箱底部的富裕水深应根据自然条件和施工要求确定，并满足设计和安全的要求。

沉箱的干舷高度应按下式进行校核，并结合浮运过程沉箱倾角与干舷富裕高度、波高等因素确定。当沉箱干舷高度不满足要求时，可采用密封舱顶等措施。

$$F \geqslant \frac{B}{2}\tan\theta + \frac{2h}{3} + S \tag{5-1}$$

式中　F——沉箱的干舷高度（m），$F = H - T$，H 为沉箱高度，T 为沉箱吃水，计算时，钢筋混凝土重度取 25kN/m³，如图 5-15 所示；

　　　B——沉箱宽度（m）；

　　　θ——沉箱的倾角（°），溜放时采用滑道末端的坡角，浮运时取 6°~8°；

　　　h——波高（m）；

　　　S——沉箱干舷的富裕高度（m），取 0.5~1.0m。

根据施工情况复核沉箱的浮游稳定性。沉箱靠自身浮游稳定时，必须验算其以定倾高度表示的浮游稳定性，并满足设计和安全的要求。

（2）沉箱下水　沉箱下水可采用滑道、浮船坞、半潜驳、干坞或吊运等工艺。

1）沉箱采用滑道工艺下水，如图 5-16 所示，应符合下列规定。

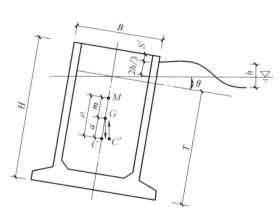

图 5-15　沉箱干舷高度计算图式
M—定倾中心　G—重心　C—浮心
C'—倾斜的浮心　m—定倾高度
ρ—定倾半径　a—沉箱重心到浮心的距离

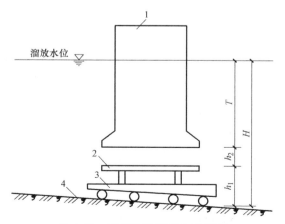

图 5-16　沉箱沿滑道下水示意图
1—沉箱　2—平台　3—台车　4—滑道

① 滑道末端水深应满足下式要求。
$$H \geqslant T + h_1 + h_2 \tag{5-2}$$
式中　H——滑道末端水深（m）；
　　　T——沉箱的吃水（m）；
　　　h_1——平台和台车占用的水深（m）；
　　　h_2——富裕水深，可取 0.50~0.75m。

② 滑道水深不满足沉箱吃水要求时，可采用起重船或浮筒助浮。拖至深水处时应再压载至满足沉箱自身浮游稳定要求。

③ 沉箱溜放的下滑速度，用台车下滑时应控制在 0.25~0.35m/s；用滑板下滑时，速度应符合设计要求。

2）沉箱采用浮船坞或半潜驳工艺下水，如图 5-17 所示。

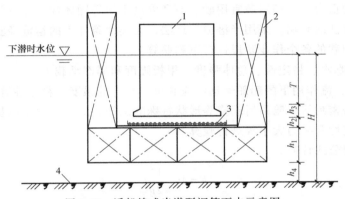

图 5-17　浮船坞或半潜驳沉箱下水示意图
1—沉箱　2—浮船坞　3—台车　4—下潜区底面

① 下潜区的水深应满足下式要求。
$$H \geqslant T + h_1 + h_2 + h_3 + h_4 \tag{5-3}$$
式中　H——下潜区水深（m）；
　　　T——沉箱的浮游稳定吃水（m）；
　　　h_1——浮船坞或半潜驳型深（m）；
　　　h_2——台车总高度与轨道高度之和或垫块高度（m）；
　　　h_3——起浮时沉箱底面与台车垫木顶面或垫块顶面的富裕水深（m），可取 0.3~0.5m；
　　　h_4——浮船坞或半潜驳与下潜区底面富裕水深（m），可取 0.5~1.0m。

② 浮船坞或半潜驳最大潜深不满足式 5-3 的要求时，可采用起重船或浮筒助浮。拖至深水处时应再压载至满足沉箱自身浮游稳定要求。

沉箱采用浮船坞或半潜驳出运时应有配套出运码头，出运码头应适合浮船坞或半潜驳靠泊。沉箱上浮船坞或上半潜驳可采用有轨台车、无轨台车或气囊搬运等工艺。

浮船坞或半潜驳下潜时，下潜区波高不宜大于 1.0m，风速不宜大于 6 级，流速宜于 1.0m/s，能见度大于 1000m。浮船坞或半潜驳宜顺流驻位下潜，沉箱移离浮船坞或半潜驳的方向宜与水流方向一致。

3)沉箱在干坞内预制并起浮时,应克服沉箱与坞底间的黏结力,可一侧先浮。

4. 沉箱水上存放和运输

(1) 沉箱水上存放场

1)漂浮存放时,水域应具有良好的掩护和系泊条件,波高不宜大于0.5m,成批存放时,沉箱间应采取避碰措施。

2)坐底存放时,存放场宜选择在邻近预制场或安放现场,受风浪、冲刷和淤积等影响较小,且水深满足要求的水域。存放场地的地势宜平坦,并应有足够的储存面积和承载力,必要时应做适当处理。

(2) 沉箱水上运输　沉箱水上运输,可用浮运拖带法、半潜驳干运法。采用浮运拖带法水上运输沉箱前,应验算沉箱吃水并对沉箱在浮运拖带过程中各不同工况条件下进行浮游稳定验算。验算沉箱吃水时,应准确计入沉箱内实际的残余水和混凝土残屑的重力、施工操作平台和封舱盖的重力。沉箱压载宜用砂、石和混凝土块等固体物。用水压载时,应精确计算自由液面对稳定性的影响。采用半潜驳干运法,无类似条件下的运输经验时,应对下潜装载、航运和下潜卸载的各个作业阶段进行下列验算。

1)半潜驳的吃水、稳定性、总体强度、甲板强度和局部承载力。

2)在风、浪、流作用下的船舶运动响应和沉箱自身的强度、稳定性等。

不对称型和需密封格舱舱顶后躺拖等形状特殊的沉箱,应通过数学或物理模型试验对其吃水、压载、稳定性和拖力大小等进行验算。

拖带力按下列公式计算。

$$F = A\gamma_w \frac{V^2}{2g} K \tag{5-4}$$

$$A = D(T+\delta) \tag{5-5}$$

式中　F——拖带力标准值(kN);
　　　A——沉箱受水流阻力的面积(m²);
　　　γ_w——水的重度(kN/m³);
　　　V——沉箱对水流的相对速度(m/s);
　　　K——挡水形状系数,矩形取1.0,流线型取0.75;
　　　D——沉箱宽度(m);
　　　T——沉箱吃水(m);
　　　δ——箱前涌水高度(m),取0.6倍航程中可能出现的波高。

拖带船舶和辅助船舶应符合:远程拖带时,宜选用功率足够、船体长、吃水较深且具有拖缆机的拖船;近程拖带宜选用船体短、回转自由度大、功率足够的港作拖船。根据主拖船性能和海区情况,应配备不同类型的辅助船舶。

拖带航道水深应满足通航要求,进、出航道的富余水深不小于0.5m,港外拖航时的水深考虑可能出现的波高对航道水深的影响;在港区内,航道宽度大于拖船长度的2倍;拖船沿线无暗礁、浅点、渔网点和水产养殖区等航行障碍。

沉箱拖运前,应对气象、海况进行调查,及时掌握短期预报资料,确定启航日期。拖带时的气象、海况条件应符合:近程拖带风速小于或等于6级,波高小于或等于1.0m;远程拖带风速小于或等于6级,波高小于或等于1.5m。

远程拖运的沉箱，宜采取密封舱顶措施；干舷甚高，并熟悉所经海域的气象、水文情况时，经论证后，可用简易封舱。近程拖运，可用简易封舱；但当干舷高度不满足规定时，应密封舱。

远程拖带的沉箱，箱顶应设号型和号灯，设置高度不应小于 2.5m。雾航时，沉箱应设雾号。

5. 沉箱安装

安装前，检查基床整平面有无扰动或基床面上有无异物；查清沉箱有无黏底及其清除情况，如有黏底，应采取措施进行处理。根据沉箱预制尺寸偏差情况，应事先选定缝宽控制值。

（1）沉箱的接高　在正常情况下，不论采用何种预制方式，都是将沉箱预制至设计高度后出运。但当沉箱的吨位较大时，以滑道方式为例，如因受预制平台承载能力或出运设施载重量的限制而不能预制至设计高度，则需在预制至一定高度后，运出场外进行接高。接高方式一般有坐底接高和漂浮接高两种。

1）坐底接高。坐底接高需建抛石基床，基床面积的大小与一次所需接高的沉箱个数有关。为方便作业，在基床上摆放沉箱的净距一般为 2m 左右。基床顶标高的选取要满足沉箱接高前能趁潮浮运或用起重船助吊，将沉箱移上基床，而且压注水下沉坐落在基床上后，一般潮位情况下不没顶，能进行支模板、绑扎钢筋和浇筑混凝土的作业。接高后能趁潮抽水浮运或用起重船助吊，移出基床。当沉箱吨位过大而不能满足上述要求时，可考虑建深水和浅水两种抛石基床，先在浅水基床上接至一定高度，后移至深水基床上接至设计高度。坐底接高的优点是作业方便、安全、受风浪流影响少，可作业天数多；缺点是须建抛石基床，而且如基床顶过高，所需水深不足，接高作业完成后尚需挖除高出部分，所需费用高。坐底接高一般适用于所需接高沉箱数量多、当地水域风浪大、地基条件好和水深适当的情况。

2）漂浮接高。漂浮接高需抛锚或抛混凝土坠子，用缆绳系住沉箱。其优点是不需建抛石基床、所需费用少；缺点是抛锚系缆占用水域面积大、受风浪影响大、工作条件差、可作业天数少（波高大于 0.5m 时一般就不能进行作业）。漂浮接高一般适用于所需接高沉箱数量少，当地水域风浪小和水深较大的情况。

沉箱接高，为少用船舶，不用大的起重设备，充分利用原预制场所的加工钢筋和拌制混凝土的设备，以及减少钢筋，模板和混凝土的运距，应选有离原预制场近的码头或岸壁作为依托。如采用坐底接高，在水深不足或地基条件差而需挖泥建抛石基床时，应考虑挖泥对码头或岸壁整体稳定的影响；如采用漂浮接高，为预防因走锚或断缆，致使沉箱与沉箱，沉箱与码头或岸壁，发生相互碰撞损坏的危险，沉箱周边应设防撞设施。

（2）安装顺序及其控制　对顺岸式和突堤式码头，大多由一排沉箱组成，一般由一端开始向另一端安装，安装时，可用全站仪或 GPS 定位。常规方法也可于陆上设经纬仪直接观测其顶部，如图 5-18 所示，控制线距设计前沿约 15~20cm，如基床有向里的倒坡，设计前沿线应按坡度进行调整。对墩式码头，以墩为单元，逐个安装，如一个墩有数个沉箱，每个墩由一角开始依次进行沉箱安装，安装时，于陆上设两台以上经纬仪或经纬仪与测距仪联合使用，采用前方交会法先安装一个墩的沉箱，如图 5-19 所示，在已安装的墩上用经纬仪和测距仪定线、测距，逐个安装下一个墩。

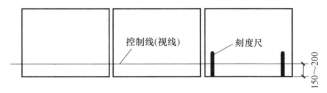

图 5-18 顺岸式和突堤式码头沉箱安装控制

在沉放第一个沉箱时，用 6 根锚缆定位，以后的沉箱可改用 8 根锚缆定位，而将沉箱的另一端系于先沉下的沉箱的两个带缆桩上，如图 5-20 所示。第一个沉箱的安放，因不便控制，只能先粗安，但不能占据第二个沉箱的位置和影响第二个沉箱的安放，然后在第一个沉箱上设控制点，严格掌握第二个沉箱的安放标准，待第二个沉箱安好后第一个沉箱再抽水起浮，以第二个沉箱为控制点对第一个沉箱重新进行精确安装。沉箱坐落在基床上后，应及时检查偏位、缝宽，如不合格应抽水起浮或用起重船助浮，重新安装，直至符合要求为止。

图 5-19 墩式码头沉箱安装控制

在沉放沉箱时，还应考虑潮位和潮流的影响。一般落潮比涨潮易于控制，故以利用落潮

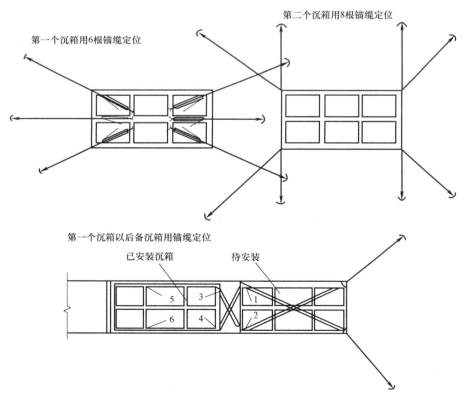

图 5-20 沉箱安装定位

1、2—滑轮组控制前沿线和缝宽　3、4—滑轮组控制前沿线和错牙　5、6—滑轮组控制缝宽

沉放为宜。但若在落潮时沉放的位置不符合要求，则需等到下次潮水上涨时，才能将沉箱浮起重新进行沉放安装，沉箱沉落在基床后，需开进水阀门压注水，并如同开进水阀门下沉一样，随涨潮压注满水后即关闭进水阀门，让水留在沉箱内，以防止沉箱随涨潮而浮起，并增加沉箱抗波浪、水流的稳定性。

对非岩石地基，根据地基分布不均匀情况和技术要求，要随着安装进程，每隔数个沉箱，在顶部设置沉降、位移观测点并测量沉箱内未填填料之前的初始值，以后按一定间隔时间，观测其沉降、位移并记录。

沉箱安装允许偏差应符合表 5-4 的规定。

表 5-4 沉箱安装允许偏差

项目			允许偏差/mm	
			岸壁式	墩式
轴线位置			—	150
临水面与施工准线偏差			50	—
临水面错牙			50	100
接缝宽度	平均缝宽		30	50
	最大缝宽	沉箱高度≤10m	80	80
		沉箱高度>10m	8H/1000	8H/1000
竖向倾斜			4H/1000	4H/1000

注：1. H 为沉箱高度，单位为 mm。
 2. 开敞海域墩式码头沉箱高度大于 20m 时，沉箱轴线允许偏差可放宽至 200mm。

（3）沉箱内的填充　在条件许可的情况下，一般沉箱下沉完毕后，应立即进行填充工作，要求在短时间内将沉箱填充到不会被风浪流推动的程度，以免沉箱发生位移和破坏箱壁与基床。安装后停置 1~2 天，复测其位置，如合格，才充填满箱内的填料。必要时，为防止基床的淘刷，要考虑在基床上安放压肩块体，并且在已安沉箱的端头要安临时性的压肩块体，使末端沉箱不因基床淘刷而倾斜、位移，造成返工和延误后续沉箱的安装。必要时实施返工作业，一般要掏除箱内填料，抽水起浮后，重新安装。

填充材料应按设计规定选用，一般采用混凝土、块石、渣石、碎石、砂等。填充时要均匀对称，各格舱壁两侧的高差宜控制在 1m 以内，以免造成沉箱倾斜、格舱壁开裂。

填充方法为对顺岸式和突堤式码头，应尽可能结合墙后回填，形成通道，采用翻斗汽车从陆上进行填充；对墩式码头，一般是船运填料，采用人力或抓斗船进行填充。为防止填料砸坏沉箱的顶部，在其顶部要覆盖型钢、木板或胶皮。

（4）沉箱间接缝内倒滤料的填充　当墙后无抛石棱体时，沉箱与沉箱之间采用如图 5-21 所示的对头接形式，两头有钢筋混凝土插板，插板与沉箱前后壁之间铺土工布，其空腔划分为三部分，从临水面向内一般分别填粒径为 50~80mm 的碎石和 20~40mm 的碎石、粗砂。填充时用三根导管同步填。

5.2.3　扶壁岸墙施工

扶壁码头的施工要点如下：

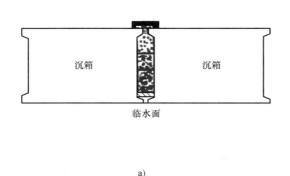
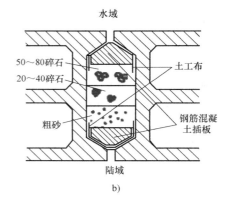

图 5-21 沉箱间接缝处理

(1) 扶壁结构 扶壁结构由立板、底板、肋板和胸墙等部分组成。为加快施工速度，除胸墙为现浇外，其他部分可作为个整体进行预制和安装。由于其质量较大，不能浮游，安装时必须要有大型起重运输船配合。

(2) 扶壁结构预制 整体扶壁结构预制时，可根据施工条件采用立制或卧制的方法。立制时，施工高度较大，混凝土浇筑有一定困难，模板用料多，用滑模由于壁薄，混凝土易拉裂。由于预制和安装时扶壁结构处于同一立姿，安装方便。卧制时，施工高度小，模板省，混凝土浇筑容易保证质量，但在运输时需要空中翻身，给施工带来困难。现我国工程上绝大多数采用立制的方法。

(3) 扶壁混凝土 扶壁混凝土宜一次浇筑完成，以免出现施工缝。由于是薄壁结构，混凝土通常采用附着式振捣器捣实。扶壁的吊孔一般设在肋板上，吊孔孔径为 12~15cm。每个吊孔配置两根受力钢筋。其锚固长度不小于 30 倍钢筋直径。吊孔的位置应在扶壁重心上方，并使吊点通过重心的垂线，以免起吊时倾斜和翻滚，对设有尾板的扶壁，宜在肋板根部设置进水孔 4~5 个，孔径为 15cm，以使安装时入水平稳。

(4) 扶壁安装 扶壁安装时，质量要求较高，要确保扶壁结构的垂直度，以使相邻扶壁之间的接缝平均宽度小于规定指标，一般为 4cm。

扶壁的安装过程一般是：

1) 安装顺序常由一端开始向另一端安装，如码头较长，也可从中间附近开始向两端安装。

2) 安装控制方法与安装沉箱基本相同。

3) 由预制场或存放场至安装现场，扶壁同方块一样采用方驳运输，为防止在装卸时方驳发生横倾，扶壁的肋应平行于方驳的轴线，且扶壁的重心应位于方驳的纵轴线上。

4) 用起重船-吊装架进行吊安，如图 5-22 所示，吊点可以是预埋吊

图 5-22 起重船-吊装架吊装扶壁构件

耳，或在肋上预留吊孔，孔内镶钢套管。

5）与沉箱相比，扶壁质量小，重心偏离底板形心，稳定性差。安装时，一般应如图 5-23 所示，边安装，边用型钢连成一体，协同抗浪，特别是斜向浪。如可能遇有大风浪，要及时回填墙后填料。

（5）其他措施　扶壁背后无抛石棱体时，应在接缝处设置倒滤井，如图 5-24 所示，以防止墙后回填土从接缝中流失。当立板的悬臂长度不长时，在肋板外侧设置隔砂板；当立板的悬臂较长时，在立板后面设置隔砂板。为防止倒滤材料从立板、隔砂板之间的缝隙中流失，倒滤井两外侧的倒滤材料粒径必须大于安装缝的宽度。在施工中，如果安装缝宽度超过倒滤材料的粒径，参照沉箱对头接立板和隔砂板之间的缝隙应用混凝土插板遮挡，并在立板、隔砂板与混凝土插板间安设土工布。为了防止倒滤材料下沉后胸墙下面出现空隙而造成漏砂，应在胸墙底面的后侧设置倒滤棱体。

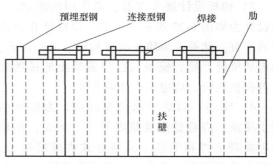

图 5-23　扶壁抗浪连续示意图

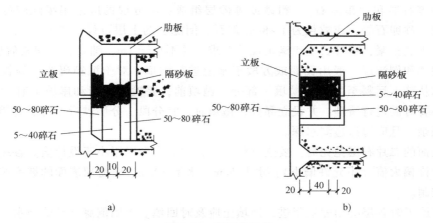

图 5-24　倒滤井构造
a）肋板外侧的隔砂板　b）立板后面的隔砂板

5.3　胸墙及墙后回填

5.3.1　胸墙的施工

胸墙一般为现浇混凝土，只有少数小型码头为浆砌块石。现浇混凝土胸墙的施工要点为：

1）胸墙体积较大，除按设计要求分段外，为减少混凝土的一次浇筑量，可采取分层浇筑，但要采取措施，处理好施工缝。

2）非岩石地基，胸墙不一次浇筑到顶，而预留约 20cm，待沉降稳定后继续浇至设计高程。

3) 模板设计要考虑浪、流作用的附加力，宜设计为如图 5-25 所示的形式，以保证在分段处的平直。此外，为防止漏浆和浪、流的淘刷，模板的拼缝严密，模板与已浇混凝土的接触处和各模板之间，均应采取止浆措施。

4) 胸墙一般处于水位变动区，为保证混凝土质量，应趁低潮浇筑混凝土。因此，不论采用混凝土拌和船还是其他方式供应混凝土，必须有足够的供应强度，以满足在涨潮 2h 之前浇筑完毕。

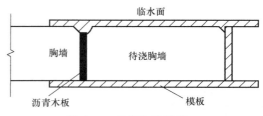

图 5-25　现浇胸墙模板

5.3.2　抛石棱体和倒滤层的施工

在顺岸式码头中，方块码头都设有减压棱体和倒滤层，棱体表面铺 0.3~0.5m 厚的二片石层作为倒滤层的基层，沉箱和扶壁码头有时为减压也设有棱体。

沉箱码头的减压棱体或回填土，应在沉箱内填料填完后进行。

棱体应按设计要求选用块石或当地产量大、坚固、质轻、内摩擦角大的材料。倒滤层分层的一般由碎石层和"瓜米石"、粗砂或砾砂层组成；不分层的应采用级配较好的天然石料，如石渣、砂卵石等，或粒径为 1~8cm 碎石。倒滤层的上层可设土工布，土工布摊铺要平整松宽，不能拉紧，搭接长度应满足设计要求，并不小于 1m。铺设土工织物后尽快覆盖。

减压棱体和倒滤层一般用民船或方驳于水上进行抛填。对于沉箱码头，为提高抛填速度，可考虑从陆上运料至沉箱上抛填一部分。抛填前，要检查基床和岸坡上有无回淤和塌坡，如有必要时需进行清理，并设立导标；抛填时，宜分段、分层进行，每层应错开一定距离，以免混杂，且应边抛边测水深。

棱体表面的二片石层抛完后，要进行整理，且顶面宽度应不小于设计值。各级棱体倒滤层厚度的允许偏大值（不允许偏小）：水上 5cm，水下 10cm。倒滤层表面的坡度按材料自然坡度进行控制。

倒滤层施工时各层必须逐层跟进，回填土应及时回填。否则倒滤层易受潮水、风浪袭击而倒塌。倒滤层结构如图 5-26 所示。

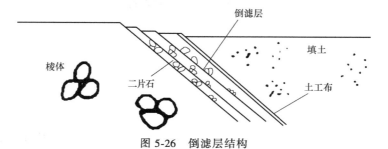

图 5-26　倒滤层结构

5.3.3　回填施工

墙身后填料的物理力学指标和回填时间、顺序、方向和速率应符合设计要求。衡重式码头墙后回填宜与码头墙身施工同步。墙身为空心块体、扶壁、圆筒和沉箱结构时，宜先在墙身内部填充填料。

墙后采用吹填时，应满足下列要求：
1）码头内外水位差不超过设计限值。
2）排水口远离码头前沿，其口径尺寸和高程根据排水要求和沉淀效果确定。
3）吹泥管口靠近墙背。
4）吹泥管口距倒滤层坡脚的距离不小于 5m，必要时经试吹确定。
5）在墙前水域取土吹填时，控制取土地点与码头的最小距离和取土深度。
6）围堰顶高程高出填土顶面 0.3~0.5m，其断面尺寸经设计确定。
7）吹填过程中，对码头的填土高度、内外水位、位移和沉降进行观测，码头发生较大变形等危险迹象时，立即停止吹填，并采取有效措施。

当干地施工采用黏土回填时，填料应分层压实。每层填土的虚铺厚度，对人工夯实不宜大于 0.2m，对机械夯实或辗压不宜大于 0.4m。填土表面应留排水坡。

采用开山石回填时，在码头墙后应回填质量较好的开山石料，细颗粒含量应符合设计要求。

墙后采用陆上回填时，应防止淤泥挤向码头墙后，其回填方向应由墙后往岸方向填筑。

墙身结构仓内和墙后回填块石时，应保证墙体结构的安全，控制块石的质量，采取合适的抛填方法。

5.4 软基处理简介

地基处理是指为提高地基强度或改善其变形性能或渗透性能而采取的技术措施。在筑港工程中，需进行软基处理的工程越来越多，规模也越来越大，常用的软基加固方法，见表 5-5。

表 5-5 常用软基加固方法

软基加固的主要方法			适用土质情况	适用建筑物情况
换填法	换填砂垫层		淤泥、淤泥质土等，换填软土厚度一般不大于 4m	码头防波堤等
	土工织物垫层法		一般软土地基，增加抗滑稳定性，匀化地基沉降	适应变形能力强的防波堤等建筑物
	爆破排淤填石法		适用于有下卧硬层，厚度一般为 4~12m 的淤泥、淤泥质土	适用于防波堤、护岸等建筑物。对软土较深厚工程，需经试验才能确定施工
	抛石挤淤		淤泥或流泥，厚度一般小于 3m	
排水固结法	堆（加）载预压法	设置排水砂垫层	淤泥、淤泥质土等浅层软土加固，最大固结排水距离一般小于 5m	码头后方堆场、仓库、利用软土人工造陆、人工岛、油罐、道路，以及工民建等建筑物地基加固，真空预压及真空预压联合堆载预压尤其适用于超软土地基加固
		设置竖向排水体	较深厚的淤泥、淤泥质土、冲填土等饱和黏土地基，不适用于泥炭土	
	真空预压法	设置竖向排水体	适用土质同堆载预压法，还需具备能形成稳定的负压边界条件	
	真空预压联合堆载预压法	设置竖向排水体	适用情况同真空预压，用于设计荷载大于 80kPa 的情况	

(续)

软基加固的主要方法		适用土质情况	适用建筑物情况
轻型真空井点法		渗透系数为 $1\times10^{-4} \sim 1\times10^{-7}$ cm/s 的土	加固基坑边坡、基坑降水
强夯法		松软的碎石土、砂土、低饱和度的粉土和黏性土	码头堆场、道路及其他港工、工民建地基
振冲法	振冲置换法	抗剪强度不小于 30kPa 的黏性土、粉土和人工填土地基	堆场道路及其他港工、工民建地基
	振冲密实法	砂土、低塑性粉土地基	
深层搅拌法		淤泥、淤泥质土和含水量较高且地基承载力不大于 12kPa 的黏性土地基	水上重力式水工建筑物地基、陆上港工、工民建地基

针对具体的软基采用何种方法加固，应根据土层条件、建筑物情况、施工期限和加固费用等综合因素，经系统分析比较后确定。

5.4.1 换填法

换填法是指挖去天然地基中的软弱土层，回填物理力学性质较好的岩土材料的地基处理方法。换填材料所形成的垫层，按其材料不同，可分为砂垫层、碎石垫层、素土垫层、灰土垫层、粉煤灰垫层和干渣垫层等。

1）砂石垫层宜选用碎石、卵石、角砾、圆砾、砾砂、粗砂、中砂或石屑（粒径小于 2mm 的部分不超过总重的 45%），且应级配良好，不含植物残体、垃圾等杂质。对具有排水要求的砂垫层宜控制含泥量不大于 3%。当使用粉细砂或石粉（粒径小于 0.075mm 的部分不超过总重的 9%）时，应掺入不少于总重 30% 的碎石或卵石。碎石的最大粒径不宜大于 50mm。用于湿陷性黄土地基的粉质黏土垫层，不得选用碎石等透水材料。

2）土垫层土料中有机质含量不得超过 5%，也不得含有冻土或膨胀土。当含有碎石时，其粒径不宜大于 50mm。用于湿陷性黄土或膨胀土地基的粉质黏土垫层，土料中不得夹有砖、瓦和石块。

3）灰土垫层体积配合比宜为 2∶8 或 3∶7。土料宜用粉质黏土，不宜使用块状黏土和砂质粉土，不得含有松软杂质，并应过筛，其颗粒不得大于 15mm。石灰宜用新鲜的消石灰，其颗粒不得大于 5mm。

5.4.2 排水固结法

排水固结法是在建筑物建造前，利用地基排水固结的特性，对建筑物地基加荷预压，使土体提前完成固结沉降，增加地基强度的一种软土地基加固措施。根据太沙基固结理论，饱和黏性土固结所需的时间和排水距离的平方成正比。为了加速土层固结，最有效的方法是增加土层排水途径，缩短排水距离。因此常在被加固地基中置入砂井、塑料排水板等竖向排水体，使土层中孔隙水主要从水平向通过砂井和部分从竖向排出，砂井缩短了排水距离，加速了地基的固结速率。排水固结法由排水系统和加压系统组成。常用的排水系统和加压系统如图 5-27 所示。

排水固结法的实施一是加载预压；二是排水。

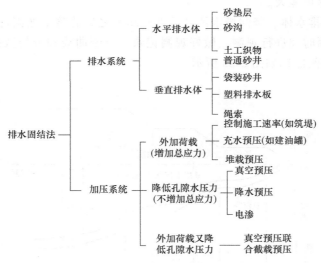

图 5-27　排水系统和加压系统

1. 预压方法

预压方法有堆载法、真空法、降低地下水位法等。在实际中，可单独使用一种方法，也可将几种方法联合使用。

1) 堆载预压法是工程上常用的有效方法，堆载一般用填土、砂石等散粒材料，当采用加载预压时必须控制加载速度，制订加载计划，以防地基在预压过程中丧失稳定性，因而所需工期较长。

2) 真空预压法是在需要加固的软黏土地基内设置砂井，然后在地面铺设砂垫层，其上覆盖不透气的密封膜，使与大气隔绝，通过埋设于砂垫层中的吸水管道，用真空装置抽气，将膜内空气排出，在膜内产生一个负压，促使孔隙水从砂井排出，达到固结的目的。真空预压法适用于一般软黏土地基，但在黏土层与透水层相间的地基，抽真空时地下水会大量流入，故不宜采用此法。

3) 地基土中地下水位下降，土的自重有效应力增加，促使地基土体固结。降低地下水位法最适宜于砂或砂性土地基，也适用于软黏土层上存在砂或砂性土的情况。对于深厚的软黏土层，为加速固结，可设置砂井，并采用井点降低地下水位。降低地下水位，可能引起邻近建筑物基础的附加沉降，对此必须重视。

2. 排水方法

排水方法是在地基中置入排水体，以缩短土层排水距离。竖向排水体可用就地灌筑砂井、袋装砂井、塑料排水板等。水平排水体一般由地基表面的砂垫层组成。当软黏土层较薄，或土的渗透性较好而施工期又较长时，可仅在地表铺设一定厚度的砂垫层，当加载后，土层中的孔隙水竖向流入砂垫层而排出。对于厚度大、透水性又很差的软黏土，需同时用水平排水体和竖向排水体构成排水系统，使土层孔隙水由竖向排水体流入水平排水体。

一般工程应用是综合考虑预压和排水两种措施，最常用的方法是砂井堆载预压固结法。

3. 施工要点

1) 加固面积很大时，为加快加固进度，减少搭接区加固效果差的结合带，在允许的情况下分区的面积应尽可能大。

2）在设置水平排水体、竖向排水体之前直至卸荷之后的整个加固过程中，应根据进度安排，按拟定的间隔时间进行观测，做好观测记录、绘制曲线和分析数据。某工程的荷载-沉降-孔隙水压力-时间曲线如图 5-28 所示。

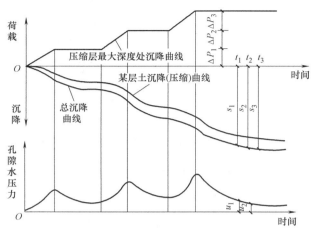

图 5-28　某工程的荷载-沉降-孔隙水压力-时间曲线

3）铺砂垫层或复合垫层时，一般先铺脚手板作为车道板，后用人力车或载重量小的翻斗车铺填砂石。铺复合垫层时，先铺荆笆或竹笆、土工布，后在其上铺脚手板作为车道。

4）打设袋装砂井或塑料排水板，一般都用图 5-29 所示的打设架。

5）袋装砂井或塑料排水板打设后，地基土在自重和砂垫层作用下排水固结，产生一定

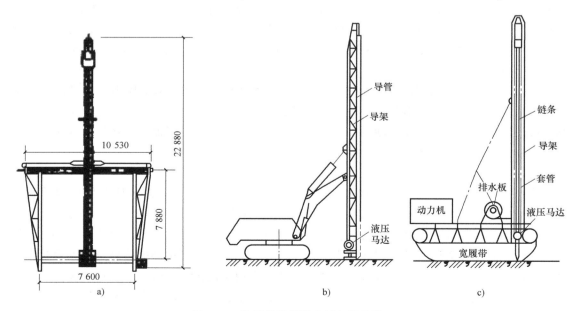

图 5-29　常用的塑料排水板打设机械
a）门架式　b）反向铲改装液压式　c）宽履带式

数值的沉降量。因此，在打设竖向排水体之前测定原地基表面的高程，以此作为计算沉降量的基准。

6）真空预压或真空预压联合堆载预压，在铺设塑料膜前，为提高铺设速度，减少现场工作量，应根据一次加固面积大小和搬运条件，将购进的小幅塑料膜热合成宽幅的膜片，然后成卷运往现场，再热合成所需的宽度。如铺设三层，三层的热合缝应互相错开 20cm 以上。如有刺破漏气部位，必须用小块薄膜及专用胶水粘贴补好。

7）真空预压联合堆载预压的第一级堆载，其堆载方法与一次加固面积大小有关。大面积加固采用推进法堆料，翻斗车运料，推土机平料时，翻斗车和推土机始终在已堆料上行驶和作业。

8）对堆载预压或真空预压联合堆载预压，在堆载和观测过程中，必须严防将沉降盘碰斜或装倒。一旦发生应及时扶正并进行补测，以免测量值失真。

5.4.3 振冲法

振冲法是用振冲器的振动和水冲加固地基的一种方法，最早是用以振密松砂地基，后来发展到在黏土中振冲成孔后填以砂砾或块石，与原地基构成复合地基。根据加固机理不同，通常称前者为振冲挤密法，后者为振冲置换法。

1. 振冲挤密法

振冲挤密法是在振冲器反复水平振动和水冲的作用下，周围土体在径向的一定范围内出现瞬间的结构破坏，土粒重新排列，相对密度提高。在振冲器上提和留振时，上部孔壁的砂土塌下去，密实下面的地基，这样达到提高强度、减少沉降、防止液化的加固目的。

根据振动加速度随距离的增大呈指数函数型衰减的变化规律，从振冲器侧壁开始，随着距离的增加可依次划分为流态区、过渡区、振密区和弹性区，如图 5-30 所示。过渡区和振密区加固效果明显，弹性区无加固效果。水冲不仅有助于增大振冲器的贯入速度，还可使砂土饱和后抗剪强度降低而扩大振密区。

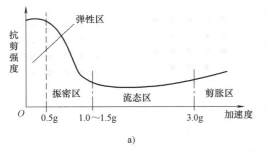
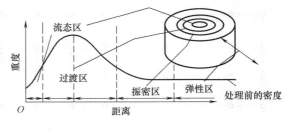

图 5-30 振冲挤密区
a) 抗剪强度与振动加速度的关系　b) 振冲时土重度与距离的关系曲线

振动力和振动频率宜适当，振动力过大，扩大的多半是流态区，加固效果不一定与之成正比。砂土颗粒越细，流态区越大，粉质砂土的加固效果差，需与类似加固黏性土一样，在流态区注入粗砂、碎石等，形成砂石桩而构成复合地基。

振冲器振动时，其侧壁的一对双翅片，除防止振冲器在土中转动外，还起扩大振冲器直径的作用，提高加固效果。振动时能边冲边填粗砂碎石，一方面使周围土挤密，另一方面利用填料的排水，消散孔隙水压力作用，使对应于某一振动速度的抗液化临界相对密度降低，缩小流态区扩大过渡区，不仅提高加固效果，而且地震时可迅速消散孔隙水压力，使液化现象大为降低。因此，对粉细砂地基应边振动边加入填料。

振冲挤密法的施工要点：

1) 施工中所用设备，除振冲器外，主要是起重设备，一般多用现成的、行走方便的、起重能力在 10~20t 的履带式起重机。水泵可选用排量为 20~30m³/h，水压为 0.6~9MPa 的水泵。

2) 在振冲作业前要检查设备水压、电压等，确认正常后方可施工。

3) 加固中粗砂地基，当振冲到距设计深度约 0.3~0.5m 后，应减小水压，以低水压振冲到设计深度以下 0.5m，并留振 10~15s，然后以 1~2m/min 的速度提升振冲器，且每上提 0.3~0.5m，留振一段时间。如此交替上提、留振、直至孔顶。

4) 用振冲挤密法加固后的地基，距表面 0.5m 范围内密实度较差，一般要夯实或压实，否则应予铲除。

2. 振冲置换法

振冲置换法是在振冲器反复水平振动和冲水的作用下，成孔、填充砂石（优先采用碎石，最大粒径不宜大于 80mm，常用粒径为 20~50mm），形成砂石桩，与土构成复合地基。土中挤出的孔隙水从砂石桩中消散，于是地基承载力得到提高。

复合地基的承载力和沉降量的计算公式均不成熟，因此对重要工程的承载力和沉降量必须由现场试验来确定。

振冲置换法的施工要点如下：

1) 振冲器及其起重设备的选择，振前对水、电的检查和加固后对松散表层的处理方法，与振冲挤密法相同。

2) 施工程序一般采用"由里向外"或从一边到另一边进行。对很软的土采用"隔点"或"隔排"进行，以减少对土的扰动，如图 5-31 所示。

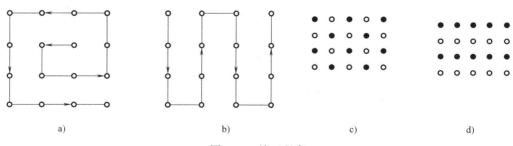

图 5-31 施工程序

3) 填料的方法有以下三种：

① 振冲器提出孔口，每填 1m 高左右的填料，振冲一次。

② 振冲器不提出孔口，每提高 1m 左右填料一次。

③ 振冲器徐徐上提，边填料边振；一般采用第一种方法，易于保证桩体质量。

4) 成孔。振冲器要随着土的松动，边冲边振边下沉，下沉速度一般应控制为 1~2m/min。在成孔过程中，要注意控制水量水压，水量不足，孔内充不满水易塌孔；水量过多，被水带走的土料多，泥浆稠度小，也易塌孔。

5）填料。在起始阶段，因孔较深，填料的速度要适当，一方面要防止"卡料"，另一方面要有足够的留振时间，使填料能充分挤入周围的土中，逐渐扩大桩径，又可使振冲器不出现瞬时高电流。留振时间必须以填料的挤入力与土的抗挤力相平衡、振冲器电流稳定地达到密实控制电流值为准，现场试验确定。为了确保加固质量，必须严格控制填料量、留振时间和密实电流这三个主要指标。

6）用振冲置换法加固黏土地基，对每根桩体的成孔、填料应做记录，作为竣工验收的凭证。

5.4.4 强夯法

强夯法是一种将较大的重锤（一般约为 80~400kN，最重达 2000kN）从 6~20m 高处（最高达 40m）自由落下，对较厚的软土层进行强力夯实的地基处理方法，如图 5-32 所示。其显著特点是夯击能量大，影响深度大，具有工艺简单、施工速度快、费用低、适用范围广、效果好等优点。强夯法主要适用于颗粒大于 0.05mm 的粗颗粒土，如砂土、粉煤灰杂填土等。强夯对粉性土无明显加固效果。但若结合夯坑内回填块石、碎石或其他粗粒料，强行夯入，形成复合地基，称为强夯置换或动力挤淤，处理效果较好。强夯法的优点是所用设备少、施工简便、加固速度快，缺点是机械磨损大、振动大。

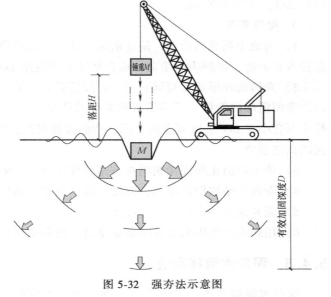

图 5-32 强夯法示意图

1. 施工参数选择

1）为取得好的加固效果，应尽量采用重夯低落距。

2）夯点间距与加固土层的厚度、土质有关。土层厚、渗透系数小和含水量高，间距宜大，如偏小，易使土体隆起，形成橡皮土。土层薄、渗透性大、含水量小，间距宜小。

3）夯点的布置一般为正方形、梅花形或正三角形，如图 5-33 所示。除第一遍和最后一遍外，其夯点应设在前一遍夯点的中间。最后一遍为找平和夯实表面松土，应用低落距进行满夯，并相互重叠 1/4 夯锤直径。

4）对颗粒细、渗透性小、含水量高的土层宜减少每点的夯击数，增加夯击遍数。反之则可增加夯击数，减少夯击遍数。夯击数按竖向压缩变形最大、侧向挤出变形最小的原则，通过单点试夯选定，一般为 3~10 击。夯击遍数常为 2~5 遍。

5）每遍之间的停歇时间取决于超静孔隙水压力的消散速率，对含水量高的厚黏土层，停歇时间应长，一般为 2~4 周。砂石类土，可上遍夯完推平后，不间歇夯下遍。

6）夯击能应根据地基土的类别、结构类型、荷载大小和处理深度等综合考虑，并通过

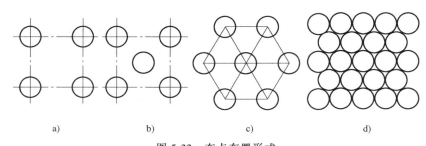

图 5-33 夯点布置形式
a）正方形 b）梅花形 c）正三角形 d）满夯布点

现场试夯确定，粗粒土可取 1000~4000kN·m/m², 细粒土可取 1500~5000kN·m/m²。

7) 强夯处理范围应大于建筑物基础范围。每边超出基础外缘宽度应为设计处理深度的 1/1~2/3，并不小于 3m。

2. 实施要点

1) 为便于起重机行走，防止前倾、下沉，避免夯击下沉过大而难以吊起，特别是为合理分布夯击能，抑制表面松动，应在地基上铺设厚 1m 左右的砂石垫层。

2) 夯锤的外形常用扁圆台形，以降低重心，提高稳定性，避免倒夯和减少夯锤棱角切出坑壁而消耗的能量。夯锤底面积大小的选择与土质有关，对砂类土一般为 3~4m²，对黏性土不宜小于 6m²。锤底宜向上凹，中间设排气孔，以消除锤与土之间的气垫作用和减小吊起的真空吸力。

3) 施工应防止周围建筑物在夯击时发生震害，采取相应的隔振措施，如挖隔振沟等。

4) 夯前平整加固区场地，测定标高。每夯一遍后要填坑整平，测沉降量。

5) 强夯法宜选在旱季进行施工。

6) 用强夯法加固大面积松软地基时，宜先试夯，根据试夯结果修正选用的技术参数。

5.4.5 深层水泥拌和法

深层水泥拌和法（CDM 工法）是一种通过深层搅拌机在地基深处就地将软黏土和水泥强制搅拌，并发生物理-化学反应，使软土具有一定强度的加固方法。深层搅拌法施工工艺流程如图 5-34 所示。

1. 加固机理和适用范围

水泥和软黏土搅拌后，水泥水解和水化反应生成水化物，形成凝胶体，析出大量钙离子。水泥的各种水化物生成后，有的自身继续硬化形成水泥石膏骨架；有的则与周围具有一定活性的黏土颗粒发生反应，生成不溶于水的稳定结晶化合物，形成较大的水泥土团粒结构，构成强度较大的水泥土。

水泥加固土的加固效果不仅与土质有关，对含有高岭土、蒙脱石等矿物的黏性土，加固效果较好；对含有伊利石、氯化物、水铝英石等矿物的黏性土加固效果较差；对有机质含量高、pH 值较低的黏性土，加固效果更差，对 pH 值小于 5 的土加固无效。

深层水泥拌和法具有强度提高快、对软土地基适应性强、施工干扰少、环境污染小等优点，对挖泥弃土距离远，或无法弃土，环保要求严格和海水养殖业兴盛的地域更适用。

2. 水泥用量

深层水泥拌和法的加固效果和土质、水泥的用量和搅拌的均匀性有关。每立方土水泥用量和水泥浆的水胶比，取决于土质的天然含水量、水泥强度等级和所要求的加固强度，一般先根据钻探资料分层取土，做配合比设计，然后现场试验，钻取芯样进行复验，最后根据试验结果对施工作业技术参数进行调整。水泥掺入比宜为10%~15%，不能小于7%。

加固体的形式与上部结构形式有关，根据不同形式的上部结构加固体可设计为桩式、壁式、格式和块体式。除桩式外，壁式、格式和块体式加固都是连续的，为使其相互更好接合，在确定配合比时应掺入一定量的缓凝剂。

3. 施工方法

在海上施工精确定位非常关键。在施工定位时因涉及大量的钻孔搅拌，必须采用先进仪器，如GPS，以及必须采用可靠的方法，如设置定位桩。

搅拌时采用强制充分搅拌，使土破碎后的土团颗粒小而均匀，并使灰浆能均匀分布于土团的周围，减小水泥结构强度的离散性，提高其整体强度；在搅拌机转速和升降速度一定时，严格控制输浆量，确保每层土的水泥用量不小于设计配合比确定值。

全部工程或区段工程完工后，由监理指定区域，进行搅拌后90d或120d、180d加固体强度的现场钻孔取芯检验。

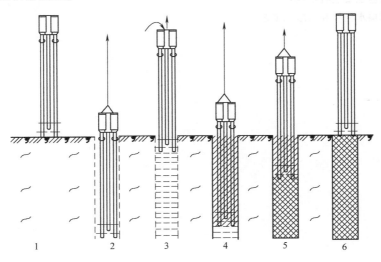

图 5-34 深层搅拌法施工工艺流程图
1—定位 2—预搅下沉 3—喷浆搅拌上升 4—重复搅拌下沉 5—重复搅拌上升 6—完毕

习 题

5-1 简述重力式码头的施工顺序。

5-2 基床抛石方式有哪些？各有什么特点？各适用什么范围？

5-3 抛石要点有哪些？

5-4 有哪些基床夯实机具？

5-5 重锤夯实的主要技术要求有哪些？

5-6 重锤夯实施工要点有哪些？

5-7 简述爆夯的工艺流程。
5-8 简述基床整平类型及方法。
5-9 简述方块码头墙身施工顺序及方法。
5-10 沉箱的预制方式有哪些？各有什么特点？
5-11 简述沉箱下水方式及工艺要求。
5-12 简述沉箱安装顺序和方法。
5-13 扶壁码头的施工要点有哪些？
5-14 现浇混凝土胸墙的施工要点有哪些？
5-15 简述抛石棱体和倒滤层的施工工艺。
5-16 墙后采用吹填时应满足哪些要求？
5-17 简述换填法常用的垫层材料及技术要求。
5-18 什么是排水固结法？由哪几部分组成？
5-19 预压与排水方法有哪些？
5-20 排水固结法施工要点有哪些？
5-21 振冲挤密法的施工要点有哪些？
5-22 振冲置换法的施工要点有哪些？
5-23 如何选择强夯法施工参数？
5-24 强夯法施工要点有哪些？
5-25 简述深层水泥拌和法施工工艺。

第6章 高桩码头

学习重点

预制桩基、灌注桩基施工；桩帽施工；上部结构施工。

学习目标

熟悉预制桩的制作、起吊、运输和堆存；掌握预制桩沉桩方法，灌注桩基施工工序，现浇桩帽和横梁的模板支承系统，预制构件安装方法；了解接岸结构施工要点。

高桩码头是常用的码头结构形式之一，它既适用于沿海地区和江河两岸的软土地基，也可用于硬质黏土、粉土、砂土和风化岩等可沉桩地基；当采用灌注桩、嵌岩桩时，又可适用于岩石地基等不易沉桩的情况。

高桩码头施工主要内容包括预制桩的制作、起吊、运输和堆存，桩基施工，上部结构施工等。

6.1 预制桩的制作、起吊、运输和堆存

预制桩是指在工厂或施工现场预先将桩制成，采用锤击打入、静力压入或振入的方法将桩沉入土中。预制桩主要有钢筋混凝土方桩、预应力混凝土管桩、钢管和型钢钢桩等。预制桩能承受较大的荷载，坚固耐久，施工速度快。

钢筋混凝土桩及预应力混凝土桩，一般都在专设的预制厂制作。但如果工地离预制厂较远运输不方便且工程规模较大，工地又有条件预制时，非预应力桩也可在现场制作。对后张法预应力管桩先用离心法在工厂预制成管桩节，然后运往工地现场，在预留孔内穿高强度钢丝，通过施加预应力进行拼接。

钢筋混凝土预制桩制作程序为：现场布置，场地平整，支模，绑扎钢筋、安设吊环，浇筑混凝土，养护至30%强度拆模，再支上层模板，涂刷隔离剂；用同样的方法制作第二层混凝土，养护至70%强度起吊，达100%强度运输、堆放沉桩。

6.1.1 桩的制作

1. 混凝土方桩制作

在露天台座制作预应力混凝土方桩，应采取措施避免由于气温升高而增加预应力损失或由于气温降低使钢筋发生冷断事故。桩身混凝土浇筑必须连续进行，不得留有施工缝。利用充气胶囊制桩时，在使用前应对胶囊进行检查，漏气或质量不合格者不得使用，并应采取有效措施控制胶囊上浮或偏心。预应力放张时，混凝土强度和弹性模量应符合设计规定；设计未规定时，混凝土强度不应低于设计强度等级值的80%，弹性模量不应低于混凝土28d弹性

模量的 80%。主筋应对称切割,切割前预应力应已放张。

桩身混凝土采用潮湿养护时,养护时间不应少于 14d,龄期不应少于 28d;采用常压蒸养时,龄期不应少于 14d。

预制混凝土方桩的偏差应符合表 6-1 规定。

表 6-1 预制混凝土方桩允许偏差

项目	允许偏差/mm	项目	允许偏差/mm
长度	±50	桩顶外伸钢筋长度	+20 -10
横截面边长	±5	混凝土保护层厚度	+10 0
抹面平整度	8	空心桩空心对中心线偏移	20
桩尖对桩纵轴偏移	15	桩纵轴线的弯曲矢高	$0.1\%L$ 且不大于 20
桩顶面倾斜	$b/100$	—	—

注:1. L 为桩的长度,b 为桩的边长,单位均为 mm。
 2. 抹面应平顺并应二次压光。

采用拼接的预制混凝土方桩,上下两节同槽预制。拼接处的预埋件加工制作应符合设计要求,接头应平整密贴。上下节桩拼制时,纵轴线弯曲矢高应符合表 6-1 规定,并在桩上编号。

预制混凝土方桩的质量应符合下列要求:

1) 桩表面的蜂窝、麻面和气孔的深度不超过 5mm,且在每个面上所占面积的总和不超过该面面积的 0.5%。

2) 沿边缘棱角破损的深度不超过 5mm,且每 10m 长的边棱角上只有一处破损,在一根桩上边棱破损总长度不超 500mm。

不符合规定的桩,应进行修补,满足质量要求后方可使用。

预制混凝土桩备用桩的数量应根据锤型沉桩方法、土质情况、基桩数量和运输条件等确定。

2. 先张法预应力混凝土管桩制作

1) 先张法预应力混凝土管桩的混凝土质量应符合下列要求:

① 强度等级不小于 C80。

② 胶凝材料用量 480~520kg/m³。

③ 混凝土拌合物水胶比不大于 0.35。

④ 混凝土拌合物坍落度 80~120mm。

⑤ 混凝土密度大于 2500kg/m³。

2) 钢模质量要求。

① 钢模模板应平整光滑,筒体合缝口应平顺严密。

② 结构应满足强度和刚度要求,筒体应选用强度高、弹性和焊接性能好的材料。

③ 筒体内表面应平整、光洁,无裂纹、麻点、起鳞疤痕和锈蚀等缺陷。

④ 钢模外表面应无毛刺、锐边、焊渣和碰伤等影响外观质量的缺陷。焊接接头或结合面处错位小于 1mm。

⑤ 钢模负载运转应平稳，无异常响声，钢模合口和法兰连接处不漏浆。

⑥ 新钢模使用前或旧钢模维修后，应对各项技术要求进行检验，合格后方可投入使用。

预应力筋应清除油污。钢棒切断前应保持平直，不应有局部弯曲，切断后端面应平整。同一根管桩中预应力钢棒长度小于或等于 15m 时相对差值不得大于 1.5mm，长度大于 15m 时相对差值不得大于 2mm。

管桩用钢棒应采用热镦工艺，钢棒镦头部位的强度不得低于该材料抗拉强度的 90%；管桩用钢绞线应采用 P 型锚具。

3）钢筋笼的制作应符合下列规定：

① 预应力筋应沿圆周均匀布置，用滚焊机按设计尺寸制作成形。

② 钢筋和螺旋筋的焊接点强度损失不得大于该材料强度的 5%。

③ 滚焊机牵引盘应夹紧，使钢筋笼的轴向垂直面位于钢棒镦头的垂直面上。

④ 钢筋笼成形后应检查焊接部位是否牢固，发现假焊、脱焊点连续数量在 3 点以上时应用钢丝绑扎，绑扎钢丝头不得伸入混凝土保护层内。

⑤ 应力钢绞线严禁直接用滚焊机与螺旋筋焊接成形。

钢筋笼制作和安装的偏差应满足表 6-2 的要求。

表 6-2 钢筋笼制作与安装允许偏差

项 目	允许偏差/mm
钢筋笼长度	+5 -10
预应力筋间距	±5
螺旋筋间距	±5

采用钢棒时，镦头应嵌入端板沉孔中，且不得高于端板面；采用钢绞线时，P 型锚具不应超出碗形端头。端板与张拉器具应用螺栓紧固。螺栓锁紧后宜凸出端板内侧 2mm。

管桩两端的螺旋筋和端板锚筋应及时复位并绑扎牢固。

4）管桩合模规定如下：

① 合模前，合缝口杂物、残留在钢模内表面的混凝土和浮浆应清除干净，脱模剂应涂刷均匀。

② 合模时，上模应平稳、轻放，并正确落入定位销内。

③ 合模螺栓对称同步紧固，必要时应在合模处采取辅助止浆措施。

管桩喂料计量应准确，喂料过程应连续均匀有序。

预应力筋张拉应以应力控制为主，应变控制为辅。张拉控制应力宜为钢筋标准强度的 70%，钢绞线标准强度的 75%，控制误差小于 ±5%。

管桩应采用离心成形工艺，离心速度宜分为低速、中低速、中速、高速四个阶段。管桩离心成形后吊离时，应平稳、轻放，严禁碰撞。预应力筋放张时，管桩的混凝土抗压强度不得低于 45MPa。

管桩养护可采用自然养护、常压蒸汽养护和高温高压蒸汽养护的蒸养工艺。蒸汽养护制度应根据试验确定。常压蒸汽养护应分静停、升温、恒温、降温四个阶段。从升温至降温的时间不得小于 6h，恒温温度宜根据放张强度要求、混凝土配合比和环境等通过试验确定。

采用高温高压蒸汽养护时，从升温至降温的时间不得小于9h，最高温度宜控制在175℃，压力宜为0.8~1.0MPa。蒸汽养护过程采用自动控制，并根据环境气温的变化及时调整养护制度。

管桩拼接接头形式采用端板焊接或碗形端头焊接。

管桩拼装在拼接小车上进行。小车上搁置管桩的滚轮应用经纬仪和水准仪进行调整，滚轮中心线高程应保持一致。两管桩对接时，两节管桩的端板拼接应密合，拼装时应用塞尺检查，同时适当旋转管桩，符合设计要求后可拼装定位。

焊接前清除接口处砂浆、铁锈、水分、油污等杂质，坡口表面应保持清洁。焊接工艺宜采用手工电弧焊或CO_2气体保护焊。焊缝不应有裂纹、夹渣、咬边、焊瘤、烧穿、弧坑和针状气孔等缺陷。接头极限抗弯强度不得低于管桩设计极限抗弯强度。管桩接头焊接结束后应逐根进行检查。拼接偏差应满足表6-3的要求。

表6-3 拼接允许偏差

项 目	允许偏差/mm	项 目	允许偏差/mm
桩身弯曲	≤L/1000且≤30	坡口错位	≤2
两端面间隙	≤2	焊缝高度	+1 0

注：L为拼接桩总长度，单位为mm。

管桩的质量应满足设计要求，管桩制作的偏差应符合表6-4的规定。

表6-4 管桩制作允许偏差

项 目	允许偏差/mm	项 目	允许偏差/mm
管桩长度	±100	桩顶倾斜	D/1000且≤8
外周长	±10	桩纵轴线弯曲矢高	L/1000且≤30
壁厚	+10 0	桩端对桩纵轴线偏斜	10

注：D为管节外径，L为管桩长度，单位为mm。

管桩应进行抗弯性能检验，应以同规格的管桩连续生产1×10^5m或在三个月内生产总数不足1×10^5m时为一批，每批应随机抽样2根进行抗裂性能检验。所抽两根全部符合规定，则判定抗裂性能合格；若有一根不合格，则应加倍数量进行复验，若复检发现仍有一根不合格，则判定抗裂性能不合格。

3. 后张法预应力混凝土管桩制作

管桩混凝土熟料中铝酸三钙含量不应大于10%。

1) 管桩混凝土用骨料应符合下列规定：

① 细骨料应采用洁净的天然硬质河砂，细度模数宜为2.6~3.0。

② 粗骨料应采用质地坚硬的碎石。碎石的粒径应为5~20mm，碎石应采用二级配，其中5~16mm与10~20mm粒径的比例应按混凝土配合比设计及试验确定。

③ 管节纵向架立钢筋和箍筋应采用HPB235、HRB400钢筋，其质量应符合现行国家标准有关规定。

2) 管节混凝土应符合下列规定：

① 强度等级不小于C60。
② 胶凝材料用量400~500kg/m³。
③ 混凝土拌合物水胶比不大于0.35。
④ 混凝土拌合物维勃稠度控制在25~35s。
⑤ 混凝土密度大于2500kg/m³。
⑥ 混凝土耐久性指标符满足要求。

3）钢筋笼的制作应符合下列规定：
① 应采用冷拔钢筋，宜使用钢筋笼自动编织机成形。
② 每一管节长度的钢筋笼脱焊点不得多于4个。有两圈脱焊时应停止生产，应对设备进行维修，正常后恢复生产。
③ 钢筋笼制作与安装的偏差应符合表6-5的要求。

表6-5 钢筋笼制作与安装的允许偏差

项　目	允许偏差/mm	项　目	允许偏差/mm
钢筋骨架长度	±5	纵向钢筋间距	±10
钢筋笼直径	±5	钢筋保护层	±5
箍筋间距	±10	钢筋笼离端盖距离	±5

管节所使用的钢筋笼垫块，宜采用高密度聚乙烯塑料压制成卡式垫块。塑料垫块应与钢筋笼卡紧。

管节成形应采用复合工艺。混凝土布料应均匀饱满、连续进行，一次完成。管节成形后，吊离成形机座时，应平稳、轻放，严禁碰撞，并应对管节内壁进行收面处理。管节采用蒸汽养护时，养护制度应根据各地区不同条件、不同季节经试验后确定。

脱模应在专用平台上进行，脱模时混凝土强度不应小于设计强度等级的70%。管节脱模后水养7d或潮湿养护10d。水养应使用淡水，水面高于管节最高处应大于20mm。管节成形过程中应取样制作试件测定混凝土的抗压强度。试件的取样和养护条件应与管节相同。

混凝土强度试件的留取样每工班应取三组，其中一组测定管节蒸养后拆模时强度，一组测定管节所需张拉强度，一组为龄期28d的强度。

管节外壁不得出现裂缝。管节内壁的干缩裂缝宽度不得大于0.2mm，深度不得大于10mm，长度不得大于管径的0.5倍。混凝土管节制作的允许偏差应符合表6-6的规定。

表6-6 混凝土管节制作的允许偏差

项　目	允许偏差/mm	项　目	允许偏差/mm
外周长	±10	管节端面倾斜	$D/1000$
长度	±3	管壁端面倾斜	$\delta/100$
壁厚	+10 0		

注：δ 为壁厚，D 为管节外径，单位均为mm。

4）钢绞线的质量要求、检验规则和试验方法等应符合现行国家标准有关规定。
① 钢绞线材料应保持清洁，在存放和搬运过程中应避免机械损伤和有害的锈蚀。进场

后需长时间存放时，应定期外观检查。在仓库内保管时，仓库应干燥、通风良好、无腐蚀气体等介质；在室外存放时，时间不宜超过180d，不得直接堆放在地面上，应采取垫枕木并用油布覆盖等有效措施，防止雨露和各种腐蚀性介质的影响。

② 钢绞线的下料长度应通过计算确定，计算时应考虑管桩的孔道长度、锚夹具厚度、切割块长度、千斤顶长度和外露长度等因素。钢绞线的下料，应采用高速砂轮机切割，不得采用电弧或乙炔-氧气切割。严禁将扭曲或折弯的钢绞线调直后再进行使用。

5) 钢绞线锚具和夹具应具有可靠的锚固性能、足够的承载能力和良好的适用性。其结构形式应符合后张法预应力混凝土管桩设计构造要求。

钢绞线锚具应满足设计要求，并应满足二次张拉以及放松预应力的操作要求。夹具应具有良好的自锚、松锚和重复使用等性能。切割块应按设计图加工验收，应满足锚夹具放置的要求，应设置压浆孔或排气孔，压浆孔的截面面积应保证浆体的畅通。

锚具、夹具的存放、搬运均应妥善保护，避免锈蚀、沾污、遭受机械损伤或散失。临时性的防护措施不应影响安装操作的效果和永久性防锈措施的实施。

6) 管节拼接时，混凝土抗压强度应达到设计要求，且龄期应大于14d。端面表层水泥浮浆应磨除，端面平整、无明显缺损和无油污。预留孔道洁净畅通。

7) 钢绞线张拉应符合下列规定：

① 钢绞线应采用应力控制法张拉，并校核钢绞线的伸长值。

② 张拉控制应力应符合设计要求。钢绞线需超张拉时，控制应力值不应大于钢绞线强度标准值的0.75倍。

③ 整个张拉过程应对称、同步缓慢进行，避免偏心受力。

④ 张拉应分二次进行。

⑤ 第一次张拉后，管桩不得吊运或移动。第二次张拉时黏结剂抗压强度值应大于30MPa，且第二次张拉控制力值与设计张拉力值的允许偏差不得大于3%。

⑥ 在整个张拉过程中钢绞线不应出现断丝或滑丝。

8) 钢绞线伸长值应符合下列规定：

① 钢绞线理论伸长值与实际伸长值的差值应满足设计要求。实际伸长值与理论伸长值偏差大于6%时，应暂停张拉，并采取措施调整。

② 钢绞线理论伸长值应按下式计算。

$$\Delta L = \frac{P_P L}{A_P E_P} \tag{6-1}$$

式中 ΔL——钢绞线的理论伸长值（mm）；

P_P——钢绞线的张拉力（N）；

L——钢绞线的有效长度（mm）；

A_P——钢绞线的截面面积（mm²）；

E_P——钢绞线的弹性模量（N/mm²）。

③ 钢绞线实际伸长值按下式计算。

$$\Delta L' = \Delta L_1' + \Delta L_2' + \Delta L_3' \tag{6-2}$$

式中 $\Delta L'$——钢绞线张拉的实际伸长值（mm）；

$\Delta L_1'$——一次张拉时从初应力至一次张拉应力间的实测伸长值（mm）；

$\Delta L_2'$——二次张拉时从一次张拉应力至最大张拉应力间的实测伸长值（mm）；

$\Delta L_3'$——初应力以下的推算伸长值（mm），可根据初应力和产生 $\Delta L_1'$ 的张拉应力的比值推算得到。

④ 钢绞线的锚固，应在张拉控制应力处于稳定状态下进行。锚固阶段张拉端钢绞线的回缩值与锚具变形值之和不应大于6mm。

9）水泥浆体的水胶比不应大于0.35，水泥浆的稠度控制在16～20s范围内。拌和后3h的泌水率应小于2%，且泌水应在24h内重新全部被浆吸收。水泥浆中可掺入适量膨胀剂，其自由膨胀率控制在5%～10%。高温季节拌浆时应采用适当降温措施，环境温度低于5℃或以后48h内可能降至5℃以下时，应对管桩加热，且拌浆应采取保温措施。

10）孔道压浆应符合下列规定：

① 压浆前应在管桩的预留孔道两端安装阀门，并采用0.2MPa压力水检查桩身与接缝是否漏水，并清洁孔道。压水检查后，应采用不含油的压缩空气将预留孔道内积水吹出。

② 压浆顺序宜先压下层孔道逐渐向上孔道进行。水泥浆由桩的一端向桩的另一端压送，压浆应缓慢、均匀地进行，不得中断，出浆口流出浓浆后关闭出浆口阀门，并应保持0.4～0.6MPa压力不少于2min，确保浆体的密实性。

③ 水泥浆体初凝后，可拆除保压阀门。

压浆时每一工班应留取不少于2组试件，其中一组标准养护7d，其余标准养护28d，检查其抗压强度，其抗压强度分别不应小于28MPa和40MPa。

在压浆结束1h后至水泥浆抗压强度达到28MPa，或者水泥浆体与钢绞线的黏结力达到0.2kN/mm前，不得以任何方式移动或吊运该管桩。

切割放张钢绞线应按对称、相互交错的原则进行。桩顶节切割后的钢绞线不得突出管桩端面，并用环氧胶泥补平。

11）管桩制作的偏差应符合表6-7的规定。

表6-7 后张法预应力混凝土管桩制作的允许偏差

项 目	允许偏差/mm	项 目	允许偏差/mm
管桩长度	±100	拼缝处错牙	6
桩顶倾斜	5D/1000	拼缝处弯曲矢高	8

注：D为管桩外径，单位为mm。

管桩应按规定进行结构性能检验，每1000根或每年在产品中随机抽样1根作为试件进行承载力、挠度、裂缝宽度的试验。

管桩外壁不得出现裂缝。管桩内壁的裂缝宽度不得大于0.2mm，深度不得大于10mm，长度不得大于管径的0.5倍。管桩顶端应平整，不得有凸出物。

4. 钢管桩制作

钢管桩一般在专门工厂生产成单节管桩，运到工地后拼装焊接，加固桩顶及桩尖，并进行防腐处理。钢管桩尽量采用螺旋形焊接，当分段拼接时必须在接头内侧加焊一衬套以确保接头牢固、平直、可靠，如图6-1所示。

钢管桩的端部构造形式有全封闭式、半封闭式和开口式，如图6-2所示。开口钢管桩穿透土层的能力较强，但沉桩过程中桩底端的土将涌入钢管内腔形成土蕊。为了兼有开口与闭口两者的优点，一些工程采用了半封闭式桩尖。在实际工程中大多采用开口桩，但有的为了穿透护岸的抛石层，采用锥形的封闭桩尖。

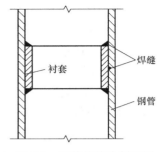

图 6-1 钢管桩接头剖面图

1) 桩的制作质量除应符合允许偏差规定外，还应符合下列要求：

① 桩的表面应平整、密实，掉角的深度不应超过 10mm，且局部蜂窝和掉角的缺损总面积不得超过该桩表面全部面积的 0.5%，并不得过分集中。

② 混凝土收缩产生的裂缝深度不得大于 20mm，宽度不得大于 0.25mm；横向裂缝长度不得超过边长的 50%，圆桩或多边形桩不得超过直径或对角线的 1/2。

③ 桩顶和桩尖处不得有蜂窝、麻面、裂缝和掉角。

2) 制作钢管桩所用的钢材应符合设计要求及有关标准，并应有出厂合格证。属于下列情况之一的钢材，应进行抽样复验：

① 有抽样复验要求的钢材。

② 进口钢材。

③ 板厚大于或等于 40mm，且设计对其沿板厚方向有承受拉力要求的钢材。

④ 对质量有异议的钢材。

3) 钢管桩制作，应根据使用要求和生产条件选用卷制直焊或螺旋焊缝形式。

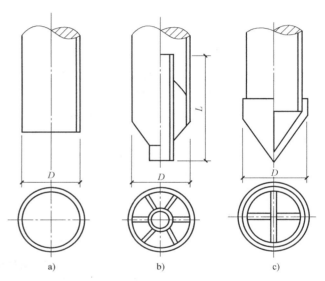

图 6-2 钢管桩的端部构造形式
a) 开口式 b) 半封闭式 c) 全封闭式

钢板放样下料时，应根据工艺要求预留切割、磨削刨边和焊接收缩等的加工余量。钢板卷制前，应清除坡口处有碍焊接的毛刺和氧化物。螺旋焊缝钢管所需钢带宽度，应按所制钢管的直径和螺旋成形的角度确定。钢带接长应采用对接焊缝形式，焊缝与管端的距离不得小于 100mm。管节外形尺寸允许偏差应符合表 6-8 规定。

表 6-8 管节外形尺寸允许偏差

偏差名称	允许偏差/mm	说 明
钢管外周长	5S/1000，且不大于 10	测量外周长
管端椭圆度	5D/1000，且不大于 5	两相互垂直的直径之差
管端平整度	2	多管节拼接时，以整桩质量要求为准
管端平面倾斜	5D/1000，并不大于 5	

注：S 为钢管外周长，D 为钢管外径，单位均为 mm。

4）钢管桩可在工厂整根制作或工厂分段制作后在现场陆上拼接。钢管桩分段长度可按最大运输能力选择。

管节拼装定位应在专门台架上进行。台架应平整、稳定，管节对接应保持在同一轴线上进行，多管节拼接应减少累积误差。

管节对接拼装时，相邻管节的焊缝应错开 1/8 周长以上，且距离不宜小于 200mm。相邻管节的管径差允许偏差应符合表 6-9 规定。

表 6-9　相邻管节的管径差允许偏差

管径/mm	相邻管节的管径差允许偏差/mm	说　明
≤700	≤2	用两管节外周长之差表示，此差应≤2π
>700	≤3	用两管节外周长之差表示，此差应≤3π

管端椭圆度较大的管节对接时，采用夹具和楔子等辅助工具校正。相邻管节对口的板边高差如图 6-3 所示。

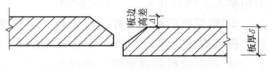

图 6-3　管节对口拼接

板厚 $\delta \leqslant 10\text{mm}$ 时，板边高差不超过 1mm。

$10\text{mm} < \delta \leqslant 20\text{mm}$ 时，板边高差不超过 2mm。

$\delta > 20\text{mm}$ 时，板边高差不超过 $\dfrac{\delta}{10}$，且不大于 3mm。

管节对口拼装检查合格后，应进行定位焊。点焊高度应小于设计焊缝高度的 2/3，点焊长度取 40~60mm。点焊时所用的焊接材料和工艺均应与正式施焊相同。点焊处的缺陷应及时铲除，不得将其留在正式焊缝中。

5）管节拼装所用的夹具等辅助工具，不应妨碍管节焊接时的自由伸缩。钢管桩成品的外形尺寸偏差应符合表 6-10 规定。

表 6-10　钢管桩外形尺寸允许偏差

偏差名称	允许偏差/mm
桩长偏差	+300 0
桩纵轴线的弯曲矢高	L/1000 且不大于 30

钢管桩成品外观表面不得有明显缺陷，当缺陷深度超过公称壁厚 1/8 时，应予修补。

6）焊接前应将焊接坡口及其附近 20~30mm 范围内的铁锈、油污、水气和杂物清除干净。焊接应按焊接工艺所规定的方法程序、参数和技术措施，减少焊接变形和内应力，保证焊接质量。施工时对首次采用的钢材、焊接材料、焊接方法、焊后热处理等，应进行焊接工艺评定，并应根据评定报告确定焊接工艺。管节对接宜采用多层焊。封底焊时宜用小直径的焊条或焊丝施焊。每层焊缝焊完后，应清除熔渣并进行外观检查，缺陷应及时铲除，多层焊的接头应错开。钢管焊接宜采用自动焊，不便自动焊接的部位，可采用手工焊。焊接在室内进行。现场拼装焊接时应采取防晒、防雨、防风和防寒等措施。焊接作业区的环境温度低于 0℃时，应对焊接两侧不小于 100mm 范围内的母材加热到 20℃以上后方可施焊，且在焊接过程中均不应低于这一温度。手工焊时，应采用碱性低氢型焊条。环境温度低于 −10℃时，不宜进行焊接，当采取有效技术措施，确能防止冷裂缝产生时，可不受此限。

对接焊缝坡口形式与尺寸符合有关规定。对接焊缝应有一定的加强面。当采用双面焊或单面焊双面成形工艺时，管内应有一定的加强高度，可取 1mm。钢管桩直径不小于 800mm 时宜采用双面焊或单面焊双面成形工艺，直径小于 800mm 时可采用带有内衬板的 V 形剖面单面焊，使用衬板时应保证衬板与母材融合。

角焊缝高度的允许偏差应为 $0 \sim +2mm$。采用对接双面焊时，反面焊接前应对正面焊缝根部进行清理，铲除焊根处的熔渣和未焊透等缺陷，清理后的焊接面应露出金属光泽，再行施焊。所有焊缝应饱满平顺，不得有裂缝、未融合、未焊透、焊瘤和烧穿等缺陷。

7) 钢管桩防护层所用涂料的品种和质量均应满足设计要求。涂刷前应根据涂料的性质和涂层厚度确定合适的施工工艺。涂刷时应符合下列规定。

① 涂底前应将钢管桩表面的铁锈、氧化层、油污、水气和杂物等清理干净。钢管桩宜采用喷丸、喷砂和酸洗等工艺除锈。

② 钢管桩的涂底应在工厂进行。现场拼接的焊缝两侧各 100mm 范围内，在焊接前不涂底，拼装焊接后再行补涂。桩顶埋入混凝土时，涂层的涂刷范围应满足设计要求。

③ 各层涂料的厚度和涂刷层数应满足设计要求，必要时应采用测厚仪检查。各涂层应厚薄均匀，并有足够的固化时间。涂层破损时应及时修补，修补时采用的涂料应与原涂层材料相同。

喷涂施工场地应具有干燥和良好的通风条件，并避免直接受烈日暴晒。在低温和阴雨条件下施工，应采取确保施工质量的措施。钢管桩表面潮湿时，不得进行喷涂。对已沉放的钢管桩进行涂层修补时，应考虑潮水的影响；修补前应做好除锈和干燥等工作，并铲除已松动的旧涂层；修补所用的涂料应具有厚浆和快干的特点。平均潮位以下的涂层修补，应采取确保涂层固化及具有良好附着力的有效措施。

6.1.2 桩的起吊、运输和堆存

1. 桩的起吊

预制桩在混凝土达到设计强度的 70% 后方可起吊，如需提前吊运和沉桩，则必须采取措施并经强度和抗裂度验算合格后方可进行。桩在起吊和搬运时，必须做到平稳，并不得损坏棱角，吊点应符合设计要求。如无吊环，设计又未做规定，可按吊点间的跨中弯矩与吊点处的负弯矩相等的原则来确定吊点位置。常见的几种吊点的合理位置如图 6-4 所示。

场内宜采用钢桁架吊运，钢桁架应具有必要的刚度，防止吊桩时产生过大变形，吊索应与桩轴线垂直。采用起重船或起重机吊运时，吊索与桩轴线夹角不应小于 45°。当采用其他形式吊运时，应按桩身实际受力情况进行验算。对按多点吊设计的桩，运输时应采取措施，保持全部支点在同一平面上。

2. 桩的运输

混凝土预制桩达到设计强度的 100%，方可运输。当桩短距离搬运时，可在桩下垫以滚筒，用卷扬机拖桩拉运；当桩长距离搬运时，可采用平板拖车或轻轨平板车拖运。桩在搬运前，必须进行质量检查；桩经搬运后再进行外观检查，所有质量均应符合规范的有关规定。

水上运输钢管桩宜采用驳船运输，也可采用密封浮运或其他方式运输。采用驳船运输时，驳船必须具备足够的长度和稳定性。钢管桩宜放置在半圆形专用支架上，必要时可用缆

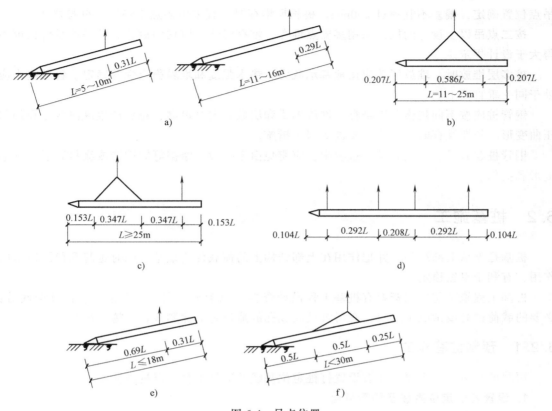

图 6-4 吊点位置

a) 一点吊法 b) 二点吊法 c) 三点吊法 d) 四点吊法 e) 预应力管桩一点吊法 f) 预应力管桩二点吊法

索紧固。采用密封浮运时，应满足水密要求，并考虑风浪的影响，密封装置应便于安装和拆卸。

驳船装运基桩时，应根据施工时的沉桩顺序和吊桩工艺，绘制运桩叠放图和加固图，按图要求分层装驳。应采用多支垫堆放，均匀放置垫木，并适当布置通楞，垫木顶面应在同一平面上。基桩堆放形式应保证在落驳、运输和起吊作业时驳船的平稳。基桩堆放的悬臂长度应满足抗裂和强度要求，否则应作支撑，支撑应坚实牢固。预应力混凝土管桩装船时，应采取间距不大于 4m 的多支点垫木搁置。底楞顶面应在同一平面上。桩身两侧应垫置楔形垫块。楔形垫块的尺寸和位置应保证管桩稳定牢固。各层桩之间应支垫牢固，并应作可靠加固。

船舶运输管桩或管节时，管径小于或等于 1200mm 时，不宜超过 4 层。管径大于 1200mm 时，不宜超过 3 层。

长途运输应对船体进行安全检查，必要时采取加固措施；驳船航行受风浪影响较大时，应水密封舱。驳船两侧应设置加撑挡板，并采用基桩固定支架，必要时采取绳索绑扎等措施。

3. 桩的堆存

存放场地应平整、坚实稳定。按二点吊设计的桩，可用二点支垫堆存，支垫位置按设计吊点位置确定，偏差不宜超过 200mm。桩长期堆存时，宜采用多点支垫防止桩身挠曲。

按二点吊以上设计的桩，采用多支点堆存。堆存时垫木应均匀放置。桩两端悬臂长度不得大于设计规定。

桩多层堆放时，堆放层数应按地基承载力、垫木强度和堆垛稳定性等确定。各层垫木应处于同一垂直面上。

钢管桩应按不同规格分别堆存。堆放形式和层数应安全可靠，避免产生纵向变形和局部压曲变形。长期堆存时应采取防腐蚀等保护措施。

钢管桩在起吊、运输和堆存过程中，应避免由于碰撞、摩擦等原因造成涂料破损、管端变形和损伤。

6.2 桩基施工

桩基是支承上部结构，并把作用在上部结构上的荷载传给地基，同时也起到稳固地基的作用，有利于岸坡稳定。

桩基工程施工需要的资料有桩基工程设计资料，包括施工图、会审记录、设计交底等；必要的载荷试验或试沉桩资料；有碍沉桩或成孔的障碍物的探测报告；施工荷载。

6.2.1 预制桩基施工

预制桩基施工，主要工作有设置打桩定位基线及测量平台，沉桩作业等。

1. 设置打桩定位基线及测量平台

为使桩沉放到设计位置，需要测设施工基线和桩位控制点，以便准确定位。通常设两条基线，其中一条与拟建码头岸线尽可能平行，另一条最好与之垂直。施工基线应布置在地面平整、无位移和沉陷的地方，尽可能不受外界条件的影响。若无岸线和已有建筑物可供利用，可设专门的打桩测量平台或施工栈桥，如图 6-5 所示。

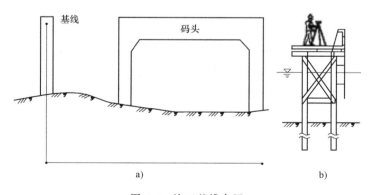

图 6-5 施工基线布置
a) 正面基线　b) 测量平台

定位前，应先根据桩位布置图计算各桩在施工基线上的控制点位置和控制线的方位角，并在基线上把各控制点位置精确测量出来，然后在控制点上架设仪器，按计算出的方位角进行控制，如图 6-6 所示。

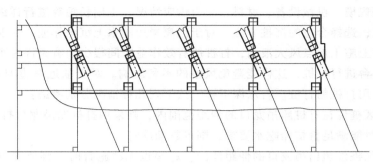

图 6-6 定位控制点及方位

若不能设置上述两条垂直的基线,也可布设两条任意夹角的基线,测量夹角宜为 30°~ 60°,如图 6-7 所示,或只设一条与码头轴线平行或倾斜的基线,如图 6-8 所示,用两架或三架经纬仪以任意角前方交会法进行打桩定位,用两架经纬仪定位,一架经纬仪校核,或采用 GPS 定位或全站仪测控。

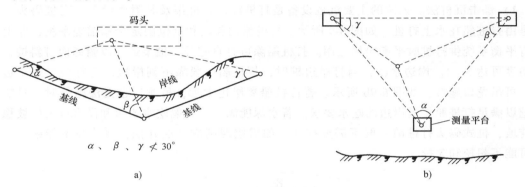

图 6-7 任意夹角基线布置
a) 码头离岸较近时　b) 码头离岸较远时

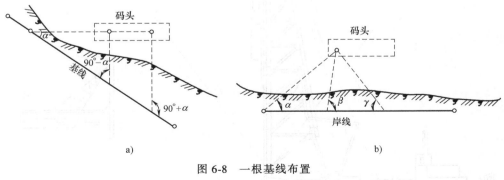

图 6-8 一根基线布置
a) 倾斜基线　b) 平行基线

施工基线要与工地控制网相衔接,并建立坐标系统,精度符合规范要求,测设基线前必须对控制点进行复测,基线设置后请监理验收。

2. 沉桩作业

(1) 沉桩方法的选择　需要根据码头工程的地理位置、地形、水位风浪、地质等自然条件，以及工程规模、机械设备、材料、动力供应情况、工期长短等进行详细的调查研究和技术、经济比较，选择合适的沉桩方法。对于远离岸边的水上沉桩作业，一般情况下采用打桩船打桩。若海上施工地点风大浪高，打桩船有效作业时间很少，有条件时可以考虑采用海上自升式施工平台进行打桩，这样能避免风浪的不利影响。对于临近岸边的水上沉桩作业，在水深足够时可用打桩船打桩。若水深不够，按下列几种情况分别考虑：

1）若浅水区桩位在打桩船吊龙口的伸距范围内，则采用打桩船吊龙口打桩。

2）若涨潮时能满足打桩船吃水要求，则可趁潮施打。

3）当浅水区桩位超出吊龙口的伸距范围，趁潮也无法施打时，则要先进行挖泥，以便打桩船靠近岸边进行沉桩作业，也可以搭栈桥，由陆上打桩架打桩，增加临时费用，要有准备时间，并需要起重船配合，其优点是沉桩时可以少受气候、潮水、风浪的影响，沉桩的进度快、质量好。

沉桩的方法主要包括锤击沉桩法、振动沉桩法、射水沉桩法、静力压桩法等，其中锤击沉桩法应用最普遍。

1）锤击沉桩法。该法的主要沉桩设备是打桩锤、打桩架及其附属设备。高桩码头一般都是由打桩船在水上打桩，如图 6-9 所示。打桩船的移动和定位固定全靠锚缆系统，船上还备有平衡系统供打桩时平衡船体之用。打桩船除可打直桩外，桩架还可以俯仰而打斜桩，最大斜度可达 3∶1。岸边水浅，当打岸边桩时，打桩船一般靠不到岸边，若打桩船距岸边不远，可吊龙口施打，如图 6-9b 所示。若打桩船离岸边太远，吊龙口也无法施打时，只能先开挖以满足打桩船靠近岸边的吃水要求。若水深能满足打桩船吃水要求和没有危及岸坡稳定的陡坡，桩式码头打桩前一般不需要挖泥。如需挖泥则应分层开挖，台阶高不能超过 1m，尽可能不超挖和欠挖。

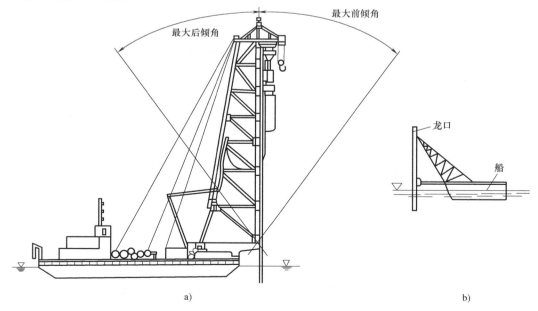

图 6-9 打桩船及打桩方式
a）打桩船 b）吊龙口

① 打桩架的高度。打桩时，需要根据桩长、打桩方式来选择打桩架的高度。打桩架的高度可按下式计算，如图 6-10 所示。

$$H \geqslant L + H_1 + H_2 + H_3 - H_4 \qquad (6-3)$$

式中　H——从水面计算的桩架有效高度（m）；
　　　L——桩长（m）；
　　　H_1——桩锤及替打高度（m）；
　　　H_2——滑轮组高度（m）；
　　　H_3——富余高度（m），一般取 1~2m；
　　　H_4——施工水深（m）。

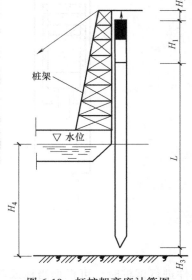

图 6-10　打桩架高度计算图

我国打桩船的桩架最大高度达 80m，有效高度为 70m，可施打桩的最大直径为 2.5m。

② 打桩船的抗风浪性能。打桩船的拖航和打桩作业均受风浪的影响，一般在近海作业的打桩船，只能在 5 级风、3 级浪以下拖航和打桩。在风浪大且频繁的地区施工，宜用设在临时施工栈桥或海上施工平台的打桩机打桩，这样可以增加施工时间和提高利用率。

③ 桩锤。锤击法常用的桩锤有蒸汽锤、柴油锤和液压锤等。

a. 蒸汽锤有单动锤和双动锤之分。单动锤冲击部分的上升是由蒸汽压力的推动，达到顶点后自由下落。它通过调整冲程来改变冲击能和频率的大小，频率一般为 50~80 次/min。双动锤冲击部分的上升、下落均由蒸汽压力的作用，它通过高速汽阀的进汽量来改变冲击能，其频率一般为 100~200 次/min。蒸汽锤打桩效率低、设备笨重、成本高，但锤的质量大，使用稳定可靠。

b. 柴油锤的动力来自柴油内燃机，它利用锤的冲击部分（活塞或往复运动的缸体）下落时的冲击能量使桩下沉。柴油锤在低温时启动困难，在软土上打桩时贯入度大，不易反弹，往往不能连续工作，打击力不易控制，施工时存在着残油飞溅、噪声和振动等公害。

c. 液压锤由锤筒、锤头活塞和无杆活塞等组成，如图 6-11 所示。筒腔内充满高压氮气和油。

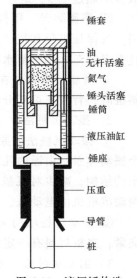

图 6-11　液压锤构造

打桩时锤身被两个液压缸驱动顶起，如图 6-12a 所示，下落时锤头接触桩顶，如图 6-12b 所示，因质量很大的锤继续下降，如图 6-12c 所示，大量动能通过高压氮气紧压在桩顶上，如图 6-12d 所示，将桩压入土中。由于氮气的缓冲作用，使极短时间的强大冲击力变成了较长时间的较大压桩力。通过调节补充无杆活塞和锤筒之间油量，控制氮气空间的大小，调节其缓冲性能，达到改变打击力大小和打击时间长短的目的，从而提高打桩效率，也可使桩头避免被打碎。

桩锤是沉桩的主要设备，桩锤的选择必须满足以下要求：满足克服沉桩阻力的要求；满足沉桩速度和质量的要求，沉桩效率高，并保证桩身完好。桩锤尽可能通过试桩选择，若无

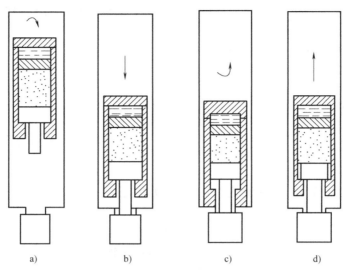

图 6-12 液压锤工作原理

条件进行试桩时,可根据当地或其他类似工程的经验选择。在同样满足桩锤冲击动能要求的前提下,锤重大,可以提高冲击能量的有效利用系数。

④ 替打及桩垫。替打及桩垫紧挨在桩顶之上,在锤击时,起缓冲作用,使桩顶受力均匀,保护桩头不被击碎。桩顶至设计标高时,替打伸出龙口的长度不超过替打长度的 1/2,最多不超过 2/3,是为了保证在沉桩时,使锤、替打和桩三者的轴线在一条直线上。

⑤ 平衡装置。用打桩船沉桩时,随着沉桩的进程,船体因局部荷载增加会造成船身倾斜,为保证桩位和桩身倾斜度的准确,打桩船上往往设有平衡装置使船身保持平衡。平衡装置有平衡车式和平衡水舱式两种类型,一般用后者。

⑥ 背板。背板是在龙口上固定桩位的设备。沉桩时可使桩顺着龙口的方向滑动。在打斜桩时,背板还可部分承受桩身重力。

2) 振动沉桩法。

① 振动沉桩法的原理。振动沉桩法是在桩头上刚性连接一个振动锤,使桩与锤形成一个振动体系,由锤内几对相对放置的偏心块产生振动力,强迫与桩接触的土发生振动,破坏土的结构,减少对沉桩的阻力,使桩在振动体系的压力作用下沉入土中,如图 6-13 所示。振动沉桩机由电动机、弹簧支承、偏心振动块和桩帽组成。

② 振动沉桩法的夹具。用振动锤沉桩时要将振动锤夹在桩头上。因此对夹具要求:能夹紧;夹板材料有一定的硬度和耐磨性能。不同的桩应采用不同的夹具。

3) 射水沉桩法 (水冲法)。

① 射水沉桩法的原理。在桩尖内部或外部设有冲射管,从管内喷出高压水冲刷破坏桩尖下的土结构,使一部分土沿桩周涌上地面,减少桩侧表面与土之间的摩擦力和桩尖阻力,桩在自重及压重的作用下沉入土中。停止射水后,经过一段时间的休整,松动的土又逐渐恢复原来结构,变得紧密,并附着于桩的表面,土对桩侧的摩擦力和桩尖阻力重新得到恢复,使桩具有一定的承载能力。

射水沉桩法如图 6-14 所示。

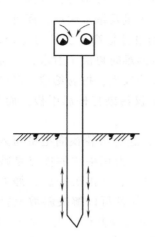
图 6-13 振动沉桩法示意图

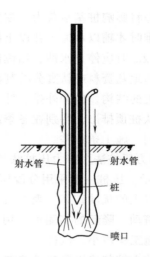
图 6-14 射水沉桩法示意图

凡地基能被高压水冲开的土（如砂、砂砾土、砂黏土及黏土），都可用射水沉桩法，其中以砂性土效果最好。射水沉桩法效率高，但由于破坏了土的结构，冲出的孔比桩径大，桩下沉时易发生倾斜和偏位，土短时间内不易恢复原有强度，特别是黏性土，承载力降低。

② 射水沉桩法的机具。射水沉桩法所用的机具，除用锤击法的全套机具外，还有射水系统，包括高压水泵、压力管、橡皮软管、射水管及喷嘴。

高压水泵一般采用离心式多级泵，所需型号根据桩的断面、下沉深度及土的性质等因素选定。砂性土中沉桩应选用较大流量、较低水压的泵；黏性土中选用较高水压、较小流量的泵；在砂卵石中则选用较高水压、较大流量的泵。桩入土越深，所需水压和流量也越大。根据射水管的布置不同有内冲内排、内冲外排及外冲外排，对开口管桩，还可采用内、外冲水结合的方法，如图 6-15 所示。

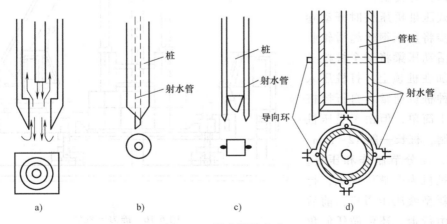
图 6-15 射水沉桩方式
a）内冲内排　b）内冲外排　c）外冲外排　d）内外同时射水

射水沉桩法的施工顺序为：吊桩就位、压锤下沉、开动水泵、下放射水管并不断上下抽动。桩发生偏斜时，及时通过增开或关停相应的喷水管来进行调整。射水沉桩法对土的破坏作用大,并将影响桩基承载力。在实际工程中一般是锤击和水冲相结合,以锤击为主。若桩下沉有困难时才辅以水冲,并以土的阻力大小调整水压、流量及锤击频率,而且在快接近设计标高 1~2m 时应停止水冲,用锤击法或振动法把桩沉到设计标高。沉桩时是否采用水冲,应根据已知地基资料或认真分析判断后,认为普通沉桩有困难时再决定射水,并确定射水沉桩方式和桩的结构。内冲外排、外冲外排对桩的承载力影响较大,桩易偏位、倾斜;内冲内排、泥浆从桩顶排出,特别在冬季沉桩时,溢出的泥浆不仅污染打桩船甲板,而且如结冰,对安全不利,施工条件差。

4)静力压桩法。静力压桩法是借助桩架自重及压重,通过滑轮换向把桩压入土中,如图 6-16 所示。压桩一般采用分段压入、逐段接长的方法。静力压桩法的优点是减少打桩振动和对周围土的扰动破坏。表 6-11 列出某工程在相同条件下,锤击沉桩法和静力压桩法对周围地面挤动、隆起的实测值。用水上压桩法下沉斜坡上的桩可以解决斜坡上打桩滑移问题,并且施工噪声小。压桩法较适用于均质的软土地基;砂土及其他硬土层由于阻力过大不宜采用。陆上桩基施工受到桩架高度限制,长桩需分节压入,在沉桩过程中需接桩,给施工带来不便。另外港工中采用的斜桩,因桩很长,承载力很大,加上斜桩荷载施加困难,所以一般不能压入。

静力压桩施工工艺流程:场地清理→测量定位→尖桩就位(包括对中和调直)→压桩→接桩→再压桩→截桩等。最重要的是测量定位、尖桩就位、压桩和接桩四大施工过程,这是保证压桩质量的关键。

静力压桩机有顶压式、箍压式和前压式三种类型。

顶压式压桩机压桩时开动卷扬机,逐步将加压钢丝绳滑轮收紧,通过活动压梁将整个桩机身重和配重加在桩顶上,打桩压入土中。这种桩机通常可自行插桩就位,施工简单,但由于受压桩高度的限制,桩长一般 12~15m。对于长桩,需分节制作和压桩。箍压式压桩机为全液压操纵,行走机构为新型液压步履机,前后左右可自由行走,还可做任何角度的回转,以电动液压油泵为动

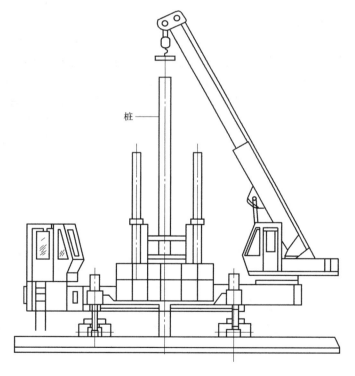

图 6-16 静力压桩法

力,最大压桩力可达 12000kN,配有起重装置,可自行完成桩的起吊、就位、接桩和配重装卸。它是利用液压夹持装置抱夹桩身,再垂直将桩压入土中,不受压桩高度的限制。前压式压桩机是一种新型压桩机,其行走机构有步履式和履带式。最大压桩力可达 1500kN。可自

行插桩就位，可做 360 度回转，压桩高度可达 20m，有利于减少接桩工作。另外，这种压桩机不受桩架底盘的限制，适宜于靠近邻近建筑物处沉桩。

表 6-11 锤击沉桩法和静力压桩法对周围地面的挤动情况

沉桩方法	垂直向隆起/mm		水平挤动/mm	
	最大	最小	最大	最小
锤击沉桩	580	400	200	80~100
静力压桩	120	63	80	20~30

（2）沉桩顺序的确定　沉桩的先后顺序对沉桩过程和沉桩质量有一定影响。在确定沉桩顺序时应考虑以下问题：

1）所有的桩位都能施打。由于码头，特别是高桩墩式码头的桩基布置比较密集和复杂，受水位、地形、打桩船性能的约束，如打桩顺序考虑不周，就可能使打桩出现困难，甚至不能施打，因此，在确定打桩顺序时，为操作简便，又能保证使每根桩都能施打，在柱位图上用同一比例尺的打桩船纸模尝试能否施打，定出打桩的顺序或进行桩基工程仿真模拟分析。

2）水位、水深和风、浪、流的影响。由于打桩船有一定的吃水和抛锚定位的方法，因此，在确定打桩顺序时应考虑到打桩水位、水深和风、浪、流的影响。

3）工程的分段。为了有利于后续工程的施工，整个码头工程要分成几段按流水作业的方式组织施工，打桩顺序应满足分段的要求。在拟定分段长度时要考虑沉桩的方便，也要考虑各个工序在一个施工段里时间安排的均衡性，还要考虑施工的安全性，实际工程中一般以结构段来分段。

4）土变形的影响。群桩沉桩，由于土受到压缩变形及孔隙水压力的复杂作用，各桩相互之间有一定影响，先打的桩的位置和高程可能受到后打的桩的挤动，由于土已被先打下的桩挤实，后打入的桩可能遭遇沉桩困难，也可能使建筑物产生不均匀沉降。为了使先打的桩不影响后面桩的施打，码头沉桩通常采用阶梯形推进。

5）尽量减少沉桩对岸坡稳定的影响。由于打桩引起强烈震动和正常固结土中多根桩的沉入，使土体结构遭到破坏。沉桩引起的超静孔隙水压力使土体颗粒脱离接触，岸坡抗滑稳定性减小。为了使超静孔隙水压力减少积聚，采用顺岸打桩的顺序，由岸边向外逐排打设。如用一条打桩船打桩时，采用顺排间隔沉桩法；采用多条打桩船同时打桩时，应在打桩船之间保持相当距离，使同一断面里相邻桩的下沉有一定的时间间隔，让土中因沉桩引起的超静孔隙水压力消散。

6）尽量减少打桩船移架、改架、移锚的次数。打桩船打桩时移架、改架、移锚均需占用工作时间，次数越多效率越低。因此，为了使所拟定的打桩顺序移架、改架、移锚次数最少，必须对桩位布置、沉桩顺序，特别是桩的平面扭角等认真分析，事先做好沉桩设计。

7）施工水域船舶锚缆的布置。施工水域船舶锚缆布置时，需要了解工作船的尺度，研究老锚船及运桩方驳的停泊位置，使打桩船取桩方便，从取桩到打桩，打桩船的缆绳不要在已打好的桩中间穿梭，使打桩船无法移动，或缆绳受力后造成已沉好的桩受到侧向力而移位，甚至被折断。进行锚缆布置时，应使各种工作船之间相互协调，避免干扰。如图 6-17 所示为沉桩时施工水域船舶锚缆布置实例。

（3）沉桩质量控制　桩在制作过程中的各工序必须经过质量检验，合格的桩方可出厂。桩运到工地后要进行验收，主要查看出厂合格证，运输中是否碰伤，外形是否符合要求，不合格的桩不能应用于工程。桩身外观应笔直无弯曲，表面无外露钢丝、蜂窝、麻面、露筋等缺陷，材质均匀，桩顶平面应平整并与轴线垂直，桩尖对称居中。

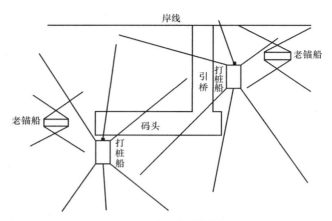

图6-17　施工水域船舶锚缆布置实例

1）沉桩偏位控制。偏位控制沉桩时发生偏位难以避免，为了保证上部结构的位置及受力条件改变不超出允许范围，必须控制桩位偏差。一般情况下，直桩桩顶偏差不得大于10cm，斜桩桩顶偏差不得大于15cm，在无掩护的海港和江上沉桩，可放宽到直桩15cm，斜桩20cm，对离岸式码头的大直径混凝土管桩和钢管桩，直桩可允许25cm，斜桩允许30cm。桩轴线倾斜偏差不得大于1%。

造成沉桩偏位的原因主要有桩本身的质量，风、浪、流的影响，地形地质条件，沉桩操作、测量等。因此为了保证沉桩的正位率常采取以下的措施：

① 检查复核施工基线，采用有足够精度的定位方法。

② 沉桩要安排在风、浪、流都较小的时候进行。

③ 及时开动平衡装置和松紧锚缆，防止船位走动，维持打桩架规定的倾斜度。

④ 掌握在岸坡上打桩的规律；特别是打斜桩的规律，下桩时向岸边偏移一定的距离，以保证沉桩完毕后的最终位置恰好符合设计要求。

⑤ 沉桩过程中应经常用经纬仪检查桩位及轴线倾斜情况，发现偏差及时纠正。

⑥ 沉桩偏位与岸坡稳定相关，沉桩过程中岸坡出现滑动常伴有已沉好的桩位置走动的先兆。因此，对已沉好的桩应及时夹桩和设法整体固定，位置要定期观测，如发现有走动，应暂停沉桩，研究对策，采取措施，如限打跳打、停停打打、限制沉桩速度、削坡减载、抛石压脚等。

沉桩结束后应检查基桩偏位，搁置长度是否满足要求，需不需要局部扩大横梁，基桩能否被现浇横梁包住，决定是否需要补桩等。

2）贯入度和标高控制。为了保证桩满足设计承载力的要求，应控制沉桩桩尖标高和打桩的最后贯入度，即"双控"。通常控制最后贯入的100mm或最后锤击的30~50击，其平均每击的下沉量。

控制桩尖标高就是要使桩尖落在设计的持力层上，由于桩尖未打到持力层而造成工程事故的情况曾多次发生。

沉桩阻力反映了桩尖处土层的情况，一定程度上也反映了桩的承载能力，阻力越大，说明桩的承载能力越强，沉桩阻力大，贯入度小。影响贯入度的因素有土质条件、锤型、桩垫、锤击速度、冲程大小、落距高度等。在锤击过程中由于土体中孔隙水压力突增，有效应力降低，使桩侧阻力减小，特别是黏性土。因此，用贯入度不能完全表明桩的承载能力。由贯入度确定承载能力，比较可靠的方法是结合桩的静载试验数理分析，找出相应的贯入度，并结合实践经验确定。

在实际施工中，经常会遇到桩未沉到设计标高，贯入度已很小，甚至桩头已被打烂；或者桩已沉到设计标高，但贯入度还未满足设计要求。一般情况，在黏性土中以标高控制为主，贯入度控制校核，桩尖落在砂性土或风化岩层等时，应以贯入度控制为主，标高控制校核。

3）桩的裂损控制。锤击沉桩时，由于应力波的传递和反射，在桩身各部位会产生压应力或拉应力。影响锤击应力的主要因素是锤、垫、桩和土质。锤速增加比锤重增加对锤击应力的影响更明显；软而厚的桩垫可增大应力波的波长，减小桩身应力。锤击拉应力取决于桩长与波长的比值，桩长小于应力波长时，拉应力小。当桩尖由硬土层进入软土层时，锤击贯入度增加，桩身拉应力增大。桩尖由软土层进入硬土层时，桩身也有可能产生较大或最大的拉应力。沉桩前应查看桩位处的地质情况，桩是否符合规定的质量标准。在沉桩过程中随时检查桩锤、替打和桩身三者的轴线是否重合，注意贯入度变化，检查桩顶破碎的程度等。正常情况下预应力钢筋混凝土桩应不出现裂缝；非预应力钢筋混凝土桩应尽量避免产生裂缝。

4）桩的临时固定和缺陷处理。沉桩完毕，必须及时夹桩、方木顶撑和拉条固定，以防止在风、浪、流和土坡滑移及斜桩自重挠曲作用下基桩倾倒或折裂，严禁在已沉入的桩上系缆靠船等。

沉桩作业期间，为保护已沉好的桩不被碰倒撞断，在适当位置竖立警告牌，晚上需设置红灯，特别是引桥较长、涨潮时桩顶可能被淹没的码头，最好能设置成串的红灯，在船舶上行、下行两个方向施放浮筒，防止无关船只闯入施工区。

沉桩时，对桩尖标高离设计高程差距较大，桩平面上偏位严重，桩头被打烂，管桩由于地下孤石的阻挡等，必须妥善处理。

① 若桩头被打烂，应将开裂部分凿去，才能浇筑桩帽或现浇横梁；若桩顶标高不够应接高或将桩帽底局部放低。

② 当桩尖达到设计标高时，贯入度仍很大，必须继续沉桩，直至贯入度满足要求后，沉桩停止。这时桩顶高程肯定已低于设计标高，若差距不大，可在现浇桩帽时局部放低；若差距较大，应将桩接长，使桩顶达到设计标高。若桩顶已沉到施工水位附近，但贯入度仍然很大，必须继续沉桩，否则承载力不能满足要求，但继续沉桩将使桩顶沉到施工水位以下，影响接桩时，应将桩接到足够长度以后再继续沉桩。

③ 沉桩时因地质资料不准确，可能桩尖已达到硬土层，如岩层或风化岩层等，但沉桩标高离设计标高还有一定距离，若差距不太大，桩入土已较深，可将高出桩顶设计标高的桩身部分截去。

④ 若在桩入土后不久即遇到未探明的钙质砂盘或其他障碍物，如有的旧码头改造，沉桩不久就遇到掉入水底的钢板等，应将桩拔出，将钢板清除后再继续沉桩；对钙质砂盘应钻孔穿透后再继续沉桩，确有困难时，与设计部门联系可改为钻孔灌注桩。

⑤ 大管桩沉桩，若遇到在桩已沉到相当深度后管桩被孤石阻挡或挤瘪的情况，应慎重处理。如果桩沉入的深度已能满足嵌固的要求，可在桩的入土部分将管内泥土清除并填注水下混凝土，改善被损坏的大管桩的受力条件。若大管桩刚入土即被未探明的孤石挤瘪，则应

拔出，适当处理后再沉桩。

⑥ 沉桩时若遇到碰桩，应与设计单位联系，一般情况下桩交叉处的净距应不小于50cm。

（4）接桩、截桩　基桩下沉后，当桩顶高于或低于设计标高，需截桩或接桩。如高于设计标高，在安装好现浇桩帽或横梁的底模后用风镐凿除，在距设计标高附近处改用手工凿，避免破坏余下的桩身，截断时应注意主筋在设计标高以上需保留满足锚固的长度，并不少于50cm，严禁在设计桩顶标高处将主筋截断。桩顶若低于设计标高，如桩顶有损伤的混凝土，需将损伤部分混凝土凿除，用焊接方法将受力钢筋加长到满足要求为止，然后浇混凝土将桩接到设计标高，并使受力钢筋在桩顶设计标高以上不少于50cm。

6.2.2 灌注桩基施工

灌注桩就是在预定桩位上钻一定直径的孔，或打入钢管成孔至设计深度，钢管可在浇混凝土时边浇边拔起回收，清理钻孔后放入钢筋笼，进行水下浇筑混凝土，边浇混凝土边拔起导管并捣实混凝土，待混凝土达到一定强度后，凿去桩头上强度差的混凝土，即为混凝土灌注桩。

预制桩施工速度快，机械化程度高。下列情况下，采用就地灌注桩比预制桩优越。

1）当土层变化复杂，桩长难以准确控制。

2）随着荷载的增大，工程上要求采用大直径和变直径的桩，以提高单桩承载力。

3）随着水深不断增加，桩长也要增加。

灌注桩在桥梁工程、工业、民用建筑中得到了广泛的应用，在港口陆域工程中也大量采用，有些码头的引桥也用灌注桩。灌注桩的缺点是断面大、消耗的水泥多、不能做成斜桩。但灌注桩无噪声、无震动、对地基土无挤压、直径和桩长可根据需要确定、施工设备简单。灌注桩按成孔方法不同分钻孔灌注桩、套管成孔灌注桩、挖孔灌注桩和扩孔桩。

灌注桩施工，主要工作有设置钻孔平台、钢护筒，成孔，安放钢筋笼，浇注混凝土，施工检测等。

1. 钻孔平台

钻孔灌注桩水上钻孔平台可采用岛式平台、支承桩平台、浮式平台和移动式自升平台等形式。钻孔平台应满足下列要求：

1）平台尺寸应满足钻孔设备的布置操作、移动和混凝土浇筑、压浆等设备的布置、作业要求，平台顶高程的确定应考虑施工期水位、潮位波浪和钻孔工艺等因素。

2）平台应具有足够的稳定性，应能承受施工设备、材料和人员的荷载，并能承受水流力、波浪力、风力、冰凌作用和施工船舶系靠力等荷载。

3）平台应具有安全生产设施，并设立航行警示标志以及必要的防撞措施。

4）平台结构应装拆方便，且便于成桩后下一步工序的施工。

（1）岛式平台施工　桩位处于浅水区且地层土质较好时，可采用岛式平台。岛式平台除应满足上述要求外，应考虑筑岛对河道过水断面的影响。水深或流速较小时，可直接筑岛。在岛的迎水冲刷面，宜采用土工织物、片石或袋装砂土护坡。水深或流速较大时，可修筑围堰后筑岛。围堰材料采用防冲性能较好的袋装土和块石等。围堰内坡应设倒滤层。

（2）支承桩平台　桩位处于深水区时，可采用支承桩平台。支承桩平台除满足上述要求外，还应符合下列规定：

1) 平台的结构形式应根据桩型、地质条件、施工条件和制作材料进行综合比选确定。

2) 平台结构的强度、刚度稳定性应满足施工作业要求。支承桩的尺寸、入土深度应根据满足其强度、刚度、稳定性和桩的承载能力要求计算确定。

3) 平台布置不应与码头上部现浇混凝土结构模板的安装等发生干扰。

(3) 移动式自升平台 桩位处于风浪和潮差较大的水域以及岩基岩面无覆盖层或覆盖层较薄时，可采用移动式自升平台。内河和湖泊地区，在水流平稳和水位升降缓慢等自然条件下，经论证后可采用锚碇稳固的船舶或浮箱作为施工平台。浮式平台应设可靠的锚碇系统。

2. 设置护筒

钻孔施工应设置钢护筒。钢护筒应具有一定的强度和刚度，壁厚应综合考虑下沉深度、护筒长度、直径、地质条件和下沉工艺等因素，并不应小于5mm。需要穿过硬土层时，应视具体情况增加壁厚或在端部加强。护筒内径应根据设计桩径、护筒长度和钻机的性能等因素确定，不宜大于设计桩径300mm。

(1) 护筒的埋设方法 陆域或边滩护筒可采用开挖埋设；地下水位较高和埋设深度较大时，也可用打入法或振动法埋设。水域护筒可采用振动下沉、锤击下沉或静压下沉等方法埋设，并应设立保证下沉护筒平面位置和垂直度的定位和导向设施。护筒穿过较厚抛石层或抛石棱体时，宜采用双护筒。钢护筒埋设、沉设时护筒中心线应与桩中心线重合。埋设时，其平面误差不宜大于50mm，竖向倾斜度不大于1%。

(2) 护筒顶高程和埋深 护筒埋深不应小于1.0~2.0m。陆域或边滩采用开挖埋设护筒时，护筒顶高程应高出地下水位1.5~2.0m，并高出地面300mm以上。受水位影响的河滩上埋设护筒时其顶部高程应高于施工水位1.5~2.0m，并考虑钻孔桩施工期间水位的涨幅影响，埋设深度应穿透河滩淤泥层或抛石层进入稳定土层1m以上。水域护筒的顶高程应高出施工期最高潮位或水位1.5~2.0m，并应考虑波浪的影响。护筒埋深应综合考虑地质条件、护筒使用功能和稳定要求，通过计算比选确定。进入不透水层或较密实的砂卵石层的护筒长度不宜小于1.0m。当钻孔内有承压水时，护筒顶高程应高于稳定后的承压水位1.5~2.0m。

(3) 当岩面无覆盖层或覆盖层较薄时的钢护筒沉放 钢护筒沉放及其稳桩工艺，应根据设计要求、地质状况和施工条件，经技术经济论证后确定。钢护筒入岩深度应能满足其稳定要求及钢护筒底口不会出现严重渗漏和卷边。钢护筒下沉停锤控制标准应通过试打钢护筒确定，以控制钢护筒底部钢板不卷边。对参与受力或设计有明确要求，其入岩深度应满足设计要求。当钢护筒初沉深度难以达到自身稳定或设计要求时，可采取复打或钻打相结合的方法。钢护筒沉放后，应检查钢护筒与岩面接触情况及钢护筒底部的钢板卷边情况。

3. 钻孔灌注桩

钻孔灌注桩施工主要包括成孔和制桩两个过程，根据土质和钻孔方法不同可以分为冲击钻钻孔法和旋转钻钻孔法二类。

(1) 冲击钻钻孔法 施工顺序是：钻孔及排渣→清孔→下钢筋笼→安放混凝土浇筑导管→水下浇注混凝土→混凝土养护→凿桩头→接长和后续工作。利用钻机钻头下落时的冲击能量破碎土，冲击成孔，用套管护壁。国内常用的钻孔机械为乌卡斯（YKC）冲击式钻机，钻头为十字铆合金钻头,清渣用空气吸泥机。对于有较大卵石夹层的地基可以用冲抓锥出渣,如图 6-18 所示。这种方法适用于在坚硬岩层中钻孔,但效率较低。

(2) 旋转钻钻孔法 目前国内应用最多的方法,是利用钻机钻头旋转切削土成孔。对土的冲击扰动小,用泥浆固壁的方法保护孔壁,在地面钻孔处设护筒保护孔口。

常用的旋转钻机是普通旋转钻,如图 6-19a 所示,如 OJS 型旋转钻机;电机在水下的潜水电钻,如图 6-19b 所示,如 QSZ 型潜水电钻;全叶螺旋钻,如图 6-19c 所示。这些钻机,配备了锥形钻头(图 6-20a)、

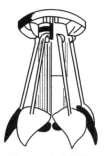

图 6-18 冲抓锥

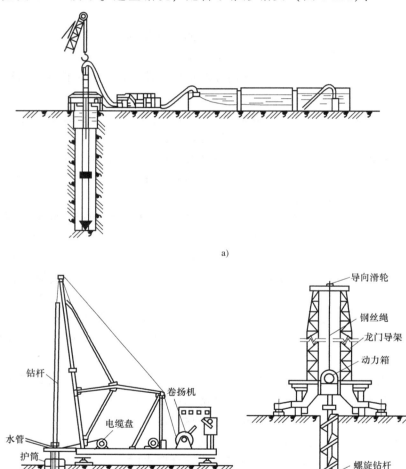

图 6-19 旋转钻机种类

a) 普通旋转钻 b) 潜水电钻 c) 全叶螺旋钻

牙轮组合钻头（图6-20b）、叶形钻头、球形钻头，根据土质选用不同的钻头。旋转钻切削下来的渣土通过泥浆循环置换带走。旋转钻成孔法的施工顺序如图6-21所示。

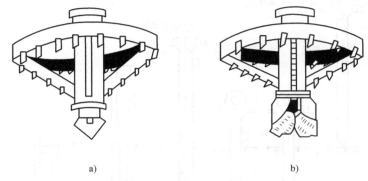

图6-20　几种旋转钻钻头

a）锥形钻头　b）牙轮组合钻头

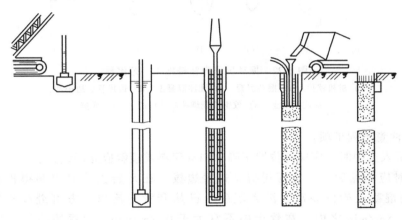

图6-21　旋转钻成孔法施工顺序

潜水电钻由于动力、减速机构与钻头紧密结合在一起，靠近切削部位，钻孔效率高，工作时噪声小，操作劳动条件改善，机械设备较前二种轻便。钻孔直径400~800mm，钻孔深度达50m以上。

4. 套管成孔灌注桩

套管成孔灌注桩是采用锤击或振动的方法将一根与桩的设计尺寸相适应的钢管（下端带有桩尖）沉入土中，然后将钢筋笼放入钢管内，再灌注混凝土，并边灌边将钢管拔出，利用拔管时的振动力将混凝土捣实。

钢管下端有两种构造，一种是开口，在沉管时套以钢筋混凝土预制桩尖，拔管时，桩尖留在桩底土中；另一种是管端带有活瓣桩尖，沉管时，桩尖活瓣合拢，灌注混凝土后拔管时活瓣打开。

套管成孔灌注桩按沉管的方法不同，又分为振动沉管灌注桩和锤击沉管灌注桩两种。

套管成孔灌注桩适用于一般黏性土、淤泥质土、砂土、人工填土及中密碎石土地基的沉桩。

(1) 振动沉管灌注桩 振动沉管灌注桩的施工工艺流程如图 6-22 所示。

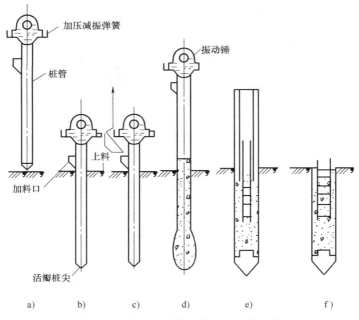

图 6-22 振动沉管灌注桩施工工艺流程
a) 桩机就位 b) 振动沉管 c) 灌注混凝土 d) 边拔管、边振动、边灌注混凝土 e) 放钢筋笼继续灌注混凝土 f) 成桩

施工中应注意下列事项：

1) 套管沉入土中时，应保持位置正确，如有偏斜或倾斜应立即纠正。

2) 拔管时应先振后拔，满灌慢拔，边振边拔。在开始拔管时应测得桩靴活瓣确已张开，或钢筋混凝土确已脱离，灌入混凝土已从套管中流出，方可继续拔管。拔管速度宜控制在 1.5m/min 之内，在软土中不宜大于 0.8m/min。边振边拔以防管内混凝土被吸往上拉而缩颈，每拔起 0.5m，宜停拔，再振动片刻，如此反复进行，直至将套管全部拔出。

3) 在软土中沉管时，由于排土挤压作用会使周围土体侧移及隆起，有可能挤断邻近已完成但混凝土强度还不高的灌注桩，因此桩距不宜小于 3~3.5 倍桩径，宜采用间隔跳打的施工方法，避免对邻桩挤压过大。

4) 由于沉管的挤压作用，在软黏土中或软、硬土层交界处所产生的孔隙水压力较大或侧压力大小不一而易产生混凝土桩缩径。为了弥补这种现象可采取扩大桩径的"复打"措施，即在灌注混凝土并拔出套管后，立即在原位重新沉管再灌注混凝土。复打后的桩，其横截面增大，承载力提高，但其造价也相应增加，对邻近桩的挤压也大。

(2) 锤击沉管灌注桩 锤击沉管灌注桩的施工工艺流程如图 6-23 所示。

施工中应注意下列事项：

1) 检查桩管与桩锤、桩架等是否在一条垂直线上，桩管垂直度偏差小于等于 5‰，用桩锤轻击桩管，观察偏差是否在容许范围内，再正式施打，直至将桩管打入至设计标高。

2) 沉管至设计标高后，应立即灌注混凝土，尽量减少间隔时间；在灌注混凝土前，必

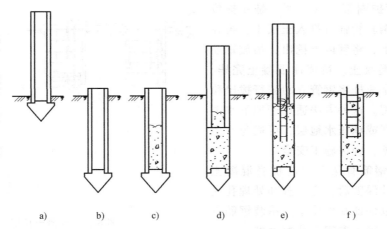

图 6-23 锤击沉管灌注桩施工工艺流程
a) 桩机就位 b) 锤击沉管 c) 首次灌注混凝土 d) 边拔管、边锤击、
边灌注混凝土 e) 放钢筋笼继续灌注混凝土 f) 成桩

须用吊砣检查桩管内无泥浆或无渗水后,再用吊斗将混凝土通过灌注漏斗灌入桩管内。

3)拔管速度均匀,对一般土层以 1m/min 为宜,在软弱土层和软硬土层交界处,宜控制在 0.3~0.8m/min;在拔管过程中应向桩管内继续灌入混凝土,以满足灌注量的要求。

4)当桩身配钢筋笼时,第一次灌注混凝土应先灌至笼底标高,然后放置钢筋笼,再灌混凝土至桩顶标高。第一次拔管高度应以能容纳第二次所需灌入的混凝土量为限,不宜拔得过高。在拔管过程中应有专用测锤或浮标,检查混凝土面的下降情况。

5. 挖孔灌注桩

挖孔灌注桩施工,必须在保证安全的前提下不间断地快速进行。每一桩孔开挖、提升出土、排水、支撑、立模板、吊装钢筋骨架、灌注混凝土等作业都应事先准备充分,紧密配合。

(1)开挖桩孔 一般采用人工开挖。开挖前应清除现场四周及山坡上悬石、浮土等,排除一切不安全因素,备好孔口四周临时围护和排水设备,并安排好排土提升设备,布置好弃土通道,必要时孔口应搭雨篷。挖土过程中要随时检查桩孔尺寸和平面位置,防止误差。应根据孔内渗水情况,做好孔内排水工作,并注意施工安全。

(2)护壁和支撑 挖孔桩开挖过程中,开挖和护壁两个工序,必须连续作业,以确保孔壁不坍。应根据地质、水文条件、材料来源等情况因地制宜选择支撑和护壁方法。

1)现浇混凝土护圈当桩孔较深,土质相对较差,出水量较大或遇流砂等情况时,宜采用就地灌注混凝土围圈护壁。每下挖 1~2m 灌注一次,随挖随支。护圈的结构形式为斜阶型,也可以等厚度。每阶高为 1m,上端口护圈厚约 170mm,下端口厚约 100mm,必要时可配置少量的钢筋,混凝土为 C15~C20,采用拼装式弧形模板,如图 6-24 所示。有时也可在架立钢筋网后直接锚喷砂浆形成护圈来代替现浇混凝土护圈,可以节省模板。

2)沉井护圈先在桩位上制作钢筋混凝土井筒,然后在井筒内挖土,井筒靠自重或附加荷载克服井壁与土之间的摩阻力,使其下沉至设计标高,再在井内吊装钢筋骨架及灌注桩身混凝土。

3) 钢套管护圈钢套管护圈,是在桩位处先用桩锤将钢套管强行打入土层中,再在钢套管的保护下,将管内土挖出,吊放钢筋笼,浇注桩基混凝土。待浇注混凝土完毕,用振动锤和人字拔杆将钢管立即强行拔出移至下一桩位使用。这种方法适用于地下水丰富的强透水地层或承压水地层,可避免产生流砂和管涌现象,确保施工安全。

(3) 吊装钢筋骨架及灌注桩身混凝土

挖孔到达设计深度后,应检查和处理孔底和孔壁情况,以保证基桩质量。吊装钢筋骨架及灌注桩身混凝土参阅钻孔灌注桩。

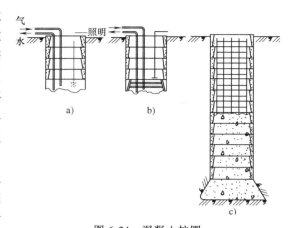

图 6-24 混凝土护圈
a) 在护圈保护下开挖土方 b) 支模板浇注
混凝土护圈 c) 浇注桩身混凝土

6. 扩孔桩

为了提高就地灌注桩的单桩承载力,使桩身或桩尖扩大,以增加桩尖阻力和桩侧摩擦力的方法。其打孔的方法有爆破扩孔、机械扩孔和夯扩孔。港航工程中应用不多。

7. 灌注桩施工中的主要技术问题

与预制打入桩相比,灌注桩的主要技术问题是质量不易控制。常产生的质量问题如下:

1) 桩的垂直度不达标,桩孔弯曲形成弯曲桩,中心距偏差大。
2) 孔底土渣沉积较多。由于清孔不符合要求,将影响桩端阻力,并使桩的沉降加大。摩擦桩沉渣厚度不能超过 30cm;端承桩沉渣厚度不能超过 5cm。
3) 桩的直径不易保证,常发生超径及缩颈断桩。

8. 施工检测与质量标准

灌注桩施工应有完整的施工记录。钻孔桩在成孔后应对桩孔的孔位、孔深、孔径、孔形和倾斜度进行检查,清孔后应对孔底的沉淀厚度进行检查;挖孔桩终孔并进行孔底处理后,应对桩孔的孔位、孔径、孔深及孔底处理情况进行检查。

(1) 灌注桩质量控制

1) 灌注桩成孔的孔位允许偏差可通过检测成孔后的护筒位置偏差确定,孔位偏差应满足表 6-12 的规定。

表 6-12 灌注桩成孔的孔位允许偏差

项 目		允许偏差/mm		
		陆上	内河和有掩护海域	无掩护河口和海域
孔中心位置	单桩、边桩	50	100	200
	群桩的中心桩	100	150	300
每米桩身垂直度		10		

注:1. 近岸指距岸 500m 及以内,离岸指距岸超过 500m。
    2. 长江和掩护条件较差的河口港可按近岸无掩护水域标准执行。
    3. 灌注型嵌岩桩的允许偏差按表规定执行。

2) 摩擦桩孔深应达到设计高程,端承桩孔深应比设计深度超深 50mm。发现持力层与设计条件不符时，应由设计单位重新确定终孔高程。

3）孔径不得小于设计桩径，直桩成孔垂直度偏差不得大于1%。

4）混凝土浇注前孔底沉渣厚度，摩擦桩不得大于100mm；端承桩不得大于50mm；抗拔桩和抵抗水平力为主的桩，不得大于200mm。

5）混凝土浇注前孔内泥浆的相对密度应符合设计规定。设计无规定时，泥浆的相对密度宜取1.10~1.20，含砂率宜取4%~6%，稠度宜取20~22s。

（2）灌注桩钢筋笼质量

灌注桩钢筋笼质量除应符合现行行业标准《水运工程混凝土施工规范》（JTS 202—2011）的有关规定外，还应符合表6-13的规定。

表6-13 灌注桩钢筋笼制作与安装允许偏差

项 目	允许偏差/mm	项 目	允许偏差/mm
主筋间距	±10	钢筋笼长度	+5 -10
箍筋间距	±20	安装后钢筋笼顶部高程	±50
钢筋笼直径	±10	—	—

（3）灌注桩的混凝土质量

1）桩身混凝土和用于桩底后注浆的水泥浆抗压强度应符合设计要求。每根桩的混凝土和水泥浆试件取样组数应各为3~4组。混凝土和水泥浆的检验要求应符合《水运工程混凝土施工规范》（JTS 202—2011）的有关规定。

2）检验桩身完整性时，检测数量与方法应符合有关规定和设计要求，选取有代表性的桩进行无破损检测，重要工程或重要部位的桩应逐根进行检测。设计有规定或对桩的质量有疑问时，应采取钻取芯样法对桩进行检测。需检验桩的桩底沉淀与土层结合情况时，其芯样应钻至桩底0.5m以下。

3）桩身应无断层或夹层，混凝土强度等级应满足设计要求，嵌入桩帽的桩头及锚固钢筋的长度应满足设计要求。不符合要求时，应研究提出处理方案。

4）桩头凿除后，桩顶混凝土应密实、完整，不得有浮浆裂缝或夹渣。

6.2.3 嵌岩桩基施工

嵌岩桩按嵌岩形式可分为灌注型嵌岩桩、预制型植入嵌岩桩、预制型芯柱嵌岩桩、预制型锚杆嵌岩桩、组合式嵌岩桩。嵌岩桩施工前应进行施工平台和稳桩设计。

1. 沉桩及稳桩工艺

水上施工平台的结构形式和搭设，基岩面上覆盖层较厚且有稳桩条件时，钢护筒和预制桩沉放按前述内容。

基岩埋藏较浅或基本裸露，或基岩面上覆盖层较厚但含有大块石、漂石等时，应采取适当的钢护筒锤击控制标准，防止钢护筒底卷边。预制桩和钢护筒的下沉施工前宜试沉桩。试沉桩包括下列内容：

1）确定桩端到达设计高程的可行性。

2）检查桩端口与基岩面接触状况及钢板卷边状况。

3) 确定沉桩施工的锤型和停锤标准。

基岩埋藏较浅或基本裸露时,可采用下列稳桩方法:

1) 使用支撑式钢桁架,如图 6-25 和图 6-26 所示。

2) 使用钢筋混凝土套箱,结构如图 6-27 所示。设计时应根据已有覆盖层厚度、套箱内注砂厚度和桩的断面特性等因素,判别桩的性质为刚性桩或中长桩,还是弹性长桩,并采取相应的方法进行单桩水平力验算。套箱的抗倾、抗滑稳定性应进行验算,按重力式无底空心块体结构进行。

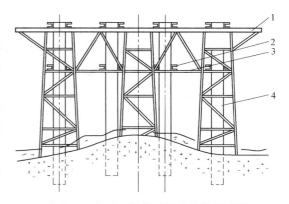

图 6-25 支撑式钢桁架平台结构示意图
1—上平台 2—桩定位构件 3—下平台 4—工程桩

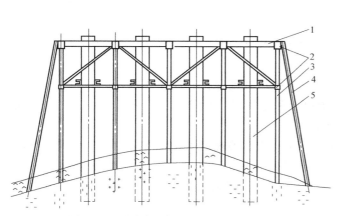

图 6-26 活动式钢桁架平台结构示意图
1—双层钢桁架平台 2—套管 3—垂直可伸缩支撑柱 4—斜撑杆或锚缆 5—工程桩

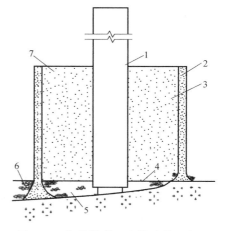

图 6-27 钢筋混凝土套箱稳桩示意图
1—预制桩 2—钢筋混凝土套箱 3—填充砂 4—土工织物 5—压实用砂袋 6—压实用袋装混凝土或抛石块 7—封固用袋装混凝土或灌注混凝土

钢筋混凝土套箱的安放工序:

① 对套箱安放区进行探摸及清除障碍物。

② 对安放套箱的基础进行炸礁、填砂、铺设袋装混凝土等整平处理。

③ 在套箱下部内外四周铺设土工织物,吊放套箱后投放砂袋或袋装混凝土,将土工布压实,确保注砂不漏失。

④ 套箱内灌注砂,面层铺 0.5m 厚碎石至设计要求高度。

⑤ 套箱内注砂,贯入击数较低时,宜对砂进行压密处理,以利于桩的稳定。

⑥ 沉桩后,在套箱顶层铺放袋装混凝土或灌注水下混凝土,封固套箱内的填充砂。

3) 在泥面上抛铺一定厚度的砂层或在钢护筒外抛块石。

4) 水位升降变化缓慢、水流流态稳定、风浪不大时,采用方驳搭设悬挑平台安装钻机进行钻锚稳桩。

5) 桩位处于风浪和潮差较大的水域时，采用移动式自升平台辅助进行钻锚稳桩。

水上嵌岩桩钻孔施工用的预制桩和钢护筒还应验算预制型桩和钢护筒在成孔嵌岩结构形成前的稳定性，并采取必要的稳桩措施。

基岩面上覆盖层较厚且含有大块石、漂石等或强风化岩层较厚，钢护筒下沉有困难时，钢护筒沉放应满足下列要求：

1) 下沉钢护筒宜采用钻打和冲打结合的工艺。
2) 钢护筒初打结束时护筒顶面应高出水面 2~3m。
3) 可采用方驳架设悬挑平台或搭设施工平台安放成孔机具，并应考虑复打的可行性。
4) 钻孔或冲孔直径宜比钢护筒内径小 100~200mm。

2. 成孔工艺

嵌岩桩钻孔成孔工艺、冲击成孔工艺及清孔除应符合灌注桩钻孔的要求外，还应满足下列要求：

1) 嵌岩桩成孔工艺，应根据锚固结构形式、岩石的工程性质和施工条件等确定，其工艺和机具可按表 6-14 选用。

表 6-14 嵌岩桩成孔工艺和适用范围

成孔工艺	适用范围		
	土层	孔径/mm	孔深/mm
泵吸、气举回转反循环钻进	黏性土，砂土、卵石粒径小于钻杆内径 2/3，含水量小于 20% 的碎石土、软土、硬质岩	800~3000	泵吸，<50 气举，<150
泵吸、射流反循环冲击回转钻进	卵石、胶结卵砾石、各种土质岩石及硬质岩石	800~2000	80
泥浆护壁冲抓钻进	黏性土、砂土、粉土、碎（砾）石土及风化岩层与新鲜岩层，以及地质情况复杂、夹层多、风化不均、软硬变化较大的岩层，旧建筑物基础、大弧石等障碍物，岩溶发育地区	800~2000	30~40
泵吸反循环潜孔锤钻进	硬质岩	600~1600	50
梅花点钻进	硬质岩	>1500	—
小炸药量松动爆破钻进	硬质岩	>1500	—

2) 基岩成孔宜选用转速在 5~25r/min、扭矩在 15~200kN·m 的回转钻机或冲击钻机。

3) 基岩钻孔时，应在桩内设置导向扶正器，保证钻杆中心线与孔的轴线一致。斜孔钻进应设置多个导向扶正器，数量应根据桩的长度确定。导向扶正器结构如图 6-28 所示。

4) 斜嵌岩桩成孔宜采用回转钻机或筒状钻头式冲击钻机。

5) 硬质岩层中钻孔，回转钻机宜选用耐磨硬质合金楔齿、牙轮或球齿型钻头；冲击钻机宜选用耐磨合金钢冲锤和耐磨焊条堆焊锤牙钻头。

6) 根据工程实际情况，可采用几种成孔工艺组合钻进。

7) 预制桩或钢护筒内成孔作业，桩端口与基岩面之间有泥砂、碎石等时，应在采取密封措施后，再进行成孔作业。密封方法可采用旋喷法、压浆法、投放混凝土锤击法和下沉内钢护筒法等。

3. 嵌岩桩钢筋笼制作和安装

嵌岩桩钢筋笼制作和安装按照灌注桩规定。

4. 水下混凝土浇注

1）水下混凝土应一次灌注完成，每斗间隔时间不得超过混凝土的初凝时间。

2）应控制最后一斗混凝土灌注量，并预留浮浆残渣高度的量，保证桩顶处混凝土达到强度设计值。

3）混凝土数量较大、灌注时间较长时，可在混凝土中掺加缓凝剂。

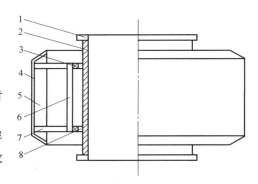

图 6-28 导向扶正器结构示意图
1—法兰接头 2—中心管 3—滚动轴承或铸铁轴套 4—导向护圈 5—筋板
6—外壳体 7—支撑筋板 8—内壳体

4）预制型芯柱嵌岩桩已灌注的混凝土质量不合格时，可采用以下方法进行处理：

① 采用与钻岩时相同的楔齿型滚刀钻头，安装导向装置，钻取桩内混凝土。

② 采用小于钢筋笼内径的钻头，安装导向装置，钻取钢筋笼内的混凝土至钢筋笼底；钻进作业过程及时调整钻孔的倾斜度，防止被钢筋笼卡住及损坏钢筋笼。

③ 必要时在钢筋笼内插入型钢补强。

5. 灌注型嵌岩桩施工

灌注型嵌岩桩应根据钢护筒沉放的稳定条件和地质状况，选用合适的钻进工艺、钻进液及排渣方式，斜嵌岩桩施工宜优先选用回转钻机成孔。

钻机固定后，应将钢护筒内的泥、砂碎石等清除掉，并检查钢护筒底口卷边及其与基岩面间的渗漏情况。出现严重的卷边或渗漏时，应采取相应的处理措施。

基岩层钻孔至设计深度后，应对深度、孔径和倾斜度进行检测。

6. 预制型植入嵌岩桩

（1）预制型植入嵌岩桩的锚固　应根据桩的使用要求、桩型、地质状况和施工条件，选用钻岩复打桩锚固法、钢护筒钻岩打桩锚固法、挤实锚固法或灌注混凝土锚固法等方法。

（2）软质基岩中嵌岩桩的锚固　应根据预制桩材质和地质状况，采用钻岩复打桩锚固法或护筒钻岩打桩锚固法施工，并应符合下列规定：

1）基岩有一定的覆盖层、桩为钢管桩时，可采用钻岩复打桩锚固法施工。宜先将桩打入至基岩面，使桩身能在施工过程中保持稳定，桩顶高出水面 2~3m。应在桩芯内钻孔至设计深度，钻孔孔径根据岩性和深度确定，宜比桩径小 50~100mm；桩顶应焊接加长至所需桩长，再复打至设计高程，清孔后按设计要求灌注水下混凝土。施工工序如图 6-29 所示。

2）基岩埋藏浅打桩不能站立稳定时，可搭设水上施工平台，宜采用钢护筒钻岩打桩锚固法施工，如图 6-30 所示。

（3）硬质基岩中嵌岩桩的锚固　可采用下列锚固方法：

1）灌注混凝土锚固法。先搭设水上施工平台，下钢护筒，使其站立稳定；在基岩内钻出大于桩径 300mm 以上的孔至设计深度，清孔，将桩吊入岩孔就位；清孔后在桩芯内以及桩外侧与孔壁间灌注水下混凝土。

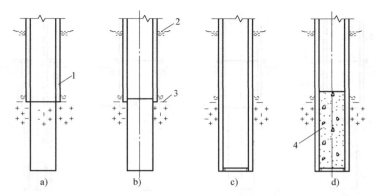

图 6-29 预制型植入嵌岩桩钻岩复打桩锚固法施工示意图
a) 稳桩 b) 钻孔 c) 复打 d) 清孔、灌注水下混凝土锚固
1—预制钢管桩 2—覆盖层顶面 3—岩层面 4—桩芯混凝土

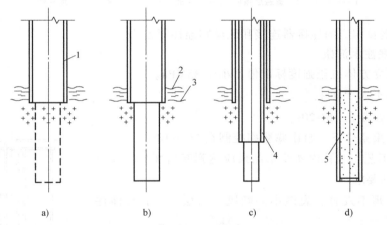

图 6-30 预制型植入嵌岩桩采用钢护筒钻岩打桩锚固法施工示意图
a) 钢护筒定位沉入 b) 钻孔 c) 打入预制桩 d) 清孔、灌注水下混凝土锚固,拔出钢护筒
1—钢护筒 2—覆盖层顶面 3—岩层面 4—预制桩 5—桩芯混凝土

2）挤实锚固法。先搭设水上施工平台，下钢护筒，使其站立稳定；在基岩内钻出大于桩径的孔至设计深度；清孔后灌注水下混凝土，将桩打入混凝土至设计高程，如图 6-31 所示。采用此工艺混凝土要有足够的缓凝时间，确保在初凝前将桩打入岩孔内。

7. 预制型芯柱嵌岩桩

预制型芯柱嵌岩桩施工除灌注型嵌岩桩规定外，还应满足下列要求：

1）预制桩为预应力混凝土管桩，并采用冲击成孔时，应采用组合桩。组合桩的钢管桩长度应满足冲击锤体的冲程要求，防止锤体碰撞混凝土壁而损坏管桩。

2）钻进作业接近孔底时，应采用反循环工艺清渣。

8. 预制型锚杆嵌岩桩

（1）预制型锚杆嵌岩桩锚杆的连接工艺　应根据材质和施工条件确定，连接接头的强度不得小于锚杆极限抗拉强度标准值的 95%。锚杆连接可采用电焊焊接、钢筋冷挤压连接、

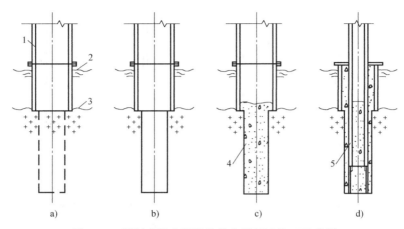

图 6-31 预制型植入嵌岩桩挤实锚固法施工示意图
a) 钢护筒定位沉入 b) 钻孔 c) 清孔、灌注水下混凝土 d) 打入预制桩、拆除钢护筒
1—钢护筒 2—覆盖层顶面 3—岩层面 4—水下混凝土 5—预制桩

高强精轧螺纹钢及相应的连接器连接和轧丝帽连接等方法。

（2）锚孔灌注水泥浆

1）水泥浆立方体抗压强度标准值不小于 35MPa。

2）水胶比不大于 0.4。

3）流动度控制在 16~20s。

4）在无约束条件下，自由膨胀率控制在 5%~10%。

（3）灌浆工艺　锚孔内灌注水泥浆应达到基岩面处。灌浆工艺应满足下列要求：

1）岩盘节理不发育、裂缝小的微风化岩层，可直接灌注水泥浆。

2）岩盘节理发育、裂隙严重的中等风化岩和微风化岩层，宜采用压力注浆，锚孔注满浆后，应在 0.5MPa 压力下持续 2~3min。定位器安装及压力注浆如图 6-32 所示。

（4）锚杆与桩下段锚固嵌岩施工

1）钻机固定后，将桩内基岩面上的淤泥、砂石等清除干净，在桩端以上 0.5~1.0m 范围内灌注水下混凝土并找平。

2）在桩端上的预定位置，安装钻孔用的定位器及导管，并使导管与桩顶固定。定位器和导管结构如图 6-33 所示。

3）在定位器与混凝土之间压注封孔水泥浆至定位板面上约 100mm。水泥浆性能应与锚杆锚固浆性能一致。锚孔的钻进作业，应待混凝土和封孔水泥浆达到一定强度后进行。

4）基岩成孔机具应根据岩性、钻孔直径和深度，选用地质钻机或地锚钻机，并配以合适的钻头。

5）在进入基岩时，应取芯检查，确认岩层面的高程。

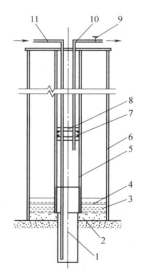

图 6-32　定位器安装及压力注浆示意图

1—锚杆　2—基岩面找平混凝土　3—封孔水泥浆　4—定位器　5—导管　6—预制桩　7—密封橡胶圈或充气囊　8—加压钢板　9—阀门　10—出浆管　11—压浆管

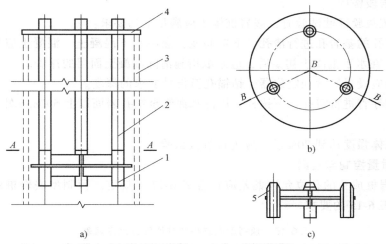

图 6-33 定位器及导管结构示意图
a) 定位器及导管安装示意图　b) A—A 俯视图　c) B—B 剖视图
1—定位器　2—导管　3—预制桩　4—桩顶导管定位板　5—左旋丝扣

6) 成孔过程中，当岩层节理裂隙密集、破碎严重时，应先采取压注高强水泥浆使岩体固结，待浆体达到一定强度后重新钻孔。

7) 钻孔结束后应将岩孔清洗干净。

8) 锚杆的安放宜采用扶正定芯块。

9) 钻孔、清孔、下放锚杆后应尽快灌注水泥浆。

（5）锚杆与桩上段锚固嵌岩的施工

1) 钻机固定后，应清除上段桩芯内将灌注混凝土深度的泥层，在泥面至锚孔岩面间设置钻孔导向套管，套管内径应比钻头直径大 70~80mm。

2) 桩芯内有较厚的土层和强风化岩、套管压入或振动有困难时，宜采用在套管内钻进一定深度，然后用压入或振动的方法使套管跟进，直至套管进入锚孔岩面。

3) 在导向套管内，应按设计要求的锚孔直径、深度钻进成孔。

4) 应按上述要求清孔、压浆。

5) 拆除桩内上段的套管，应对桩孔内壁清孔，按设计要求下钢筋笼，灌注混凝土使锚杆锚固。

9. 组合式嵌岩桩

组合式嵌岩桩嵌岩段成孔应符合灌注型嵌岩桩规定。

不进行锚杆抗拔验证性试验时，嵌岩桩施工应满足下列要求：

1) 对已成孔的基岩孔进行第一次清孔后，应移去钻机。

2) 在桩芯和基岩孔内应设置钻孔导管及定位器。必要时，定位器与基岩孔底间压浆封孔。

3) 应按设计要求的直径和深度钻进成孔。

4) 应利用导管进行清孔，下锚杆，压注水泥浆，使锚杆与基岩锚固。

5) 拆除导管后，应按设计要求下钢筋笼，再次清孔，灌注水下混凝土至设计高度，使锚杆与桩的嵌岩段锚固。

进行锚杆抗拔验证性试验时，嵌岩桩施工应满足下列要求：

1）对已成孔的基岩孔进行清孔，下钢筋笼，灌注水下混凝土，混凝土应灌注至桩端口以上1.5m处，在水下混凝土初凝后，应采取措施清除混凝土面层的浮渣。

2）在桩内应设置导管和定位器，钻锚孔至设计要求的深度。

3）应利用导管进行清孔，下锚杆，压注水泥浆至锚孔岩面以上500mm处，使锚杆与岩体锚固。

4）锚固浆体强度达到70%后，应进行抗拔试验。

10. 施工质量控制与检测

灌注型嵌岩桩成孔的孔位允许偏差应符合表6-12的规定。预制型嵌岩桩的桩顶位置允许偏差应符合表6-15的要求。

表6-15 预制型嵌岩桩的桩顶位置允许偏差

项 目			允许偏差/mm	
			直桩	斜桩
设计高程处桩顶平面位置	内河和有掩护水域	$D \leq 1500$	150	200
		$D > 1500$	200	—
	近岸无掩护水域	$D \leq 1500$	200	250
		$D > 1500$	300	—
	离岸无掩护水域	$D \leq 1500$	250	300
		$D > 1500$	$D/4$且不大于500	—
每米桩身垂直度			10	—

注：1. D为桩的直径，单位为mm。
　　2. 偏差按夹桩铺底后所测数值为准，但禁止拉桩纠偏。
　　3. 长江、闽江和掩护条件较差的河口港沉桩，桩顶偏位按近岸无掩护水域的标准执行。

桩或护筒的轴线倾斜度偏差不宜大于1%。桩的轴线倾斜度偏差超过1%，但不大于2%的直桩数量不应超过10%。

基岩成孔的允许偏差应满足表6-16的要求。

表6-16 基岩成孔的允许偏差

项 目	允许偏差/mm	项 目	允许偏差
孔径	+50 0	倾斜度	1%

施工过程质量控制应包括成孔、清孔、钢筋笼制作安装和水下混凝土灌注等工序。混凝土原材料质量与计量、配合比、坍落度、强度等应进行检查。

钢筋笼钢筋规格、焊条规格、焊口规格、焊缝长度和高度、焊缝外观及质量、主筋和箍筋的制作偏差以及接头的连接等应进行检查。

钢筋笼制作与安装允许偏差应符合表6-13的规定。钢筋笼安放后，顶高程允许误差应为±50mm。

在浇注混凝土前，应严格按有关质量要求对已成孔的中心位置、孔深、孔径、轴线倾斜度、孔底沉渣厚度和钢筋安放的实际位置等进行检查。

水下混凝土的浇注应满足以下要求：强度等级满足设计要求；无断层或夹层；孔底沉渣厚度满足设计要求，且不大于 50mm；凿除桩头预留部分，无残余松散层和薄弱混凝土层；嵌入桩帽的桩头及锚固钢筋的长度满足设计要求。

灌注型嵌岩桩和预制型嵌岩桩的检测应符合：嵌岩桩的嵌岩段完整性检测宜采用超声波等方法进行检测；灌注型嵌岩桩工程的钻芯取样检测数量，应取桩数的 1%~3%，且不少于 3 根。对质量有疑问的桩应逐根检查。

锚杆嵌岩桩的工程应进行锚杆抗拔试验，试验数量应根据地质条件的复杂程度确定。锚杆嵌岩桩的锚杆抗拔静载荷试验条件应与实际工程锚杆的使用条件相同。锚杆抗拔试验加载宜采用穿心式油压千斤顶，加载反力系统可利用嵌岩桩桩身或已浇筑的混凝土平台。锚杆抗拔静载荷试验应符合：破坏性试验用于确定锚杆的极限抗拔力时，试验应在非工程桩上进行；验证性试验用于检查锚杆承受设计抗拔力性能时，试验可在工程桩上进行。

新型锚杆或未在此类岩层中使用过的锚杆，均应进行破坏性试验，破坏性试验锚杆的数量不宜少于 2 根。锚杆嵌岩桩应进行验证性试验，验证性试验锚杆的数量，根据桩的使用要求和基岩状况，宜控制在锚杆总数的 20%~40%。

锚杆试验应满足：
1) 锚杆验证性试验用的加载系统的额定荷载应为试验荷载的 1.2~1.5 倍。
2) 锚杆破坏性试验用的加载系统的额定荷载应为试验荷载的 2.5~3.0 倍。
3) 锚杆试验用的反力系统在最大试验荷载作用下，应有足够的强度和刚度。
4) 检测仪器应进行检定，并满足使用精度的要求。
5) 在锚固体抗压强度达到 70%标准值时应进行锚杆试验。

锚杆破坏性试验应满足：
1) 采用多循环加载，每级加载荷载应按下式计算确定。

$$\Delta Q = m_1 A_s f_{rk} \times 10^{-4} \tag{6-4}$$

式中 ΔQ——每级加载荷载（kN）；
m_1——加载系数，按《码头结构施工规范》（JTS 215—2018）取值；
A_s——锚杆截面面积（mm^2）；
f_{rk}——锚杆钢筋屈服强度标准值（MPa）。

2) 在每个加载荷载观测时间内，测读位移量不应少于 3 次。
3) 在每个加载荷载观测时间内，位移量不大于 0.1mm 时，可施加下一级荷载；位移量大于 0.1mm 时，应延长观测时间，直至在 2h 内位移量小于 2.0mm 时，再施加下一级荷载。
4) 锚杆破坏性试验出现下列条件之一时，应停止加载：
① 后一级荷载产生的位移增量达到或超过前一级荷载产生的位移增量的 2 倍。
② 位移量不收敛。
③ 总位移量超过设计允许位移值。
5) 试验结果的整理与判定应满足下列要求：
① 根据试验数据绘制荷载-位移曲线、荷载-弹性位移曲线和荷载-塑性位移曲线。
② 锚杆的总弹性位移量，超过自由段长度理论弹性伸长量的 80%，且小于自由段长度与 1/2 锚固段长度之和的理论弹性伸长量时，判定试验结果有效。

③ 锚杆极限抗拔力，取前一级荷载为极限抗拔力。

锚杆的验证性试验应符合下列规定：

1）试验荷载应控制在锚杆抗拔力设计值的1.1~1.2倍，最大试验荷载不应超过锚杆截面积与锚杆钢筋屈服极限强度标准值乘积的0.8倍。

2）试验应满足下列要求：

① 每级加载荷载按锚杆抗拔力设计值与加载系数 m_2 的乘积确定，m_2 的取值见表6-17。

② 各级加载荷载与观测时间要求符合表6-17的规定。

③ 在每级加载观测时间内，测读位移量不少于3次。

④ 在最大试验荷载作用下，观测15min之后，卸载至初始荷载。

表6-17　加载荷载与观测时间

加载系数 m_2	0.1	0.25	0.5	0.75	1.0	1.1	1.2	0.1
观测时间/min	5	5	5	10	10	15	15	5

试验结果的整理与锚杆合格的判定应满足：

1）根据试验数据绘制荷载-位移曲线；

2）锚杆的总弹性位移量超过自由段长度理论伸长量的80%，且小于自由段长度与1/2锚固段长度之和的理论伸长量，同时锚杆在最大试验荷载作用下，位移达到稳定状态，判定锚杆试验合格。

6.3 桩帽施工

高桩码头的上部结构为预制安装时，基桩上均设有现浇桩帽。根据基桩布置情况，桩帽的形式通常有单桩桩帽和叉桩桩帽，有的还有双桩桩帽或簇桩桩帽。

高桩码头为了增强横向排架的整体性，通常不采用现浇桩帽，而是直接在桩上现浇横梁。现浇横梁可发挥横梁的作用，还替代了桩帽的作用，而且使排架内所有的桩能更好地连成整体。所以很多高桩码头的横梁是现浇的。

6.3.1 现浇桩帽和横梁的模板支承系统

模板支承系统按传力方式不同，可分为夹桩式（围囹木）支承系统、悬吊底模式支承系统和悬吊侧、底模式支承系统，有的钢管桩采用焊钢牛腿进行支承。不管采用何种支承形式，模板支承系统应有足够的强度和刚度。

1. 夹桩式（围囹木）支承系统

根据所需支承力的大小，由一至三层夹桩木和螺栓组成，如图6-34所示。其支承能力取决于围囹木与桩之间的夹紧力和摩擦系数的大小。为确保所需的夹紧力，螺栓螺母的拧紧宜用扭矩扳手拧紧。有时夹紧后围囹木被太阳暴晒后会干燥收缩并造成围囹木松弛，使围囹木与桩之间的摩擦力减小，严重影响支承能力。螺栓的允许拉力和垫板的选用见表6-18。

夹桩式支承系统虽然操作方便，但支承能力较小，且常难以计算准确，适用于支承重量较小的桩帽。

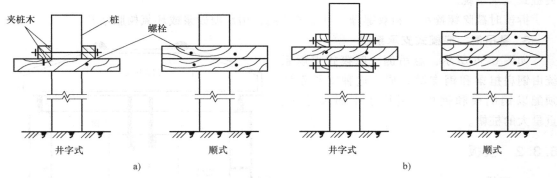

图 6-34 夹桩式支承系统示意图
a) 两层夹桩木 b) 三层夹桩木

表 6-18 螺栓的允许拉力和垫板的选用

螺栓直径/mm		16	18	20	22	24
垫板尺寸	面积/mm²	90×90	100×100	115×115	125×125	135×135
	厚度/mm	10	10	12	12	14
螺栓的允许拉力/kN		25	30	38	48	55

2. 悬吊底模式支承系统

常用的悬吊底模式支承系统如图 6-35 所示。它由夹桩木（为了在开始时放置焊牢的组合槽钢，在用钢筋吊住后，它就不起支承作用）、组合槽钢、反吊螺栓（是在横梁浇筑时将横梁混凝土等荷载传给桩的受力构件，在桩顶上必须与桩上主筋焊牢）、方木搁栅、底模板、侧模板、斜撑方木、钢管竖夹条、横夹条、方木内撑和对拉螺栓等组成。松紧反吊螺栓上的螺母可调整底模标高。夹桩木作用是为了在开始时放置焊牢的组合槽钢，在用钢筋吊住后，就不起支承作用；反吊螺栓是在横梁浇筑时将横梁混凝土等荷载传给桩的受力构件，在桩顶上必须与桩上主筋焊牢。悬吊底模式支承系统，在现浇横梁和质量较大的桩帽时，替代

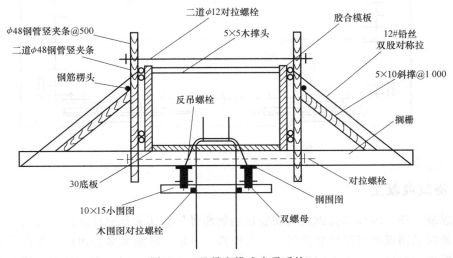

图 6-35 悬吊底模式支承系统

夹桩式支承系统。

拆模时截除螺栓吊杆和双螺母，可重复使用，用水泥砂浆或环氧树脂堵孔。

3. 悬吊侧、底模式支承系统

如图 6-36 所示，悬吊侧、底模式支承系统由钢扁担梁和钢支墩组成，这种支承系统须配以钢侧模和钢楞，适用于平面尺寸大、重量大的桩帽。

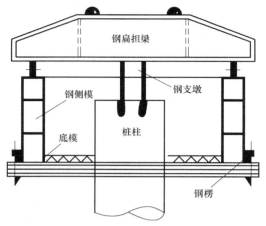

图 6-36　悬吊侧、底模式支承系统

6.3.2　模板

1. 底模

搁栅用方木，底板用木板，如图 6-35 所示。底板标高采用二次抄标高法，第一次抄搁栅标高后，立底模，然后再进行校核底板，并测量平面位置，核对基桩偏位，发现问题及时检查纠正。

2. 侧模

侧模一般用组合式钢模或木模，也可用组合式钢筋混凝土板模，并将其作为桩帽结构的一部分。组合式钢筋混凝土板模，如图 6-37 所示，由四片预制钢筋混凝土板拼装而成，拼装缝设在相对的两侧，通过调整缝宽适应桩的偏位。缝的两侧预埋 2～3 层角钢，采用搭接焊，作为组装、吊装时的连接固定件。板内侧按一定间距埋设锚筋，以增强现浇混凝土与预制钢筋混凝土模板之间的结合。

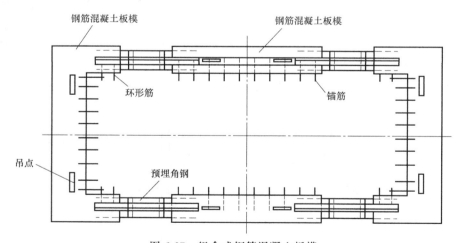

图 6-37　组合式钢筋混凝土板模

6.3.3　浇筑混凝土

浇筑混凝土前，现场绑扎钢筋或安装预制钢筋骨架。通常是成批地进行桩帽浇筑、横梁浇筑。浇筑时采用混凝土搅拌船供料，人力振捣。零星小桩帽大多采用陆上拌和混凝土，由翻斗车或舢板运混凝土，人力浇筑和振捣。振捣时防止漏振，振捣器切勿碰钢筋和模板，振捣时间适当。

海上浇筑桩帽、横梁混凝土，需用淡水养护或涂养生液，养护的淡水用水驳供应。现浇桩帽允许偏差见表 6-19。

表 6-19　现浇桩帽允许偏差

项　　目		允许偏差/mm
截面尺寸	$B \leqslant 1000$	±10
	$B > 1000$	+20 -10
搁置面平整度		5
搁置面高程		+5 -10
侧面竖向倾斜	$H \leqslant 1000$	10
	$H > 1000$	$H/100$
外伸钢筋位置		20

注：B 和 H 分别为桩帽横截面边长和高度，的单位均为 mm。

6.4　上部结构施工

高桩码头上部结构包括纵、横梁，轨道梁，面板和靠船构件等，其施工工艺可分为现浇整体式和预制安装式两种。为了减少现场施工的工作量，上部结构多采用预制安装式，在现场只进行构件安装、现浇构件接头和现浇码头面层。

6.4.1　构件的预制、吊运、存放及装驳

1. 构件预制

大型工程对于非预应力钢筋混凝土构件，大部分在工地附近的现场预制场预制，预应力构件，一般在基地预制场预制。

水运工程预制构件一般由驳船装运，由浮吊进行水上安装，所以预制场要临近水域，并有良好的落驳条件。基地预制场有大型龙门吊车及横移车，设备齐全，构件的纵、横运输方便。工地附近的临时预制场必须考虑吊运落驳等条件，否则会影响构件的供应和安装进度。

2. 构件吊运

预制构件吊运时的混凝土强度应符合设计要求。预制构件采用绳扣吊运时，其吊点位置相对设计规定位置偏差不应超过±200mm。采用钢丝绳捆绑时，应采取避免钢丝绳损坏构件棱角的有效措施。预制构件吊运时应使各吊点同时受力，并应防止构件产生扭曲。吊绳与构件水平面所成夹角不应小于45°。预制构件吊运时应缓慢起落。桁架吊运时应有足够的刚度，必要时应采取加固措施。卧制桁架和与靠船构件一起预制的横梁，吊运时各吊点应同时起吊，翻转时应采取夹木或型钢加固等措施，安装前检查是否出现裂缝或损坏。

有特殊吊运要求的构件，应根据设计要求和施工条件，采用特制的吊运工具或采取加固措施。

3. 构件存放

存放场地平整。按两点吊设计的预制构件,宜两点支垫存放,且应避免较长时间用两点堆置。按三点吊以上设计的预制构件,宜采用多点支垫存放,垫木应均匀铺设,并应考虑场地不均匀沉降对构件的影响。不同规格的预制构件分别存放。

多层堆放预制构件时,其堆放层数应根据构件强度、地基承载力、垫木强度和存放稳定性确定。各层垫木应位于同一垂直面上,其位置偏差不应超过±200mm。岸坡顶部堆放预制构件时,应核算岸坡的稳定性,加强观测,必要时应采取防止岸坡滑坡、岸坡发生有害位移和沉降的措施。存进储存场的预制构件应按规定继续进行养护。

4. 构件装驳

驳船装运预制构件时,应对船体进行严格检查,甲板强度应满足要求,装载应均衡,并满足船体稳定性的要求。

1)驳船甲板面上均衡铺设垫木,并适当布置通楞,垫木顶面保持在同一平面上,并用木楔调整垫实,预制构件均衡对称地摆置在垫木上。

2)按支点位置布置垫木时,位置偏差不超过±200mm。

3)装运多层预制构件时,各层垫木在同一垂直面上。

驳船长途运输预制构件受风浪影响时,应水密封舱。预制构件装驳后应避免构件在甲板上移动、倾倒或坠落,采取加撑、加焊和系绑等措施。

陆上运输预制构件时,各支点位置应符合设计要求,并应防止过大震动。在斜坡上采用滑道运送时,滑道应平整,构件应保持平稳。

预制构件在吊运、存放及装驳过程中,应采取防止构件边、角及防腐涂层损坏的措施。

6.4.2 预制构件安装

构件安装是最主要的工作。构件安装方法与结构特点、起重机械性能、构件运输与工地现场布置有关。

1. 预制构件安装准备工作

1)测设预制构件的安装位置线和高程控制点。

2)对构件的类型编号、外形尺寸、质量数量、混凝土强度、预埋件、预留孔、吊点等进行复查,如不符合要求或质量验收标准,应预先处理或重新预制。

3)检查支承结构的可靠性以及周围的钢筋和模板等是否妨碍安装。

4)结合施工工艺,合理确定安装方法,选用船机和吊具,编制预制构件装驳和安装顺序图,按顺序图装驳。

2. 预制构件安装要求

1)搁置面平整,预制构件与搁置面间接触紧密。

2)逐层控制高程。

3)对影响构件安装的露出钢筋及时处理。

安装后构件稳定性较差或可能遭受风浪、水流作用或船舶碰撞等影响时,应及时采取加固措施。无梁板的安装,各支承点受力应符合设计要求。

3. 安装方法

根据承台宽度、桩基和桩帽流水施工、构件大小(轻重)、上部结构构件的安装方法可采用水上浮吊安装、陆上吊机安装或水上与陆上安装并用的方法。本节仅对预制装配式上部结构的安装施工进行介绍。

1）浮吊安装法是高桩码头上部结构常用的主要施工方法，速度快、移动灵活，能满足大质量构件安装要求。现场必须具备浮式起重设备，且浮吊常常受到风浪的影响和码头承台宽度的限制，安装施工要与桩基和桩帽施工的流水等统筹安排。

2）吊车安装法是采用大型汽车吊或履带吊，利用已安装完成的码头上部结构逐渐向前推进。要求已安装完成的上部结构达到整体稳定，梁板接头（接缝）混凝土达到设计强度，并预先做载荷验算和试载。采用此方法，预制构件不宜过重，安装吊距不宜过大，后方应有行车道和车辆回转场地，最适用于码头后承台梁板构件的安装。

3）吊车联合门机安装法是以门机安装为主、吊车安装为辅的安装方法，如图6-38所示。在门机框架内的构件均由门机进行安装，门机以外两侧的构件由吊车辅助安装。

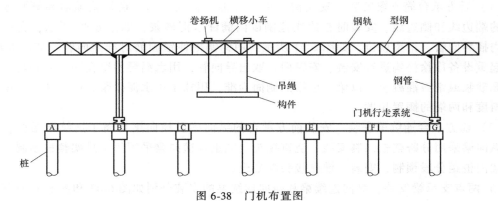

图6-38 门机布置图

4）全幅式架桥机安装法是利用架桥机安装上部结构构件的一种方法，适用于码头前承台梁板构件的安装，如图6-39所示。该方法为预制构件向大跨度、重型化发展提供新的施工手段。

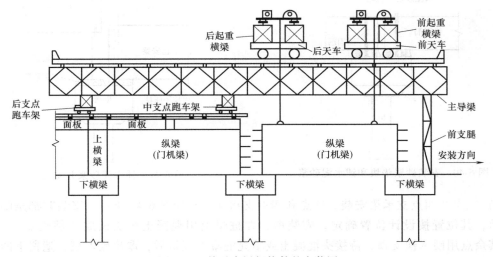

图6-39 前承台梁板构件的安装图

4. 纵、横梁安装

梁板式高桩码头中,根据梁安装时的支承情况,可分为两点、三点和四点支承的梁。其中,两点支承的梁,常为后方承台的简支梁,前方承台的纵梁(包括门机梁、桥吊梁和连系梁等)和前边梁等;三点和四点支承梁为前方承台的横向连续梁。

在安装技术要求上,简支梁比连续梁的要求高。安装简支梁,不仅要保证梁在桩帽上搁置长度不小于设计规定的最小值,而且还要保证桩帽上的外伸钢筋全部插进梁端部的预留孔;安装梁时,应在支承面(桩帽顶)铺设水泥砂浆找平层,其厚度为 10~20mm,当超过 20mm 时,应采取加设垫块的措施,坐浆应饱满,构件安装后略有余浆挤出,缝口处不得有空隙,并在接缝处采用砂浆嵌塞密实和勾缝。安装连续梁,梁在桩帽上的搁置长度无最小值要求,梁端下的垫块和砂浆主要起控制高程和防止梁倾斜的作用,所用的垫块和砂浆只需满足施工条件的强度要求,传递荷载主要靠接头混凝土。

(1) 后方承台简支梁安装 安装前,用钩镰棍调整锚固筋,在桩帽顶面和侧面分别标出梁的端边线和侧边线。安装时在边线范围以内满铺水泥砂浆,如图 6-40 所示,在梁的预留孔内插导向管,吊梁就位,如图 6-41 所示,用钩镰棍使锚固筋对准导向管,如图 6-42 所示,起重设备徐徐松钩进行安装。安完后,取出导向管,用水润湿预留孔壁,向预留孔内灌筑水泥砂浆或细石混凝土,以梁、桩帽的侧面为准,用抹子压水泥砂浆,检测和记录梁的侧向倾斜度和两端的搁置长度。

(2) 前方承台连续梁安装 安装前方承台的纵向梁及横向梁均属于连续梁结构,施工时,纵向梁采用分跨整根预制安装、浇筑接头混凝土;横向梁采用每个排架整根预制安装或按排架内桩距分段预制、安装、灌注接头混凝土。

1) 两点支承梁安装。纵向连续梁和横向连续梁的安装分别如图 6-43 和图 6-44 所示。

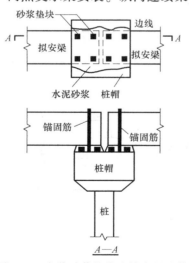

图 6-40 安装砂浆垫块和铺水泥砂浆

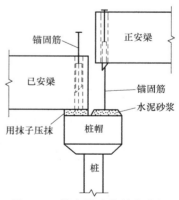

图 6-41 铺水泥砂浆并安装梁

2) 三点和四点支承梁安装。三点和四点支承梁安装如图 6-45 所示。安装时都是临时两点支承,其位置按设计位置确定。安装前,在桩帽上用混凝土垫块做成"硬支点"。安装后,其余点用硬木楔支顶,待接头混凝土或填充混凝土浇筑后,取出硬木楔,遗留下的孔用水泥砂浆填堵。

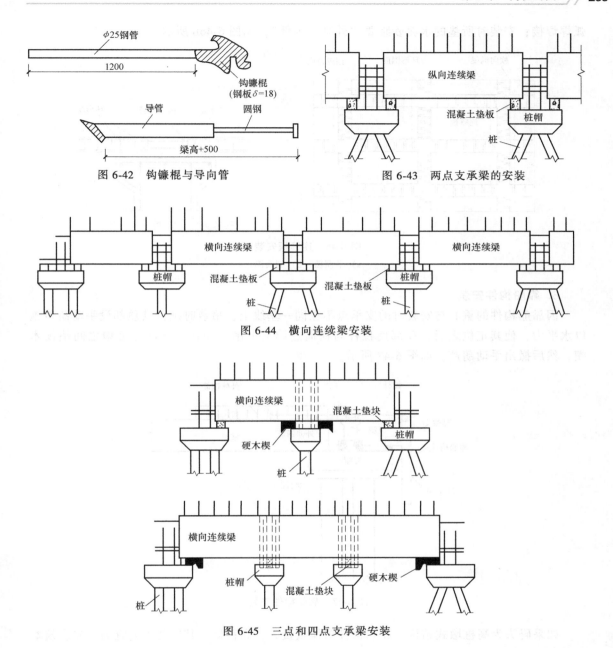

图 6-42 钩镰棍与导向管

图 6-43 两点支承梁的安装

图 6-44 横向连续梁安装

图 6-45 三点和四点支承梁安装

5. 面板安装

按高桩码头面板的支承情况，板可分为两边、四点和多点支承板。其中，两边支承板为梁板式高桩码头的后方承台简支板和前方承台连续板；四点和多点支承板为无梁板式高桩码头的双向连续板。

以两边支承板为例，简支板的安装同上述简支梁的安装，安装后按设计要求，用短钢筋将板接头处的数对外露钢筋用搭接焊进行连接。如图 6-46a 所示，连续板一般是四侧（至少是两侧）有外伸环形接头钢筋，安装时，为避免环形钢筋相碰，板与板之间宜相对错开，若有个别钢筋相碰可用撬棍拨开，拨不开的非受力筋可用气割切断相碰部分，安稳后再用电弧焊焊接;安装时所垫的水泥砂浆要"外高、内低",如图6-46b所示。

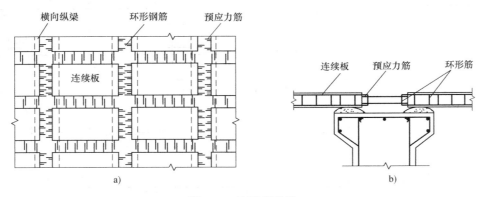

图6-46 连续板安装
a) 平面图 b) 剖面图

6. 靠船构件安装

因靠船构件的重心与安装时的支承点不在同一垂线上,吊装时须在其顶部设手动葫芦施以水平力,使其正位之后,顶部用拉杆与横向连续梁上吊耳相连。下部与桩帽之间垫硬木楔,然后撤出手动葫芦,如图6-47所示。

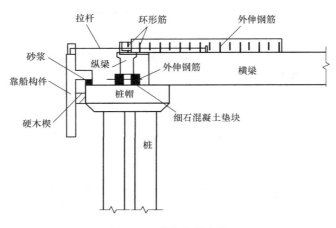

图6-47 靠船构件安装

如果码头为高桩墩式结构,靠船构件单体重量大、高程低,其安装工艺宜为:先浇筑墩身混凝土,并在其中预埋型钢托架和连接钢筋,待混凝土强度满足要求后安装靠船构件,如图6-48a所示;将墩身混凝土分两次浇筑,先浇筑底部厚为500~600mm的混凝土,待靠船构件安装后再浇筑上层混凝土,如图6-48b所示。

靠船构件安装后,在未浇筑其与梁、板之间的接头(缝)混凝土之前,严禁停靠船舶,以免碰撞靠船构件。

7. 轨道安装

在高桩码头中,一般设有火车和装卸机(门机、桥吊)的轨道,可采用吊轨法和预埋法进行安装。

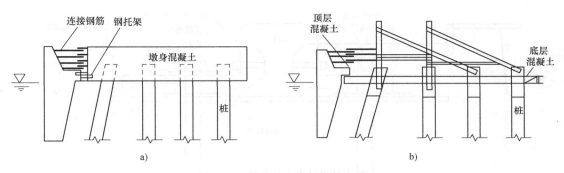

图 6-48 墩式码头靠船构件安装
a) 先浇墩身底部混凝土　b) 后浇墩身主体混凝土

（1）吊轨法　采用吊轨法安装轨道，如图 6-49 所示。沿轨道按一定间距安设吊轨架，以固定轨道的位置，不仅可牢固地固定轨道的位置，而且使轨下混凝土与轨道底能完全紧密接触。为确保两条轨道在同一断面的高差不超过允许值，宜沿中心线支立水平仪，使同一断面测点的前视距离完全相等。

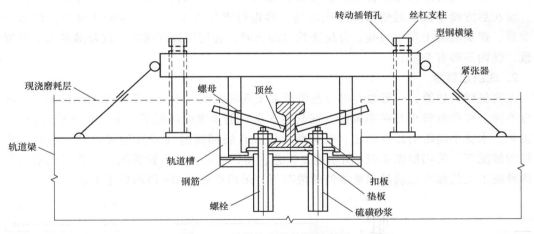

图 6-49 吊轨法安装轨道示意图

（2）预埋法　预埋法是先将轨道螺栓预埋在轨道梁顶部叠合层混凝土内，为使螺栓位置及高程准确，采用小型角钢制作定位架方法，将每个螺栓按要求间距固定于定位架上，架子再电焊固定于面板外伸钢筋上，预埋螺栓浇筑混凝土的同时，应使轨道底面即轨道槽底面的混凝土高程误差控制在 ±2mm 之内。为此，在槽内预先设有焊接固定的扁铁，间距 2m，扁铁高程即设计高程。螺栓埋设并经检验合格后，铺设橡胶垫板，安装钢轨等。预埋法施工如图 6-50 所示。

6.4.3　现浇混凝土施工

混凝土浇筑工艺应满足分层铺摊和振捣要求。混凝土强度达到 5MPa 前，锤击沉桩处与现场浇筑混凝土之间的距离不得小于 30m；锤击能量超过 280kN·m 时，应适当加大沉桩处与现浇混凝土的距离。

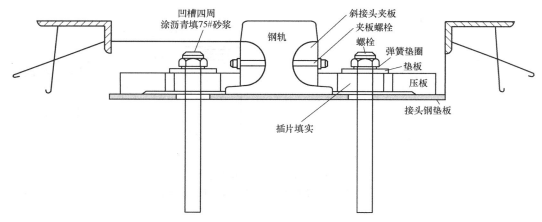

图 6-50 预埋法施工示意图

1. 现浇接头（缝）混凝土

在高桩码头的上部结构中，梁与梁、板与板、梁与板和靠船构件等的接头（缝）很多，为使码头逐片逐段形成稳定体系，应及时分批浇筑接头（缝）混凝土。设有后方承台的码头，宜在后方接岸棱体后侧回填完成之后，再进行梁板接头（缝）混凝土浇筑，以适应岸坡变形，避免混凝土发生裂缝。分层浇筑混凝土时，各层留置伸缩缝和沉降缝的上下位置应一致，缝内不得有杂物。

2. 现浇悬臂板

在高桩码头边缘，一般总有部分悬臂板需要现场浇筑。根据模板承受荷载的大小，其工艺也不同。在荷载较小且底部搁栅（或其他支点）能承重的情况下，采用如图 6-51a 所示施工工艺，木支架间距由计算确定；在荷载比较大且底部搁栅（或其他支点）不能满足承重条件的情况下，采用如图 6-51b 所示施工工艺，角铁支架间距由计算确定；在荷载更大且上述两种施工工艺都不能满足承重条件的情况下，采用如图 6-51c 所示施工工艺。

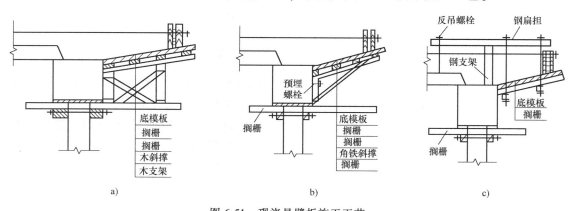

图 6-51 现浇悬臂板施工工艺
a) 荷载较小时　b) 荷载较大时　c) 荷载更大时

3. 现浇码头面层

码头面层大面积混凝土施工应采取控裂措施。现场浇筑时应采取防雨、防晒、防风、防冻等措施；浇筑完成后宜采用覆盖或蓄水等养护措施。装配整体式结构应先浇筑纵横梁节点及预制板接缝处的混凝土，再浇筑码头面层混凝土。高桩码头面层混凝土裂缝形式主要有梁顶及板缝的裂缝和面层混凝土的龟裂两种，采用的防裂措施如下：

(1) 梁顶及板缝的裂缝　桩基沉降、岸坡变形和结构位移等对码头面层混凝土变形均产生影响，尤其是对码头面层混凝土的梁顶和板缝位置处产生更大的直接影响，应尽早锯缝，在横梁顶上锯双缝，板顶锯单缝，释放应力；布设钢筋网片，增强混凝土表面抗裂能力。

码头大面积现浇混凝土面层可采用切缝机切缝，切缝分块边长 3.5~5.0m。混凝土的切缝位置应根据设计要求、码头结构受力、施工工艺、混凝土性能等情况确定。切缝时间宜在面层混凝土强度达到 10~15MPa 时进行，切缝深度宜为 20mm，缝内应采用柔性材料灌填。

(2) 面层混凝土的龟裂　龟裂是混凝土收缩裂缝，在面层混凝土浇筑后 15~40d，也有在半年或一年后面层龟裂裂缝才变明显，裂缝细小、数量多、不规则，往往遍布整个码头面层。因此，防止面层混凝土龟裂应采取综合控制措施，应掺入聚丙烯纤维网改善混凝土性能，提高耐久性；必须同时采取正确、合理的混凝土施工工艺，例如，选择合理的配合比，减少混凝土自身收缩，对老混凝土接触面进行冲洗，充分湿润，保证面层混凝土浇筑的接触面连接良好；加强面层混凝土的下灰整平，振捣，抹面压光等施工控制，尽量选择温差小、风力小的天气施工；及时锯缝等。

浇筑码头面层混凝土时，应根据设计要求埋设固定的沉降、位移观测点，并定期进行观测，做好记录，竣工平面图上应标明观测点，交工验收时交付使用单位。

4. 现浇护轮坎

护轮坎和码头面层都是码头的形象工程，不仅要保证其内在质量、表面质量，而且要注意其外观整体形象，即高程整齐、轮廓线通长笔直。在模板立好后应反复检查，确保质量。现浇护轮坎施工工艺和模板架立非常重要，其施工工艺如图 6-52 所示。

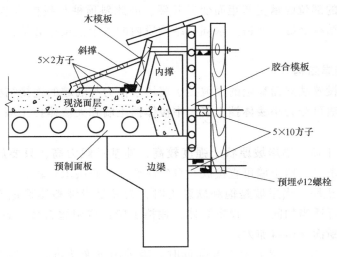

图 6-52　现浇护轮坎施工工艺

现浇护轮坎的施工步骤如下：

1) 预先在边梁中预埋螺栓,支承和固定外侧模板;在面板中预埋钢筋条,固定内侧模板和对拉螺栓。

2) 对已浇(或预制)面板外沿口凸出部分弹线整平,并用地板胶通长贴好海绵条以防漏浆。

3) 确定立模位置,并用地板胶粘海绵条,立模,内侧用带有钢筋的混凝土垫块支撑,将混凝土垫块电焊固定。

4) 预埋件与模板适当调整后连接牢固。

6.5 接岸结构施工

接岸结构与岸坡的施工工艺及工序应满足码头岸坡稳定要求。当接岸结构与岸坡同时施工时,应考虑岸坡沉降位移对接岸结构的影响,宜先进行岸坡施工后进行接岸结构施工。

6.5.1 接岸结构形式

高桩码头接岸结构随桩台结构、岸坡形式和软基加固方法的不同有多种结构形式,可分为后板桩式和挡土墙式两大类。

1. 后板桩式接岸结构

在高桩承台的后方设置板桩作为陆域挡土结构,称为后板桩式接岸结构,如图 6-53 所示。后板桩式接岸结构由后板桩(如钢板桩、混凝土板桩或钢管板桩)、斜顶桩和上部混凝土承台所组成,在板桩墙前后侧设有抛石小棱体。

施工时,斜顶桩与码头承台桩基一起混合编组,采用打桩船水上施打;板桩墙的桩在后承台部分建成后采用打桩架陆地施打,或水上打桩船施打;位于板桩墙前后侧的抛石棱体采用水上或陆上抛填。当板桩受回填土压力产生变形时,其上部的胸墙或管沟等也随之变形,使得与斜顶桩连接的部位因承受弯矩而变形开裂,因此斜顶桩与板桩的连接处宜采用铰接。施工时必须把铰接结构做好,严格要求同一结构段内的各个铰接点必须位于同一直线上,消除铰接处的弯矩。

2. 挡土墙式接岸结构

在桩台的后方设置独立而稳定的岸坡挡土墙体系作为与陆域的连接结构,因不同的岸坡形式或软基处理方法可分为小棱体挡土墙、中棱体挡土墙和大棱体挡土墙三种,如图 6-54~图 6-56 所示。

(1) 小棱体挡土墙 当岸坡原状土强度较高,地基承载力高,只要放缓边坡就能满足岸坡整体稳定性要求时,挡土墙可直接放在自然岸坡上,码头承台较宽,但棱体较小。

(2) 中棱体挡土墙 当岸坡是饱和软黏土时,为满足岸坡整体稳定性的要求,需对岸坡接岸处的软土进行适当加固,再设置棱体、建挡土墙;或用抛石棱体置换一部分软黏土,再建挡土墙,棱体断面就稍需加大。

(3) 大棱体挡土墙 当岸坡土强度很低时,需采用置换法进行地基处理,虽然处理费用较高,抛石量大、抛石厚度厚,但可以缩短岸坡,减窄码头承台,使码头承台结构造价降低。

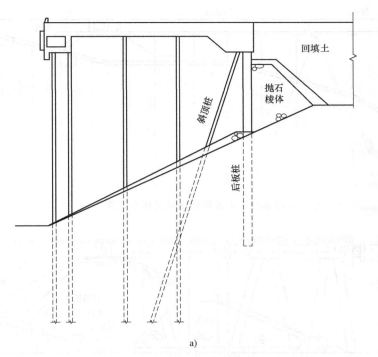

a)

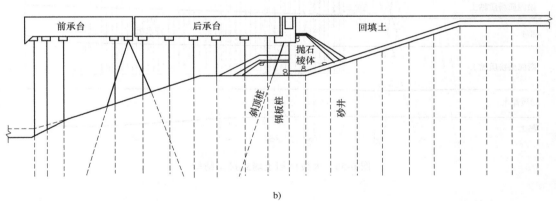

b)

图 6-53 后板桩挡土结构形式

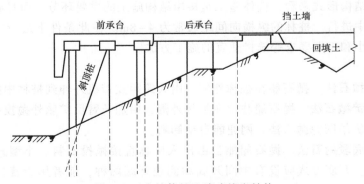

图 6-54 小棱体挡土墙式接岸结构

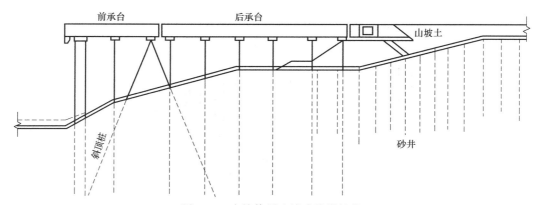

图 6-55 中棱体挡土墙式接岸结构

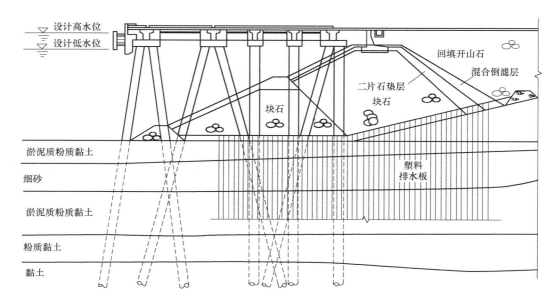

图 6-56 大棱体挡土墙式接岸结构

6.5.2 棱体施工

从各种接岸结构形式来看，棱体施工是接岸结构施工的重要环节，而且必须在桩基施打完成后，在桩林中进行。桩林的纵横向间距通常为 4~8m。在此条件下进行施工，要根据结构特点、棱体大小和工期要求等选择适宜的施工方法。

1. 施工方法

（1）皮带机抛石法　抛石船在桩林外侧，由大跨距皮带机外伸到桩林中抛投石料。

（2）方驳反铲抛石法　抛石船驻位在桩林外侧，由加长臂反铲舷外抛投石料。

（3）方驳吊机吊网兜抛石法　网兜能自动卸料。

（4）小型开底驳抛石法　抛石船能自由出入桩林直接抛投石料。小型开底驳设计舱容量宜为 10~20m³。开底方式应设有中间开底和侧边开底两种，前者用于普抛，后者用于护桩和死角处抛石，二者数量配备比例为 2:1。微型开底驳机动灵活、抛石效率高。

（5）承台开天窗抛石法　码头承台已基本完成后，采用翻斗汽车运石料上承台，临时揭开钢筋混凝土面板，抛填棱体。

2. 棱体抛石施工注意事项

接岸结构是高桩码头桩台和陆域堆场的连接结构，它与桩台构成一个完整的高桩码头结构体系。若设计或施工不当，轻则由于岸坡的软土变形引起桩台、桩基开裂；重则由于岸坡的桩体失稳而造成桩台位移甚至倒塌。例如，某高桩梁板式码头，用抛石棱体挡土墙接岸，施工中由于淤泥层未挖干净，在抛填棱体时发生滑坡，滑坡体下错1m，裂缝宽度8~15cm，坡脚棱体向外移动3m，造成引桥桩基被挤断，倒在海中；另有某高桩顺岸码头由于接岸处棱体抛填过快引起桩基变形，导致末排桩开裂，桩与桩帽节点错位，将桩帽与横梁之间的连接钢筋拉断。因此，棱体抛石施工应注意以下事项：

1）沉桩后进行回填或抛石前，清除回淤浮泥和塌坡泥土。在抛填过程中，宜定时施测回淤量。如遇大风暴、特大潮等异常情况，需及时施测回淤量，必要时再次清淤。清淤后及时进行抛填，做到随清随抛。

2）当桩基施工完成后即进行抛填时，先进行夹桩、固桩，后进行棱体抛石，尤其是混凝土桩基应特别考虑到这项措施。

3）棱体的抛石由水域向岸分层、由低向高进行，桩基处应沿桩周对称抛填，桩两侧高差不应大于1m（设计另有规定时满足设计要求）。棱体抛石过程中，必须先抛桩周围的护桩，后抛其余部位。

4）接岸结构岸坡回填土和抛石不宜采用由岸向水域方向倾倒推进的施工方法。

5）棱体厚大，且石料规格种类不一，需要分层抛填施工，对于每层厚度及间隔时间通过计算确定，应考虑发生移位问题。

6.5.3　接岸结构沉降与位移

为减少岸坡和接岸结构的沉降、位移对码头的不利影响，如桩基变形、桩帽与横梁间开裂等，在设计上采取接岸结构与码头间用简支结构进行连接，以避免在后排采用向岸的斜桩；在施工中可预留接岸结构的沉降高度，对岸坡和接岸结构的地基进行加固，以提高岸坡的整体稳定性、增加地基承载力、减小地基压缩变形和水平推力等。另外，对于已经形成的接岸结构，其岸侧应避免过大的震动荷载，难以避免时，需与震动源保持足够的安全距离。

在施工过程中，根据设计要求，结合现场施工条件设置沉降和位移观测点，对正在施工部位和附近受影响的建筑物或岸坡定期进行沉降和位移观测，并做好记录；浇筑接岸结构顶层混凝土时，埋置固定的沉降、位移观测点，定期进行观测，并做好记录；固定的沉降、位移观测点在竣工平面图上注明，交工验收时交付使用单位。

习　题

6-1　高桩码头施工主要内容有哪些？

6-2　先张法预应力混凝土管桩制作的钢模有哪些质量要求？

6-3　后张法预应力混凝土管桩制作孔道压浆应符合哪些规定？

6-4　桩的起吊、运输和堆存应注意哪些问题？

6-5　沉桩方法有哪些？各适用什么条件？

6-6 如何控制沉桩质量？
6-7 钻孔灌注桩成孔方法有哪些？各适用什么条件？
6-8 简述各类嵌岩桩基施工要点。
6-9 现浇桩帽模板支承系统有哪些？
6-10 预制构件安装准备工作有哪些？
6-11 预制构件安装要求及安装方法有哪些？
6-12 纵、横梁安装方法有哪些？
6-13 轨道安装方法有哪些？
6-14 现浇码头面层防裂措施有哪些？
6-15 简述现浇护轮坎施工步骤。

第 7 章 板桩码头

学习重点

板桩码头的施工特点,板桩码头的施工程序,板桩沉桩工艺,锚碇系统施工要点。

学习目标

熟悉板桩码头的结构组成,掌握板桩沉桩工艺与锚碇系统施工要点,了解地下连续墙开槽成墙方法。

板桩码头是码头的主要结构形式之一。其优点是结构简单、施工工序少、所用施工设备少、施工速度快;材料用量少、造价低;对复杂的地质条件适应性强;根据原泥面情况,可以少挖甚至不挖泥即可施打板桩、少挖填。其缺点是抗震性能差、损坏后难以修复;板桩墙后填土之前,抗风浪能力差,耐久性较差,不适于在无掩护条件下施工;板桩墙在施工过程中易产生向前的倾斜,倾斜后不易处理。

板桩码头是由连续沉入地基一定深度的板桩墙构成的直立墙体,主要由前墙、拉杆、锚碇结构、导梁、帽梁和码头附属设施等组成,如图 7-1 所示。

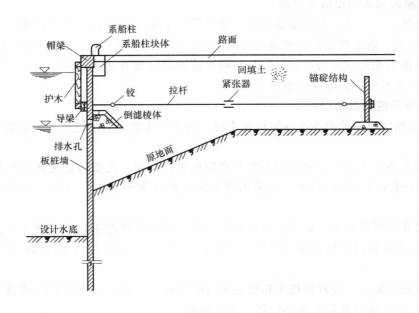

图 7-1 单锚板桩码头断面图

板桩码头施工的主要内容包括前墙施工、锚碇系统施工、墙后回填施工等。

7.1 板桩码头的施工特点及施工程序

7.1.1 板桩码头的施工特点

打入式钢板桩和钢筋混凝土板桩墙、拉杆式锚碇的普通面板桩码头的施工，因施工期间码头前沿线在水域或在陆域的情况不同，其施工特点也不同。

1. 施工期间码头前沿线在水域

1）板桩墙需用打桩船水上打桩。

2）如水深能满足打桩船的吃水要求，应先施工码头主体（包括锚碇系统和陆域施工），后进行码头前挖泥。如水深不够，且挖泥厚度较大，宜选择适当的挖泥船分两次挖泥，第一次仅挖到水深能满足打桩船吃水要求为止，在码头主体施工完成并墙后填土固结后再进行第二次挖泥至码头的设计水深。这样做既可减少码头向水域的位移，又可减少挖泥和墙后填土的工程量。

3）为防止已施打完的板桩墙因后续打桩振动、土体蠕动和风浪作用等原因产生过大的前倾，应及时进行锚碇结构施工和墙后的分层回填，使码头分段逐步形成整体。

4）板桩墙施工完成后，要妥善安排拉杆锚碇系统和墙后填土的施工，板桩墙后主动破裂面和锚碇体前被动破裂面以下的土体可以先回填，回填高度以不影响拉杆和码头主体施工为限，拉杆锚碇系统施工后，应尽快回填锚碇体前的土体，拉杆拉紧后，方可回填板桩墙后主动破裂面以上的土体。

2. 施工期间码头前沿线在陆域

1）在陆域打桩、施工拉杆锚碇系统，完成码头主体之后进行码头前挖泥。这样不仅能够保证施工质量，防止挖泥前板桩墙的前倾，而且施工过程简便，加快施工进度。

2）码头前沿挖泥宜分两次进行，且在两次挖泥之间要有适当的间歇时间，以防止板桩墙前后土压力突然变化使板桩墙发生前倾。

3. 码头前沿挖泥与帽梁施工

不论施工期间码头前沿线在陆域还是水域，码头主体完成后的挖泥和帽梁施工应注意以下几点：

1）码头主体完工之后，应沿码头纵向均匀地进行挖泥，且要防止碰坏板桩墙并严格控制超深。一旦超深大于设计规定，应采用适宜的材料（如砂）进行填补，以免降低墙前的被动土压力。

2）导梁和帽梁分设时，帽梁应在墙前挖泥后，墙顶位移趋于稳定时再施工，以便调整帽梁尺寸，使码头前沿线位置偏差符合质量标准。同时也可防止和减少帽梁垂直方向的有害裂缝产生。

3）在挖泥过程中，应对板桩墙和锚碇结构的位移进行监测，发现危险的迹象应立即停止挖泥，并采取其他有效措施减小位移，保持稳定。

7.1.2 板桩码头的施工程序

板桩码头的施工程序如图 7-2 所示。

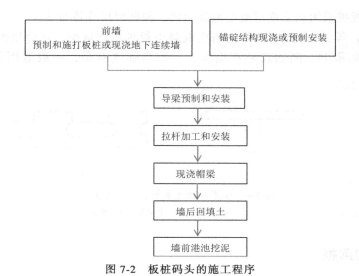

图 7-2 板桩码头的施工程序

7.2 前墙施工

板桩码头的前墙由板桩墙或地下连续墙、导梁和帽梁组成,有时因导梁和帽梁距离很近而合二为一,即为"胸墙"。

7.2.1 前墙的一般形式

前墙的板桩也称板桩墙。板桩主要有钢板桩和钢筋混凝土（预应力混凝土）板桩两种。

钢板桩常用的断面形式主要有 U 形、Z 形、H 形、平板形等,当要求其有更高的抗弯能力时,常将 Z 形板桩和 H 形板桩或钢管桩组合,形成组合断面,如图 7-3 所示。钢板桩强度高,特别是组合钢板桩,抗弯能力大,施打方便,可打入较硬的地基,但由于钢板桩易锈蚀,应在使用时采取有效的防锈措施。

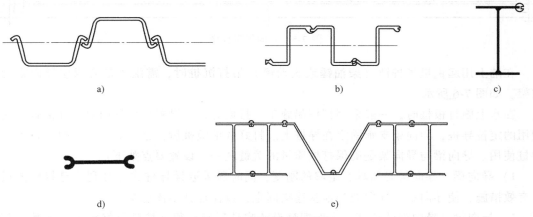

图 7-3 钢板桩的断面形式
a) U 形 b) Z 形 c) H 形 d) 平板形 e) HZ 组合钢板桩

钢筋混凝土板桩采用高强度混凝土预制而成，按断面形式可分为矩形、T形、工字形和圆形（灌注排桩）等，如图7-4所示。钢筋混凝土板桩用钢量少、造价较低、耐久性较好，但由于起重能力的限制，断面尺寸不能太大，抗弯强度有限，一般适用于中、小型码头工程。

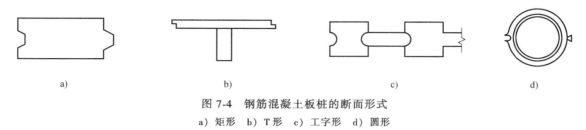

图 7-4 钢筋混凝土板桩的断面形式
a) 矩形 b) T形 c) 工字形 d) 圆形

7.2.2 板桩的沉桩

板桩码头的沉桩方法和所用设备与高桩码头基本相同，但由于板桩墙是由成排板桩连锁咬合组成，在施打某根或某组板桩时会受到与之咬合的已打好的相邻板桩的制约，造成被打板桩侧和非邻桩侧沉桩阻力的不均衡，从而发生桩身的倾斜和扭曲；同时，后打的板桩又会对前桩的轴线位置、高程及垂直度有影响。

1. 导向梁与导向架

为了控制板桩墙的轴线位置，保证桩身垂直度，减小桩的平面扭曲和提高打桩效率，板桩码头沉桩，应设置施工导桩、导向梁或导向架等定位导向装置，定位导向装置应具有足够的强度和刚度。这是板桩码头沉桩施工中不可缺少的设置和措施。在陆上用打桩机施打板桩，一般设置单层导向梁，其平面图如图7-5所示。

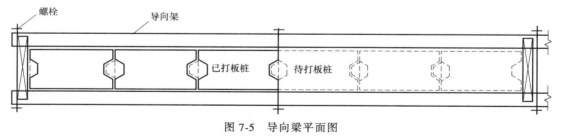

图 7-5 导向梁平面图

在陆上用起重机吊桩锤（柴油锤或振动锤）吊打沉桩时，需配置带有双层导向梁的导向架，如图7-6所示。

在水上施打板桩时，一般采用打桩船施工，打设时，可设置单层导向梁，并需打设周转使用的定位导桩，导向梁支承固定在导桩上。打好数根板桩后，已打好的板桩也可作为一侧导桩使用。导向梁与导向架是确保打桩质量的关键之一，设置要点如下：

1）导向梁、导向架必须具有足够的刚度，同时需采取设导桩或充分利用已打好的板柱等有效措施，使导向梁、导向架与地基连接固定，以保证其整体稳定。

2）导向梁、导向架的长度，应根据移设的难易程度、须夹持已打好板桩的根数、新打板桩（需要导向）的根数和打桩效率等条件，选择适宜的长度。

图 7-6 吊打板桩导向架

3）导向梁顶面至设计板桩顶高程之间的距离应大于替打套入桩头的长度。

4）导向梁、导向架一般用 U 形钢板桩或断面较大的型钢制作，导桩可采用单根或成对的钢板桩，也可采用钢管桩或大号型钢。

5）导向架也可用工字形钢和 H 形钢制作，设计成上下两层门字形可移动双层导向架。在上层 H 梁上设置可移动的调节装置，可对钢板桩的倾斜、偏位、垂直度进行控制。

2. 板桩沉桩工艺

板桩沉桩宜采用锤击沉桩、振动沉桩或压入沉桩等。沉桩方法应根据土质条件、板桩材料、板桩断面和沉入深度等确定，并应选择适宜的桩锤和设备。在密实的土层中沉桩有困难时，可采用钻孔松土或水冲等辅助沉桩措施。打桩时应边打边跟踪观测，发现偏位时应及时靠桩机自身进行调整，当桩位偏差较大、桩机无法调整时，需将桩拔起后换用振动锤重打。板桩沉桩应以桩端设计高程作为主要控制标准。对有垂直承载力要求的板桩，其沉桩控制标准应符合现行行业标准的有关规定。

沉桩施工时，第一根板桩（即起始定位板桩）的打设最为重要，应保证板桩墙在两个方向上的垂直度，随后的每一根板桩在就位和施打时，必须与前面一根板桩充分啮合。板桩的打入方式，有单根桩施工法和屏风式施工法两种。混凝土板桩宜采用单根桩施工法；钢板桩宜采用屏风式施工法，采用阶梯式或间隔式沉桩；组合式钢板桩沉柱应采用先沉主桩、后沉辅桩的间隔沉柱法。

（1）单根桩施工法　单根桩施工法，是先将 1~2 根板桩一次打到设计深度，然后再施打相邻下一根板桩的方法，是最简单的打桩方法。也可以将 2~3 根板桩竖起连锁后再一次连续打至规定深度，这种方法只需要较矮的打桩架，采用这种方法施打时，板桩易发生向推进方向逐渐倾斜，并使先前相邻已打好的桩一并倾斜，往往需要采用多根楔形板桩（大约占总桩数 2%）或异形板桩调整倾斜，又因为一侧锁口没有导向装置容易造成偏移，因此仅适用于土质疏松的地基，不适用于密实的砂土、坚硬的黏性土。

（2）屏风式施工法　屏风式施工法（成排施打），是先把板桩墙的一段板桩预先插入导向架内，呈屏风状，然后再逐根施打的方法。每次竖起 20 根左右的桩为一段，预先成排插立在导向架内，导向架两端设置导桩，先施打排桩两端头的 1~2 根桩，并一直打至设计高程（或设计高程的 50% 以上），后打排桩中间其余的板桩，一次或分若干次按顺序打至设计高程。施打第二段板桩墙时，拆除一端的导桩、保留另一端的导桩，如图 7-7 所示。

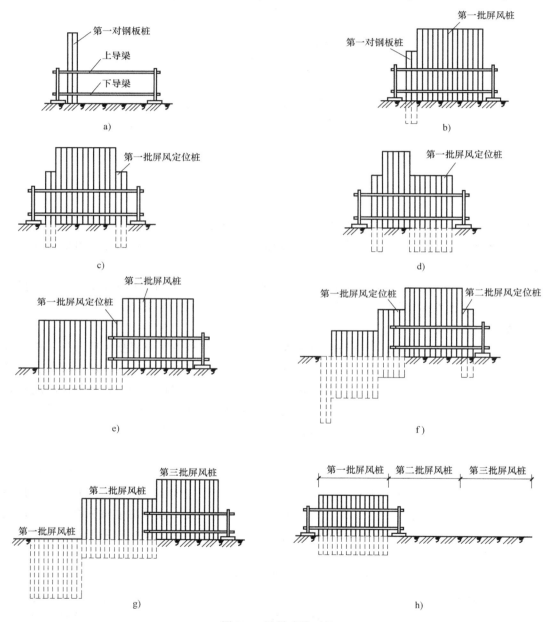

图 7-7 屏风式施工法

屏风式施工法的优点是：板桩沿轴线方向不易倾斜，榫口、锁口不易脱开和被拉坏，几乎可不用楔形桩；板桩墙不易发生扭曲、错牙、倾斜、墙面凹凸等缺陷，也能够较易控制板桩墙总长度。但为了事先插立桩，须用较高的打桩架，插立后呈墙面状的桩易受风浪影响，增加施工的复杂性。虽然在施工管理和施工方法上稍显繁复，但板桩的打入质量好，减少了楔形桩，板桩墙顺直，所以采用较多。

图 7-7a 所示是安装、固定导向架，在导向架内吊插并准确定位"第一对钢板桩"。图 7-7b 所示是将"第一对钢板桩"部分（桩长的 40%~50%）打入土中，沿此"第一对钢板桩"的锁口按整体推进方向继续插入"第一批屏风桩"板桩并定位。图 7-7c 所示是调整并准确定位"第一批屏风桩"板桩的最后一对"第一批屏风定位桩"并将其部分打入土中，控制其桩顶高程与"第一对钢板桩"一致。图 7-7d 所示是从"第一批屏风定位桩"起，向"第一对钢板桩"方向逐次将"第一批屏风桩"部分打入，高程控制与第一对钢板桩相同。图 7-7e 所示倒移、安装导向架，导向架起端与"第一批屏风定位桩"相连，以"第一批屏风定位桩"为导桩，按整体推进方向连续插入"第二批屏风桩"并定位。图 7-7f 所示是调整并准确定位"第二批屏风桩"的最后一对"第二批屏风定位桩"并将其打入土中，控制其桩顶高程与"第一批屏风定位桩"相同。图 7-7g 所示是将第一批屏风桩全部打入至设计高程，第二批屏风桩部分打入土中。如此渐次推进，完成第一批屏风、第二批屏风、第三批屏风……板桩的打入施工。

在移动导向架时，上导向梁拆除后通常保留下导向梁，直至打入足够深度后再拆除。屏风式施工宜与交错打桩法联合使用，将钢板桩插在导向架之间，然后小间隔施打沉桩，先施打第 1、3、5 号桩，再施打第 2、4 号桩，交替进行，如图 7-8a、b 所示。如果地基土为密实的砂、石等，可对第 1、3、5 号桩的桩尖进行加固处理，且要首先击打这些经过加固处理的桩，然后施打第 2、4 号桩至与第 1、3、5 号桩同一高程后，继续施打第 1、3、5 号桩，如此反复，如图 7-8c、d、e 所示。

（3）组合板桩施工方法　组合板桩在板桩码头结构形式中日益增多，一般由 Z 形或 U 形桩与钢管桩、工字形桩或箱形桩组合而成，如图 7-3e 所示。在深水码头中多采用组合钢板桩，其中钢管桩、工字形桩或箱形桩为主桩，按结构强度设计，Z 形或 U 形桩为辅桩，只打入泥面以下一定深度，起挡土墙的作用。

组合板桩墙的施工，首先由打桩定位导向架将桩就位，主桩的沉桩施工必须极为小心，以保证主桩的垂直度和沉桩深度，而且相互平行，间距符合要求。

一般地，所有主桩应顺次打至要求深度，不得中断，成功完成主桩施打之后，打设主桩之间的辅桩。在主桩的定位及沉桩过程中，应利用经纬仪持续观测主桩与板桩墙的直线性与垂直性。

拆除打桩导向架时，必须测定主桩间距，其误差应在设计允许范围之内，以保证辅桩沉桩的可能性和准确性。如果误差大于规定值或间距大于辅桩总宽度的 1.7 倍，需对主桩之间的板桩进行调整或拔出主桩重新施打。为克服辅桩沉桩困难，可以采用射水法或松土法等方法进行处理。

（4）钢板桩辅助沉桩方法　对于钢板桩采用上述各种方法和相应设备仍难以打入的特殊土层，需采取辅助打桩方法与之配合使用，以防止沉桩设备过载或板桩产生破损。

辅助沉桩方法主要有下列几种：

1）低压水冲法或高压水冲法。在桩尖安设喷射水嘴，用于密实黏性土或非黏性的土层。水压力冲击，使土层松散，降低了桩尖阻力和侧摩阻力。低压水冲法，在板桩上安 2~4 根直径 20mm 水管，每根水管以供水压力为 20Pa 的水泵供水，供水量 120~140L/min，配合

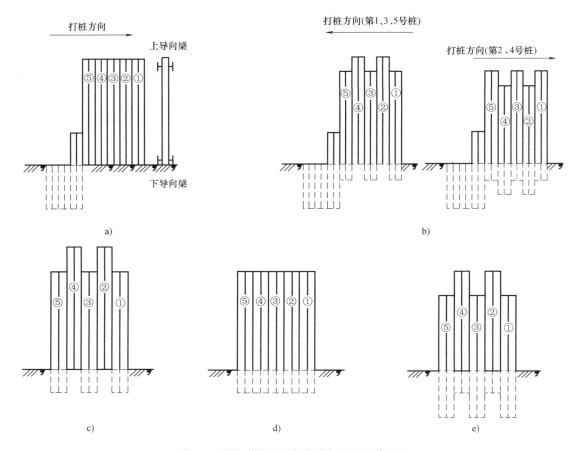

图 7-8　屏风式施工法与交错打桩法联合施工

振动锤使用效果更佳。高压水冲法用于极其密实土层中实施沉柱,供水压力 250~500Pa,使用扁平喷嘴,喷嘴位于桩尖以上 5~10mm 处。

2）爆破施工法。该法适用于难以打设钢板桩、H 形桩、箱形桩及其他类型板桩类的地基,是采用低能量炸药的高度专业化作业方式,炸成颗粒状的破碎岩石层宽度为 500~700mm,其深度为板桩沉入的深度,但要求邻近碎石的岩石仍保持完整无损。

3）钻孔施工法。通过预钻孔可使打桩更容易,在每对板桩的长度方向中心线上钻直径大约为 30cm 的孔。打桩条件如果更困难,则缩小钻孔的间距,钻孔具有减少土层阻力的作用,一般是用麻花钻松土就足以起到辅助沉桩施工的作用。还可以用动力强大的麻花钻挖出一条沟,该沟可采用适当材料回填或只是保留已挖松的土。

3. 板桩沉桩要点

1）水上打桩,无论是采用单独打还是成排打的方式,一般用外龙口的打桩船（打桩架）,且架高要满足插立桩的高度要求,锤的外伸距离能达到所打板桩的形心。

2）打桩方法一般采用锤击法,如遇砂土地基可改用振动法。为了提高打桩效率和避免打坏桩头,宜采用大锤"重锤轻打"。锤大小的选择,对钢筋混凝土板桩可借鉴施打钢筋混凝土方桩的经验。

3) 施打钢筋混凝土板桩所用的替打，在构造上与一般的施打钢筋混凝土预制桩相同，用钢板焊成。打钢板桩用的替打，可用铸钢或用钢板焊成。

4) 钢板桩的锁口内应灌注止水润滑的材料，为防止沉桩时泥土进入锁口内，宜在锁口的下端堵以木塞。

5) 对于连续的板桩墙，每一根板桩的正位程度都影响着后续桩的正常施打，尤其是开始的几根桩，精心地正位施打就更重要，一般都设有定位导向装置，控制板桩两方向的倾斜。

6) 板桩墙轴线不得出现明显弯折。当板桩偏离轴线产生平面扭转时，应在后沉板桩中逐根纠正。当板桩沿墙轴线方向产生过大扇形倾斜时，宜采用沉设楔形板桩的方法进行调整。

7) 当土层变化较大，且需分区确定桩长时，为避免在现场接桩，影响施工进度，钢筋混凝土板桩"宜长勿短"，即宁可截桩，不要接桩。

8) 遇较硬的土质时，为避免打坏板桩顶，可先行钻孔、打孔再打板桩，钢板桩可在桩顶加焊钢板，做适当的加强。

4. 倾斜校正

板桩在施打过程中容易发生倾斜，几乎都是板桩头部向前进方向倾斜。产生倾斜的原因主要有结合部分的摩擦、锤打偏、土压力作用等。若不及时预防和修正，其倾斜将会积累，倾斜大了很难再校正，必然影响板桩墙的施工质量。

1) 倾斜较小时，可以利用绞车等工具，将已打入钢板桩的顶部朝倾斜的反方向拉，如图 7-9a 所示。如采用单根桩施工法，应将打桩方法改为屏风式施工法来校正倾斜。

2) 倾斜较大时，即使采用了上述的应对措施，倾斜度还是超过了 1 倍桩宽时，可以采用顶部和底部宽度不一的楔形板桩来校正斜倾，如图 7-9b 所示。由于楔形板桩与普通板桩相比，截面模量不同，使用时，应验算其结构强度，禁止连续使用楔形板桩。当预计需要使用楔形板桩时，应快速准备好楔形板桩以使打桩过程不中断。

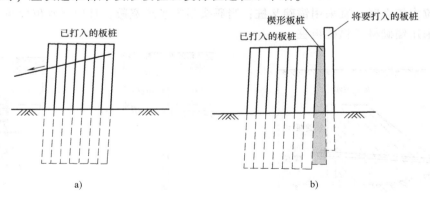

图 7-9 板桩墙倾斜校正方法
a) 板桩墙倾斜较小时 b) 板桩墙倾斜较大时

7.2.3 帽梁、导梁及胸墙

有锚板桩墙设置导梁和帽梁，构成码头整齐的前沿线，加强了板桩墙的整体性和码头的稳定性。当码头水位差不大,拉杆位置较高时,可将导梁和帽梁合二为一,形成胸墙。胸墙的断面有矩形、梯形、L形和I形等。无锚板桩墙没有拉杆,就不存在设导梁的问题,但应设置帽梁。

钢筋混凝土前墙可采用钢筋混凝土导梁;钢板桩前墙可采用钢导梁。帽梁或胸墙可采用现浇钢筋混凝土结构。导梁采用现浇钢筋混凝土结构,以保证导梁紧贴各根板桩以及梁外侧面的平直。预制钢筋混凝土导梁目前很少采用。钢导梁可由一对背靠的槽钢组成,分段长度不宜小于4倍的拉杆间距,并宜与帽梁或胸墙的分段长度一致。导梁的接头位置应与帽梁的分缝位置相对应。现浇钢筋混凝土帽梁或胸墙,其前后两侧均应比板桩宽150mm以上。板桩应伸入帽梁或胸墙内一定深度,钢筋混凝土板桩或地下连续墙伸入帽梁或胸墙的深度可取50~70mm;钢板桩伸入帽梁或胸墙的深度可取1倍板桩截面高度或桩径。

帽梁、导梁或胸墙的变形缝间距应根据当地气温变化、前墙的结构形式和地基条件等因素确定,可采用15~30m。在结构形式变化处、水深变化处、地基土质差别较大处和新旧结构的衔接处,必须设置变形缝。变形缝的宽度宜采用20~30mm,变形缝应采用弹性材料填充。

7.3 锚碇系统施工

在有锚板桩码头中,锚碇系统是最终承受板桩墙土压力的结构。锚碇系统的施工可概括为设置锚碇结构和安装拉杆两部分。

7.3.1 锚碇结构

常用的锚碇结构形式可以分为锚碇板(墙)、锚碇桩(板桩)、锚碇叉桩三种,如图7-10所示。锚碇结构形式应根据码头后方场地条件和拉杆拉力大小等因素选定。当码头后方宽敞,拉杆拉力不大时,宜采用锚碇墙或锚碇板,其施工比较简单;当码头后方场地狭窄,拉杆拉力较大时,宜采用锚碇叉桩;当码头后方场地宽敞,且地下水位较高或利用原土层时,宜采用锚碇桩或锚碇板桩。

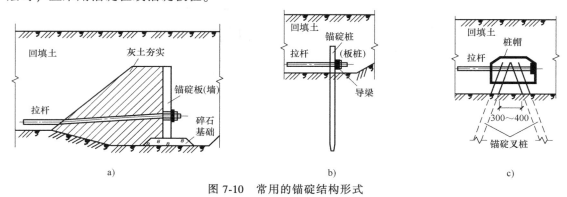

图7-10 常用的锚碇结构形式
a)锚碇板(墙) b)锚碇桩(板桩) c)锚碇叉桩

1. 锚碇板(墙)

锚碇板一般是预制的钢筋混凝土板块。当板块为连续设置而形成的一堵墙体时,称为锚碇墙；当板块为间隔设置时，称为锚碇板。锚碇板的断面形状主要有平板形、双向梯形和 T 形三种，T 形可采用竖肋或横肋，如图 7-11 所示。

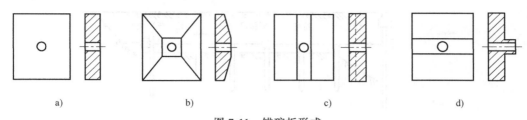

图 7-11　锚碇板形式
a）平板形　b）双向梯形　c）竖肋 T 形　d）横肋 T 形

锚碇板的基础为夯实、整平的灰土或碎石层，连续板在现场就地支模浇筑混凝土，非连续板可预制埋入。板前构成被动土压力的灰土或抛石棱体，以及板后的回填土，均应按照相应的技术要求，保证其施工质量。

锚碇板及拉杆一般在板桩墙的上部，位置较高。为了方便，锚碇施工往往要回填到接近拉杆的高度才进行。但是，若待回填到较高高度时进行锚碇施工，没有锚碇板的锚碇作用，板桩墙会因土压力的增加可能发生稳定问题。因此，在确定施工方法和顺序时，既要考虑施工的方便，又要保证板桩结构的受力合理。

2. 锚碇桩（板桩）

锚碇桩（板桩）依靠其在土中的弹性嵌固作用来承受拉杆的拉力。通常是一根拉杆设一组锚碇桩。锚碇桩可以用单根桩，当拉力较大时，可由一组桩（2~3 根桩）组成。锚碇桩（板桩）均位于陆域内，其施工方法与板桩墙打设相同。锚碇板桩可利用板桩墙上截下来的短板桩。

3. 锚碇叉桩

锚碇叉桩是由一对叉桩和其上端的现浇桩帽组成。一根是压桩，一根为拉桩。它是靠两根斜桩轴向力的水平分力之和来承受拉杆的拉力。

若码头前沿线在水域中，应先施打锚碇叉桩，后施打板桩墙，分段交替进行；锚碇叉桩可能位于斜坡上，会因受后续打设板桩墙的振动和土坡蠕动影响而产生倾斜和位移，因此，施打后应及时进行夹桩。

若码头前沿线在陆域内，因叉桩距板桩墙较近，为避免板桩墙因受土的侧向挤压力而倾斜，也应先施打锚碇叉桩、后施打板桩墙。

任何一种形式锚碇结构的施工，都必须使锚碇结构上穿拉杆的孔位正对板桩墙上穿拉杆的孔位。现浇混凝土帽梁时，为避免受打桩振动的影响，应根据打桩锤的能量，与正在施打的板桩保持适当的距离。

钢筋混凝土锚碇桩墙、钢板桩锚碇桩墙和地下连续墙锚碇墙应设导梁。导梁可单设在桩后，也可利用锚碇桩墙的帽梁作为导梁。单设的导梁，对钢筋混凝土锚碇桩墙，宜采用钢筋混凝土梁；对钢板桩锚碇桩墙，宜采用钢导梁。

7.3.2　拉杆

拉杆是连接板桩墙与锚碇结构、承受轴向拉力的传力构件。拉杆埋置于地下，长期受地下水侵蚀，因此，其制作、安装及防护质量，直接影响码头的安全和耐久性。图7-12所示是拉杆示意图。

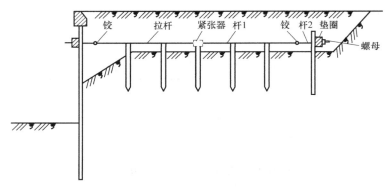

图7-12 拉杆示意图

1. 拉杆的材料

因拉杆承载拉力，应采用钢拉杆。选择拉杆材料时，一是考虑其强度，强度低的拉杆，当拉杆力较大时截面直径太大，制作、运输、连接和安装难度也比较大；二是考虑其伸长率，伸长率不宜过小，保证其适用性强、不宜断裂。拉杆大多采用40~100mm圆钢制成，两端为铰接，节间用紧张器相连，以方便调节初始应力，使应力符合设计要求。拉杆及其配件的规格和材质应符合设计要求。材料应具有出厂合格证书，并按有关规定抽样对其机械性能和化学成分进行检验。

2. 钢拉杆的防腐

拉杆的外敷包裹层应在安装前施工。包裹层的材料和层数应满足设计要求。在拉杆周围严禁使用具有腐蚀性的材料回填。

1）施加初拉力完成后，要对连接铰、紧张器及安装过程中损坏的部位进行"二布三油"防腐。包裹层施工不得出现空鼓和防腐油未浸透现象。

2）为加强防腐效果，采用三七灰土将拉杆上下覆盖，如图7-13所示，对拉杆进行保护。

3）在黏土供应受到限制地区，采取在拉杆外包裹一层不透水土工膜，并用C15混凝土作保护体进行防腐，如图7-14所示。

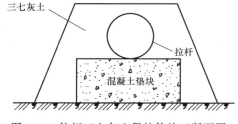

图7-13 拉杆三七灰土保护体施工断面图

3. 拉杆的安装

拉杆安装应在前墙后侧回填施工前进行。张紧拉杆应在锚碇板或锚碇墙前的回填完成，且前墙、胸墙、导梁和锚碇结构的混凝土强度达到设计要求后进行。拉杆安装次序为：安装胸墙内部分→安装锚碇体部分→安装中间部分；先上紧墙外螺母，再上紧中间铰部分。安装要点如下：

1）按一定的间距（4~6m）沿各条拉杆的轴线设木或混凝土桩，作为拉杆的支撑点，以消除或减小拉杆因自重而产生附加应力。若就地布设拉杆而不设支承桩时，拉杆上面应设防压罩，防压罩的顶面应距拉杆顶面15~20cm。

2）穿拉杆时要防止碰坏拉杆的丝扣，将丝扣部分以棉布、塑料薄膜等材料缠绕加以保护。

3）安装两端设铰的拉杆时，要保持铰的转动方向与水平面相垂直。

4）拉杆宜先采用旋紧螺母或张紧器初步调整拉杆长度，再施加设计要求的预拉力，使全部拉杆逐步拉紧，各拉杆初始拉力应相同。

5）当前墙后的回填高度接近拉杆的设计高程时，应再次对拉杆的拉力进行调整，使各拉杆受力均匀并达到预拉力设计值。

6）最终紧固后的拉杆螺纹应至少外露2~3个丝扣。

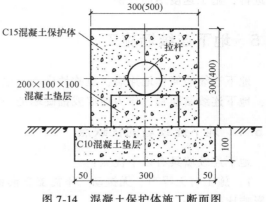

图 7-14　混凝土保护体施工断面图

7.4　墙后回填施工

7.4.1　回填要求

板桩码头后方回填的时间、顺序和速率应满足设计要求。板桩墙后的回填应在拉杆安装之后进行，与拉杆的安装和张紧施工相协调。当需要在拉杆安装前回填部分棱体时，应采取防止前墙发生过大变形和位移的措施。回填顺序应尽可能先回填锚碇结构前被动土压力区的土，后回填前墙后的土，最后进行上部大面积回填。填筑应沿码头纵向均匀地逐步进行。板桩码头后方回填时，应加强前墙变形监测。

7.4.2　填料选择

水下部分的填料宜用砂、砾石、块石等透水性好的材料；水上部分可填砂、石料，也可填无腐蚀性及无膨胀性的黏性土。对地震基本烈度在6度及其以上的地区，不宜填易液化的粉砂，细砂及粉质砂土。在钢板桩墙后及拉杆周围严禁用煤渣、矿渣等含腐蚀性成分的材料填筑。

7.4.3　回填方式

根据板桩码头前沿线所处位置的不同，板桩码头的回填方式也不同。

码头前沿线如在原陆域范围内，采用陆上回填。码头前沿线如在原来的水域中，应先对回填区进行检查，回填区内的回淤沉积物超过设计要求时应进行清理，然后由陆上运输工具运料，从内向外逐步推进填筑，也可以用船运料，采用皮带机或吊机上方驳，在墙后进行抛填。另外，也可以采用抽砂船从海底取砂，用砂泵及管道输送到填土区吹填。

回填及压实应沿与拉杆平行方向进行，只有在拉杆上填土达一定厚度后，方可沿与拉杆垂直方向进行，以免使拉杆（拉杆下的填土必须夯实）压弯和挠曲下沉。在夯实过程中，考虑土对板桩墙有一定的挤压力，应经常观察板桩墙和锚碇结构的变形和位移情况。夯实分层进行，施工速度不能过快。

7.5 地下连续墙施工

地下连续墙简称地连墙，也称地中墙、地下墙，特指从地面建造的地下墙。在板桩码头中，地下连续墙通常也作为前墙或锚碇墙的一种形式。

7.5.1 地下连续墙的优缺点

地下连续墙具有以下优点：

1）施工时无噪声、无振动、不需支立模板，对相邻工程、建筑物、地下设施和地面交通影响比较小。

2）可以适应多种地质条件和现场条件，工程造价低，工期较短，施工安全，质量可靠，技术经济效果比较显著。

3）对于挖入式港池的码头工程和某些船闸船坞工程及建筑物的基坑，可以免去大开挖放坡和减少回填的工程量，节省人力和物力。

4）具有多种功能和用途。它既能用作临时性支护工程，也可作为永久性结构物；既可挡土承重，又可截水防渗；既可作为码头、岸壁、闸墙、坞墙等外露结构，又可作为锚碇墙、承重墙、防渗墙等全埋入式结构。

地下连续墙的不足之处主要有：

1）如果施工现场管理不善，会使泥浆漫溢，污染水源，场地泥泞，造成某种程度的污染。

2）现浇地下连续墙的墙面通常较粗糙，若施工不当可能出现超挖、槽壁坍塌或相邻墙段不能对齐等问题，一般说来越难开挖的地基，其精度也越低，墙的垂直度、墙面平整度均较差。

7.5.2 地下连续墙的施工方法

地下连续墙的施工方法有密排桩成墙和开槽成墙两大类。密排桩成墙是在成墙处成排地、相互衔接地建造就地灌注桩，进而连接成地下墙。开槽成墙是在成墙处先开挖一个或几个槽段，再进行墙身施工，互连成墙。

开槽成墙的施工流程如图 7-15 所示。其中，需要重点注意的分项工程有成槽钢筋笼的制作及安装，接头处理、墙身混凝土浇筑等。

1. 沟槽开挖

建造地下连续墙，首先要在地面造墙位置，沿墙两侧设置导梁，再利用特制的挖槽设备，在膨润土泥浆护壁的条件下，沿导墙开挖窄而长或带肋的深槽，在深槽内建造预制或现浇钢筋混凝土墙身。为了沟槽的稳定，必须把地下墙划分为许多单元槽段，逐段开挖、逐段浇筑混凝土或安放预制墙板。

（1）槽段划分　一道地下连续墙是由许多槽段组成，一段槽段是由抓斗分几次开挖出来的，为此把每次完成的一抓斗称为单元长度。通常，使用抓斗时，其单元长度就是抓斗斗齿开度，一般为 2~3m，一个地下连续墙槽段是由 3~4 个单元长度组成。

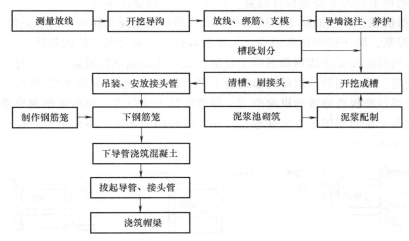

图 7-15 开槽成墙的施工流程

槽段划分对地下连续墙的整体性、强度、施工质量和速度等都有影响，应考虑下列问题：

1）地下连续墙的用途和结构形状，不能在结构突变或应力集中的部位分缝。
2）地下连续墙的厚度与深度或单位长度的工程量，相邻建筑物的影响。
3）工程所在地的地质和地下水位条件，施工用地面积。
4）施工设备的性能和能力，钢筋笼的质量和大小。
5）储浆池的容量，混凝土拌和料的供应能力，连续作业时间等。

划分单元槽段既要满足地下连续墙的功能和强度要求，又要与施工条件相适应，保证施工质量和效率，并尽量使槽段的类型少。最常见的是液压抓斗的三抓成槽，如图 7-16 所示。抓斗的开斗宽度为 W，首先抓起两边单元，再抓中间单元。槽段内始终充满泥浆。为保持墙面平直，中间一抓长度比两端单元长度小，约为 $(0.3~0.7)W$。

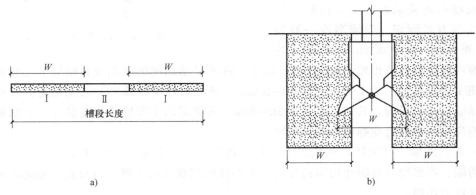

图 7-16 三抓成槽法槽段长度
a）平面图 b）立面图

（2）导墙施工 导墙是在槽段开挖前，沿地下连续墙墙面线构筑的施工临时设施，其主要作用是：

1)准确地标示出地下墙的设计位置,并作为施工测量的基准。
2)为挖槽机械、灌注混凝土的机架和导管及吊放钢筋笼工作等导向和定位。
3)容蓄泥浆,防止槽壁顶部坍塌,为预制墙板提供固定和悬挂的条件。

导墙多采用现浇混凝土或钢筋混凝土建造,也可用预制钢筋混凝土、钢材、木材、砖砌或其他材料建造。最常用的导墙结构形式有 L 形、Γ 形和⊐形,如图 7-17 所示,其目的是加长泥浆的渗透路径和提高导墙的纵向刚度。导墙混凝土浇筑并拆模后或预制导墙安装后,为防止导墙在侧向土压力作用下发生变形、位移,应每隔一米设上下两道临时横撑,同时禁止机械等设备在导墙周围碾压。

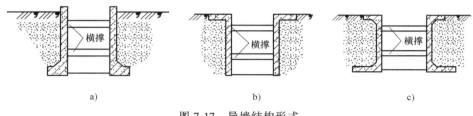

图 7-17 导墙结构形式
a) L 形 b) Γ 形 c) ⊐形

导墙施工顺序为:测量定位→挖槽→绑扎钢筋→支模板→浇筑混凝土→拆模板并设置横撑→导墙外侧回填黏土压实。导墙施工完毕后,应在外侧用黏土回填夯实,以免泥浆渗入墙后,引起槽段塌方,如图 7-18 所示。

导墙的厚度、间距,垂直度及水平位置对地下连续墙的建造精度有很大影响,必须充分注意,其结构形式与尺度应根据现场的地质条件、施工荷载及所选用的挖槽方式而定,导墙高度一般为 1~2m,顶面应高出地面 50~100mm,并

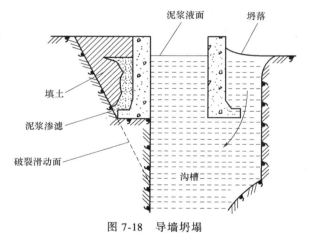

图 7-18 导墙坍塌

应保证槽内泥浆液面高出地下水位 0.5m 以上。两导墙墙面间的净距应根据地下连续墙设计厚度加施工余量确定,施工余量可取 40~60mm。导墙应打设在较密实的土层上,并保证不漏浆。导墙应设变形缝,其间距宜采用 20~40m,两导墙的变形缝应相互借开。导墙施工的允许偏差应符合现行行业标准的相关规定。

(3)护壁泥浆 在天然地基状态下,垂直向下开挖,会破坏土体平衡状态,槽壁往往会发生坍塌,泥浆则具有防止坍塌的作用,使用优质泥浆进行护壁十分重要。除此之外,泥浆还具有以下功能:

1)泥浆的静压力可抵抗作用在槽壁上的土压力和水压力,并防止地下水渗入。
2)泥浆在槽壁上形成不透水的泥皮,从而使泥浆的静压力有效地作用在槽壁上,同时防止槽壁剥落。
3)泥浆从槽壁表面向地层内渗透到一定范围就黏附在土颗粒上,通过这种黏附作用减

少槽壁坍塌和透水。

泥浆对于地下连续墙的施工质量和工程造价影响较大，泥浆的制备与再生处理在地下连续墙施工中占很重要的地位。

护壁泥浆一般采用膨润土泥浆，该泥浆比采用其他黏土制备的泥浆具有更好的护壁效果。但采用膨润土拌制泥浆只是增加泥浆黏度，为了配制优质泥浆，确保成槽质量，还需在泥浆拌制过程中加入适量的增黏剂和分散剂等。

泥浆在使用过程中，由于土渣的混入，地下水及雨水的稀释，土中及地下水中化学物质作用等，均会使泥浆性能恶化，故需进行再生处理，恶化程度大的泥浆应予废弃，经再生处理的泥浆又可继续使用，形成泥浆循环。泥浆的再生处理有化学和物理两种方法。化学处理方法是通过添加掺和剂进行泥浆性能的调整和改善，使之满足使用要求。物理处理方法主要是把土渣从泥浆中分离出来，有重力沉降处理和机械处理两种方法，一般组合使用可以提高处理效率。

（4）成槽与清渣　根据槽段划分，各槽段按照"跳一挖一"施工，如表7-1所示，首先施工Ⅰ槽，然后施工Ⅱ槽。成槽是地下连续墙施工的关键工序之一，既控制工期，又影响质量，根据地质情况，采用地下连续墙液压抓斗施工。在抓土过程中，抓斗应对准导墙中心挖土，通过液压抓斗导向杆调整抓斗的位置和垂直度，以控制成槽精度。当槽段挖至设计高程后，应及时检查槽位、槽深、槽宽和垂直度。成槽的允许偏差应符合现行行业标准的相关规定。

表 7-1　地下连续墙施工顺序

序号	图示	说明
1	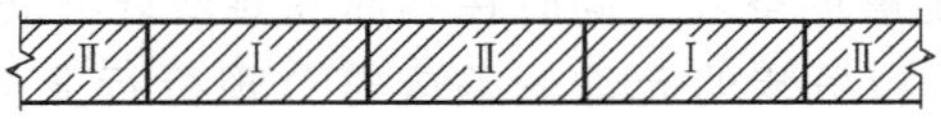	待开挖的槽段编号，分为Ⅰ槽段和Ⅱ槽段
2	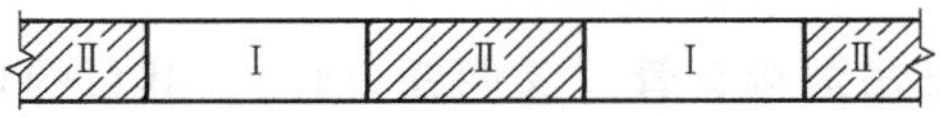	先开挖Ⅰ槽段
3	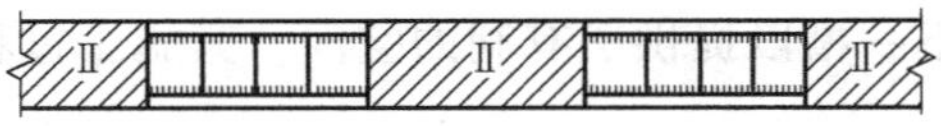	Ⅰ槽段开挖完成后，进行清孔，下放钢筋笼
4	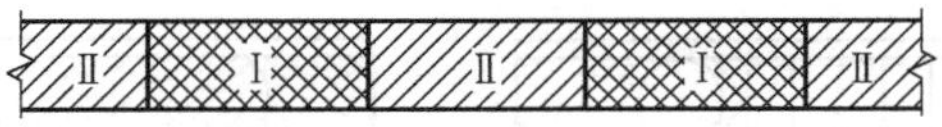	Ⅰ槽段浇筑水下混凝土
5	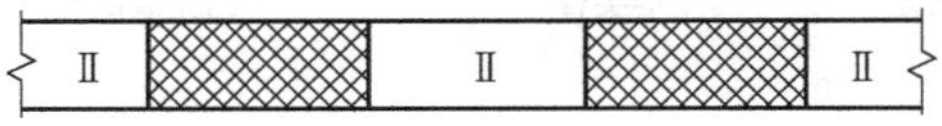	Ⅰ槽段混凝土达到设计规定强度，开挖Ⅱ槽段
6	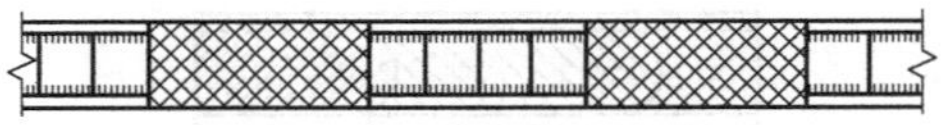	清刷Ⅱ槽段两端与Ⅰ槽段的接头，下放钢筋笼
7	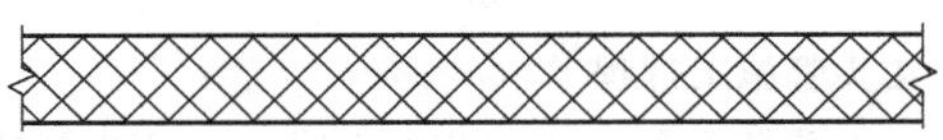	浇筑Ⅱ槽段混凝土，连续墙连成整体后浇筑帽梁

槽段挖好后,会有土渣沉入槽底,如不清除,会影响混凝土的强度和地下连续墙的防渗性,影响钢筋笼就位,加大沉降量,降低承载力,故清渣工作十分重要。沉渣清除基本上有两种方法:换浆清渣和清底清渣。

换浆清渣是利用泥浆循环进行置换排渣,通常是在槽段挖完后,继续进行泥浆循环,直至泥渣清除。

清底清渣是利用吸力泵、压缩空气或水泵将沉淀在槽底的土渣连同泥浆一起抽出槽外。

清渣工作可在吊放钢筋笼之前或之后进行,但在浇筑混凝土之前,一定要完成清渣工作。

为了防止单元墙段接头处夹有沉渣,在浇筑混凝土之前,用钢刷或高压水清除黏附在相邻混凝土墙段接头处的淤积物。

2. 钢筋笼的制作及安装

地下连续墙钢筋笼具有外形尺寸大、质量大、需要起吊安装的特点,它的制作及安装是地下连续墙施工中的一道重要工序。钢筋笼的制作及安装的质量直接影响地下连续墙墙体的质量。

一个槽段的钢筋需在入槽前组装成钢筋笼整体吊装。如果由于起重机高度和能力的限制,无法整体吊装时,可分为两段或三段接长。

为使钢筋笼在吊放时不发生弯曲或歪斜,要设置架立钢筋或型钢组成的劲性骨架,也可加焊钢筋桁架或在主筋平面内加斜拉条,吊点要充分加固。为使浇筑的混凝土容易流动,主筋的间距不应小于100mm。纵筋和横筋的连接可用焊接或绑扎。在组装时要预留出插入灌注混凝土导管的位置,上下贯通,并留有足够的空间,同时在其周围要增设箍筋连接加固,并将纵筋配置在横筋内侧。钢筋骨架制作和吊装的允许偏差应符合现行行业标准的相关规定。

3. 槽段接头处理

在槽段开挖和清渣后,需要在槽段端部吊放接头管(又叫锁口管),其目的是在端部使新老混凝土呈锁口状态啮合,在施工时避免水泥浆渗入到下一槽段的土壤中,影响下一槽段的开挖,同时也为挖槽机具嵌入土中开挖下一槽段提供了有利的空间。其施工过程如图7-19所示。

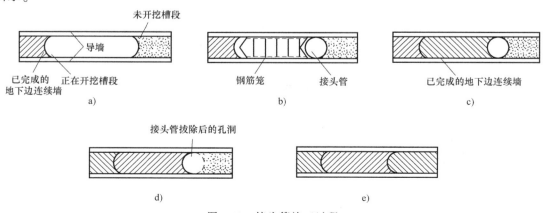

图7-19 接头管施工过程

a)槽段开挖 b)吊放锁口管及钢筋笼入槽 c)浇筑混凝土 d)拔除锁口管 e)已建成槽段

接头管大多为圆形，此外还有缺口圆形、带翼形、带凸榫形等，如图 7-20 所示。接头管的外径应不小于设计墙厚的 93%。

接头在吊放和接长时，要对准导孔的中心，垂直插到槽底。

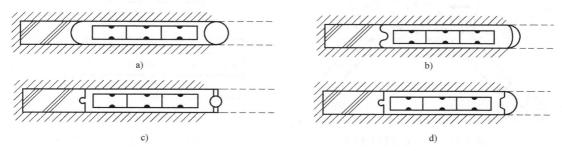

图 7-20　接头管形状
a) 圆形　b) 缺口圆形　c) 带翼形　d) 带凸榫形

在槽段混凝土初凝前，一般为 2~4h，将接头管稍微转动和提拔几次，以后每隔一段时间少量提动一次，0.1m 左右，到一定时间再慢速拔出整个接头管。要注意掌握拔管时间，过早会导致混凝土坍塌和拉裂，过迟将因混凝土黏着力而难于拔出。

4. 墙身混凝土浇筑

混凝土浇筑前应对槽底进行检查，当沉积物厚度超过规定时，应重新进行清槽。

地下连续墙混凝土拌和料要求有一定的流动性且不发生离析，其配合比应按设计要求和试验确定。水胶比不得大于 0.6，水泥用量不宜少于 370kg/m³，混凝土的配制强度应比设计强度提高 40%~50%，坍落度宜为（200±30）mm。

开始浇筑时，导管底端距槽底不得大于 0.5m，首次灌注混凝土的量应保证导管埋入的深度大于 1m。在浇筑过程中，导管宜埋入混凝土中 2~4m，混凝土顶面的上升速度不应小于 2m/h。当在同一槽段用 2 根导管浇筑时，导管的间距不宜大于 3m，导管与槽段两端面的距离不宜大于 1.5m。在浇筑过程中，各导管处的混凝土表面高差不宜大于 0.3m，可以通过混凝土浇筑分配器，如图 7-21 所示，把混凝土均匀地分配给两根灌注导管，使两根灌注导管浇筑量均匀，从而使混凝土上升速度平稳，有效控制两管之间混凝土面的高度差。

单元槽段混凝土必须连续浇筑。在浇筑过程中应控制混凝土的浇筑量、上升高度和导管下口埋入混凝土的深度，防止导管内进水。

地下连续墙顶部宜预留 500~800mm 的富余浇筑高度，凿除浮浆后，墙顶高程应满足设计要求。单元槽段混凝土浇筑量不得小于计算量。

对于分层浇筑两种不同性能混凝土的工程，如我国北方地区，前墙水位变动区段混凝土有明确的抗冻要求，而以下为无抗冻要求混凝土，要求不同性能混凝土要连续浇筑完成。在准确测出混凝土顶面到达规定的高程处时，及时停止浇筑，此时应确保导管底口在混凝土中有 1m 的埋深，然后改浇筑另一种性能混凝土到设计高程，并留有一定富余高度，确保墙顶凿除后，高程及混凝土质量符合设计及规范要求。这种浇筑方法不但解决了不同性能混凝土的连续浇筑问题，还有效地保证了前墙的整体性，如图 7-22 所示。

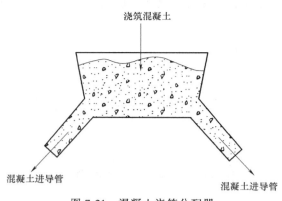

图 7-21 混凝土浇筑分配器

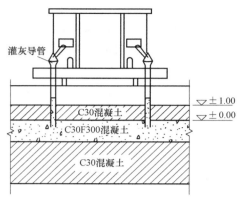

图 7-22 连续浇筑不同性能混凝土

习 题

7-1 简述板桩码头的施工特点。
7-2 简述板桩码头的施工程序。
7-3 导向梁与导向架的作用是什么？其设置要点有哪些？
7-4 简述板桩的打入方式及其施工工艺。
7-5 钢板桩辅助沉桩方法有哪些？各适用什么情况？
7-6 板桩沉桩有哪些施工要点？
7-7 板桩施打发生倾斜时，应如何校正？
7-8 锚碇结构形式有哪几种？
7-9 拉杆安装要点有哪些？
7-10 板桩码头墙后回填施工要求有哪些？
7-11 地下连续墙有哪些优缺点？
7-12 地下连续墙施工导墙的作用是什么？
7-13 地下连续墙槽段划分应考虑哪些问题？
7-14 地下连续墙钢筋笼的制作及安装应符合哪些要求？
7-15 如何处理槽段接头？
7-16 地下连续墙墙身混凝土浇筑应符合哪些要求？

第8章 防波堤与护岸

学习重点

斜坡式、直立式防波堤施工工艺流程及施工方法，斜坡式护岸、直立式护岸施工要点。

学习目标

掌握斜坡式防波堤的施工工艺流程、施工要点，堤底、堤心、垫层、抛填压脚棱体与护底、护面层、挡浪墙的施工方法，直立堤的施工工艺流程和施工要点；熟悉斜坡式护岸、直立式护岸的施工要点。

防波堤是港口工程的重要组成部分，是防御波浪对港口的侵袭、保证港内水域平稳和基础设施安全的水工建筑物。护岸是在海岸、河岸和湖泊水库岸边修建的防护工程，是防御波浪和水流对岸坡和陆域的侵袭、保障陆域人员和基础设施安全的水工建筑物。

8.1 概述

8.1.1 防波堤与护岸的类型

防波堤按平面布置可分为突堤和岛堤；按结构形式分为斜坡堤、直立堤和混合堤，近年来出现了一些其他结构形式的防波堤，如半圆形结构、空心块体结构防波堤等。此外，还有遮挡或消散上层水体波浪运动的轻型防波堤，如透空式、喷气式和浮式防波堤等。

突堤，一端与岸相接，另一端伸向海中，由堤根、堤身和堤头组成。岛堤，两端均不与岸相接，位于离岸有一定距离的水域中，由两个堤头和中间堤身组成。

斜坡堤，堤身两侧均为斜坡面，一般用于水深浅、地质差、当地又盛产砂石料的地区，当用混凝土人工块体护面时，也可用于水深、波浪大的情况。直立堤有重力式和桩式两种类型，重力式直立堤一般要求有较好的地基条件，或对软弱地基进行加固处理，桩式直立堤适用于水深不大、地基较差、砂石料资源缺乏的情况；混合堤实际上是高基床的直立堤，一般适用于水较深、地基承载力有限的地区。半圆形防波堤与直立式相比，波浪对半圆形防波堤的作用力较小，且波压力均指向圆心，拱圈受力合理，不产生倾覆力矩，抗滑稳定性好，适用于软基。透空式防波堤适用于水深较大、波高较小而波陡较大，且水流和泥沙对港内水域影响不大的情况。

护岸按结构形式主要可分为斜坡式护岸和直立式护岸。斜坡式护岸适用于岸坡较缓、水深较浅、地基较差、用地不紧张的地段和就地修坡的岸坡，其特点是护岸断面外侧临水，内侧与陆地相接。直立式护岸适用于水深相对较深、地基较好或经过处理的情况。

防波堤与护岸施工应根据结构特点，现场条件和施工能力合理确定施工区段、施工顺序和工序搭接长度。

8.1.2 防波堤与护岸的功能

防波堤的主要功能是防止受掩护水域受到波浪的干扰，以保证船舶等正常作业所需要的泊稳条件。有的防波堤还具有防止淤积、流沙和冰凌流入港池、航道，导流和内侧兼做码头或靠船墩的功能。

护岸作为陆域与水域的边界，其作用是阻止岸滩不再受波浪、海流等动力因素作用向其后侧侵蚀发展；保护其后侧岸滩的稳定和陆上建筑物、设备安全；在一些特定情况下还可用于围海造地和修建人工岛等。图 8-1 所示是某核电站的防波堤与护岸，图 8-2 所示是某游艇港的防波堤与护岸。

图 8-1 某核电站的防波堤与护岸

图 8-2 某游艇港的防波堤与护岸

8.1.3 施工前的准备工作

防波堤与护岸施工除了一般工程开工前都需要进行的准备工作之外，还应做下列准备工作：

1) 设置 GPS 基准站和平面控制基线或点、高程控制点。
2) 扫海及清障。
3) 实测水深地形图。
4) 设置控制标、潮位标。
5) 设置计量设施，制订验方办法。
6) 设置预制构件预制场、储存场和出运码头。
7) 设置水上锚系设施和船舶避风锚地。
8) 采用陆上推进施工时，需修建通往堤根的施工道路。

8.1.4 施工注意的问题

1) 防波堤与护岸工程开工前，应对工程所在区域的水文、气象、地质等现场条件进行调查，并应对风、波浪、潮汐、水流和雾等主要影响因素进行重点分析。
2) 防波堤与护岸工程的施工水位应根据工程特点、水文条件、气象条件施工工艺和施工能力综合确定。

3）防波堤与护岸工程的施工应以保障施工期堤身结构安全稳定为原则。在编制施工总体方案和施工计划时，应根据工程规模、结构特点、工期要求、施工季节、施工能力和可能出现的不利工况，合理确定施工分段、主要工序的施工步距及施工强度。

4）在大浪发生频率较高水域施工、台风季节施工或度汛施工时，应综合考虑当地大浪发生概率及等级、汛期水位、工程重要程度和施工周期长短等因素的影响，制订保障工程安全的措施及防护预案，必要时应安排模型试验验证。

5）施工期间可能遭受台风侵袭时，对未按设计断面成形的堤段，应按防护预案和设计要求，结合现场实际，采取防止或减少风浪损毁的施工临时防护措施。

6）施工期间应对防波堤与护岸的沉降、位移情况进行观测和分析。工程完工后，应按设计要求在工程明显部位设置永久性沉降、位移观测点。

8.2 斜坡式防波堤施工

防波堤作为防浪建筑物，其施工条件恶劣，可作业天数少。斜坡式防波堤本身在施工过程中就容易遭受波浪的袭击而破坏，在未形成设计断面之前，其抗浪能力很差，更何况从堤心到护面是分段、分层逐步完成的，工序多，暴露范围大，遭受波浪袭击概率高，破坏程度大。一旦遭受破坏，将直接影响港池内建筑物的施工，后果严重。因此，应在尽可能增加和充分利用可作业天数的原则下，认真研究其施工。

斜坡式防波堤的主要施工内容及施工工艺流程如图8-3所示。

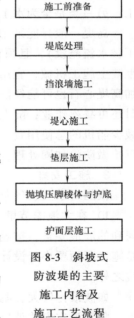

图 8-3 斜坡式防波堤的主要施工内容及施工工艺流程

8.2.1 斜坡式防波堤的施工原则

1）斜坡式防波堤的施工，应按照合理控制施工步距、尽快形成设计断面和全断面推进的原则组织进行。

2）斜坡堤堤心、垫层、护面层的施工步距应根据工程结构特点、水文与气象情况、现场条件和施工能力等综合确定。

① 正常施工季节在受风浪影响较小水域施工时，堤心与护面层的施工步距不宜大于150m；垫层与护面层的施工步距不宜大于80m。

② 正常施工季节在受风浪影响较大水域施工时，堤心与护面层的施工步距不宜大于100m；垫层与护面层的施工步距不宜大于50m。

③ 台风季节或在大浪发生频率较高水域施工时，堤心与护面层的施工步距不宜大于50m；垫层与护面层的施工步距不宜大于30m。

④ 深水防波堤堤心、垫层、护面层的施工步距应根据现场实际情况适当减小。

3）对于需要超前护底的工程，每段护底垫层铺设时，均应考虑留有足够的超前护底长度。

4）斜坡堤的预留沉降量，应考虑地基沉降量和施工期堤身沉降量。地基沉降量应按设计要求确定，施工期堤身沉降量应考虑抛填厚度、石料规格与级配、抛填工艺、施工速度、海况条件等因素并结合施工经验确定。

5)斜坡堤的沉降观测点应根据设计要求、地质情况、结构特点和施工经验设置。观测点应设置在方便观测且具有代表性的部位,在施工中应注意进行保护;软土地基上的斜坡堤,宜间隔 100~300m 设置一个,且不应少于 3 个;岩石或砂砾石地基上的斜坡堤,宜间隔 200~500m 设置一个,且不应少于 3 个;有特殊观测或监测要求时,观测点的设置应满足观测或监测要求。

8.2.2 斜坡式防波堤施工要点

1. 施工特点

1)斜坡式防波堤不需大型施工机械,但工程量一般较大,施工条件较差。特别是对于建在浅水区域的斜坡堤,水上材料运输和抛填施工需要趁潮作业,有效工作时间短,易造成工期延迟。

2)斜坡式防波堤多在外海开敞水面上施工,施工船机和建筑物本身都直接受波浪袭击,而斜坡堤在施工阶段对波浪的抵抗能力很弱。因此在确定施工方案和安排施工顺序时,必须充分考虑施工过程中堤身的安全和稳定,尽量减少和避免遭受波浪袭击而破坏。

2. 施工方案

斜坡式防波堤施工方案分为两类,一类是以陆上作业为主,水上作业为辅的陆上推进施工;另一类是全为水上作业的水上施工。在特殊条件下,也有全为陆上作业的陆上施工。

岛堤一般只能采用水上施工方案。突堤,堤心顶面在设计高水位以上(确保堤顶通道不被水流淹没),且顶宽能满足陆上机械作业要求,此时,如石料主要来源于陆上,又有大型陆上施工机械,宜用陆上推进施工方案。有时为采用陆上推进施工方案,即使适当加宽、加高堤心石也可能经济合理。陆上作业几乎不受波浪的影响,极大地增加可作业天数,必要时还可昼夜作业;陆上机械台班单价低,且因能充分利用日历天和工时,机械利用率高,可减少船机的总使用费。如预报有大风浪,在其到来之前,水上作业虽已停止,但陆上作业还可抢做防浪加固处理,可缩短防浪的停工时间并减少浪击损失。

3. 施工安排

根据对水文、气象资料的分析,按季节合理安排施工。

1)在大浪季节里,为避免浪击损失,又为大浪过后能开创更多的工作面,应根据可能遇到的波浪要素,按经验或通过模型试验拟定设计低水位以下的堤心施工断面。拟定的原则是施工断面要小于设计轮廓线,而且要小到即使受到风浪袭击,堤心石也不会落到设计轮廓线之外。

如波浪比较大,既要避免浪击损失,又要争取多完成一些工程量,也可缩小流水分段长度,限制没有安放外层护面块体的段长,如不超过 30m 或保险合同规定的长度。

2)大浪前、后的季节里,为多开工作点,以充分利用可作业天数,应加大流水分段长度,减少分层层数,配备足够的船机、劳动力和储备充足的材料,即石料、护面块体等。

3)海况好时侧重安排迎浪侧的施工,海况差时侧重安排背浪侧的施工。

4. 施工方法

在经济合理的前提下,所拟定的施工方法应最大限度地增加可作业天数,并充分利用可作业天数和提高作业效率。

1)水上吊安人工块体应选用满足施工抗浪等级、起重能力和吊臂旋转要求的起重船。

2) 陆上推进施工应选用大型陆上运输和起重设备,扩大陆上施工范围,减少水上施工工作量,且宜两班作业,以提高日生产效率并加速工程进度。

3) 按船舶驻位作业要求,如系缆的设置数量和长度,沿堤两侧多抛设系缆用的混凝土块体,块体上用锚链系带缆浮筒,以省去等候抛、移锚和减少系缆所需的时间,提高作业效率。

4) 在大浪季节里,要充分考虑防浪的覆盖措施和储备防浪护面的大块石、人工块体,且为方便放置、撤除,缩短防浪所费的时间和提高其抗浪能力,应采用兜装大块石、数块人工块体串联安装的施工方法。

5. 施工程序

(1) 陆上推进施工的程序 若突堤堤顶较宽、堤心石顶面较高,一般具备陆上推进条件。下面将图 8-4 所示断面作为标准断面,简述陆上推进施工的主要程序。

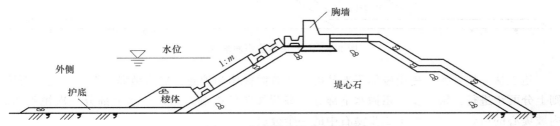

图 8-4 堤顶设胸墙的斜坡堤

陆上推进施工从堤根开始。堤根部水深较浅,堤心石的抛填可以一次到顶地向前推进,推进到一定程度,为防止继续推进造成塌坡、浪击破坏,此后堤心石原则上需分两步进行。第一步在水上进行粗抛,其顶高程可根据施工期波高及抛石设备能力确定;第二步由陆上继续推进,一次到顶。堤心石成形后,即重点进行外坡工序如垫层、护底、棱体以及护面等的施工,分段流水进行作业,其中护底和棱体基本上可与垫层块石施工同步进行。

胸墙施工时,若堤顶宽度较大,胸墙施工后不影响陆上机械及车辆行走,仍能继续从陆上向前推进,可多头展开;若堤顶较窄,胸墙施工后影响陆上推进,则应将胸墙的施工期适当后延。

胸墙施工完成后方可将坡肩处的护面体补齐。内坡成形一般可放在胸墙施工之后进行施工。

堤身施工应注意掌握施工季节。堤心石第一步水上抛填,基本不受风浪影响,可超前多抛。堤心石的第二步长高成形以及垫层石和护面等的施工,应重点安排在非大浪季节进行,其分段流水的分段长度视工程量和运输安装能力的大小而定,但也不宜太长,如需在大浪季节施工,其分段流水的分段长度应尽量缩短,并要"步步为营",且在大浪来临前,应根据预报风浪情况,在堤身长高推进面及堤头用大块石,必要时用护面块体进行临时保护。

(2) 水上施工的程序 凡不具备陆上推进施工条件的均采用水上施工。

对于图 8-5 所示的采用抛填混凝土方块的斜坡堤,其底部堤心石的抛填方法,与抛石堤基本相同,而其上部混凝土方块的抛填,视其质量大小,选择相应能力的起重设备,逐层吊抛。

下面将图 8-6 所示断面作为标准断面简述岛式斜坡堤水上施工的主要程序。

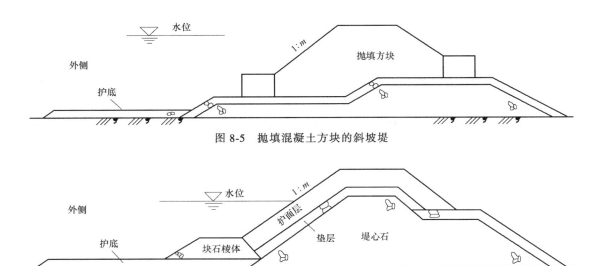

图 8-5 抛填混凝土方块的斜坡堤

图 8-6 人工块体护面斜坡堤

施工从一端开始,先抛棱体下部基础,接着抛棱体和护底,然后抛堤心石。抛堤心石原则上分两步进行,第一步先粗抛水下部分,高程按防浪控制。第二步水上部分一次抛到顶。内坡堤心的肩台,可作为第二步抛石中的一个分层。

堤身和护面,在海况条件好时,应以外坡为主,但内坡也不应忽视而要及时护上。若堤顶低,堤身窄,在护面没有全部完成时,往往波浪越顶也能把内坡打坏。

对于建在软基上的斜坡堤,水下棱体的施工应与堤心底层抛石同步进行,而且应先抛水下棱体,后抛堤心石,以防止堤心石滑移。堤心的分层及其间歇时间等,均须按设计要求进行。

8.2.3 堤底处理

当防波堤的地基为软土时,应对堤底进行处理。根据软土厚度的不同,处理的方法有挖泥换砂、抛砂垫层并加铺土工布、软体排护底、打设竖向排水通道抛填水平向排水砂垫层和爆破挤淤等。本节介绍抛砂、铺土工布的施工方法。

1. 抛砂

换砂、抛砂垫层和抛水平向排水砂垫层时,应考虑水深、水流和波浪等自然条件对抛砂产生漂流的影响,先根据抛设砂垫层的范围抛设沙袋,根据抛填厚度选择适宜的抛填方法。当抛填厚度较大时,用泥驳抛,一次抛填量大,效率高,速度快,避免分层抛填层间夹有回淤淤泥;当抛填厚度小时,用方驳或自航驳抛填。抛填时,船装砂、船驻位、设标对标、设定位船,具体抛填方法与抛填堤心石和重力式码头基床的抛石方法类同。

砂垫层的整平可采用一般抛石基床的粗平方法,整平后的高差应控制在 $-300 \sim +500$mm 以内。抛砂应分段施工,分段长度应根据自然条件和施工能力确定。抛填后应及时进行上部覆盖层的施工。

2. 铺设土工布

准备工作有土工布的拼接成卷、定位导标设立和砂垫层整平。土工布拼接成卷,在平地上展开土工布,检查外观,如发现有伤痕、裂口和破损,做修补处理,再将土工布按设计宽度裁成段,缝制成幅宽为 15~20m 的铺设块,按 1m 一层折叠好,用细绳捆扎并运到土工布铺设船上。

铺设土工布时,将铺设船拖至施工区域,先利用导标进行粗定位,再使用 GPS 精确定位,在土工布首端用铅丝固定碎石袋和土工布,横向和纵向每 1m 均绑扎一个碎石袋,边绑扎碎石袋边沿船舷沉放土工布,在端部固定并沉放 3m 后,沿垂直轴线方向向后移船 3m。铺设过程中,使用 GPS 对船位进行实时监控,按绑扎、铺展、移船、定位的顺序进行铺设。相邻的土工布搭接长度为 1.5m,为了避免对土工布铺设的影响,在搭接范围内不绑扎碎石袋。潜水员对土工布搭接情况进行检查,检查合格后用碎石袋压好,以免在抛填堤心石时将土工布砸破。土工布铺设完成一个施工段,经监理工程师验收合格后,应尽快抛填堤心石。

8.2.4 堤心施工

堤心常采用 10~100kg 块石,经论证也可采用开山石,或用土工织物充填袋作代用材料。

1. 抛填堤心石

无论是岛堤还是突堤,堤心石的抛填均从一端开始。因施工条件不同,陆上施工和水上施工的抛填方法也不相同。

(1) 陆上推进施工 陆上推进施工在堤根部浅水区开始抛填堤心石,由陆上一步抛填至施工高程。其一次推填高度应满足地基和堤身稳定要求。深水区的抛填分为两步:

1) 水上抛填至施工水位附近,根据风浪和施工控制情况,抛填边线应在设计底边线以内若干米,并设辅助标进行控制,以避免块石因风浪影响和粗抛误差而落在设计底边线以外。

2) 从施工水位附近抛填至施工高程(设计高程加预留沉降量),主要使用陆上推进施工。

只有当吊机能力不足时,较远的坡脚处才辅以水上补抛。

陆上推进施工的几种集中抛填方法及其特点见表 8-1。

表 8-1 陆上推进施工的抛填方法及其特点

种类	特点
汽车抛运	因轮压较大,行车道距坡肩应有一定的距离,若堤宽度仅能满足单行线,需间隔一定距离局部加宽增设掉头区
重型卡车运抛 推土机运抛 装载机运抛	适用于堤宽较宽抛石堤的施工,运量大、效率高;行车道距坡肩应有较大的距离

斜坡堤的边坡坡度一般为 1:1.25~1:3,堤心石抛后边坡坡度约为 1:1 自然坡。为保证设计坡度,抛填时应根据情况进行削坡、补抛处理,如图 8-7 所示,堤顶外侧边线比设计线放宽几米,用人力或钩机削坡,将多余石块向下掀抛,堤顶内侧边线比设计线缩窄 0.5~1.0m,用钩机补抛,其水下不足部分,在陆上用吊机吊盛石网兜定点补抛,或用民船、方驳在水上进行补抛。当堤心石坡面上设有垫层时,如垫层大块石供应量大、水下堤心石坡面缺石又不多,且陆上抛垫层块石与水上抛堤心石价格相近,则常直接抛填垫层块石,而不使用民船或方驳补齐。

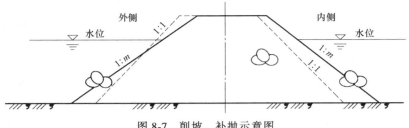

图 8-7 削坡、补抛示意图

（2）水上施工抛填　水上施工抛填堤心石，先粗抛，后补抛、细抛，抛至施工高程，成形。

1）民船运抛是常用的抛填方法，适用于浅水防波堤的抛填和深水防波堤的补抛以及细抛。民船运抛装载量一般为 $3 \sim 20 \mathrm{m}^3$，满载吃水一般小于 0.5m，船体小，可自行抛锚，机动灵活，但作业范围小，故在流水线上可安排多艘船。装石料时，船可分散在石场附近滩地，乘潮装船，或靠泊简易石料出运码头装船。如图 8-8 所示，民船抛填按驻位方向不同，可分为正抛、侧抛和搬填，如垂直堤轴线驻位并设跳板搬填，可填至施工高程，但劳动强度大。

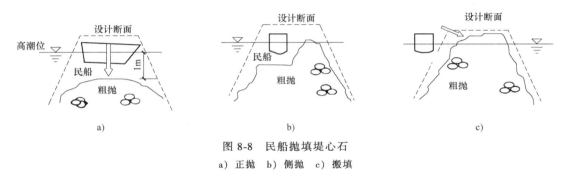

图 8-8　民船抛填堤心石
a）正抛　b）侧抛　c）搬填

民船可就地租用，抛填费用低。但运量按船方量计，如管理不严，容易亏方；民船抗浪能力小，工作天数少；用民船有季节性，常因农忙而租不到足够数量的民船，会延误工期。因此，在有条件的情况下，宜用大民船或方驳作为定位船，民船傍靠定位船抛石，以便准确定位。测水深指挥地抛填，严格收方，省去民船抛锚定位，减少非作业时间。

2）方驳运抛是目前较常用的抛填方法，特别适用于深水防波堤的粗抛，也可用于补抛、细抛。方驳的载石量应视风浪大小而定，以确保安全。因方驳吃水较大，需靠泊石料出运码头装石。抛填高度与载石量有关，一般可抛至施工高程。方驳运抛的日抛量较高。在用人力搬抛的情况下，宜用宽度小的（300~400t）方驳，以降低搬抛的劳动强度。

3）开底泥驳运抛是深水防波堤常用的粗抛填方法，一次抛填量大，开底自卸，无须用人力抛。开底泥驳的满载吃水大，石料出运码头需有较大的水深，抛填高度约在高潮位以下 4m（包括底开门所需水深），抛石需用民船或方驳补抛至施工高程。若使用非自航式开底泥驳运抛，需用方驳作定位船。从经济角度考虑，宜选用自航开底泥驳或泥石船。

4）自动翻石船运抛也是深水防波堤采用的粗抛方法，一次抛填量为 $300 \mathrm{m}^3$ 左右。因其属于专用船，抛填费用较高，一般在无开底泥驳时才采用。用方驳改装而成，图 8-9 所示为一自动翻石船示意图，方驳长 35.5m，宽 9.2m，甲板上安设簸箕形装石槽，槽底面积为 22m×

7.4m，槽的倾斜角小于石料与槽底的摩擦角，舱内设有压水舱，在满载吃水线以下，舱侧面设有进水阀。打开进水阀，水进入压水舱使船倾斜，石料自动滑入水中，不需用人力抛填。

自动翻石船满载吃水较大，石料出运码头须有一定的水深。为使石料在翻倾过程中能顺利滑入水中，石料要装成圆弧形，槽开口处装至0.7m高左右，并装成1：0.5坡度，槽后侧装至挡板顶，距挡板2.3m处堆高至2.3m，装石后使船向槽开口侧稍倾斜。

5）吊机-方驳运抛是辅助性的补抛方法，抛填效率低，只在用民船或方驳补抛抛不到施工高程时，才采用这种辅助性的补抛方法。方驳一般为400~600t，驳首安设陆用吊机，吊机有足够的吊重和吊距。吊机应紧固在甲板上，为避免甲板因局部承受压力过大而变形，必要时，在安设吊机处，于舱内用方木或型钢支顶甲板。石料用网兜装并置于方驳甲板上。采用自动脱钩方法，逐渐进行吊抛。

6）起重驳船如图8-10所示，甲板上设有吊杆和控制吊杆俯、仰、旋转的支架。抛填作业时，石料装在舱内，吊杆吊抓斗从舱内抓取石料，由船纵向侧舷旋转，进行侧抛。抓斗可抓碎石或大块石，与网兜相比，不需摘、挂钩，生产效率高。石料装在舱内，与同吨位方驳相比，起重驳船装石量大、稳定性好、抗风浪能力强。可抛高度视船吨位和吊杆起重能力而定。

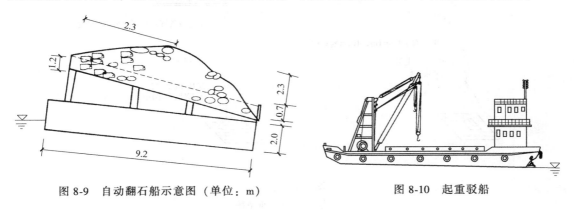

图8-9 自动翻石船示意图（单位：m）　　　图8-10 起重驳船

(3) 水上施工的抛填要点

1）定期测量抛填断面。初期可粗测，每20m一个断面；后期应细测，每5~10m一个断面。根据测量结果绘制断面图，按里程或区段控制需多抛或少抛的位置和再抛量。

2）抛填时应经常对标、测水深，控制坡脚位置和边坡坡度，使其不超过允许误差。

3）用开底泥驳或自动翻石船粗抛时，均应根据水深和操作等情况，做抛填试验，测定石料堆集形态，包括底宽、顶宽、厚度、坡度，用自动翻石船粗抛时，还需测定石料堆集点距翻卸时船位的距离。根据测定数据，确定翻石船初始驻船位置距抛石边线的距离和驻位的间距，使抛填不超出边线又能形成如图8-11所示的均匀层。

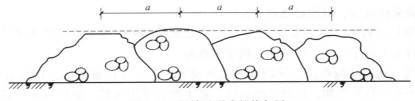

图8-11 抛填后形成的均匀层

4）用方驳或民船细抛、补抛时，船顺堤轴线方向驻位，用测绳控制移船，根据按设计线计算的水深值，测水深控制抛填高度，如图 8-12 所示。

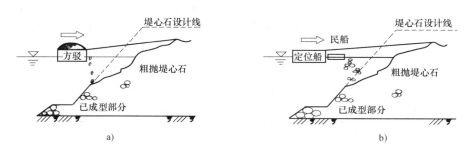

图 8-12　方驳或民船细抛、补抛
a）方驳细抛、补抛　b）民船细抛、补抛

5）测水深用测锤分为轻型锤和重型锤，如图 8-13 所示。

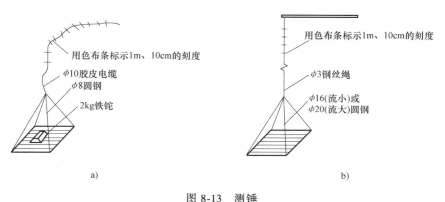

图 8-13　测锤
a）轻型锤　b）重型锤

6）在软基上抛填堤心时，一般应先抛填堤两侧的压载棱体，再抛填堤心；当有挤淤要求时，应从断面中间逐渐向两侧抛填。同时应根据堤的沉降和侧向变形，分层进行抛填。

2. 爆破挤淤填石

爆破挤淤填石法的施工流程：施工准备→测量定位→抛填加高石料→布药→连接网络、警戒、起爆。具体方法如下：

（1）测量定位　在不受干扰、牢固可靠且通视好、便于控制的地方设立施工水准点及辅助施工基线，并进行标识。每次爆破填石完成后立即对"石舌"探摸，确定石与泥分界线，便于确定每次石料进尺；在抛填石堤坡肩设置两对轴向标，以控制石堤抛填宽度和炮孔的位置；在堤头拉满绳，以控制轴向进尺。

（2）抛填加高石料　石料运输至爆炸抛填堤头后，采用挖掘机将堤头部分适当加高，并用机械配合人工整平场地，以便布药机正常作业。

（3）布药　通过测绳在抛石体坡脚淤泥侧设置炮位，并做好标识，用探管测实际淤泥深度及淤泥内是否有障碍物，以便调整孔位。陆上布药采用吊机，驻位堤头，将药包通过进药口放入布药器内，然后吊起布药器对准药孔位置，通过布药器顶部的小型振动锤将装药套管振动入泥，拔出时由于布药器底封口钢板受到阻力而自动打开，此时炸药包滑出装药套管从而完成布药过程。水上布药采用方驳吊机组进行。为防止提升装药器时向上带起药包及药包上浮，应预先在装药套管开孔使海水通过小孔灌满套管，减小套管内外水压差。施工时可通过水位和装药套管表面的刻度对药包埋入淤泥深度进行控制。

（4）侧坡拓宽爆填　完成堤头爆填后，需对堤身两侧进行侧爆填，以便加宽堤身和整形，达到设计断面的要求。侧爆填施工方法与堤头爆填基本相同。一般情况下，堤身侧爆填可在堤头爆填完成100m后开始，堤身侧爆填每次处理长度一般以50m左右为宜。

采用爆破挤淤填石法，施工后应对抛填体的着底深度和宽度进行检验，必要时，两侧壅起的淤泥包应予以清除。

3. 土工织物充填袋

土工织物充填袋是在筑堤、海岸防冲刷等工程中应用广泛的一种袋状制品，使用高强编织土工织物或机织土工织物缝制，并由砂性土、固化土等进行填充。

土工织物充填袋筑堤施工的主要流程：袋体缝制→袋体铺放→充填→分层填筑成堤心。

（1）土工织物充填袋筑堤施工方法

1）袋体缝制使用工业缝纫机进行袋体缝制。袋体长度一般为20m左右，宽度由堤心断面尺寸决定，应预留3%的富余部分。袋体的层间厚度通过拉筋控制，冲灌口直径30cm，袖口长度40cm，间距一般为300cm。

2）袋体铺放在对基层杂物进行清理后开始袋体铺放，铺放方法有人工铺放和专用船牵引铺放两种，前者适用于陆上、浅水区或潮差段，后者适用于深水区域。

3）充填袋装砂充填是利用泥浆泵和高压水泵切割冲吸砂，经输泥管水力输送填入编织袋，泥沙中的水通过编织袋空隙排出，袋内的砂经不断排水形成砂性固结体，依次充填的袋体交叉叠置成堤心断面。袋装固化土充填是利用充灌设备实施，充灌设备由自航甲驳、发电机、搅拌机、混凝土泵和长臂钩机组装而成。充灌设备乘潮在拟建堤的一侧安全距离以外（30m左右）抛锚驻位，当潮位满足取土条件时，钩机取淤泥后经料仓输入至搅拌机，掺入一定比例的拌和料（水泥、固化剂和水）搅拌均匀，通过事先接好的输送管道导入混凝土泵充填至袋体内，当固化土固结强度48h左右达到0.03MPa，再依次充填袋体，交叉叠置成堤心断面。袋体充填宜采用先充填四周，再充填中心的顺序。为使充填紧密，可在充填时采用踩踏或水棒拍打袋体的方式进行疏导。在充填过程中应注意充填压力，避免袋体破裂，充填完成后使用铅丝扎牢袖口。

（2）土工织物充填袋筑堤施工控制要点

1）对土工织物应逐批、逐卷进行检查验收。对其主要物理力学性能应按批抽样检验。

2）宜用强度不低于150N的尼龙线，采用"包缝"或"丁缝"形式缝制袋体。

3）充填材料为粉细砂时，应控制其含泥量不大于10%；充抓材料为固化土时，应对海水和淤泥取样进行有机物含量、pH值等物理化学分析，经配合比设计和室内试验，验证其匹配性。另外，对搅拌的均匀性和含水量进行控制。

4）充填袋铺放应逐层定位，以保证堤心断面不小于设计轮廓线，上、下层袋体应错缝3m以上，不应有通缝，同层相邻袋体之间的缝宽不超过2cm。

5）充填工艺的顺序为充填→并浆→二次充填→达到规定厚度，袋体充填的饱满度宜控制在85%左右。

6) 对袋体表面进行检查,如发现存在破损,应及时修补。

堤心断面形成之后应及时理坡,并根据设计要求按时完成护面层和护底的施工,施工流水应根据具体施工条件安排,对于大风浪的区域应采取措施以防止风损。

8.2.5 垫层石施工

堤心石抛完验收后,要尽快地进行垫层石的施工,特别是外坡,以提高堤身的抗浪能力,抛填垫层石与抛填堤心石一样,按水上、陆上施工条件的不同,其抛填方法也不相同。垫层石抛填后,须做理坡处理。

1. 抛填垫层石

水上施工抛填垫层石的方法有方驳-钩机运抛和方驳-吊机吊抛,具体抛法与抛填堤心石相似。块石重在 200kg 以下时,水下部分用方驳-钩机运抛,尽可能乘潮多抛。块石重在 200kg 以上时,水上、水下部分一般可用方驳-钩机运抛和方驳-吊机吊抛。如块石质量过大,人力搬不动而无法装网兜时,可用专门索具、梅花瓣抓斗进行单块石吊抛。垫层块石一般都比较大而重,抛填时应"宁低勿高",局部低凹处可在理坡时边理边补。

2. 理坡

垫层石质量常设计为护面块体质量的 1/20~1/10。垫层的理坡要求与垫层石质量、护面块体类型有关,质量为 50~100kg、100~200kg 的垫层块石,理坡后的允许高差分别为 ±20cm、±30cm;四脚空心方块的垫层石宜铺砌,水上、水下部分的允许高差分别为 ±5cm、±10cm。

垫层块石理坡的方法有滑轨法、滑线法和坡度架法三种,如图 8-14 所示。

滑轨法是在坡面上安导轨,导轨间距为 6m 左右,滑轨为直径 75~100mm 的细钢管或 8kg/m 的轻轨,以滑轨底为准,去高补低,自上而下移动滑轨理坡。陆上推进施工时,水上部分从陆上运料填补;水下部分用方驳作定位指挥船,由驳船运料填补;水上施工时,水上、水下部分均由驳船运料填补,水上部分搭跳板搬运,水下部分用方驳作定位指挥船。用滑轨法理 50~100kg 重垫层石,速度快且质量好。

滑线法是在坡面上埋设排桩,排桩间距取 5m 左右,排桩上设有细绳,滑线置于两细绳之间,以滑线为准,去高补低,自上而下移动滑线理坡。具体方法同滑轨法。

坡度架法是在坡面上安放并固定坡度架,坡度架的间距为 5m 左右,长臂钩机坐在坡肩上,司机参照坡度架所示坡度,去高补低,自上而下理坡。

对于平整度要求高且重量较大的垫层块石,通常采用规则的块石,用吊机配以特别夹具,水上部分由陆上人员进行铺砌,水下部分由潜水员在水下进行铺砌。

8.2.6 抛填压脚棱体与护底

压脚棱体可采用块石或与护面相同的护面块体。如采用块石,其质量一般按护面块体质量的 1/10~1/5 设计,因质量较大,抛、理均比较困难。如护面为四脚空心方块或栅栏板,应注意其常因块石压脚棱体表面凹凸不平而易于向坡脚滑移。压脚棱体的抛填或吊安方法,与垫层石或护面块体的施工方法基本相同。

护底由于厚度较小且远离堤心,通常采用水上用民船或方驳-钩机进行抛填,其具体抛填方法与水上抛填堤心石相同,注意勤测水深,控制其抛填厚度。

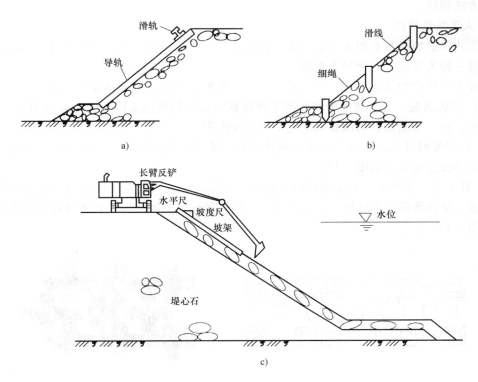

图 8-14 理坡方法
a）滑轨法 b）滑线法 c）坡度架法

8.2.7 护面层施工

护面形式有大块石抛填、安放、干砌、浆砌块石、安放人工块体和充填模袋混凝土。其中干砌、浆砌块石护面层与类似工程项目施工基本相同，本节主要介绍大块石、人工块体和模袋混凝土护面层的施工。

1. 大块石护面

大块石护面具有价格较低、施工方便和护面效果好等优点。块石质量一般为 200～300kg，最高可达到 900kg。垫层石理坡后，应尽快抛填、安放护面大块石，以满足斜坡式建筑物的抗浪能力。抛填护面大块石，因陆上、水上施工条件不同，其抛填方法也不相同。

水上部分可用自卸汽车运石料，直接卸入网兜内或卸至坡肩，用装载机装入网兜内，再用吊机吊盛石网兜定点吊抛，也可将卸至坡肩的护面大块石用反铲挖掘机直接抛填。水下部分除所用吊机有足够能力时采用吊机定点吊抛外，其抛填方法与水上施工的抛填方法相同；也可采用吊机配专用索具或梅花瓣抓斗进行单块石吊抛方法。

抛填、安放时，宁低勿高，抛填后测量检查，对于不符合设计要求的地方，采用吊机配专用索具或梅花瓣抓斗将超高处的大块石移开，补到低凹处。

水上施工通常采用方驳、反铲挖掘机和方驳、吊机吊抛，具体抛法与抛填 200kg 以上垫层石的方法相同。

2. 人工块体护面

人工块体护面类型有四脚空心方块、栅栏板、扭王字块体、扭工字块体和四脚锥体等。通常,前三种为单层,后两种为双层。

安放人工块体护面的施工,先定安放图案,再根据安放图案选择安放方法。

(1) 安放图案 人工块体的安放图案有规则安放和随机抛填两种,需要根据块体外形、对称情况、施工可能性和消浪要求确定采用何种图案。

1) 对于外形对称的四脚空心方块和栅栏板,采用规则安放,安放应靠紧、稳固。四脚空心方块的安放示意图如图 8-15a 所示。

2) 对于扭王字块体,可采用规则安放或定点随机安放。定点随机安放时块体宜斜向放置于接面,使块体的一半杆件与垫层接触,但块体的摆向不宜相同。扭王字块的规则安放示意图如图 8-15b 所示。

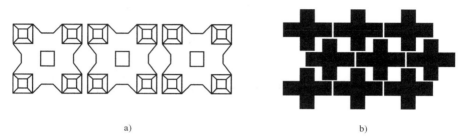

图 8-15 四脚空心方块、扭王字块体规则安放示意图
a) 四脚空心方块 b) 扭王字块体

3) 对于扭工字块体,分为水上和水下部分来选择安放图案。水上部分的安放图案,如图 8-16a 所示,规则安放,全部块体的竖杆朝向坡脚,也可以定点、定量随机抛填,上层块体尽量有 60% 的竖杆朝向坡脚,先按理论计算量的 95% 进行抛填,后用余下的 5% 填平和补漏。水下部分的安放图案,因无法规则安放,一般按理论计算量,定点、定量随机抛填。当选择规则安放时,应使垂直杆件安放在坡面下方,并压在前排的横杆上,横杆置于垫层块石上,腰杆跨在相邻块的横杆上,如图 8-16b 所示。

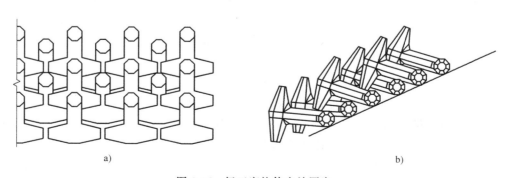

图 8-16 扭工字块体安放图案
a) 水上部分的安放图案 b) 水下部分的安放图案

4) 对于四脚锥体，下层块体采用正放形式，并按两脚朝向坡脚和一脚朝向坡脚进行逐列相间摆放。上层块体一般正放，当下层块体间空隙较小时也可倒放，但倒放数不应超过上层块体总数的 20%。

扭工字块体和四脚锥体两层随机抛填时，定点间距（m）按下式计算。

单块抛填时，水平方向间距

$$a = \frac{10}{\sqrt{\dfrac{N}{2}}} \tag{8-1}$$

沿坡度方向间距

$$b = a\frac{m}{\sqrt{m^2+1}} \tag{8-2}$$

数块成簇抛填时，水平方向间距

$$a = \frac{10}{\sqrt{\dfrac{1}{2} \times \dfrac{N}{N'}}} \tag{8-3}$$

沿坡度方向间距

$$b = a\frac{m}{\sqrt{m^2+1}} \tag{8-4}$$

式中　N——100m² 护面层的块体抛填个数；四脚锥体、扭工字块体的理论计算抛填块数曲线如图 8-17 所示；

　　　N'——成簇抛填的块数；

　　　m——斜坡坡度为 1：m。

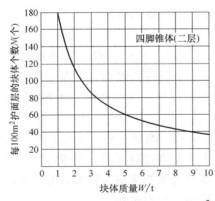
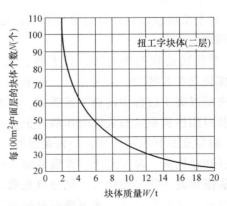

图 8-17　100m² 护面层的块体抛填个数 N

（2）安放方法　在抛填垫层块石的过程中，为避免因风浪而遭受破坏，应分段由下而上安放人工块体，及时用护面层覆盖垫层石。根据施工条件的不同，人工块体的安放，分为水上施工和陆上推进施工。

人工块体需从附近的临时预制场运输至施工现场。陆上推进施工时，块体陆运至堤上安放地点。水上施工，块体需先陆运至出运码头，再转水运至安放现场。陆运用汽车或平板拖车。汽车宜用容量大、载重大的大平板汽车，块体可规则摆放也可不规则摆放，通常可装多层，装卸采用吊机完成。水上用方驳运送。块体上驳，采用起重船吊安时，用陆上吊机将块体吊装在专门的方驳上。用方驳、吊机吊安时，用方驳上的吊机将块体吊装在方驳或另配备的方驳上。

安放方式包括一钩吊一块和一钩吊数块，具体安放方式与吊装设备的起重能力有关。表 8-2 给出了部分块体一钩吊数块的吊法。

表 8-2 部分块体一钩吊数块的吊法

安放方法	块体种类	吊法
随机抛填	扭工字块体、四脚锥体、扭王字块体	配备相应质量的吊索，吊设在竖杆或朝上杆的吊耳，一钩吊一簇
规则安放	四脚空心方块	块体摆放整齐，用型钢卡具卡住，一钩吊 2 块或 4 块
	扭王字块体	按安放图案和相互连续性，用型钢吊架，一钩吊 3 块

水上安放施工，可用起重船或吊机-方驳安放块体。用起重船-方驳时，宜用起重能力大、旋转式起重船，块体装在方驳上，方驳依靠起重船系泊。用吊机-方驳时，吊机固定在方驳的船艏，吊机大小由块体质量和吊距确定，块体装在方驳甲板或另配的方驳上，一般 30~50t 吊机配 600t 方驳，100t 以上吊机配 700~1000t 方驳。

陆上推进施工，采用吊机安放块体，如吊机起重能力小时，坡脚部分块体可辅以水上施工。

3. 模袋混凝土护面

土工模袋由化纤长丝直接织成，模袋内填充混凝土。施工流程：基层处理→模袋铺放→模袋充灌→坡顶和坡脚防护。

（1）施工方法

1) 对于土坡应按设计规定进行修坡或挖泥，坡面应平整无杂物；对于抛石的坡面，理坡后再用碎石整平。

2) 模袋铺放宜按先上游、后下游，先深水、后浅水，先标准段、后异形段的次序进行。将模袋卷在直径 50mm 钢管上，运至铺放地点按设计位置沿坡面自上而下铺放，为防止模袋在充灌混凝土过程中出现下滑现象，在坡顶应设定位桩及拉紧装置。对于水下模袋，铺放后应及时用沙袋或碎石袋临时压载定位。

3) 模袋充灌有两种方法，一种是混凝土拌和站供灰，罐车运输，泵车充灌；另一种是混凝土拌和船供灰，泵车充灌。充灌混凝土时应自上而下逐排口充灌，每排口应从模袋与已充灌模袋搭接的一侧开始向另一侧逐口充灌。水上灌口充灌结束后应将袖口处理干净后塞入灌口，并进行缝合和冲洗；水下灌口充灌结束后直接用铅丝封紧袖口即可。

4) 坡顶宜用浆砌块石或填土覆盖保护。坡脚宜设置压脚棱体或护脚块体，对受冲刷的岸坡应采取防冲刷措施。

（2）施工控制要点

1) 混凝土充灌口应设置在模袋上层，间距 3~4m，充灌口直径为 30cm，袖口长度 40cm。模袋长度由工程护坡长度决定，宽度一般取为 10m，同时还应考虑 3% 的充灌时收缩量以及由于坡面不平而造成的模袋有效覆盖长度的减少等因素。

2) 卷模袋时应将模袋卷紧，两个侧边卷齐。

3) 新铺设模袋与已充灌完毕的模袋相邻边搭接长度 15~20cm，以保证模袋混凝土之间拼缝严密。

4) 充灌模袋混凝土除应满足混凝土一般要求之外，应重点控制混凝土的流动性和骨料的最大粒径。混凝土坍落度不宜小于 200mm，充灌压力 0.2~0.3MPa 为宜，充灌速度宜控制在 $10 \sim 15 m^3/h$ 范围内。为保证混凝土连续充灌，应及时进行疏导。

8.2.8 挡浪墙施工

斜坡堤的上部结构宜在抛石堤身和地基沉降基本稳定后施工，并应根据设计要求和沉降观测成果预留后期沉降量。

挡浪墙包括现浇混凝土和浆砌块石两种形式。现浇混凝土挡浪墙的施工要点如下：

1) 现浇胸墙或压顶块的模板，应考虑施工期波浪作用的影响。胸墙或压顶块与堤身结合处应采取防止混凝土漏浆的措施。

2) 当胸墙需分层浇筑时，施工缝宜留置在底板顶面以上 500~1000mm 的部位。施工缝处理除应符合《水运工程混凝土施工规范》(JTS 202—2011) 的有关规定外，尚应结合工程性质和结构特点采取加强结构整体性的措施。

3) 高程较低的胸墙趁低潮施工时，应保持混凝土的浇筑面在水面以上，并应采取防止混凝土被水淘刷的措施。

4) 胸墙或压顶块设置的减压孔位置和数量应满足设计要求，并应保持通畅。

5) 现浇混凝土可采用汽车、罐车或搅拌船运供，吊机、吊罐或泵车浇筑。胸墙施工后方可做坡肩处的护面层。

6) 斜坡堤现浇混凝土胸墙和压顶块允许偏差应符合表 8-3 的规定。

表 8-3 斜坡堤现浇混凝土胸墙和压顶块允许偏差

项目		允许偏差/mm
前沿线位置		30
顶面高程(是指相对于施工控制高程的偏差)		+50；-30
顶面宽度		±15
相邻段错牙		20
平整度	侧面	20
	顶面	10
预留孔位置		20

8.2.9 宽肩台式防波堤施工

宽肩台式防波堤的最大特点是初始堤身断面临海侧在稍高于设计高水位处有一个一定宽度的肩台，在波浪的作用下允许发生变形，直至外坡达成一个动态平衡剖面。这种结构形式适用于具有大量开山石的情况。

1. 宽肩台式斜坡堤施工特点

宽肩台式斜坡堤施工工艺流程为：基础挖泥→堤心石填筑→护面块石抛填→压脚棱体抛

填。石料的规格有两种，即较重和较轻的开山石，没有人工护面块体。堤顶高度足够，不设防浪墙结构。

(1) 基础挖泥　基础挖泥与抛石斜坡堤挖泥相同，挖泥高程根据施工地点的地质情况而定，在泥层过厚的情况下，为了减少挖泥量，可以留 5m 以内厚度的泥层，利用堤身自重进行挤淤处理。

(2) 堤心石填筑　宽肩台斜坡堤的肩台设置在设计高水位以上，便于用陆上设备采用推进法逐步向外海填筑。在施工过程中，边抛填边用推土机整平，挖掘机理坡。

堤身可作为施工通道，施工期间风浪对完成堤身断面的影响较小，提高了施工的进度。

(3) 护面块石抛填　护面块石抛填分两次进行，第一次填至设计高水位以上 2m；第二次待堤心石填至堤顶抛填完成。护面块石的抛填全部在堤上完成，挖掘机理坡。为了保证施工堤身安全，尽量减少堤心暴露时间，护面块石的抛填紧跟堤心石的施工，滞后距离控制在 30m 以内。

(4) 压脚棱体抛填　斜坡堤的主体断面完成以后，抛填压脚棱体。压脚棱体的主要作用是维持堤身及护面块石的稳定，保证护面块石的体积平衡。

(5) 宽肩台斜坡堤堤头施工

1) 堤头外坡与堤身外坡的连接因为防波堤的堤头要求静态稳定，而堤身外坡可以变形，所以在施工中不但要控制二者初始断面的平顺连接，保证工程的外观质量，同时还要保证在堤身外坡发生变形后，不致造成堤头的护面层向堤身方向坍塌。采取措施是充分利用现场开采的大块石进行堤头护面，即使有少量堤头护面块石向堤身方向滚落，其造成的后果也较人工护面块体小，且维护方便。

2) 堤头护坡块石的质量及堤头防护为保证堤头的稳定，尽可能利用现场材质较好且质量较大的块石护面。同时，作为储备，可另备部分人工块体，摆放在堤头及其两侧，以备不时之需。

2. 宽肩台式斜坡堤施工质量控制要点

1) 宽肩台堤外坡允许变形，堤身应分段抛填，在施工中及时对初始断面进行检验，并绘图。在整个工程竣工验收时，只要被冲蚀部分的坡面线不超过平衡坡面线，即认为是合格的。

2) 在施工中通常利用抛填至水面上一定高度的堤心石顶面作为施工通道，然后把运来的大块石用推土机推至肩台。应避免把堤顶面的细石料推入肩台，造成护面块石空隙被堵塞，影响肩台消浪作用。

8.3　重力式直立防波堤施工

直立堤施工主要包括基础施工、堤身施工和挡浪墙施工。施工工艺流程如图 8-18 所示。

直立堤分重力式和桩式两种类型，其中重力式直立堤断面与重力式码头相似，如图 8-19 所示；桩式直立堤断面与板桩码头类似。直立堤在施工安排上要重点考虑风浪的影响及其在施工过程中的稳定问题。

对于图 8-20 所示的单排桩式直立堤，沉钢管桩应安排在非大浪季节进行，及时抛填桩两侧的棱体，提高抗浪能力。

对于图 8-19a 所示标准断面的沉箱重力式直立堤，其水上施工主要程序如下：

施工从工程一端开始，先开挖基槽，同时预制沉箱、护底混凝土块体；基床抛石、夯实、整平；出运、安放沉箱、向沉箱内填料、抛填安放护底块石或混凝土块体；浇上部结构混凝土。

安放沉箱之前的各工序之间应衔接紧凑，加强检查，如基槽、基床回淤超标，应及时处理。沉箱安放后，应立即向沉箱内灌满水，待经历 1~2 个低潮位后，复测位置，确认符合质量标准后，及时填充箱内填料，同时抛填、安放护底块石或混凝土块体。

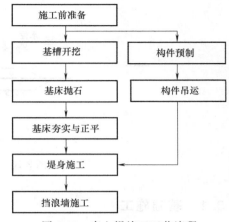

图 8-18 直立堤施工工艺流程

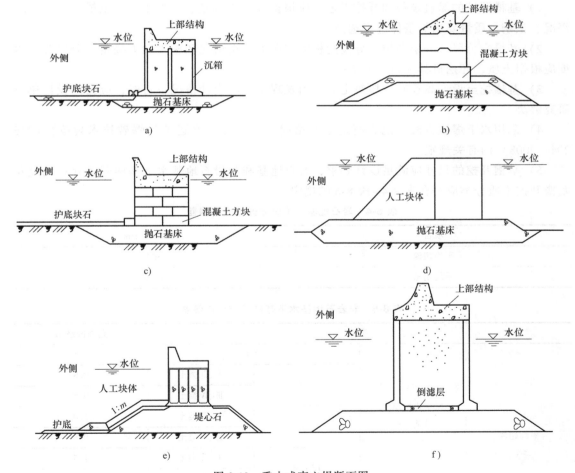

图 8-19 重力式直立堤断面图

a) 沉箱式直立堤　b) 削角方块直立堤　c) 正砌方块直立堤
d) 水平混合式直立堤　e) 深水直立堤　f) 坐床式圆筒直立堤

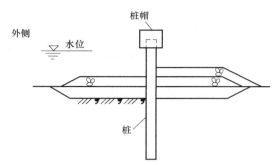

图 8-20 单排桩式直立堤断面图

8.3.1 基础施工

1. 水下基槽开挖

1) 基槽开挖的船机设备和开挖工艺,应根据开挖工程量、开挖土质、基槽水深、当地海况、工期与质量要求等条件进行选择。

2) 基槽宜分段、分层开挖。分段的长度应根据回淤情况和施工能力确定,分层开挖深度应根据土质、开挖机具和施工方法确定。

3) 基槽挖至设计高程时应核对土质。当发现土质与设计情况不符时,应会同设计单位研究解决。

4) 采用水下爆破方法开挖岩石地基基槽时,应符合《水运工程爆破技术规范》(JTS 204—2008) 的有关规定。

5) 基槽开挖的尺寸应满足设计要求,岩石地基和非岩石地基水下基槽开挖允许偏差及基槽开挖土质分类应符合表 8-4~表 8-6 的规定。

表 8-4 岩石地基水下爆破开挖允许偏差

项目	允许偏差/mm
平均超深	500
平均超宽	1000

表 8-5 非岩石地基水下基槽开挖允许偏差

项目			允许偏差/m
平均超深	抓斗式挖泥船斗容/m³	≤4	0.5
		4~8, Ⅰ、Ⅱ类土	0.8
		4~8, Ⅲ、Ⅳ类土	0.5
		8~13, Ⅰ、Ⅱ类土	1.0
		8~13, Ⅲ、Ⅳ类土	0.8
		13~18, Ⅰ、Ⅱ类土	1.5
		13~18, Ⅲ、Ⅳ类土	1.0
	铲斗式挖泥船、链斗式挖泥船		0.4
	绞吸式挖泥船、耙吸式挖泥船		0.5

(续)

项目			允许偏差/m
每边平均超宽	抓斗式挖泥船斗容/m³	≤4	1.5
		4~8 (Ⅰ、Ⅱ类土)	2.0
		4~8 (Ⅲ、Ⅳ类土)	2.0
		8~13 (Ⅰ、Ⅱ类土)	2.5
		8~13 (Ⅲ、Ⅳ类土)	2.2
		13~18 (Ⅰ、Ⅱ类土)	3.0
		13~18 (Ⅲ、Ⅳ类土)	2.5
	铲斗式挖泥船、链斗式挖泥船		1.5
	绞吸式挖泥船、耙吸式挖泥船		2.5

注：当挖泥水深大于20m，或采用抓斗容量大于18m³时，其平均超宽、超深允许偏差值可根据实际情况适当加大。

表8-6 基槽开挖土质分类

分类	土质名称	标准贯入击数 N	液性指数
Ⅰ	淤泥、淤泥混砂、软塑黏土、可塑亚黏土、可塑亚砂土、可塑黏土	$N≤8$	$0.75<I_L≤1.5$
Ⅱ	砂、硬塑亚黏土、硬塑亚砂土、硬塑黏土	$8<N≤14$	$0<I_L≤0.75$
Ⅲ	坚硬的黏土、砂夹卵石、坚硬亚砂土、坚硬亚黏土	$14<N≤30$	$I_L≤0$
Ⅳ	强风化岩、铁板砂、胶结的卵石和砾石	$N>30$	—

2. 基床抛石

1）抛石施工前应对基槽断面进行检查，当基槽底部回淤沉积物的厚度大于0.3m，且含水量小于150%或湿土重度大于12.6kN/m³时，应进行清淤。对于换填基槽，当采取夯实措施时，基槽回淤沉积物的厚度可适当放宽。

2）基床抛石应根据基槽长度、基床厚度和施工条件分段、分层进行。采用重锤或振动锤组夯实的基床，分层抛石的厚度宜按夯实后的厚度不大于2.0m进行控制；采用爆破夯实的基床，分层爆破夯实的厚度不宜大于12m。

3）基床抛石的高程应预留夯沉量，其数值可根据试夯资料或施工经验确定。基床最上一层抛石的高程不宜高于施工控制高程，也不宜低于施工控制高程0.5m。

3. 基床密实

抛石基床密实可根据工程特点、施工环境和施工条件采用重锤夯实、水下爆破夯实或振动夯实等方法。

(1) 重锤夯实

1）基床夯实应与基床抛石的分段、分层施工协调进行。每层夯实前应对抛石面进行适当整平，抛石面的局部高差不宜大于300mm。

2）夯实所用重锤的底面积不宜小于0.8m²，底面静压强宜采用40~60kPa，落距宜为2.0~3.5m，不计浮力、阻力等影响，冲击能宜为150~200kJ/m²。

3）重锤夯实宜采用纵横向相邻接压半夯，每点一锤，并分初夯、复夯各一次的方法。夯击遍数应根据试夯确定。当不进行试夯时，每一点的夯实遍数不宜少于8夯次。

4）抛石基床夯实后应进行复夯验收。可任选一段长度不小于 5.0m 的基床复打一夯次，夯锤相接排列不压半夯，复夯的平均沉降量不宜大于 30mm；也可采用选点复夯的方法，选点的数量不应少于 20 点，并应均匀分布在基床上，复夯的平均沉降量不应大于 50mm。

（2）水下爆破夯实　采用水下爆破夯实时，基床的抛石与夯实应符合《水运工程爆破技术规范》（JTS 204—2008）的有关规定。夯沉量应根据地基状况、夯实厚度、石料规格等因素综合确定，并宜控制在抛石厚度的 10%～15%。

（3）振动夯实

1）采用振动夯实的抛石基床，基床的抛石和夯实宜采用专用施工船舶进行施工。分层抛石的厚度同基床抛石。

2）振动夯实所用振动锤组的振动频率和激振力，振动板的强度、刚度和平面尺度，应与基床抛石的规格、厚度和基床的密实要求相适应，并通过工艺试验确定振动频率、振幅和振动时间等主要施工参数。

3）振动夯实施工时，振动板位在基床纵横方向均应相互搭接，搭接长度不宜小于 1000mm。

4）振动夯实的夯沉量不宜小于抛石厚度的 10%。

基床夯实后，当补抛块石的厚度普遍大于 0.5m 且连续面积大于 30m² 时，宜做补夯处理。

4. 基床整平

1）防波堤抛石基床整平可分为粗平和细平，适用部位、整平范围和整平方式应符合表 8-7 的规定。

表 8-7　防波堤抛石基床整平种类、适用部位、整平范围和整平方式

整平种类	适用部位	整平范围	整平方式
粗平	基床的肩部	基床细平范围两侧的内外肩	对基床顶面块石的表面高差进行直接平整整理
细平	堤身构件或压肩方块下的基床	堤身构件或压肩方块底边外加宽 0.5m	在粗平基础上，用二片石填充块石间的不平整部分

2）基床整平可采用潜水员水下人工整平、水下机械整平或整平船整平。当采用潜水员水下整平方法时，宜采用水下导轨及刮道等施工控制装置。

3）防波堤水下抛石基床整平允许偏差应符合表 8-8 的规定。

表 8-8　防波堤水下抛石基床整平允许偏差

项目	允许偏差/mm	
	粗平	细平
顶面高程	±150	±50

4）每段基床整平完成后应及时安装堤身构件。

8.3.2　堤身

1. 堤身构件预制

1）混凝土地坪底模的隔离剂或隔离层均不得采用易导致降低预制构件底面摩擦系数的材料。

2）沉箱和圆筒等大型构件需要分层浇筑时，施工缝不宜设在水位变动区、底板与立墙的连接处、吊孔处及吊孔下 1000mm 范围内。

3）预制方块、预制矩形沉箱与空心方块、预制圆形沉箱与圆筒的允许偏差应分别符合表 8-9~表 8-11 的规定

表 8-9　预制方块的允许的偏差

项目		允许偏差/mm
长、宽度	边长≤5m	±10
	边长>5m	±15
高度		±10
顶面对角线差	短边长度≤3m	20
	短边长度>3m	30
顶面平整度		10
侧面平整度		10
榫槽尺寸	位置	10
	高(深)度	+5；-10
吊孔、吊环位置		40

表 8-10　预制矩形沉箱与空心方块的允许偏差

项目		允许偏差/mm
长、宽度	≤10m	±25
	>10m	±2.5L/1000
高度		±10
墙厚度	外墙	±10
	隔墙	+10；-5
顶面对角线差		50
顶面平整度	支承面	10
	非支承面	15
外壁竖向倾斜		2H/1000
外壁平整度		10
外壁侧向弯曲矢高		2L/1000
分段浇筑相邻段错牙		10

注：H 为构件高度，L 为构件外边长，单位为 mm。

表 8-11　预制圆形沉箱与圆筒的允许偏差

项目		允许偏差/mm
直径	直径≤10m	±25
	直径>10m	±2.5D/1000
高度		±10
外壁厚度		±10
椭圆度	D≤10m	50
	D>10m	5D/1000

(续)

项目		允许偏差/mm
顶面平整度		10
外壁竖向倾斜		$2H/1000$
外壁平整度		10
内隔墙	壁厚	±10
	顶面高程	+5;−10
分段浇筑相邻段错牙		10
吊孔位置		30

注：D 为构件外径，H 为构件高度，单位为 mm。

2. 沉箱、空心方块和圆筒等薄壁构件的吊运

1）构件起吊时，其混凝土的强度应满足设计要求。

2）构件的起重吊架应进行专门设计，吊架应有足够的刚度和强度，吊点的合力应与构件重心共线。

3）吊点可采用预留孔或预埋吊环。大型构件吊点附近的混凝土局部应力集中部位应采取加强措施；预留孔与吊索接触面宜用钢套管保护。吊点的实际位置与设计位置的偏差不应大于 30mm。

大型沉箱的溜放、下水、出运和储存应符合有关规定。

3. 施工现场沉箱储存场

1）坐底储存场应选择具有合适水深、便于起浮、泥面平坦、具有足够承载力，且波浪和泥沙冲淤影响不大的区域，必要时应对存放区域泥面进行处理。

2）漂浮储存场应有可靠的系泊条件，且沉箱间、沉箱与其他建筑物间应有足够的距离。

4. 堤身构件安装

1）堤身构件安装前应对基床顶面进行检查。

2）堤身构件安装应控制安装位置和堤的长度。

3）开孔沉箱安装的临时封孔板应有足够的强度、刚度和良好的水密性，并应方便安装和拆卸。

4）沉箱、空心方块和圆筒安装后，应及时进行舱格内回填。当回填块石时，应采取防止砸损构件边缘的保护措施。对于带有消能室沉箱的箱内回填，应控制回填高度并及时进行顶面防护。

5）重力式直立堤堤身构件安装允许偏差和最大缝宽允许值应分别符合表 8-12 和表 8-13 的规定。

表 8-12 重力式直立堤堤身构件安装允许偏差

项目	允许偏差/mm			
	方块	沉箱与空心方块		坐床式圆筒
		高度≤15m	高度>15m	
堤轴线位置	70	100		50
安装缝宽度	40	50	80	—
相邻构件临水面错牙	30	80		30
相邻构件顶面高差	30	—		30

表 8-13 重力式直立堤堤身构件安装最大缝宽允许值

项目		允许值/mm
方块		100
沉箱和空心方块		150
坐床式圆筒	高度≤10m	80
	高度>10m	100

8.3.3 护肩与护底

堤前护底块石或人工块体应在墙身结构安装后及时抛填或安放。

基床护肩与护底施工前,应对防护面进行检查,当有明显变化时,应进行处理。

护肩与护底的防护范围和厚度不得小于设计要求。当安放人工块体时,块体应安放平稳、坐实挤紧。

8.3.4 挡浪胸墙施工

1) 挡浪胸墙施工应在地基基础的沉降基本稳定后进行。

2) 挡浪胸墙施工应按设计分段进行,当采取分层浇筑时,采取措施处理好施工缝。施工缝宜留置在防浪墙断面突变处以上 500~1000mm 处。

3) 顶高程较低的防浪墙趁低潮施工时,应保持在水位以上进行混凝土的浇筑和振捣,并采取措施防止混凝土在初凝前被水淹没、淘刷。

4) 当挡浪胸墙采取预制安装结构时,应采取措施保证挡浪墙施工期的稳定性。挡浪胸墙构件安装允许偏差应符合表 8-14 规定。

表 8-14 挡浪胸墙构件安装允许偏差

项目	允许偏差/mm
前沿线位置	50
顶面高程	+50;-30
相邻段错牙	20
竖向倾斜	$H/200$,H 为挡浪墙的高度

5) 现浇挡浪墙施工的允许偏差应符合表 8-3 规定。

8.4 护岸施工

护岸施工方法可参照防波堤施工方法,本节仅介绍护岸施工工艺流程及施工要点。

8.4.1 斜坡式护岸

斜坡式护岸可分为堤式护岸和坡式护岸两种。堤式护岸是在水上先筑成岸堤,然后回填形成陆域,并对岸堤进行防护,一般由堤身、护肩、护脚和护底结构组成,如图 8-21a 所示。坡式护岸是对陆域已有的自然岸坡或陆域向水侧回填形成的自然岸坡,一般由岸坡、护肩、护面、护脚和护底结构组成,如图 8-21b 所示。

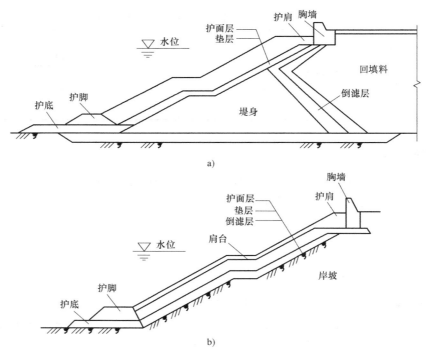

图 8-21 斜坡式护岸断面形式
a) 堤式护岸 b) 坡式护岸

1. 施工工艺流程

斜坡式护岸施工工艺流程如图 8-22 所示。

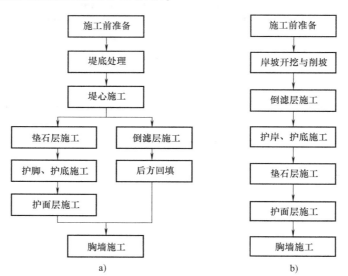

图 8-22 斜坡式护岸施工工艺流程
a) 堤式护岸 b) 坡式护岸

2. 施工要点

1）岸坡开挖与削坡应从上到下分段、分层进行，保证岸坡稳定平整，不得削坡，严禁向航道内弃土。

2）砂垫层应分段施工、分段验收，验收合格后应及时进行上部覆盖施工。土工织物垫层铺设前应对砂垫层整平，铺设应拉紧平整，不得起褶皱。铺设完成后及时压载。

3）护岸的堤身、护底及护脚施工应分段、分层呈阶梯状进行。

铺设软体排时应平整，位置准确，不得发生漂移，不得有皱折。

堤身抛填应按设计要求的顺序、分段、分层和加荷速率进行。当有挤淤要求时，抛填应从堤轴线向两侧进行。软弱滩涂陆上抛填宜按图8-23所示的顺序进行。

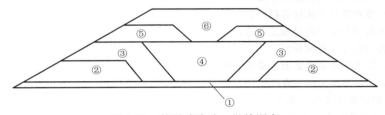

图 8-23 软弱滩涂陆上抛填顺序

每段堤心石在抛填完成后应及时理坡并覆盖垫层和护面，受风浪影响的施工区域，堤心石和垫层石的暴露长度不应超过50m。

4）倒滤层施工应分段、分层由坡脚向坡顶进行，每段、每层的推进面应相互错开一定距离。受风浪影响时，倒滤层后应及时回填覆盖。土工织物倒滤层铺设后应及时覆盖保护层并进行回填施工。

5）后方回填应分层进行，人工夯实分层厚度不宜大于200mm，机械夯实或碾压密实分层厚度不宜大于400mm。

6）现浇上部结构的施工应在堤身基本稳定后进行，并应预留后期沉降量。

8.4.2 直立式护岸

直立式护岸施工工艺流程可参照码头施工工艺流程，施工要点如下：

1. 水下基槽开挖

水下基槽开挖与直立堤基槽开挖相同，施工应分段进行，为防止回淤，每段开挖验收合格后应及时进行下道工序的施工。

2. 水下基床抛石和夯实

水下基床抛石和夯实应分段、分层进行，每层厚度应大致相等，并不宜大于2.0m。当采用爆炸法密实抛石基床时，爆夯的沉降量宜为抛石厚度的10%~20%。

3. 水下基床整平

沉箱基床整平宜分粗平和细平，整平后允许偏差为±50mm；方块基床整平宜分粗平、细平和极细平，整平后允许偏差为±30mm。

4. 构件的安放

方块的安放应分段、分层进行，并控制每段长度；沉箱的安放宜趁落潮时进行，基床面上水深宜小于沉箱高度。沉箱安放后应及时进行箱内抛填，抛填过程中各舱格内的抛填料高度应大致相等。

5. 胸墙（挡浪墙）的施工

胸墙（挡浪墙）的施工宜在后方回填完成后进行。

习　题

8-1　防波堤施工前准备工作有哪些？
8-2　简述斜坡式防波堤施工要点。
8-3　简述抛填堤心石陆上推进和水上抛填施工工艺。
8-4　抛填堤心石水上施工要点有哪些？
8-5　爆破挤淤填石法施工流程有哪些？
8-6　简述土工织物充填袋筑堤施工方法。
8-7　垫层块石理坡方法有哪些？
8-8　简述护面层人工块体的类型及安装方法。
8-9　模袋混凝土护面施工要点有哪些？
8-10　斜坡式护岸施工要点有哪些？
8-11　直立式护岸施工要点有哪些？

第9章 施工组织与管理

学习重点

工程项目施工管理的内容，施工准备工作的内容，施工组织的方式，施工组织设计的编制，流水施工的基本组织方式，网络计划图的绘制。

学习目标

了解工程建设程序及建设项目组成；熟悉工程项目施工管理的内容；掌握施工准备工作的内容，施工组织设计文件的编制原则、内容，流水施工参数，流水施工组织方式，双代号网络计划图的绘制方法及网络计划时间参数的计算。

随着我国建筑业和基本建设管理体制改革的不断深化，建筑施工企业的生产方式和组织结构发生了变化，以工程项目管理为核心的企业生产经营管理体制已经形成，建筑施工企业普遍实行了项目经理负责制和项目成本核算制。一般每个施工项目都成立一个项目经理部，其管理对象就是施工项目，一个施工项目即是一项一次性的整体任务。在完成这个任务的过程中，必须有一个最高的责任人和组织者，即项目经理。施工项目管理要求在由工程承包合同规定的范围内，有效完成从投资开始到交工为止的全部生产组织与管理，生产出符合规定要求的建筑安装产品，并获取利润。

9.1 概述

水运工程施工管理是在确保施工安全和质量的前提下，协调和处理好安全、质量、工期、成本等的相互关系，对施工全过程进行系统控制，实现施工管理的各项目标。

9.1.1 工程建设程序

工程建设程序是工程项目全过程中各项工作必须遵循的先后顺序。这个顺序反映了整个建设过程必须遵循的客观规律。

工程建设程序通常有项目建议书、可行性研究、勘察设计、组织施工、竣工验收及后评价等阶段。

1. 项目建议书

项目建议书是要求建设某一项目的建议文件。项目建议书经批准后，只是表明项目可以进行详细的可行性研究工作，它不是该项目的最终决策。项目建议书的内容，按项目的不同情况有繁有简。项目建议书按要求编制完成后，按照建设的总规模和限额划分审批权限，报批项目建议书。

2. 可行性研究

可行性研究是对拟建项目在技术上是否可行和经济上是否合理进行科学的分析和论证。可行性研究是在项目建议书批准后进行的。我国从 20 世纪 80 年代初将可行性研究正式纳入基本建设程序和前期工作计划，规定大中型项目、利用外资项目、引进技术和设备进口项目都要进行可行性研究。可行性研究报告是确定建设项目、编制设计文件的重要依据。

可行性研究报告必须由国家计委或地方计委根据行业归口主管部门和国家专业投资公司的意见以及有资格的工程咨询公司的评估意见进行审批。可行性研究报告经批准后，不得随意修改和变更。经过批准的可行性研究报告是初步设计的依据。

3. 勘察设计

勘察设计是工程建设的关键，是科学技术转化为生产力的纽带。设计文件是指工程图及说明书，它一般由建设单位通过招标投标或直接委托设计单位编制。编制设计文件时，应根据批准的可行性研究报告，将建设项目的要求逐步具体化为可用于指导建筑施工的工程图及其说明书。

4. 组织施工

施工是将蓝图变为工程实体的过程。施工阶段是资金大量投入的阶段。

5. 竣工验收及后评价

生产性项目经负荷试运转和试生产合格，并能够生产合格产品的；非生产性项目符合设计要求，能够正常使用的，都要及时组织验收，办理移交手续，交付使用。

竣工验收前，建设单位或委托监理单位要组织设计、施工等单位进行初验，向主管部门提出竣工验收报告，绘制竣工图，系统整理技术资料，编竣工决算，报有关部门审查。

9.1.2 建设项目组成及特性

凡是按一个总体设计组织施工，建成后具有完整的系统，可以独立地形成生产能力或使用价值的建设工程，都称为一个建设项目。在工业建设中，一般以拟建厂矿企业单位为一个建设项目，如一个港口。进行基本建设的企业或事业单位称为建设单位。建设单位是在行政上独立的组织，独立进行经济核算，可以直接与其他单位建立经济往来关系。

建设项目可以从不同的角度进行划分。例如，按建设项目的规模大小可分为大型、中型、小型建设项目；按建设项目的性质可分为新建、扩建、改建、恢复和迁建项目；按建设项目的投资主体可分为国家投资、地方政府投资、企业投资、"合资"企业以及各类投资主体联合投资的建设项目；按建设项目的用途可分为生产性建设项目（包括工业、农田水利、交通运输及邮电、商业和物资供应、地质资源勘探等建设项目）和非生产性建设项目（包括住宅、文教、卫生。公用生活服务事业等建设项目）。

一个建设项目，一般可由以下工程内容组成：

1. 单项工程

单项工程也称工程项目，它是建设项目的组成部分。一个建设项目可由一个单项工程组成，也可由若干个单项工程组成。单项工程是具有独立的设计文件，竣工后可以独立发挥生产能力或效益的工程。生产性建设项目的单项工程，一般是指能独立生产的分厂或车间，如某一修造船厂下面的造船分厂、修船分厂等。

2. 单位工程

单位工程是单项工程的组成部分，具有单独设计，可以独立施工，但完工后不能独立发挥生产能力或效益的工程，如一个码头的一个泊位就是一个单位工程。

3. 分部工程

分部工程是单位工程的组成部分，它是按建筑物的主要部位划分，如重力式码头划分为基础、墙身、上部结构、码头设施、回填及面层等。

4. 分项工程

分项工程是分部工程的组成部分。一般是按建筑施工的主要工序（工种）划分，如重力式码头基础可划分为基槽开挖、抛石、夯实和整平等分项工程。

建设项目具有如下特性：

1. 工程项目的不可重复性

工程项目的不可重复性决定了完成项目、达到目标的一次性，也称为项目的单件性。工程项目不同于工厂里其他产品的反复加工和批量生产，不同于这些生产加工过程所具有的重复性；一次性的施工过程，稍有计划不周和管理控制上的失误，即可造成局部甚至整个项目无可挽回的损失，很难有纠正的机会。因此，项目经理的选择、人员的配备、机构的设置等是工程项目管理的首要问题。

2. 工程项目的制约性

工程项目的单件性和施工过程的一次性，决定了项目的制约性。工程项目的施工，首先是在时间上的制约，开工、竣工都有时限，超越工期意味着项目管理一定程度上的失败。从开工到竣工的时限内，又要划分成若干特定阶段、设置若干节点，每个阶段和节点都有明确的时间要求，都对应着不同的特定目标，又都决定着下一阶段时限的完成，甚至对整个工期有着重大的影响。此外，工程项目的施工还受资源（费用、设备、人员、地域等）的限制，应符合工程质量和功能的规定。

3. 工程项目施工条件的特殊性

任何一个工程都不可能是其他已有工程施工条件的重复，包括建筑物、自然条件、进度、工程量等，各有其特殊性。工程项目的施工，受自然环境、季节等特殊性的限制和安全事故等的威胁。这些制约既是管理的必要条件，又是不可逾越的限制，正是在这些条件的制约下，充分地利用这些条件达到项目的既定目标，体现管理的重要性。

4. 工程项目管理的综合性

施工过程的不可重复性，为项目施工每个环节的管理提出要求。项目的各个阶段，既有明显的界限，又相互有机地衔接，互为条件和目的，不能间断。这就决定了项目管理的连续性、全面性和全过程性。由于社会生产力的发展，社会的专业化分工更加精细，项目实施的不同阶段逐步由专业单位或独立部门分包完成，大量的劳务分包已成为几乎所有工程都采用的一种模式。在这样的情况下，必然对工程项目管理提出全面、全过程、综合管理的更高要求。

9.1.3 工程项目施工程序

建筑施工程序是拟建工程项目在整个施工阶段中必须遵循的先后顺序。这个顺序反映了整个施工阶段必须遵循的客观规律，一般包括以下几个阶段：

1. 承接施工任务

施工单位承接任务的方式一般有通过投标或议标承接两种；还有一些国家重点建设项目由国家或主管部门直接下达给施工企业。不论哪种方式，施工单位都要检查施工项目是否有批准的正式文件，是否列入基本建设年度计划，是否落实投资等。

2. 签订施工合同

建设单位与施工单位应签订施工合同。要规定承包的内容、要求、工期、质量、造价以及材料供应等，明确合同双方应承担的义务和职责。施工合同经双方法人代表签字后具有法律效力，必须共同遵守。

3. 做好施工准备，提出开工报告

签订施工合同后，施工单位应全面展开施工准备工作，如会审图纸，编制单位工程施工组织设计，落实劳动力、材料、机具以及督促建设单位做好拆迁征地，现场准备，并申领施工许可证等。具备开工条件后，提出开工报告经审查批准后，即可正式开工。

4. 组织施工

施工过程应按照施工组织设计精心施工。加强各部门合作和管理，落实施工单位内部承包的经济责任制，做好经济核算和管理，严格执行各项技术、质量检验制度，抓紧工程收尾和竣工。

5. 竣工验收，交付使用

竣工验收是施工的最后阶段，应先进行施工内部预验收，签订保修责任书，整理交工验收的技术资料。然后由建设单位的上级主管部门组织竣工验收，验收合格后，交付使用。

9.1.4 施工管理的任务与内容

工程项目施工管理的任务可以概括为：有效地利用既定的资源，在规定的合理工期限制内，按照既定的质量要求，以低成本安全地建成工程项目，使其实现设计的功能，在各项预定条件下，实现项目总目标。工程项目不同阶段有着不同的阶段性目标。阶段性目标的实现，是总目标实现的保证，因此阶段性目标是项目总目标的手段性目标，两者是一个不可分割的有机整体，共同组成了项目的目标系统。阶段性目标必须服从于和受控于项目总目标。管理者的任务就是有效地利用既定的条件（人力、财力、物力资源，时间、空间条件等）逐一地实现阶段性目标，最终保证项目总目标的实现。

在工程项目施工管理的全过程中，主要有以下几个方面的内容：

（1）合同管理　合同管理是指签订施工总承包合同、专业承包合同、劳务分包合同，以及此类合同文件的准备、关键条款的确定、合同谈判、签订等，合同执行过程中的变更、修改、矛盾协调处理、索赔等管理工作。

（2）进度控制　进度管理包括进度计划的编制、实施、检查、调整；施工方案的确定、实施；与业主、监理、设计、分包间的协调。

（3）质量控制　质量控制包括确定、分解、落实质量目标及其保证措施；确定质量控制点及其阶段目标；质量保证体系的建立及其作用的发挥、检查；对设计图的理解、检查、提出修改意见；对进场材料、设备的质量检查和复验；工序质量检查验收、隐蔽工程验收、阶段质量验收，质量问题处理等。

（4）成本控制　项目的施工阶段是费用发生的主要阶段。费用主要发生在设备、材料采购和工程施工上。施工阶段的费用控制应采取组织、经济、技术、合同措施等进行多方面的综合控制。

（5）安全与环境管理　安全与环境管理包括项目的安全生产责任制度建设、安全生产管理机构建立、项目全员的安全教育、项目的安全检查、安全技术管理、安全生产应急响应与事故处理等。以上各项安全管理工作要落实到分包队伍中去。要针对工程项目和所处环境的特点制订切实可行的环境保护、维护职工健康和文明施工的措施，并落实到位。

（6）技术管理　技术管理是对所承包工程的各项技术活动和构成施工技术的各项要素进行计划、组织、指挥、协调和控制的总称。主要有熟悉图样、设计交底，施工组织设计编制和施工技术交底；规范、规程的学习、执行与检查；工种变更协商、各种试验检验、技术问题的处理；试验研究、技术改造、技术革新、技术培训；技术文件、技术信息、技术档案、技术标准的管理和技术责任制的建立等。

（7）信息管理　信息管理是指对有关项目的信息收集、整理、处理、储存、传递与应用等的一系列工作。信息管理的目的是及时地捕获信息，有计划、有分析地交流和沟通信息，以保证决策者能及时、准确、畅通地获得相应的信息，据此做出决策和指挥。为了达到应用信息的目的，需要构建项目的信息管理系统。

9.1.5　施工管理的基本工作

1. 确定总目标和分目标

工程项目的总目标，即预期该工程最终实现的效果，包括工程的功能、必须完成的工程量、工程的质量标准、总工期、总投资额等。在确认工程的总目标之后，围绕着总目标确定某一方面的目标，或者对总目标分解在这一方面的目标加以确认，并将该目标再分解落实到该方面工作的各个阶段中去，确认各阶段或项目的各节点的目标，层层分解，落实到操作层，形成总目标下的一个子目标群。例如，对于防波堤工程的质量目标，按照合同规定和现行行业标准，确认整个防波堤工程的总体质量目标，然后细化不同部位、不同阶段的质量目标。地基与基础部分：基槽开挖、抛石、夯实、整平等；堤身结构工程：堤身的抛填、构件的预制、安装等；护面结构工程：人工块体的预制、安装护面；堤顶结构工程：压顶块体预制安装、混凝土胸墙、防浪墙的施工等。

对每个阶段还可进一步细化，确定质量目标，并制定出相应的达到目标的具体标准。

2. 制订方案和具体措施

确定目标之后需要提出达到目标和满足相应标准要求的方案，对方案进行筛选和优化，并确定实施方案的具体措施。明确各部门的责任，分工明确、责任清楚，各负其责、奖罚分明。

3. 方案动态实施

将经过比选和优化的方案付诸实施，在实施的过程中应跟踪检查，及时掌握情况，通过现场调查、查看、听取汇报、统计报表等及时掌握方案和措施实施的效果和出现的问题，不断总结。并对照所确认的目标和标准及时加以改进和调整，保证目标的实现。及时掌握工程进展的情况，要建立一套科学的信息反馈和管理系统，包括会议汇报制度、统计报表制度、工程档案管理制度，大型工程建立计算机管理信息库，传递、储存、处理工程信息。

4. 组织和协调工作

包括建立管理的组织机构，确定项目经理，制定规章制度，明确各方面的关系，在项目经理的领导下，各尽其职，开展各项工作。

项目的不同阶段，不同部门、不同层次之间，存在着许多结合部，结合部是协调的重点之一。施工阶段工作量最大，投入的人力、财力、物力最多，管理、协调、配合难度最大的阶段，工序交叉很难避免，工程施工在时间和空间上难免会出现相互干扰，尤其是工程中大量的劳务分包，在质量、进度、安全方面都有大量的问题需要协调。及时有效地协调这些问题是工程项目管理中的重要内容。各种协调中，以人际关系的协调最为重要，项目经理在人际关系的协调中处于核心地位。为了更好地进行人际关系协调，通常采取定期和不定期召开协调会、调度会的方式，由业主或项目经理主持，各有关单位派有决策权的代表参加。会上要讨论和协调的问题由工程项目经理提前以书面文件通知各与会单位。协调会上讨论和决议的事项，形成书面纪要文件，各方签字、共同遵循执行，并作为奖罚和以后检查落实的依据，归档备查。

9.1.6 实现施工有效管理的基本条件

1）项目经理应具备与其承包工程相适应的技术、管理能力，配备得力的项目管理班子，组建团结一致、人际关系和谐的项目经理部。具有与其责任相符的充分的授权保证，项目经理要有足够的独立行使职权的权威，降低行政干预和其他干扰。项目经理部的核心领导，特别是项目经理的人事安排要稳定，避免频繁变动。

2）与项目的设计、监理、业主合作良好、关系融洽、沟通密切、配合默契。

3）有一份双方充分认同、遵照执行的合同。

4）工期科学、合理，进度计划切合实际，交底清楚、执行严格。

5）配备一个高效率的调度指挥系统，建立并落实一套高效、合理的管理机制，指令下达、信息反馈渠道畅通，纵横沟通及时，不开无准备的会议，会风好、效率高，凡决定、安排布置的事项，有检查、有处理、有奖罚。

6）构成工程项目的要素，如人员、材料、船机装备、工程款等及时到位。

7）建立公平、合理、能促进效率提升的分配和奖罚制度。

8）经过充分研究确定的合理可行的施工工艺和方案。

上述条件习惯称之为人员、机械设备、材料、施工方法、环境条件。

9.1.7 工程项目监理

由业主单位进行的工程项目管理委托给监理单位进行监督和管理，称为工程项目建设监理。监理包括两个方面，一是法定的政府建设行政管理部门和质检站进行的强制监督；二是经过政府有关部门认证，取得资格的社会监理单位（监理公司）进行的监督。前者称为政府监理，后者称为社会监理。

在市场经济条件下，建设单位聘请社会监理代表其参与工程建设的管理，是请专业人员对工程建设参与者的行为进行监控、督导和评价，并采取相应的措施保证工程建设符合国家法律法规和有关政策，制止建设行为的随意性、盲目性，促使工程建设的费用、进度、质量、安全按计划实现，确保工程建设行为的合法性、科学性、合理性和经济性。

施工单位与业主是合同关系。业主与监理单位是聘用和被聘用的关系，也是一种合同关系，监理单位与施工单位则是监理和被监理的关系。施工单位必须接受监理单位的监理，并为监理单位开展工作提供方便。施工人员应经常听取监理的意见和建议，要主动接受监督，争取监理对施工管理等各方面工作的理解和支持。

9.2 施工准备工作

施工准备工作是项目施工管理的一个重要组成部分，是组织施工的前提，是顺利完成工程施工任务的关键；其基本任务是为拟建工程的施工建立必要的技术和物质条件，统筹安排施工力量和布置施工现场。施工准备工作是施工企业做好目标管理，推行技术经济承包的重要依据，同时还是工程施工和设备安装顺利进行的保证。做好施工准备工作对于发挥企业优势、合理供应资源、加快施工速度、提高工程质量、安全施工、降低工程成本、增加企业经济效益、赢得企业社会信誉、实现企业现代化管理等具有重要意义。

施工项目开工前，施工单位应按施工组织设计做好工程开工前的各项现场施工准备工作，符合开工条件后应向建设单位或监理单位申请开工。施工项目开工应具备下列基本条件：

1）临时设施满足工程开工需要。
2）测量控制网、施工基线和水准点等已通过验收。
3）施工人员、施工船舶、机械设备、仪器仪表和工程材料等已按要求进场，满足开工需要。
4）施工技术准备满足开工需要。
5）已取得施工许可。

9.2.1 施工准备工作的分类

1. 按工程项目施工的范围分类

一般可分为全场性施工准备、单位工程施工条件准备和分部（项）工程作业条件准备三种。

1）全场性施工准备是以一个水运工程的施工工地为对象而进行的各项施工准备。其特点是施工准备工作的目的、内容都是为全场性施工服务，不仅要为全场性施工活动创造有利条件，而且要兼顾单位工程施工条件的准备。它是战略性层面上的总体性、全面性的考虑和准备，全面考虑与业主、监理、政府监督部门的关系，考虑与工程范围内的施工单位的协调，对分包队伍的安排等，关系复杂。

2）单位工程施工条件准备是以一个建筑物或构筑物为对象而进行的施工条件准备。其特点是准备工作的目的、内容都是为单位工程施工服务，不仅为单位工程在开工前做好一切准备，而且要为分部（项）工程做好施工准备，要起到承上启下的作用。

3）分部（项）工程作业条件准备是以一个分部（项）工程或具有突出特点的季节施工为对象而进行的作业条件准备。其特点是具体、细密、极具操作性。

2. 按工程所处的施工阶段分类

一般可分为开工前的施工准备和各施工阶段前的施工准备两种。

1) 开工前的施工准备是在拟建工程正式开工之前所进行的一切施工准备。其目的是为拟建工程正式开工创造必要的施工条件。它既可能是全场性的施工准备，又可能是单位工程施工条件的准备。

2) 各施工阶段前的施工准备是在拟建工程开工之后，每个施工阶段正式开工前所进行的一切施工准备工作。其目的是为下一个施工阶段正式开工创造必要的施工条件。如沉箱码头施工，一般可分为基槽挖泥、基床抛石、基床夯实、基床整平、沉箱预制、出运下水、安放、上部结构、附属工程、后方回填等施工阶段，每个施工阶段的施工内容不同，所需要的技术条件、资源条件、组织要求和现场布置等方面也不同，因此在每个施工阶段的过程中和将要结束时都要考虑为下一阶段开工创造有利条件。下一阶段开工之前，都必须做好相应的施工准备工作。

9.2.2 施工准备工作的内容

工程项目施工准备通常包括技术准备、物资准备、劳动组织准备、施工现场准备和施工场外准备。

1. 技术准备

技术准备是施工准备的核心。由于任何技术的差错或隐患都可能引起人身安全或工程质量和安全事故，造成生命、财产和经济的巨大损失，因此必须认真做好技术准备工作。

(1) 熟悉、审查设计图和熟悉工程的初步设计文件

1) 熟悉、审查设计图的目的。

① 为了能按照设计图的要求，顺利地进行施工，生产出符合设计要求的水运工程建筑物或构筑物。

② 为了能在拟建工程开工之前，使从事施工技术和经营管理的工程技术人员充分地了解和掌握设计图的设计意图、技术要求和结构与构造的特点、难点和关键点。

③ 通过审查发现设计图中存在的问题和错误，提出施工建议，使其在施工开始之前改正，为拟建工程的施工提供一份准确、齐全的设计图。

④ 充分掌握设计图，尽可能详细地对施工操作人员进行施工交底，使操作者理解施工内容。

2) 熟悉、审查设计图的内容。

① 拟建工程的位置、工程总平面布置以及建筑物或构筑物的设计功能和使用要求。

② 设计图是否完整、齐全，总平面图与其他结构图在几何尺寸、坐标、标高、说明等方面是否一致，技术要求是否正确。

③ 设计图与说明书在内容上是否一致，以及设计图与其各专业组成部分之间有无矛盾和错误。

④ 工程配套投产的先后次序和相互关系，以及设备安装图与其相配合的土建施工图在坐标、标高上是否一致，土建施工质量是否满足设备安装的要求。

⑤ 地基处理与基础设计同拟建工程地点的工程水文、地质等条件是否一致，以及建筑物或构筑物与地下建筑物或构筑物、管线之间的关系。

⑥ 掌握拟建工程的结构形式和特点，复核主要承重结构的强度和稳定性是否满足要求，设计图中的工程复杂、施工难度大和技术要求高的分部（项）工程或新结构、新材料、新

工艺，对照承包人现有施工技术水平和管理水平能否满足工期和质量要求，研究采取可行的技术措施加以保证。

⑦ 明确建设期限、分期分批投产或交付使用的顺序和时间，以及工程所用的主要材料、设备数量、规格、来源和供货日期。

⑧ 明确建设、设计和施工等单位之间的协作与配合关系，以及建设单位可以提供的施工条件。

⑨ 在审查、熟悉、掌握图样的基础上，研究落实施工交底的计划、步骤和要求。

3）熟悉、审查设计图的程序。通常分为自审阶段、会审阶段和现场签证三个阶段。

① 自审阶段。施工单位收到拟建工程的设计图和有关技术文件后，应尽快组织有关工程技术人员熟悉和自审图样，写出自审图样记录。自审图样记录应包括对设计图的疑问和对设计图的有关建议。

② 会审阶段。一般由建设单位主持、设计单位和施工单位参加，三方进行设计图会审。图样会审时，首先由设计单位的工程主要设计人员向与会者说明拟建工程的设计依据、意图和功能要求，并对特殊结构、新材料、新工艺和新技术提出设计要求，然后施工单位根据自审记录以及对设计意图的了解，提出对设计图样的疑问和建议，最后在统一认识的基础上对所探讨的问题逐一做好记录，形成图样会审纪要，由建设单位正式发文，参加单位共同会签、盖章，作为与设计文件同时使用的技术文件和指导施工的依据，以及建设单位与施工单位进行工程结算的依据。

③ 现场签证阶段。在拟建工程施工过程中，如果业主提出增加附加工程，改变设计或发现施工条件与设计图条件不符，或者发现图样中仍然有错误，或者因为材料的规格、质量不能满足设计要求，或者因为施工单位提出了合理化建议，需要对设计图进行及时修订时，应遵循技术核定和设计变更的签证制度，进行图样的施工现场签证。如果设计变更的内容对拟建工程的规模、投资影响较大时，要报请项目的原批准单位批准。在施工现场的图样修改、技术核定和设计变更资料，都要有正式的文字记录，归入拟建工程施工档案，作为指导施工、竣工验收和工程结算的依据。

(2) 原始资料的调查分析　为了做好施工准备工作，除了要掌握有关拟建工程的设计书面资料外，还应进行拟建工程的实地勘测和调查，获得有关数据的第一手资料，对于拟定一个先进合理、切合实际的施工组织设计非常必要，因此应做好以下几个方面的调查分析：

1）自然条件的调查分析主要内容有气温、雨、雪、风、雾和雷电等情况；地质构造、土的性质和类别、地基土的承载力、地震级别和烈度等情况；水位、波浪、海流、泥沙运动等情况；地下水位的变化情况，含水层的厚度、流向、流量和水质等情况；土的冻结深度和冬雨季的期限等情况。

2）测量控制点的调查分析掌握高程、平面控制网和控制基点的情况。

3）技术经济条件的调查分析主要内容有施工水域与避风锚地位置，地方建筑施工企业状况，当地可利用的资源，包括材料、船机设备等，工地供电和交通运输，地方劳动力和技术水平，当地生活供应和医疗卫生，当地消防、治安和施工单位的力量状况等。

(3) 编制施工组织设计　编制施工组织设计是施工准备工作的重要组成部分，也是指导施工现场全部生产活动的技术经济文件，是对施工全过程实行科学管理的重要手段。通过施工组织设计的编制，可以全面分析项目的施工条件，拟定合理的施工方案，确定施工顺序、施工方法、劳动组织，制订技术组织措施，统筹合理地安排工程进度计划；预计施工过程中可能出现的各种情况，协调设计与施工、总包与分包、技术与经济、质量与进度、总体与局部、专业与辅助等方面的关系。实践证明，施工组织设计编制合理，并在施工过程中认真贯彻执行，可以使工程的质量、工期、安全达到合同规定的要求，成本得到有效控制。因此，必须根据拟建工程的规模、结构特点和建设单位的要求，在原始资料调查分析的基础上，编制能指导该工程全部施工活动的施工组织设计。

（4）编制施工图预算和施工预算　施工图预算是技术准备工作的主要组成部分之一，是按照施工图确定的工程量、施工组织设计所拟定的施工方法、建筑工程预算定额及其取费标准，由施工单位编制的确定建筑安装工程造价的经济文件，它是施工企业签订工程承包合同、工程结算、银行拨付工程价款、成本核算、加强经营管理等方面工作的重要依据。施工预算是根据施工图预算、施工图、施工组织设计或施工方案、施工定额等文件进行编制，直接受施工图预算的控制。它是施工企业内部控制各项成本支出、考核用工、施工图预算和施工预算对比、签发施工任务单、限额领料、基层进行经济核算的依据。

2. 物资准备

材料、预制构件、船机设备是保证施工顺利进行的物质基础，物资准备工作必须在工程开工之前完成。根据各种物资的需要量计划，落实货源，安排运输和储备，使其满足连续施工的要求。

（1）物资准备工作的内容　物资准备工作主要包括建筑材料的准备、构（配）件和制品的加工准备、船机设备等的准备和生产工艺设备的准备。

1）建筑材料的准备主要是根据施工预算进行分析，按照施工进度计划要求，按材料名称、规格、使用时间、材料储备和消耗定额进行汇总，编制出材料需要量计划，为组织备料、确定仓库、场地堆放所需的面积、组织运输、选择出运码头等提供依据。

2）构（配）件、制品的加工预制准备根据施工预算提供的构（配）件、制品的名称、规格、质量、数量，确定加工预制方案和供应渠道以及进场后的储存地点和方式，编制需要量计划，确定预制场，为组织运输、确定存放场地等提供依据。

3）施工船机设备的准备根据施工方案，安排施工进度，确定施工船机的类型、数量、进场时间和调度安排，编制施工船机的需要量计划、准备工作船码头、施工船舶临时停靠水域以及避风锚地等。

4）生产工艺设备的准备按照拟建工程生产工艺流程及工艺设备布置图，提出工艺设备的名称、型号、生产能力和需要量，确定分期分批进场时间和保管方式，编制工艺设备需要量计划，为组织运输、确定堆场面积提供依据。

（2）物资准备工作的程序

1）根据施工预算、分部（项）工程施工方法和施工进度的安排，拟定材料、构（配）件及制品、施工船机和工艺设备等物资的需要量计划。

2）根据各种物资需要量计划，组织货源，确定加工、供应地点和供应方式，签订物资供应合同。

3）根据各种物资的需要量计划和合同，拟定运输计划和运输方案。

4）按施工总平面图的要求，组织物资按计划时间进场，在指定地点，按规定方式进行验收、储存或堆放。

3. 劳动组织准备

（1）建立项目经理部　根据拟建工程项目的规模，结构特点和复杂程度，确定拟建工程项目施工的领导机构人选和名额，坚持合理分工与密切协作相结合，选择有施工经验、有创新精神、有工作效率的人员组成领导机构，认真执行因事设职、因职选人的原则。

（2）建立精干的施工班组　施工队或班组的建立要认真考虑专业、工种的合理配合，技工、普工的比例要满足合理劳动组织，要符合流水施工组织方式的要求，确定建立施工队或班组（是专业施工队组，或混合施工队组），要坚持合理、精干的原则，同时制订出该工程的劳动力需要量计划。

（3）集结施工力量、组织劳动力进场　工地的领导机构确定之后，按照开工日期和劳动力需要量计划，组织劳动力进场。同时要进行安全、防火和文明施工等方面的教育，办好各方面要求的手续，并安排好职工的生活。

（4）向施工队、班组及工人进行施工组织设计、计划和技术交底　交底的目的是把拟建工程的设计内容、施工计划和施工技术等要求，详尽地向施工班组和工人交代，是落实计划和技术责任制的方法。

1）交底的时间应在单位工程或分部（项）工程开工前进行，以保证工程严格地按照设计图、施工组织设计、安全操作规程和施工验收规范等要求进行施工。

交底的内容有工程的施工进度计划、月作业计划；施工组织设计，施工工艺、质量标准、安全技术措施、降低成本措施和施工验收规范的要求；新结构、新材料、新技术和新工艺的实施方案和保证措施；图样会审中所确定的有关部位的设计变更和技术核定等。交底工作应按照管理系统逐级进行，由上而下直到工人班组。

2）交底的方式有书面形式、口头形式和现场示范形式等。

班组及工人接受施工组织设计、计划和技术交底后，要组织其成员认真的分析研究，清楚关键部位、质量标准、安全措施和操作要领。必要时应该进行示范，并明确任务及做好分工协作，同时建立健全岗位责任制和保证措施。

（5）建立、健全各项管理制度

工地的各项管理制度是否建立、健全，直接影响其各项施工活动的顺利进行。为此必须建立、健全工地的各项管理制度。通常有工程质量检查与验收、工程技术档案管理、建筑材料（构件、配件、制品）的检查验收、技术责任、施工图学习与会审、技术交底、职工考勤与考核、工地及班组经济核算、材料出入库、安全操作、机具使用保养等制度。

4. 施工现场准备

施工现场是施工的全体参加者为达到优质、高速、低消耗的目标，有节奏、均衡连续地进行施工活动空间。施工现场的准备工作，主要是为了给施工创造有利条件和物资保证。

（1）施工场地的控制网测量　按照设计单位提供的工程总平面图及给定的永久性坐标控制网和水准控制基桩，进行施工区施工测量，设置厂区的永久性经纬坐标桩、水准基桩和建立施工区工程测量控制网。

（2）三通一平

1）路通。施工现场的道路是组织物资运输的动脉。拟建工程开工前，必须按照施工总平面图的要求，修好施工现场的永久性道路以及必要的临时性道路，形成完整畅通的运输网络，为建筑材料进场、堆放创造有利条件。

2) 水通。水是施工现场的生产和生活不可缺少的。拟建工程开工前,必须按照施工总平面图的要求,接通施工用水和生活用水的管线,尽可能与永久性的给水系统结合,做好地面排水系统,为施工创造良好的环境。

3) 电通。电是施工现场的主要动力来源。拟建工程开工前,按照施工组织设计要求,接通电力和电信设施,以及其他能源的供应,确保施工现场动力设备和通信设备的正常运行。

4) 平整场地。按照建筑施工总平面图的要求,拆除场地上妨碍施工的建筑物或构筑物,根据施工总平面图规定的标高和土方设计图,进行挖填土方的工程量计算,确定平整场地的施工方案,进行场地平整。

(3) 施工现场的补充勘探　对施工现场补充勘探是为了进一步寻找地下管道、暗沟等地下障碍物,核实发包人提交的地质资料的准确性和真实性,以便及时拟定处理障碍物的方案,并予以实施,为基础工程施工创造有利条件。

(4) 临时、消防和保安设施　按照施工总平面图的布置,建造临时设施,为正式开工准备好生产、办公、生活、居住和储存等临时用房。按照施工组织设计的要求,根据施工总平面图的布置,建立消防、保安等组织机构和有关的规章制度,布置安排好消防、保安等措施。

(5) 施工船机进场、组装、调试施工机具　按照施工船机需要量计划,组织施工船机进场,根据施工总平面图将施工机具安置在预定地点。对于固定的机具要进行就位、搭棚、接电源、保养和调试等工作。对所有施工船机都必须在开工之前进行检查和试运转。

水上施工项目开工前应选定施工船舶避风港或避风锚地。

(6) 建筑构（配）件、制品和材料的储存和堆放　按照建筑材料、构（配）件和制品的需要量计划组织进场,根据施工总平面图规定的地点和指定的方式进行储存和堆放。

(7) 提供建筑材料的试验申请计划、进行新技术项目的试制和试验　按照建筑材料的需要量计划,及时提供建筑材料的试验申请计划。例如,混凝土或砂浆的配合比和强度等试验、钢材的机械性能和化学成分等试验。按设计图和施工组织设计的要求,进行新技术项目的试制和试验。

(8) 冬雨期施工安排　按照施工组织设计的要求,落实冬雨期施工的临时设施和技术措施。

5. 施工场外准备

施工准备除了施工现场内部的准备工作外,还有施工现场外部的准备工作,具体内容如下：

(1) 材料的加工和订货　建筑材料和某些建筑制品需要外购时,应提前与加工生产单位联系,签订供货合同,保证及时供应。

(2) 签订分包合同　由于施工单位本身的力量所限,有些专业工程的施工,安装和运输等均需要向外单位委托,根据工程量、完成日期、工程质量和工程造价等内容,考察分包单位,根据资质要求选定合格分包商,与分包单位签订分包合同,保证按时实施,同时对他们进行必要的质量进度、安全等方面的教育和办好各方面要求的手续。

(3) 向监理人及时提交开工申请报告　准备工作就绪后,应该按合同要求及时填写开工申请报告并上报监理和发包人批准。

总之，不仅在拟建工程开工之前从零开始做好施工准备工作，而且随着工程施工的进展，在各施工阶段开工之前也要做好施工准备工作。各项施工准备互为补充、相互配合。为了落实各项施工准备工作，加强对其检查和监督，必须根据各项施工准备工作的内容、时间和人员，编制施工准备工作计划。为了提高施工准备工作的质量，加快施工准备工作的速度，承包人必须主动加强与发包人、设计和监理人之间的协调沟通，建立健全施工准备工作的责任制度和检查制度，使施工准备工作有领导、有组织、有计划和分期分批地进行，并贯穿整个生产过程的始终。

9.3 施工组织设计

施工组织设计是以施工项目为对象编制的用以指导施工技术、经济和管理的综合性文件，是对施工活动全过程进行科学管理的重要手段。其基本任务是根据国家有关技术政策、建设项目要求、施工组织原则，结合工程具体条件，确定经济合理的施工方案，对拟建工程在人力和物力、时间和空间、技术和组织等方面统筹安排，保证按照既定目标，优质、低耗、高速、安全地完成施工任务。

9.3.1 概述

施工单位应严格按照批准的施工组织设计和施工方案进行施工，如果施工过程中需要对施工组织设计或施工方案进行较大修改或调整，应按原审批程序进行报批。经审查批准后的施工组织设计即成为施工法规，施工组织设计未经批准的工程，原则上不得开工。

1. 施工组织的原则

（1）连续性原则 施工过程各阶段、各工序的进行，在时间上应紧密衔接，不允许发生各种不合理的中断。按连续性原则组织施工，可以缩短建设周期，避免不必要的等待及窝工，提高劳动生产率。保持施工过程的连续性可通过组织各项工作间的平行流水和立体交叉作业来实现。

（2）均衡性原则 施工各阶段在人工、机械设备、材料消耗、资金使用上应保持一定比例，各工段的负荷应保持相对稳定，不发生时紧时松的现象。均衡施工能充分利用机械设备和工时，避免由于突击赶工而造成损失，也有利于保证工程质量。

（3）协调性原则 施工各阶段、各工序之间在施工能力上应相互协调，不发生脱节和比例失调现象。具有协调性的施工组织，可避免施工过程中不必要的停顿和等待，提高机械和设备的利用率，缩短工期。

（4）经济性原则 在组织施工时，应在保证技术要求的前提下，提高经济效益。科学地组织施工的根本目的是以最小的劳动消耗取得最大的施工生产成果。因此连续性、协调性和均衡性三原则最终要以是否经济作为衡量标准。

2. 施工组织的方式

考虑工程项目的施工特点、工艺流程、资源利用、平面或空间布置等要求，其施工可以采用依次、平行、流水等组织方式。

（1）依次施工 依次施工也称顺序施工，是将拟建工程划分为若干个施工过程，每个施工过程按施工工艺流程顺次进行施工,前一个施工过程完成后,后一个施工过程才开始施工。

(2)平行施工 当有若干施工任务时,由多个施工队施工,在同一时间、不同的空间,各个任务同时开工,平行生产,直到任务完成。

(3)流水施工 将拟建工程项目中的每一个施工任务分解为若干个施工过程,并按照施工过程成立相应的专业工作队,各专业队按照施工顺序依次完成各个施工任务的施工过程,同时保证施工在时间和空间上连续、均衡和有节奏地进行,使相邻两专业队能最大限度地搭接作业。为说明三种施工组织方式及其特点,以某港辅助作业区拟建三幢结构相同的建筑物为例,其编号分别为Ⅰ、Ⅱ、Ⅲ,各幢建筑物的基础工程均可分解为挖土方、浇混凝土基础和回填土三个施工过程,分别由相应的专业队按施工工艺要求依次完成,每个专业队在每幢建筑物的施工时间均为5周,各专业队的人数分别为10人、16人和8人。三幢建筑物基础工程施工的不同组织方式如图9-1所示,施工组织方式比较见表9-1。

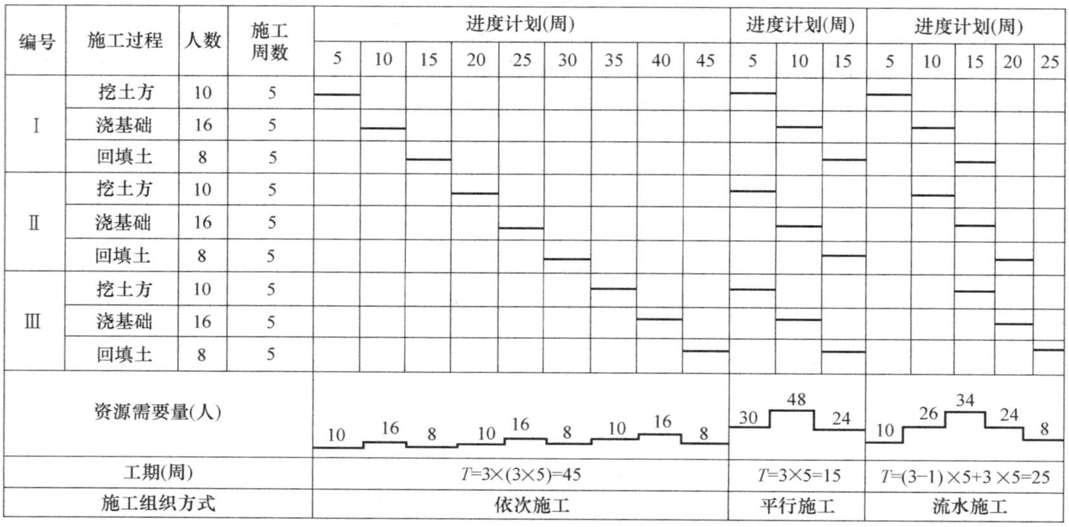

编号	施工过程	人数	施工周数	进度计划(周) 依次施工	进度计划(周) 平行施工	进度计划(周) 流水施工
Ⅰ	挖土方	10	5			
Ⅰ	浇基础	16	5			
Ⅰ	回填土	8	5			
Ⅱ	挖土方	10	5			
Ⅱ	浇基础	16	5			
Ⅱ	回填土	8	5			
Ⅲ	挖土方	10	5			
Ⅲ	浇基础	16	5			
Ⅲ	回填土	8	5			
资源需要量(人)				10,16,8,10,16,8,10,16,8	30,48,24	10,26,34,24,8
工期(周)				$T=3\times(3\times5)=45$	$T=3\times5=15$	$T=(3-1)\times5+3\times5=25$
施工组织方式				依次施工	平行施工	流水施工

图9-1 施工组织方式的比较图

表9-1 施工组织方式比较

特点	依次施工	平行施工	流水施工
1	没有充分地利用工作面,工期长	充分地利用工作面,工期短	尽可能地利用工作面,工期比较短
2	如果按专业成立工作队,则各专业队不能连续作业,有时间间歇,劳动力及施工机具等资源无法均衡使用	如果每一个施工对象均按专业成立工作队,则各专业队不能连续作业;劳动力及施工机具等资源无法均衡使用	各工作队实现了专业化施工;劳动力及施工机具等资源能够均衡使用
3	如果由一个工作队完成全部施工任务,则不能实现专业化施工,不利于提高劳动生产率和工程质量	如果由一个工作队完成一个施工对象的全部施工任务,则不能实现专业化施工,不利于提高劳动生产率和工程质量	专业工作队能够连续施工,相邻专业队的开工时间最大限度地搭接,有利于提高劳动生产率和工程质量

(续)

特点	依次施工	平行施工	流水施工
4	单位时间内投入的劳动力、施工机具、材料等较少	单位时间内投入的劳动力、施工机具、材料等成倍增加	单位时间内投入的劳动力、施工机具、材料等较为均衡
5	有利于资源供应的组织	不利于资源供应的组织	有利于资源供应的组织
6	施工现场组织管理比较简单	施工现场组织管理比较复杂	有利于文明施工和科学管理

3. 施工组织设计的任务

施工组织设计要根据国家的有关技术政策和规定、招标投标文件、施工合同，设计图和组织施工的基本原则，从拟建工程施工全局出发，结合工程的具体条件，采用先进的施工技术，有效地使用人力、物力，合理安排施工过程的时间排列和空间布置，以期达到工期短、质量高和造价低的最优效果。

4. 施工组织设计的作用

工程建设的不同阶段，有不同的施工组织设计。在初步设计阶段，由设计单位编制施工条件、方法和进度设计，作为编制工程概算的依据；在施工正式开工之前，由承包人根据已批准的施工图设计和招标文件，编制施工阶段的施工组织设计，用来直接指导工程施工。因此，施工组织设计的作用可以概括如下：

1）确定施工技术方案，合理安排人力、机械设备和材料的使用，解决工期、质量和费用间的矛盾，以确保按照合同规定，完成施工任务。

2）协调施工过程中各施工队伍、各施工工种间的关系。

3）明确职责，保证工程质量和工程进度。

4）预见施工中可能出现的问题，并预先拟定解决的措施。

5. 施工组织设计的内容

施工组织设计的任务和作用，决定施工组织设计的内容。一般情况下，施工组织设计的内容包括以下几个主要方面：

（1）施工条件分析　施工条件主要包括工程条件、自然条件、物质资源供应条件以及社会经济条件等。

（2）施工导流设计　在河流上修建水运工程建筑物时（如船闸等），施工导流设计是施工组织设计中的重要内容。应根据导流条件，确定导流标准，划分导流时段，明确施工分期，选择导流方案、方式和建筑物，拟定截流、拦洪、通航、蓄水等措施。

（3）施工进度计划　工程项目的工期安排或施工进度计划是项目管理的重要组成部分。编制施工进度计划的目的是在合同规定的建设期限内，结合工程的具体情况，确定工程项目的施工顺序、各分项、分部工程的开、竣工日期。在施工管理期间，施工进度计划就是指导和组织整个工地进行施工的依据，将各项施工组织成有机的统一体，使整个工程有计划、有组织、有节奏和均衡地进行。

施工中所需要的各项资金、各种劳动力、机具设备、材料和各项临时设施以及工地配备的附属企业等的数量、生产规模都要根据施工进度计划来决定。施工进度计划可以消除施工中的混乱、脱节现象，使人力、物力和财力得到合理使用，有利于实现保证工程质量、缩短工期、降低工程造价的目的。

(4) 施工方案的拟定　对主体工程，需要进行技术经济比较，择优选定施工方案。要根据主体工程的各自施工条件，对施工程序、施工方法、施工强度、施工布置、施工进度和施工机械等问题进行比较和选择。必要时，对其中的关键技术进行专门设计论证。

(5) 临时工程设施及附属企业　在施工现场，有不少为施工而设立的临时工程设施和附属企业。在施工组织设计中，必须对主要的临时设施进行专门的规划设计。

(6) 技术和生活供应计划　为了确保施工的顺利进行，在施工组织设计中，必须提出专门的技术供应与生活供应计划。

(7) 施工总体布置　施工总体布置的主要任务是根据施工场区的地形地貌、枢纽等主要建筑物的施工方案、各项临建设施的布置要求，对施工场地进行分期分区和分标规划，确定分期分区布置方案和各承包单位的场地范围，对土石方的开挖、堆弃和填筑进行综合平衡，提出各类房屋分区布置一览表，估计施工征地面积，提出占地计划，研究施工还地造田的可能性。

(8) 安全技术措施和主要技术经济指标　为确保工程质量和施工安全，在施工组织设计文件中，必须提出相应的安全措施。对施工组织设计进行技术经济分析评价，可以进行方案改进或多方案优选。一般常用的指标有施工工期、劳动生产率、临时工程费用比、机械化施工程度、流水施工不均匀系数、专业化施工水平、节约三大材料百分比、安全指标以及工程质量等。

由于施工组织设计的编制对象不同，以上各方面内容所包括的范围也不同。

9.3.2　施工组织设计的编制及审批

按编制对象，施工组织设计可以分为施工组织总设计、单位工程施工组织设计和施工方案，其编制的内容、编制程序和批准程序有所差异，但基本原理相同。施工组织总设计是以若干单位工程组成的群体工程或特大型项目为主要对象编制的施工组织设计，对整个项目的施工过程起统筹规划、重点控制的作用。单位工程施工组织设计是以单位（子单位）工程为主要对象编制的施工组织设计，对单位（子单位）工程的施工过程起指导和制约作用。施工方案是以分部（项）工程或专项工程为主要对象编制的施工技术与组织方案，用以具体指导其施工过程。

由多个不同类型单位工程组成的大型建设项目，宜编制施工组织总设计和单位工程施工组织设计。施工组织总设计应该对整个施工项目的实施进行全面安排和部署，并应保障项目的主体工程、辅助工程和公用工程的相互衔接与配套。分部（项）工程或专项工程施工方案应在施工组织设计的基础上编制；危险性较大的分部（项）工程应单独编制安全专项施工方案。采用新材料、新结构、新技术和新工艺的项目应编制专项施工方案，必要时进行试验验证。

1. 编制原则

施工组织设计应根据工程特点、安全和质量要求、工期要求、施工环境和施工条件，对项目的施工组织、施工进度计划、施工顺序、施工方案、资源配置、保证施工安全与工程质量的技术组织措施等进行安排和部署，并应具有针对性、指导性和可操作性。因此，施工组织设计的编制必须遵循工程建设程序，并应符合下列原则：

1) 符合施工合同或招标文件中有关工程进度、质量、安全、环境保护、造价等方面的要求。

2）积极开发、使用新技术和新工艺，推广应用新材料和新设备。
3）坚持科学的施工程序和合理的施工顺序，采用流水施工和网络计划等方法，科学配置资源，合理布置现场，采取季节性施工措施，实现均衡施工，达到合理的经济技术指标。
4）采取技术和管理措施，推广建筑节能和绿色施工。
5）与质量、环境和职业健康安全三个管理体系有效结合。

2．编制程序

无论是施工组织总设计、单位工程施工组织设计，还是分部（项）工程施工方案或专项工程组织方案，其编制程序的规定原则及其所体现的基本原理完全相同，仅表现形式有差异。为避免重复，仅以施工组织总设计为例，编制程序如图9-2所示。

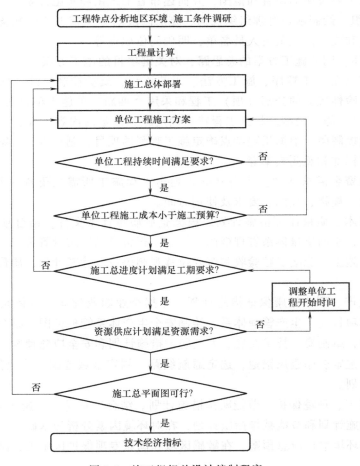

图 9-2　施工组织总设计编制程序

3．施工组织设计文件编制的内容与要求

1）编制依据。编制施工组织设计依据的主要文件、技术标准和报告等的名称、代号或文号。
2）工程概况。施工项目的工程名称、地理位置、工程内容、建设规模、主体结构形式、主要尺度或建设技术标准，按类别列表对主要工程数量进行统计汇总。
3）自然条件。根据设计文件资料和现场调查报告，对影响工程施工的气象、水文、地质和地理特征等自然条件进行概述和重点分析。

4）施工的特点与难点。结合工程特点、自然条件和合同条件对施工的特点、难点和关键点进行分析，确定关键节点、重点和难点问题的对策。

5）施工总体安排及施工进度计划。根据总工期和节点工期要求、施工的特点、难点和现场条件等，对工程的总体施工顺序、总工期目标、主要节点工期、施工关键线路和施工进度计划等进行总体安排部署，绘制形象进度图和网络图，确定关键途径，并阐述保障进度计划的技术组织措施。

6）施工现场平面布置。综合工程特点和现场实际，对施工现场总平面和临时工程的位置等进行统一布置，绘制现场总平面布置图，标明施工场地、施工水域、临时工程、施工道路、水电管线及主要设施的位置和范围，并简述布置的理由和实施计划。

7）施工组织。绘制项目管理组织机构、施工区段划分及施工队伍配备的组织框图，确定项目职能部门和施工队伍负责人员名单，明确岗位职责等。

8）施工方案。阐明施工方案的总思路，对关键项目的施工方案进行重点说明，确定主要分部（项）工程的施工顺序、施工方法、工艺流程、质量控制标准、操作要点和机械设备配备，编制危险性较大的分部（项）工程和采用"四新"的施工项目的专项施工方案。

9）施工测量与施工观测。根据工程特点确定施工测量的内容、方法、仪器和人员配备等，并布设测量控制网，根据工程特点确定施工观测的项目、制订观测方案，明确观测的内容、方法、控制标准和观测频率等。

10）资源及资金需求计划。用表格形式列出工程施工所需主要资源及资金需求计划，明确名称、数量、规格、性能、要求及使用时间。

11）施工技术、质量保证措施计划。根据企业质量体系文件，结合项目经营特点，建立现场质量体系，绘制质量体系管理框图，结合工程特点确定质量管理点及管理措施，编制技术交底、典型施工、隐蔽工程验收和沉降位移观测等技术管理计划，质量检测计划和主要试验检测计划。

12）安全生产、职业健康保证措施计划。根据企业职业健康质量体系文件，结合项目管理特点，建立项目安全生产管理体系，绘制安全生产体系管理框图；结合工程特点确定危险源及管理措施，编制安全技术交底、安全防护措施计划和安全应急预案，根据施工条件和施工船舶性能，选定船舶避风锚地，选定通航线路、划定水域范围、确定停泊位置及间距，提出拖轮配备计划。

13）文明施工、环境保护、节能减排措施计划。结合工程特点、施工环境和施工条件，制订文明施工措施计划和节能减排措施计划，在对环境因素分析的基础上，制订相应的环境保护措施计划和环境事件应急预案。在敏感区域和国家专项保护区施工，制订相应的专项保护措施。

14）特殊天气季节施工保证措施。结合工程特点、施工环境和施工季节，制订相应的雨天、夜间、冬季低温、台风季节和汛期的施工保证措施计划，制订防止工程遭受破坏、保证施工人员和施工船机安全的措施及应急预案。

15）施工风险防范措施。结合工程特点、合同条件和施工环境、列举并评估各种可能发生的风险，细述防范对策和管理措施。

16）附图。主要包括大型模板加工、施工平台、施工栈桥等图样。

9.3.3 施工组织设计的动态管理

1. 施工组织设计的评价

施工组织设计的评价分评审阶段和实施阶段两个阶段进行。评价的主要方式有会议评审和会签两种。

（1）评审阶段的评价

1）符合性涉及法律法规和标准规范、施工合同、勘察设计文件等。

2）适应性涉及地区环境条件、现场施工条件、工程特点等。

3）可靠性涉及编制依据、现场调研成果、工法或施工工艺、施工设备的性能指标、资源供给、组织结构、保证措施计划等。

4）先进性涉及应用新技术的情况、工法或施工工艺的纵横向比较、施工设备的性能指标比较、施工达到的技术经济指标的比较等。

5）完整性主要是指涵盖的内容应齐全。

（2）实施阶段的评价　主要采用对比法，通过计划与施工过程实际统计结果的对比分析，获得对施工组织设计实施效果的评价。通常采用定量评价法，评价的指标主要有：实物指标、工期指标、价值指标和劳动量指标等。

1）实物指标包括总工程量、已完工工程量、完成百分比、材料消耗量、材料节约量、节约百分比等。

2）工期指标包括总工期、计划工期、节点工期、单位（分部、分项）工程工期、施工进度、施工过程持续时间、施工效率和工期超前（落后）百分比等。

$$施工效率 = \frac{工程量}{施工过程持续时间}$$

3）价值指标包括中标价、施工图预算、预算成本、实际成本、直接费分解（材料费、工费、船机费）、单位成本、船机设备投资、项目盈亏额或百分比等。

$$预算成本 = 直接费 \times (1+综合费率)$$

$$直接费 = 定额直接费 \times (1+其他直接费率)$$

$$单位成本 = \frac{完成该工程的实际成本}{全部工程量}$$

4）劳动量指标包括计划人工使用量、计划机械使用量、实际人工使用量、实际机械使用量、最高（最低、平均）劳动强度、不均衡指数、机械化程度、单位工程劳动消耗量、人均施工产值等。

$$机械化程度 = \frac{机械完成的实物量}{全部实物量} \times 100\%$$

$$单位工程劳动消耗量 = \frac{全部劳动总量}{全部工程量}$$

实施阶段的评价比较复杂，通常需要采用一定的技术手段。例如，对工期指标中施工进度的评价，可采用的方法有横道图比较法、列表比较法、S形曲线比较法、双S形曲线比较法等。

单一指标，不能说明施工组织设计及其实施效果，需要进行综合评价。通常采用综合指标分析法,即以上述多指标分析为基础,将各指标值按照一定的计算方法进行综合后得到一综合指标进行评价。具体方法是首先选择参加评价的核心指标,计算指标值,然后根据各指标在评价中的重要性定出权重值,按权重累加,即得综合指标。这种评价方法既可用于不同项目施工组织设计的评价比较,也可用于编制阶段同一项目不同方案的比选。各施工企业可依据自身的具体情况制定统一的评价标准。

2. 施工组织设计的实施

施工组织设计的实施涉及很多问题,以下重点介绍交底和典型施工。

(1) 施工组织设计交底 分部(项)工程施工前向施工作业班组和施工作业人员进行施工技术交底和安全交底。施工技术交底和安全交底通知书应有施工作业班组和施工作业人员的签认。

施工技术交底应至少包括以下内容:

1)施工任务及施工图。
2)施工条件、施工方法、工艺流程和操作要点。
3)工序质量控制要点和质量标准。
4)施工记录和自检记录要求。

施工安全交底应至少包括下列内容:

1)施工作业特点、危险源和危险因素。
2)安全操作规程和安全技术措施。
3)职业健康和环境保护措施。
4)生产安全应急预案。

交底是宣传贯彻施工组织设计的最重要形式,也是实施的重要环节。交底的形式灵活多样,如讲课式、研讨式和模拟式等。最终达到的目的是让相关人员了解施工组织设计的全貌,熟悉并掌握自己职责范围内的全部内容,澄清各种问题,做到对如何实施施工组织设计心中有数。

交底应遵循由全局到局部、由粗到细、由浅到深的原则,应紧密结合现场实际情况,应以施工流程为控制主线,并强调针对性。交底应全面彻底,交底的方式应规范。

(2) 典型施工 典型施工是施工管理的重要手段,其目的多种多样。针对施工组织设计,其目的主要表现为以下两个方面,一是确定施工控制参数;二是给具体施工操作人员做示范,是施工组织设计交底工作的延续和具体化。为确定施工控制参数而进行的典型施工,具有科学研究的性质,应有明确的技术路线、计划方案和验证手段。

下列类型项目应进行典型施工:

1)采用新材料、新结构、新技术和新工艺的项目。
2)需要通过试验确定施工方法和施工工艺的项目。
3)需要通过施工验证质量控制指标的项目。
4)需要进行样板施工的项目。
5)设计有特殊要求的项目。

典型施工后应编写典型施工总结,通过典型施工确定的施工方法、施工工艺和质量控制指标应报监理单位批准。

3. 施工组织设计的检查与调整

项目施工过程中，应对施工组织设计的执行情况进行检查、分析并适时调整。

（1）施工组织设计的检查　检查反映计划和目标的主要指标的完成情况，一般采用比较法检查。检查的内容包括进度、质量、材料消耗、机械使用和成本费用等。检查的主要原则是把对主要指标数值的检查同其相应的施工内容、施工方法和施工进度的检查结合起来，发现其中的问题，为进一步分析原因提供依据。施工总平面图合理性检查，重点关注施工总平面布置是否适应施工生产的新变化和新要求、是否能够完全满足施工进展的需要以及是否有改进和优化的余地。

（2）施工组织设计的修订或调整　项目施工过程中，发生以下情况之一时，施工组织设计应及时进行修改或补充。

1）工程设计有重大修改。
2）有关法律、法规、规范和标准的实施、修订和废止。
3）主要施工方法有重大调整。
4）主要施工资源配置有重大调整。
5）施工环境有重大改变。

经修改或补充的施工组织设计应重新审批后实施。

9.3.4　施工进度计划

施工进度计划是以拟建工程为对象，规定各项工程内容的施工顺序和开工、竣工时间的施工计划，是施工组织设计的核心内容之一，它要保证建设工程按合同规定的期限交付使用。

施工进度计划分为四个层次：施工总进度计划、单位工程施工进度计划、分部（项）工程进度计划和季度（月、旬、周）进度计划。

编制施工进度计划应从实际出发，注意施工的连续性和均衡性，按合同规定的工期要求，实现综合经济效果。施工进度计划的编制步骤：划分施工过程、计算工作量、确定劳动量和机械台班数量、确定各施工过程的持续施工时间（天或周等）、编制施工进度计划的初始方案、检查和调整初始方案。

施工进度计划的表示方法有多种，常用的有横道图和网络图两种表示方法。

1. 横道图

用横道图表示施工进度计划，一般包括工作名称及工作的持续时间等基本数据部分和横道线部分两个基本部分。图9-3所示为用横道图表示的某重力墩式码头施工进度计划，该计划明确地表示出各项工作的划分、工作的开始时间和完成时间、工作的持续时间、工作之间的相互搭接关系，以及整个工程项目的开工时间、完工时间和总工期。

利用横道图表示工程进度计划，存在以下缺点：不能明确地反映出各项工作之间错综复杂的相互关系，在计划执行过程中，当某些工作的进度由于某种原因提前或拖延时，不便于分析其对其他工作及总工期的影响程度，不利于工程进度的动态控制。不能明确地反映影响工期的关键工作和关键线路，也无法反映出整个工程项目的关键所在，不便于进度控制人员抓住主要矛盾。不能反映出工作所具有的机动时间，看不到计划的潜力所在，无法进行最合理的组织和指挥。不能反映工程费用与工期之间的关系，不便于缩短工期和降低工程成本。

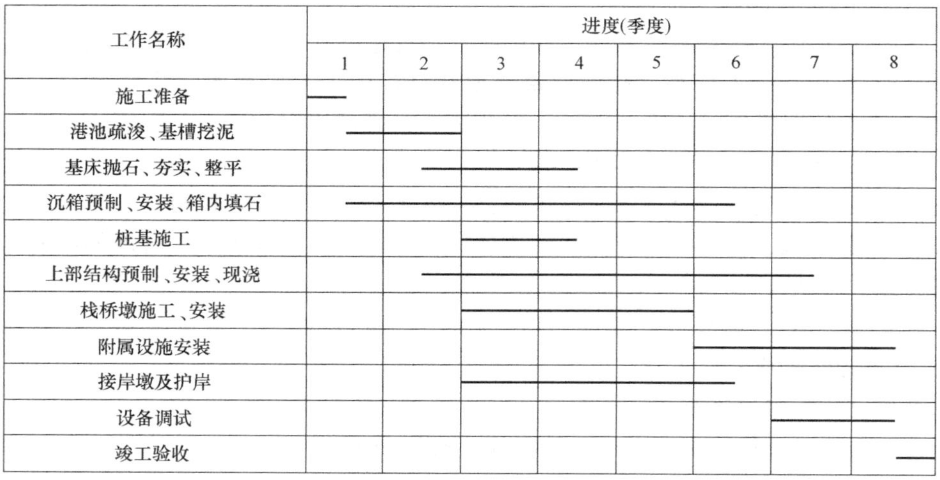

工作名称
进度(季度)
1
2
3
4
5
6
7
8
施工准备
港池疏浚、基槽挖泥
基床抛石、夯实、整平
沉箱预制、安装、箱内填石
桩基施工
上部结构预制、安装、现浇
栈桥墩施工、安装
附属设施安装
接岸墩及护岸
设备调试
竣工验收

图 9-3 横道图进度计划示例

2. 网络图

施工进度计划用网络图表示，可以使建设工程进度得到有效控制。国内外实践证明，网络图进度计划技术是用于控制建设工程进度的最有效工具。网络图进度计划分为确定型和非确定型两类。如果网络图进度计划中各项工作及其持续时间和各工作之间的相互关系都是确定的，即为确定型网络图进度计划，否则为非确定型网络图进度计划。一般情况下，施工进度控制主要应用确定型网络图进度计划，如图 9-4 所示。

辅楼工程
98d
1
基础工程
70d
2
主楼主体工程
112d
3
设备安装工程
42d
4
装饰装修工程
77d
5
室外工程
98d

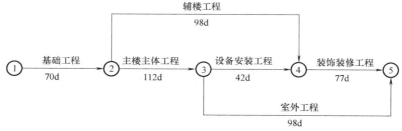

图 9-4 网络图进度计划示例

对于确定型网络图进度计划，除双代号网络图进度计划和单代号网络图进度计划外，还根据工程实际的需要，派生出时标网络图进度计划、搭接网络图进度计划、有时限的网络图进度计划等。

与横道图计划相比，网络图进度计划能够明确表达各项工作之间的逻辑关系，对于分析各项工作之间的相互影响及处理它们之间的协作关系具有重要意义。同时，通过网络图进度计划时间参数的计算，可以找出关键线路和关键工作，明确各项工作的机动时间，并可以用计算机进行计算、优化和调整。

9.4 流水施工原理

流水施工是一种科学、有效的施工组织方式，它可以充分利用工作时间和操作空间，减少非生产性劳动消耗，提高劳动生产率，保证施工连续、均衡、有节奏地进行，对提高工程质量、降低造价、缩短工期有显著的作用。

流水施工进度计划主要用横道图表示。如某基础工程流水施工的横道图如图 9-5 所示，图中横坐标表示流水施工的持续时间，纵坐标表示施工过程的名称或编号，n 条带有编号的水平线段表示 n 个施工过程或专业工作队的施工进度安排，其编号①、②、…表示不同的施工段。

施工过程	施工进度/d						
	2	4	6	8	10	12	14
挖基槽	①	②	③	④			
垫层		①	②	③	④		
砌基础			①	②	③	④	
回填土				①	②	③	④

图 9-5 某基础工程流水施工的横道图

9.4.1 流水施工参数

为说明组织流水施工时，各施工过程在时间和空间上的开展情况和相互依存关系，引入描述工艺流程、空间布置和时间安排等方面的状态参数，即流水施工参数，包括工艺参数、空间参数、时间参数。

1. 工艺参数

在组织流水施工时，用以表达流水施工在施工工艺方面进展状态的参数，包括施工过程、流水强度。组织流水施工时，根据施工组织及计划安排需要，将计划任务划分成的子项称为施工过程，一般用 n 表示，是流水施工的主要参数之一。流水强度（或流水能力）是指某施工过程（专业工作队）单位时间内完成的工程量。

2. 空间参数

在组织流水施工时，用以表达流水施工在空间布置上开展状态的参数，包括工作面和施工段。工作面是指供某专业工种的工人或某种施工机械进行施工所需要的活动空间。施工段（流水段）用 m 表示，将施工对象在平面或空间上划分成若干个劳动量大致相等的施工段落。划分施工段的目的是组织流水施工。

由于施工段内的施工任务由专业工作队依次完成，因而在两个施工段之间容易形成一个施工缝。同时，由于施工段数量的多少将直接影响流水施工的效果。为使施工段划分合理，应遵循以下原则：

1）同一专业队在各施工段上的劳动量应大致相等，相差幅度不宜超过 10%~15%。
2）每个施工段要有足够的工作面，满足合理劳动组织的要求。
3）施工段的界限应尽可能利用结构界线，或者设在对建筑物结构整体性能影响较小的部位。
4）应满足合理组织流水施工的要求，段数过多，降低施工速度，延长工期；段数过少，不利于充分利用工作面，造成窝工。
5）对于多层和高层建筑物，既分施工段又分施工层。各专业队依次完成第一施工层各施工段任务后，再转入第二施工层的施工段上作业，依此类推，以确保相应专业队在施工段与施工层之间连续、均衡、有节奏地施工。

3. 时间参数

在组织流水施工时，用以表达流水施工在时间安排上所处状态的参数，包括流水节拍、流水步距和流水施工工期等。

(1) 流水节拍　流水节拍 t 是指某个专业施工队在一个施工段上的施工时间。流水节拍是流水施工的主要参数之一，它表明流水施工的速度和节奏性。流水节拍小，其流水速度快，节奏感强；反之则相反。流水节拍可按照定额计算法和经验估算法进行计算。

确定流水节拍必须考虑到专业队组织方面的限制和需求，考虑工作面条件的限制、机械设备的实际负荷能力及可提供的数量。对于有特殊技术限制的工程，如受水位影响的水工工程等，考虑技术操作等方面的问题，必须考虑到材料和构配件的供应能力的影响和限制，并且应首先确定主导施工过程的流水节拍，以它为依据，确定其他施工过程的流水节拍。

(2) 流水步距　流水步距 K 是指组织施工时，两个相邻的专业施工队相继投入工作的最小时间间隔。流水步距的数目取决于参与流水的施工过程数。如果施工过程数为 n，则流水步距的总数为 $(n-1)$ 个。流水步距的大小取决于相邻两个施工过程（或各专业工作队）在各个施工段上的流水节拍及流水施工组织方式。确定流水步距时，应满足以下基本要求：

1) 满足相邻两个专业队在施工顺序上的制约关系。
2) 保证各专业工作队在各个施工段上都能连续作业。
3) 使相邻专业工作队在开工时间上能够合理搭接。
4) 保证工程质量，满足安全生产。

(3) 流水施工工期　流水施工工期 T 是指施工对象的全部流水施工完成的总时间，即从第一个专业队投入流水作业开始，到最后一个专业队完成最后一个施工过程的最后一段工作并退出流水作业为止的整个持续时间。

9.4.2　流水施工的基本组织方式

在流水施工中，由于流水节拍的规律不同，决定了流水步距、流水施工工期的计算方法等也不同。按流水节拍的特征将流水施工分类，如图 9-6 所示。

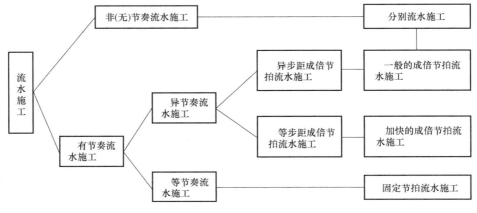

图 9-6　流水施工分类

1) 有节奏流水施工是指在组织流水施工时,每一个施工过程在各个施工段上的流水节拍都各自相等的流水施工,它分为等节奏流水施工和异节奏流水施工。

2) 等节奏流水施工是指在有节奏流水施工中,各施工过程的流水节拍都相等的流水施工,也称为固定(全等)节拍流水施工。

3) 异节奏流水施工是指在有节奏流水施工中,每一个施工过程在各个施工段上的流水节拍都各自相等,而不同施工过程之间的流水节拍不尽相等的流水施工。在组织施工时,可采用等步距异节奏流水施工和异步距异节奏流水施工两种方式。

4) 等步距异节奏流水施工是指在组织异节奏流水施工时,按每个施工过程流水节拍之间的比例关系,成立相应数量的专业工作队而进行的流水施工,也称为加快的成倍节拍流水施工。

5) 异步距异节奏流水施工是指在组织异节奏流水施工时,每个施工过程成立工作队,由其完成各施工段任务的流水施工,也称为一般的成倍节拍流水施工。

6) 非节奏流水施工是指在组织流水施工时,全部或部分施工过程在各个施工段上的流水节拍不相等的流水施工。这是流水施工中最常见的一种。

9.4.3 有节奏流水施工

1. 等节奏流水施工

(1) 等节奏流水施工的特点 等节奏流水施工是最理想的流水施工方式,其特点如下。

1) 所有施工过程在各个施工段上的流水节拍均相等。

2) 相邻施工过程的流水步距相等且等于流水节拍,$K=t$。

3) 专业工作队数=施工过程数,即每一个施工过程成立一个专业工作队完成相应施工过程所有施工段上的任务。

4) 各个专业工作队在各施工段上能够连续作业,施工段之间没有空闲时间。

(2) 间歇时间与提前插入时间 间歇时间是指相邻施工过程因工艺要求或组织安排而增加的额外等待时间,分为工艺间歇时间 G 和组织间歇时间 Z。提前插入时间 C 是指相邻专业施工队在同一施工段上平行工作的时间。在工作面资源允许情况下,提前进入施工可以缩短流水工期,但提前插入的现象不宜过多,否则会影响施工。

(3) 等节奏流水施工的工期计算 对于有间歇时间和提前插入时间的等节奏流水施工,其流水施工工期按下式计算

$$T=(m+n-1)t+\sum G+\sum Z-\sum C=(m+n-1)K+\sum G+\sum Z-\sum C \tag{9-1}$$

式中　T——流水施工工期;

　　　m——施工段数目;

　　　n——施工过程数目;

　　　t——流水节拍;

　　　K——流水步距(等节奏流水施工中,$K=t$)。

【例 9-1】 某分项工程分为支模板、绑钢筋、浇混凝土三个施工过程,流水节拍都为 3d。在平面上划分两个施工段(Ⅰ、Ⅱ),钢筋绑扎提前插入 2d 施工,钢筋绑扎完成后需要间歇 1d 才能浇混凝土。计算流水施工工期并绘制流水施工进度计划图。

解:等节奏流水施工 $m=2$;$n=3$;$t=K=3d$;

提前插入时间 $C_{1,2}=2d$；组织间歇时间 $Z_{2,3}=1d$。

流水施工工期 $T=(m+n-1)t+\sum G+\sum Z-\sum C=(2+3-1)\times 3+1-2=11d$

绘制等节奏流水施工进度计划图，如图 9-7 所示。

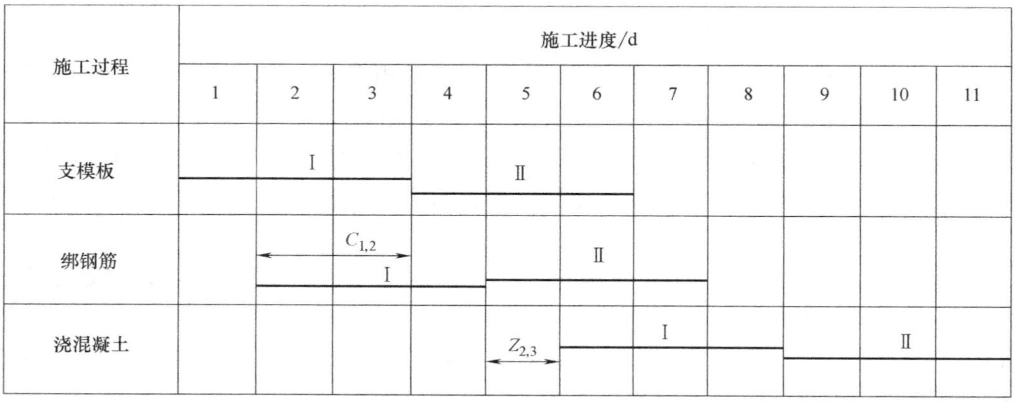

施工过程	施工进度/d										
	1	2	3	4	5	6	7	8	9	10	11
支模板	Ⅰ			Ⅱ							
绑钢筋		$C_{1,2}$ Ⅰ			Ⅱ						
浇混凝土					$Z_{2,3}$	Ⅰ				Ⅱ	

图 9-7　等节奏流水施工进度计划图

2. 异节奏流水施工

（1）等步距异节奏流水施工（加快的成倍节拍流水施工）

1）等步距异节奏流水施工的特点。

① 同一施工过程在其各个施工段上的流水节拍均相等；不同施工过程的流水节拍不相等，但其值为倍数关系。

② 相邻专业队的流水步距相等，且等于流水节拍的最大公约数 K。

③ 专业工作队数大于施工过程数，即有的施工过程只成立 1 个专业队，而对于流水节拍大的施工过程，可按其倍数增加相应专业队数目。

④ 各个专业队在施工段上能够连续作业，施工段之间没有空闲时间。

2）等步距异节奏流水施工工期的计算步骤。

① 计算流水步距，流水步距等于流水节拍的最大公约数。

② 计算专业施工队总数目 n'

$$n'=\sum b_i \tag{9-2}$$

式中　b_i——第 i 个施工过程的专业施工队数，$b_i=\dfrac{t_i}{K}$；

t_i——第 i 个施工过程的流水节拍；

K——流水步距，K 取值为流水节拍的最大公约数。

③ 确定流水施工工期

$$T=(m+n'-1)K+\sum G+\sum Z-\sum C \tag{9-3}$$

3）绘制加快的成倍节拍流水施工进度计划图。在加快的成倍节拍流水施工进度计划图中，除表明施工过程的编号或名称外，还应表明专业工作队的编号。在表明各施工段的编号时，一定要注意有多个专业工作队的施工过程，各专业工作队连续专业的施工段编号不应该连续，否则无法组织合理的流水施工。

【例 9-2】 某分项工程分为支模板、绑钢筋、浇混凝土 3 个施工过程,流水节拍分别为 6d、4d、2d。在平面上划分六个施工段①~⑥。按加快的成倍节拍组织流水施工,计算流水施工工期并绘制流水施工进度计划图。

解:施工段数目 $m=6$,流水步距 $K=$ 最大公约数 $(6,4,2)=2d$

各施工过程专业施工队数:支模板 $b_1=t_1/K=6\div2=3$,绑钢筋 $b_2=t_2/K=4\div2=2$,浇混凝土 $b_3=t_3/K=2\div2=1$;专业施工队总数目 $n'=\sum b_i=3+2+1=6$。

流水施工工期 $T=(m+n'-1)K=(6+6-1)\times2d=22d$

绘制加快的成倍节拍流水施工进度计划图,如图 9-8 所示。

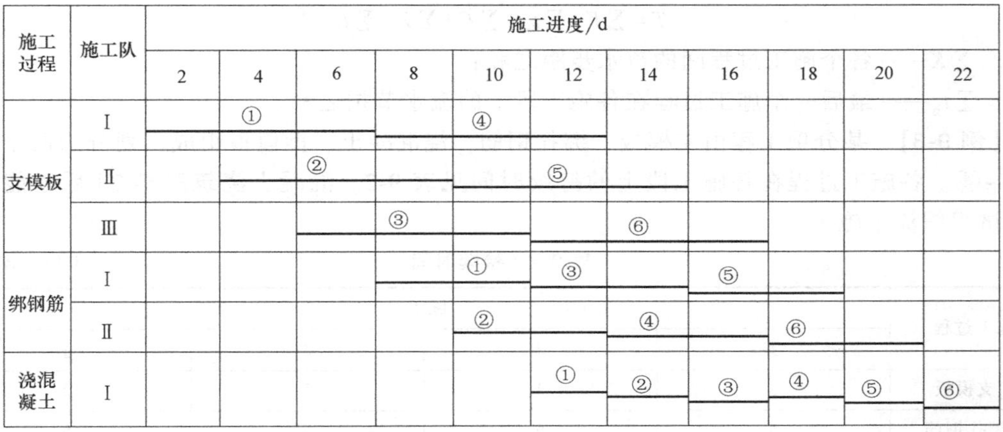

施工过程	施工队	_施工进度/d_										
		2	4	6	8	10	12	14	16	18	20	22
支模板	Ⅰ	①				④						
	Ⅱ		②				⑤					
	Ⅲ			③				⑥				
绑钢筋	Ⅰ				①	③			⑤			
	Ⅱ					②		④		⑥		
浇混凝土	Ⅰ						①	②	③	④	⑤	⑥

图 9-8 加快的成倍节拍流水施工进度计划图

(2) 异步距异节奏流水施工(一般的成倍节拍流水施工) 每个施工过程成立工作队,由其完成各施工段任务的流水施工,也称为一般的成倍节拍流水施工。计算方法同非节奏流水施工。

9.4.4 非(无)节奏流水施工

在组织流水施工时,经常由于工程结构形式、施工条件不同等原因,使得各施工过程在各工段上的工程量有较大差异,或因专业工作队的生产效率相差较大,导致各施工过程的流水节拍随施工段的不同而不同,且不同施工过程之间的流水节拍又有很大差异。这时,流水节拍虽无任何规律,但仍可利用流水施工原理组织流水施工,使各专业工作队在满足连续施工条件下,实现最大搭接。这种非(无)节奏流水施工方式是水运工程流水施工的普遍方式。

1. 非节奏流水施工的特点

1) 各施工过程在各施工段的流水节拍不全相等。
2) 相邻施工过程的流水步距不尽相等。
3) 专业工作队数等于施工过程数。
4) 各专业工作队能够在施工段连续作业。

2. 非节奏流水施工的流水步距计算

在非节奏流水施工中，通常采用累加数列、错位相减取大差的方法计算流水步距。其步骤如下：

1) 对每一个施工过程在各施工段上的流水节拍依次累加，求得各施工过程流水节拍的累加数列。
2) 将相邻施工过程流水节拍累加数列中的后者错后一位，相减后求得一个差数列。
3) 在差数列中取最大值，即为两个相邻施工过程的流水步距。

3. 非节奏流水施工工期

非节奏流水施工工期按下式计算

$$T = \sum K + \sum t_n + \sum G + \sum Z - \sum C \tag{9-4}$$

式中 $\sum K$——各个施工过程间的流水步距之和；

$\sum t_n$——最后一个施工过程在各施工段上的流水节拍之和。

【例 9-3】 某分项工程由支模板、绑扎钢筋、浇混凝土、拆模板组成，划分为四个施工段①~④。各施工过程在各施工段上的持续时间见表 9-2。混凝土浇筑完毕 2d 后才能拆模板，试组织流水施工。

表 9-2 持续时间 （单位：d）

施工过程	施工段			
	①	②	③	④
A 支模板	3	4	3	2
B 绑扎钢筋	5	6	4	5
C 浇混凝土	6	5	4	6
D 拆模板	3	2	2	3

解：（1）计算流水步距 K

1) 先求出累加数值

A 3 7 10 12
B 5 11 15 20
C 6 11 15 21
D 3 5 7 10

2) 对 A、B 的累加数列错位相减，在差值中取算术最大值为 K_{AB}

$$\begin{array}{rrrrr} & 3 & 7 & 10 & 12 \\ - & & 5 & 11 & 15 & 20 \end{array}$$

$$K_{AB} = \max\{3 \quad 2 \quad -1 \quad -3 \quad -20\} = 3d$$

同理可得

$$K_{BC} = 5d, K_{CD} = 14d$$

（2）计算流水施工工期

$T = \sum K + \sum t_n + \sum G + \sum Z - \sum C = (3d+5d+14d)+(3d+2d+2d+3d)+2d+0d-0d = 34d$

（3）绘制非节奏流水施工进度计划图，如图 9-9 所示。

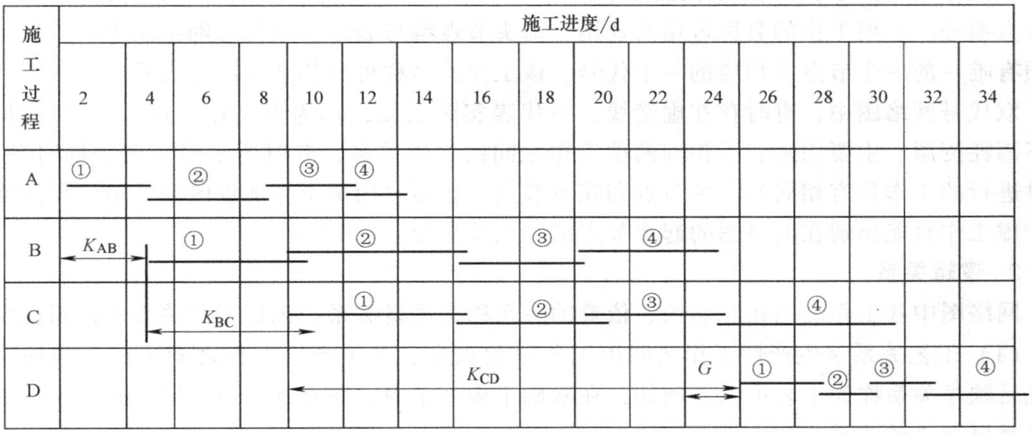

施工过程	施工进度/d																
	2	4	6	8	10	12	14	16	18	20	22	24	26	28	30	32	34
A	①		②		③	④											
B	K_{AB}		①			②			③		④						
C			K_{BC}		①			②		③			④				
D				K_{CD}					G			①		②	③		④

图 9-9 非节奏流水施工进度计划

9.5 网络计划技术

网络计划管理方法逻辑严密，突出主要矛盾，有利于计划的优化调整和计算机的应用，因此在各行业和关系复杂的科学研究计划管理中，得到了广泛的应用。在水运工程施工中，网络计划方法主要用来编制施工企业的生产计划和工程施工的进度计划，并对计划进行优化、调整和控制，以达到缩短工期、提高工效、降低成本、增加经济效益的目的。

9.5.1 基本概念

网络计划是用网络图表达任务结构、工作顺序，并加注时间参数的进度计划。网络图是网络计划技术的基本模型。网络计划能明确反映各工序间的制约与依赖关系；能找出关键工作和关键线路，便于资源调整和利用计算机管理和优化。其缺点是不能清晰反映流水情况、资源需要量的变化情况。网络计划分为双代号网络计划和单代号网络计划。

1. 网络图

网络图由箭线和节点组成，用来表示工作流程的有向、有序的网状图形。一个网络图表示一项计划任务。网络图中的工作是计划任务按需要粗细程度划分而成的、消耗时间或同时也消耗资源的一个子项目或子任务。工作可以是单位工程，也可以是分部（项）工程。一个施工过程也可以作为一项工作。一般情况下，完成一项工作既需要消耗时间，也需消耗劳动力、原材料、施工机具等资源。但有一些工作只消耗时间而不消耗资源，如混凝土浇筑后的养护过程和墙面抹灰后的干燥过程等。

网络图有双代号网络图、单代号网络图两种。双代号网络图又称箭线式网络图，用箭线以及两端节点的编号表示工作，节点表示工作的开始或结束以及工作间的连接状态。单代号网络图又称节点式网络图，以节点及其编号表示工作，箭线表示工作之间的逻辑关系。

网络图中的节点必须有编号，编号严禁重复，并应使每一条箭线上的箭尾节点编号小于箭头节点编号。

双代号网络图中,一项工作必须有唯一的一条箭线和相应的一对不重复出现的箭尾、箭头节点编号。一项工作的名称可用其箭尾、箭头节点编号表示。单代号网络图中,一项工作必须有唯一的一个节点及相应的一个代号,该工作的名称可用其节点编号表示。

双代号网络图中,有时存在虚箭线,不代表实际工作,称为虚工作。它既不消耗时间,也不消耗资源。主要用来表示相邻两项工作之间的逻辑关系,有时为了避免两项同时开始、同时进行的工作具有相同的开始节点和完成节点,也需要用虚工作加以区分。单代号网络图中,虚工作只能出现在网络图的起点节点或终点节点处。

2. 逻辑关系

网络图中各工作之间相互制约、依赖的关系称为逻辑关系,包括工艺关系和组织关系。

(1)工艺关系　生产性工作之间由工艺过程决定、非生产性工作之间由工作程序决定的先后顺序关系称为工艺关系。例如,在基础工程施工中,挖基础和做垫层之间的先后顺序关系就属于工艺关系。

(2)组织关系　工作之间由于组织安排需要或资源调配需要而规定的先后顺序关系称为组织关系。例如,在基础工程施工中,第一段基础施工与第二段基础施工的先后顺序关系就属于组织关系。

3. 紧前工作、紧后工作和平行工作

在网络图中,相对于某工作而言,紧排在该工作之前的工作称为该工作的紧前工作。在双代号网络图中,工作与其紧前工作之间可能有虚工作存在。紧排在该工作之后的工作称为该工作的紧后工作,可以与该工作同时进行的工作称为该工作的平行工作,如图 9-10 所示。紧前工作、紧后工作和平行工作是工作间逻辑关系的具体表现,是正确绘制网络图的前提条件。

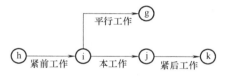

图 9-10　网络计划工作间逻辑关系

4. 先行工作和后续工作

相对于某工作而言,从网络图的第一个节点(起点节点)开始,顺箭头方向经过一系列箭线与节点,到达该工作为止的各条通路上的所有工作,都称为该工作的先行工作;相对于某工作而言,从该工作之后开始,顺箭头方向经过一系列箭线与节点,到达网络图最后一个节点(终点节点)的各条通路上的所有工作,都称为该工作的后续工作。

5. 线路、关键线路和关键工作

在网络图中,从起点节点开始,沿箭线方向顺序通过一系列箭线与节点,最后到达终点节点所经过的通路称为线路。以图 9-11 为例,共有三条线路:①→②→③→⑤→⑥,①→

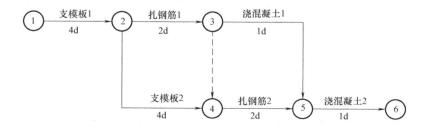

图 9-11　网络计划图线路

②→③→④→⑤→⑥，①→②→④→⑤→⑥，第三条线路耗时最长，11d，对整个工程的完工起着决定性的作用，称为关键线路；其余线路均称为非关键线路。处于关键线路上的各项工作称为关键工作；不在关键线路上的工作称为非关键工作。

9.5.2 网络计划图的绘制

1. 双代号网络图的绘制

（1）绘图规则

1）正确表达已定的逻辑关系，如表9-3所示。

表9-3 双代号网络图中工作间逻辑关系表示方法

序号	工作间的逻辑顺序	网络图中的表示方法	说明
1	A工作完成后进行B工作	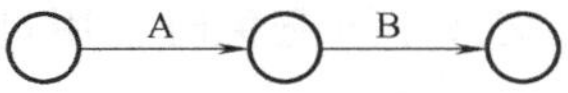	A工作制约着B工作的开始，B工作依赖着A工作
2	A、B、C三项工作同时开始	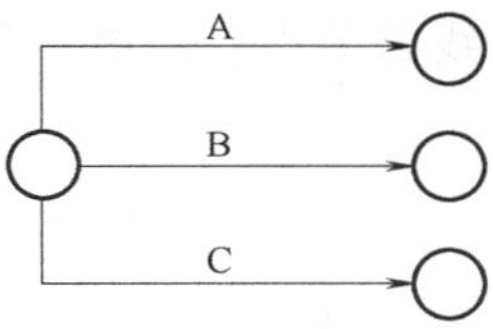	A、B、C三项工作称为平行工作
3	A、B、C三项工作同时结束	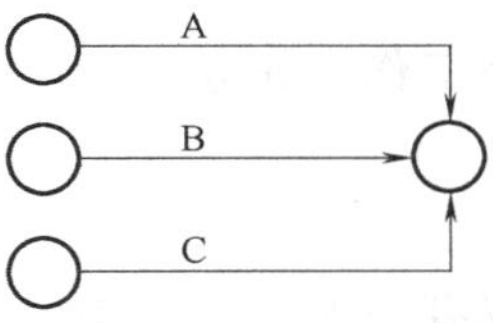	A、B、C三项工作称为平行工作
4	有A、B、C三项工作。只有A完成后，B、C才能开始	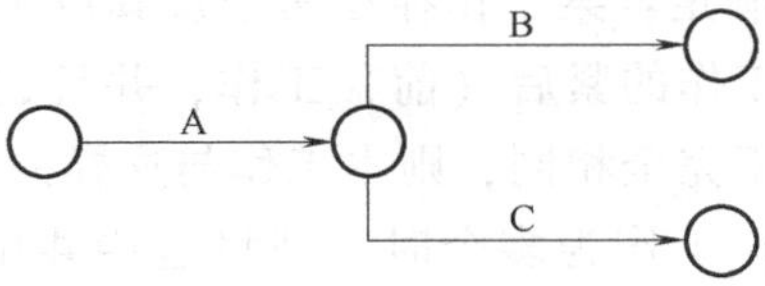	A工作制约着B、C工作的开始，B、C为平行工作
5	有A、B、C三项工作。C工作只有在A、B完成后才能开始	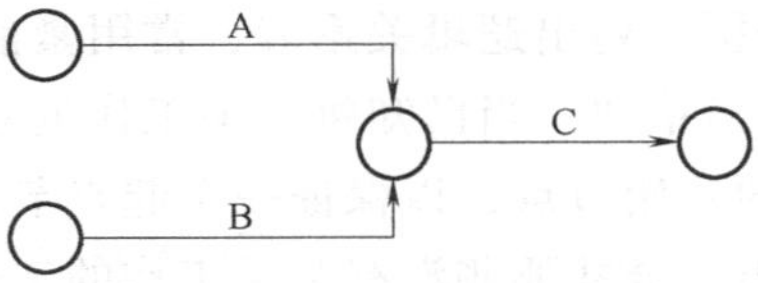	C工作依赖着A、B工作，A、B为平行工作

2）严禁出现循环路线图，如图9-12所示。

3）箭线（包括虚箭线）应保持自左向右的方向。

4）严禁出现带双向箭头或无箭头的连线。

5）严禁出现无箭头节点或箭尾节点的箭线。

6）严禁在箭线上引入或引出箭线。当某些节点有多条外向（或内向）箭线时，用母线法绘制，如图 9-13 所示。

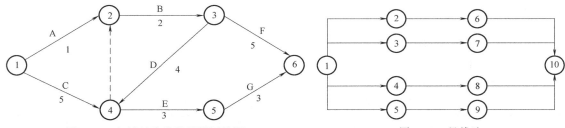

图 9-12 有循环路线的错误网络图　　　　图 9-13 母线法

7）尽量避免箭线交叉，交叉不可避免时，用过桥法绘制，如图 9-14 所示。

8）网络图中应只有一个起点节点和一个终点节点。除起点节点外，不允许出现没有内向箭线的节点；除终点节点外，不允许出现没有外向箭线的节点。

（2）绘图方法

1）箭线连接的方式。

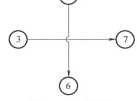

图 9-14 过桥法

① 直接连接。首尾一个节点，如③→④→⑤，节点④即是工作 3—4 的完成节点也是工作 4—5 的开始节点。

② 间接连接。中间加有虚工作，如③→④--→⑤→⑥，工作 3-4 与工作 5-6 之间有一个虚工作 4-5。

2）箭线连接的方法

① 直接相连，若某工作仅有一项紧后（前）工作，或某紧后（前）工作不是共用的，则本工作与其直接相连。

② 间接相连需同时满足：某工作存在两个及其以上的紧后（前）工作，其中某一个紧后（前）工作又是其他工作的紧后（前）工作，并且这个其他工作的紧后（前）工作与本工作的紧后（前）工作不完全相同，则本工作与这样的共用的紧后（前）工作间接相连。

完全共用紧后（前）工作为多个时，则将这些共用的紧后（前）工作的开始（结束）节点合并成一个节点，并把这些共用的工作看成一个工作，再使用方法①或②。

（3）绘图步骤

1）工作间的关系分析。列出逻辑关系表，常用紧前（后）工作描述。

2）根据逻辑关系画出草图。当已知每一项工作的紧前工作时，绘制没有紧前工作的工作箭线，它们具有相同的开始节点，以保证一个起点节点，依次绘制其他工作箭线，条件是其所有紧前工作已经绘出，合并那些没有紧后工作的工作箭线的箭头节点，保证一个终点节点；当已知每一项工作的紧后工作时，方法类似，绘图顺序改为从右向左。

3）检查。做到一一对应。

4）整理。尽量横平竖直，确认所绘网络图正确后，进行节点编号并满足 $i<j$。

【例 9-4】　某项任务的计划中，各项工作间的逻辑关系见表 9-4，试绘制双代号网络图。

表 9-4 工作间的逻辑关系表

工作名称	A	B	C	D	E	F	G	H
紧后工作	F	D、F	D、E、F	G、H	H	—	—	—
持续时间	3	4	5	6	5	7	3	6

解：先绘制出草图，完后检查，删除多余的虚工作，最终得到完整的双代号网络图，如图 9-15 所示。

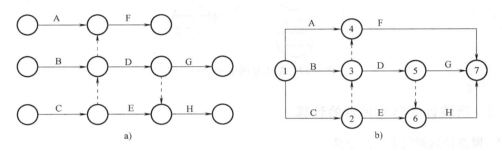

图 9-15 双代号网络图绘制实例
a) 草图 b) 完整图

2. 单代号网络图的绘制

（1）绘图规则　单代号网络图的绘制规则与双代号网络图基本相同，主要区别：当网络图中出现多项没有紧前工作的工作节点和多项没有紧后工作的工作节点时，应在网络图的两端分别设置虚拟的起点节点 S_t，和虚拟节点 F_m，如图 9-16 所示。

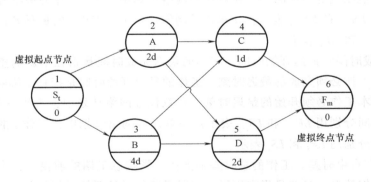

图 9-16 具有虚拟起点节点和虚拟终点节点的单代号网络图

（2）绘图方法　单代号网络图是以节点及其编号表示工作，箭线表示工作之间的逻辑关系。绘制方法简单，可以按照工作之间的逻辑关系直接绘制。

【例 9-5】 已知各项工作间的逻辑关系见表 9-5，绘制单代号网络图。

表 9-5 工作间的逻辑关系表

工作名称	A	B	C	D	E	G
紧前工作	—	—	—	—	B、C、D	A、B、C

解：根据工作之间的逻辑关系，直接绘制单代号网络图，如图 9-17 所示。

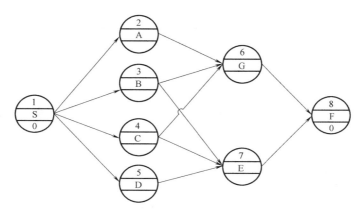

图 9-17 单代号网络图绘制示例

9.5.3 网络计划时间参数的计算

1. 网络计划时间参数的概念

时间参数是指网络计划、工作及节点所具有的各种时间值。

(1) 工作的时间参数

1) 持续时间。持续时间是指一项工作从开始到完成的时间。在双代号网络计划中，工作 i-j 的持续时间用 $D_{i\text{-}j}$，表示；在单代号网络计划中，工作 i 的持续时间用 D_i，表示。

2) 最早开始时间和最早完成时间。工作的最早开始时间是指在其所有紧前工作全部完成后，本工作有可能开始的最早时刻。工作的最早完成时间是指在其所有紧前工作全部完成后，本工作有可能完成的最早时刻。在双代号网络计划中，工作 i-j 的最早开始时间和最早完成时间分别用 $ES_{i\text{-}j}$ 和 $EF_{i\text{-}j}$ 表示；在单代号网络计划中，工作 i 的最早开始时间和最早完成时间分别用 ES_i 和 EF_i 表示。

3) 最迟完成时间和最迟开始时间。工作的最迟完成时间是指在不影响整个任务按期完成的前提下，本工作必须完成的最迟时刻。工作的最迟开始时间是指在不影响整个任务按期完成的前提下，本工作必须开始的最迟时刻。在双代号网络计划中，工作 i-j 的最迟完成时间和最迟开始时间分别用 $LF_{i\text{-}j}$ 和 $LS_{i\text{-}j}$ 表示；在单代号网络计划中，工作 i 的最迟完成时间和最迟开始时间分别用 LF_i 和 LS_i 表示。

4) 总时差和自由时差。工作的总时差是指在不影响总工期的前提下，本工作可以利用的机动时间。工作的自由时差是指在不影响其紧后工作最早开始时间的前提下，本工作可以利用的机动时间。在双代号网络计划中，工作 i-j 的总时差和自由时差分别用 $TF_{i\text{-}j}$ 和 $FF_{i\text{-}j}$ 表示；在单代号网络计划中，工作 i 的总时差和自由时差分别用 TF_i 和 FF_i 表示。自由时差≤总时差，当工作的总时差为零时，其自由时差必为零。

(2) 节点的时间参数

1) 节点最早时间 ET_i。在双代号网络计划中，以该节点为开始节点的各项工作的最早开始时间。

2) 节点最迟时间 LT_i。在双代号网络计划中，以该节点为完成节点的各项工作的最迟开始时间。

(3) 网络计划的工期

1) 计算工期 T_c。通过计算求得的网络计划的工期。

2) 计划工期 T_p。完成网络计划任务的计划工期。

3) 要求工期 T_r。合同规定或业主要求、企业要求的工期。

(4) 相邻两项工作之间的时间间隔 相邻两项工作（工作 i 与工作 j）之间的时间间隔是指工作 i 的最早完成时间与其紧后工作 j 最早开始时间之间可能存在的差值，用 $LAG_{i,j}$ 表示。

2. 双代号网络计划时间参数的计算

双代号网络计划时间参数的计算既可以按工作计算，也可以按节点计算。

(1) 按工作计算法 按工作计算法是以网络计划中的工作为对象，直接计算各项工作的时间参数。为了简化计算，网络计划时间参数中开始时间和完成时间都应以时间单位的终了时刻为标准。如第2天开始即是指第2天终了（下班）时刻开始，实际上是第3天上班时刻才开始；第4天完成即是指第4天终了（下班）时刻完成。

1) 计算工作的最早开始时间和最早完成时间。工作最早开始和最早完成时间的计算应从网络计划的起点节点开始，顺着箭线方向依次进行。

① 工作的最早开始时间。以网络计划起点节点为开始节点（$i=1$）的工作，当未规定其最早开始时间时，其最早开始时间为零；其他工作的最早开始时间应等于其紧前工作最早完成时间的最大值，即

当 $i=1$ 时，$ES_{1-j}=0$；

$$当\ i\neq 1\ 时, ES_{i-j} = \max\{EF_{h-i}\} \tag{9-5}$$

② 工作的最早完成时间。

$$EF_{i-j} = ES_{i-j} + D_{i-j} \tag{9-6}$$

2) 工期。计算工期是以网络计划终点节点为箭头节点（$j=n$）的工作的最早完成时间的最大值，即

$$T_c = \max\{EF_{i-n}\} \tag{9-7}$$

计划工期是根据要求工期和计算工期所确定的作为实施目标的工期。当工期无要求时，$T_p = T_c$；当工期有要求时，$T_p \leq T_r$。

3) 计算工作的最迟完成和最迟开始时间。工作最迟完成和最迟开始时间的计算应从网络计划的终点节点开始，逆着箭线方向依次进行。

① 工作的最迟完成时间。以网络计划终点节点（$j=n$）为箭头节点的工作，其最迟完成时间等于网络计划的计划工期，即

$$LF_{i-n} = T_p \tag{9-8}$$

其他工作的最迟完成时间为其紧后工作的最迟开始时间的最小值，即

$$LF_{i-j} = \min\{LS_{j-k}\} \tag{9-9}$$

② 工作的最迟开始时间。

$$LS_{i-j} = LF_{i-j} - D_{i-j} \tag{9-10}$$

4) 计算工作的总时差和自由时差。

工作的总时差

$$TF_{i-j} = LS_{i-j} - ES_{i-j}\ 或\ TF_{i-j} = LF_{i-j} - EF_{i-j} \tag{9-11}$$

工作的自由时差

$$当 j=n 时，FF_{i-n}=T_p-EF_{i-n};$$
$$当 j\neq n 时，FF_{i-j}=\min\{ES_{j-k}\}-EF_{i-j} \tag{9-12}$$

5）关键工作和关键线路。在网络计划中，总时差最小的工作为关键工作。当网络计划的计划工期等于计算工期时，总时差为零的工作是关键工作。

关键工作首尾相连，构成从起点节点到终点节点的通路，位于该通路上各项工作的持续时间总和最大（等于计算工期），这条通路就是关键线路。

【例 9-6】 某双代号网络计划如图 9-18a 所示，按计划工期等于计算工期，计算各工作的六个时间参数并确定关键线路，标注在网络图上。

解：

（1）计算各项工作的最早开始时间和最早完成时间

计算顺序：从网络计划起点起，顺着箭线方向，依次计算到终点。

$$ES_{1-2}=ES_{1-3}=ES_{1-4}=0 \quad ES_{i-j}=\max\{EF_{h-i}\} \quad EF_{i-j}=ES_{i-j}+D_{i-j}$$

（2）确定计算工期 T_c 和计划工期 T_p

$T_c=\max\{EF_{i-n}\}$ 假设未规定要求工期，则 $T_p=T_c$

$T_c=\max\{EF_{2-7},EF_{5-7},EF_{6-7}\}=\max\{11,12,15\}=15$

（3）计算各项工作的最迟完成时间和最迟开始时间

计算顺序：从网络计划终点起，逆着箭线方向，依次计算至起点。

$LF_{i-n}=T_p$

$LF_{2-7}=LF_{5-7}=LF_{6-7}=T_p=15$

$LF_{i-j}=\min\{LS_{j-k}\},LS_{i-j}=LF_{i-j}-D_{i-j}$

（4）计算工作的总时差

$TF_{i-j}=LF_{i-j}-EF_{i-j}=LS_{i-j}-ES_{i-j}$

（5）计算工作的自由时差

$FF_{i-n}=T_p-LF_{i-n}$

$FF_{i-j}=\min\{ES_{i-k}-EF_{i-j}\}$

6）关键线路的确定。总时差最小的工作是关键工作。关键工作从网络计划起点到终点连成的线路即为关键线路。双代号网络计划时间参数的图上标注方法可采用六时标注法或二时标注法，分别如图 9-18b 和图 9-18c 所示。

如图 9-18b 所示：总时差最小值为 0，有工作①→③、工作④→⑥和工作⑥→⑦；从网络计划起点到终点，关键工作连成的路线①→③→④→⑥→⑦是关键线路。在图 9-18b 和图 9-18c 中用双箭头标出。

（2）按节点计算法 按节点计算法是先计算网络计划中各个节点的最早时间和最迟时间，然后再据此计算各项工作的时间参数和网络计划的计算工期。

1）计算节点的最早时间和工期。节点最早时间的计算应从网络计划的起点节点开始，顺着箭线方向依次进行。

① 节点的最早时间 ET_i

$$当 i=1 时，ET_1=0;$$
$$当 i\neq 1 时，ET_i=\max\{EF_h+D_{h-i}\} \tag{9-13}$$

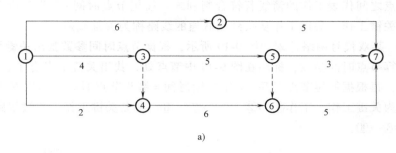

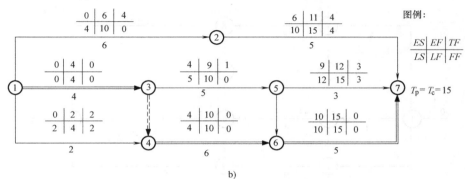

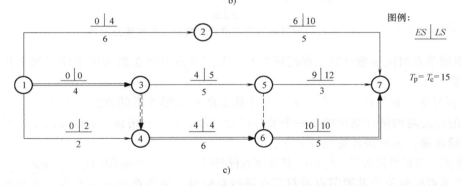

图 9-18 双代号网络计划按工作计算时间参数示例
a) 双代号网络计划　b) 六时标注法　c) 二时标注法

② 网络计划的工期
计算工期

$$T_c = ET_n \tag{9-14}$$

当工期无要求时，计划工期 $T_p = T_c$；当工期有要求时，计划工期 $T_p \leqslant T_r$。

2) 计算节点的最迟时间。节点最迟时间的计算应从网络计划的终点节点开始，逆着箭线方向依次进行。

节点的最迟时间 LT_i

当 $i = n$ 时，$LT_n = T_p$；

当 $i \neq n$ 时，$LT_i = \min\{LT_j - D_{i-j}\}$ (9-15)

3) 节点时差。根据节点时间确定关键节点和关键线路节点的最迟时间与最早时间之差称为节点时差 T_i，$T_i = LT_i - ET_i$。在无特殊要求情况下，关键节点的节点时差为零，此时两个相邻关键节点之间代表工作的箭线若符合判别式：箭尾节点时间+工作持续时间=箭头节点时间，即为关键工作，关键工作从头到尾联通的线路称为关键线路。

【例 9-7】 某双代号网络计划如图 9-19 所示，根据节点时间参数找出关键线路。

解：先计算节点时间参数，标注在图 9-19 中节点处；找出关键节点有①、②、③、⑤、⑦、⑧、和⑩；再根据箭尾节点时间+工作持续时间=箭头节点时间，判别两个关键节点之向的工作是否为关键工作，工作①→②、⑤→⑦、⑧→⑩是关键工作。关键线路是①→②→③→⑤→⑦→⑧→⑩。

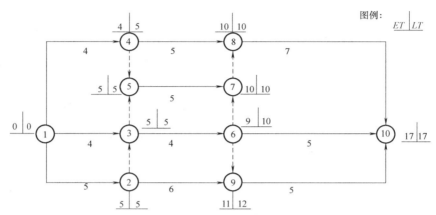

图 9-19 双代号网络计划按节点计算法确定关键线路示例

4）根据节点时间参数计算工作时间参数。利用节点时间参数的定义即可求出各项工作的时间参数。

（3）**标号法** 标号法是一种快速寻求计算工期和关键线路的方法。先利用节点最早时间计算法的原理对网络计划中的每一个节点进行标号，然后利用标号值确定网络计划的计算工期和关键线路。标号法计算过程如下：

1）起点节点标号值为零，$b_1 = 0$；其他节点标号值为该节点的最早时间，$b_j = \max\{b_i + D_{i-j}\}$。

2）用节点标号值及其源节点号对节点进行双标号。源节点就是用来确定本节点标号值的节点。如果源节点号有多个，应将所有源节点号标出。

3）网络计划的计算工期就是终点节点的标号值。

4）关键线路应从终点节点开始，逆着箭线方向按源节点号确定。

【例 9-8】 某工程双代号网络计划如图 9-20a 所示，求计算工期并找出关键线路。

解：计算节点标号值 $b_1 = 0$，$b_j = \max\{b_i + D_{i-j}\}$，对节点进行双标号，如图 9-20b 所示，计算工期 $T_c = 17$，关键线路有 4 条：①→②→⑥→⑦、①→②→④→⑤→⑦、①→②→④→⑤→⑥→⑦和①→③→⑥→⑦。

3. 单代号网络计划时间参数的计算

（1）**工作的最早开始和最早完成时间** 工作最早开始和最早完成时间的计算应从网络计划的起点节点开始，顺着箭线方向按节点编号从小到大的顺序依次进行。起点节点所代表的工作，其最早开始时间未规定时取值为零；其他工作的最早开始时间应等于其紧前工作最早完成时间的最大值；工作的最早完成时间应等于本工作的最早开始时间与其持续时间之和，即

$$ES_1 = 0; \quad ES_j = \max\{EF_i\}; \quad EF_i = ES_i + D_i$$

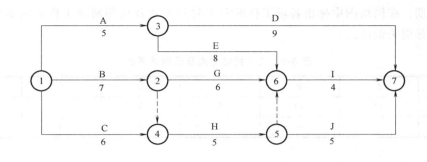

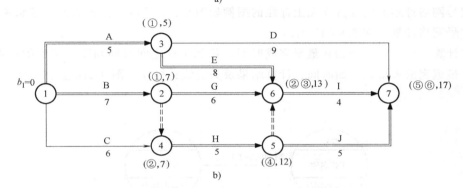

图 9-20 标号法求计算工期和关键线路示例
a) 双代号网络计划 b) 带有标号值的双代号网络计划

（2）本工作 i 与紧后工作 j 之间的时间间隔

$$LAG_{i,j} = ES_j - EF_i \qquad (9\text{-}16)$$

（3）计算工期和计划工期

$T_c = \max\{EF_i\}$；当工期无要求时 $T_p = T_c$；当工期有要求时 $T_p \leqslant T_r$。

（4）工作总时差

$TF_n = T_p - T_c$；$TF_i = \min\{LAG_{i,j} + TF_j\}$ 或 $TF_i = LF_i - EF_i = LS_i - ES_i$

（5）工作自由时差

$$FF_n = T_p - EF_n;\quad FF_i = \min\{LAG_{i,j}\} \text{ 或 } FF_i = \min\{ES_j - EF_i\}$$

（6）工作的最迟开始和最迟完成时间

根据总时差推算

$$LF_i = EF_i + TF_i;\quad LS_i = ES_i + TF_i$$

或根据计划工期推算

$$LF_n = T_p;\quad LF_i = \min\{LS_j\};\quad LS_i = LF_i - D_i$$

（7）关键工作和关键线路的确定

1）利用关键工作确定关键线路。总时差最小的工作是关键工作；将关键工作相连，并保证相邻两项关键工作的时间间隔为零而构成的线路是关键线路。

2）利用相邻两项工作的时间间隔确定关键线路。从网络计划终点节点开始，逆着箭线方向依次找出相邻两项工作的时间间隔为零的线路是关键线路。

【例 9-9】 某网络计划的有关资料如表 9-6 所示，试绘制单代号网络计划。若计划工期等于计算工期,在网络图中标出各项工作的六个时间参数及相邻两项工作之间的时间间隔,并用双箭线标明关键线路。

表 9-6　工作持续时间及逻辑关系表

工作名称	A	B	C	D	E	G
持续时间	12	10	5	7	6	4
紧前工作	—	—	—	B	B	C、D

解：

单代号网络计划时间参数在图上标注的图例如图 9-21a 所示。根据工作间逻辑关系直接绘制单代号网络计划,如图 9-21b 所示。

依次计算工作的最早开始和最早完成时间,相邻工作之间时间间隔,工作的自由时差、总时差,最迟完成和最迟开始时间,计算结果及关键线路标注在图 9-21b 上。

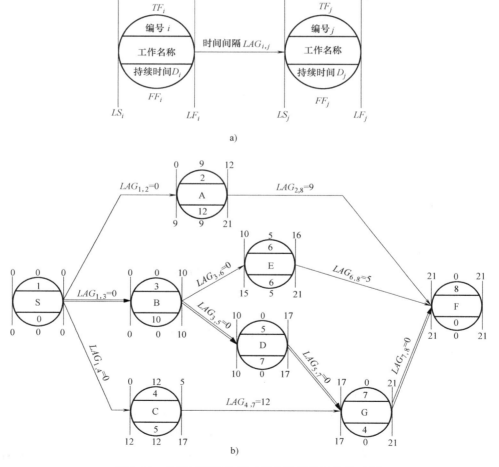

图 9-21　单代号网络计划时间参数及关键线路示例
a) 图例　b) 标有时间参数及关键线路的单代号网络计划

9.5.4 双代号时标网络计划

1. 时标网络计划的概念与特点

时标网络计划是以水平时间坐标为尺度表示工作时间的网络计划。以实箭线表示工作，实箭线的水平投影长度表示该工作的持续时间；以虚箭线表示虚工作，由于虚工作的持续时间为零，故虚箭线只能垂直画；以波形线表示工作与其紧后工作之间的时间间隔（以终点节点为完成节点的工作除外，当计划工期等于计算工期时，这些工作箭线中波形线的水平投影长度表示其自由时差）。宜按各项工作的最早开始时间编制，应使每个节点和每项工作包括虚工作尽量向左靠。

时标网络计划既具有网络计划的优点，又具有横道计划直观易懂的优点，它将时间参数直观地表达出来，易于确定同一时间的资源需要量。

2. 时标网络计划的绘制

（1）时标网络计划的绘制要求

1）根据节点最早时间绘制早时标网络计划，属于先工作后休息；根据节点最迟时间绘制迟时标网络计划，属于先休息后工作。两者区别在于非关键节点定位以及波形线安排。时标网络计划宜按各项工作的最早开始时间（节点最早时间）绘制。

2）先绘制时间坐标表。顶部、底部或顶底部均有时标，可加注日历；时间刻度线用细线，也可不画或少画。以某工程时标网络计划为例，如图 9-22 所示，图的上方同时标出三种坐标体系，其中上方第一行为计算坐标，第二行为工作日坐标，第三行为日历坐标，第四行所注为星期。

3）实箭线表示工作，垂直虚箭线表示虚工作，时间间隔用波形线。

4）节点中心对准时间刻度线。

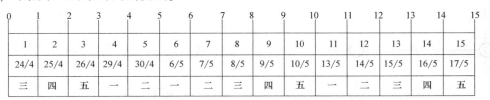

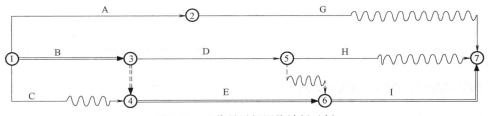

图 9-22 双代号时标网络计划示例

（2）时标网络计划的绘制方法 时标网络计划的绘制方法有直接绘制法和间接绘制法，直接绘制法不计算时间参数，直接按无时标网络计划草图绘制。间接绘制法步骤如下：

1）计算节点最早时间和计算工期，根据工期和工作历时适当划分时间坐标刻度，绘制进度表格细线。坐标刻度可以为小时、天、周等。

2）根据节点最早时间画节点，画在刻度线上。

3）从各节点出发画工作，水平实线长度等于工作历时，其余用波形线至其完成节点。

4）虚工作用虚线和波形线画出。

【例 9-10】 根据表 9-7 所示的某项目网络计划资料，绘制时标网络计划图。

表 9-7 工作持续时间及逻辑关系

工作名称	A	B	C	D	E	G	H
持续时间	9	4	2	5	6	4	5
紧前工作	—	D、E	E	G、H	H	—	—

解：

先绘制无时标的网络图，再计算各节点最早时间，得计算工期 $T_c = 15$，如图 9-23a 所示。绘制早时标网络计划图，如图 9-23b 所示。也可计算节点最迟时间，绘制出迟时标网络计划图，如图 9-23c 所示。

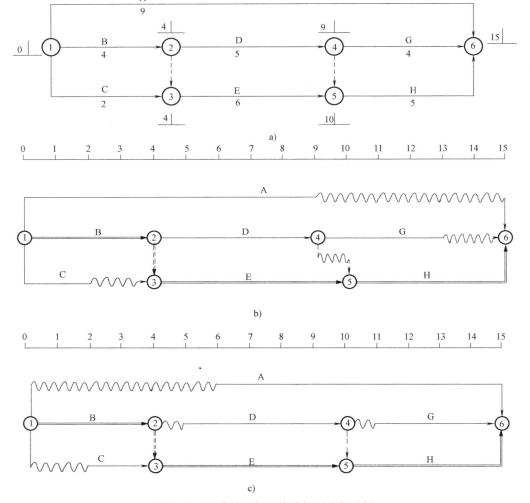

图 9-23 双代号时标网络计划图绘制示例
a) 无时标双代号网络图及节点最早时间 b) 早时标网络图 c) 迟时标网络图

3. 时标网络计划中时间参数的判定

(1) 直接判定的时间参数　早时标网络计划中，最容易判定的是计算工期、工作最早开始时间和最早完成时间。另外下列内容也可以直接判定：

1) 关键线路，从终点节点起，逆着箭线方向沿没有波形线的线路至起点节点。
2) 关键工作，关键线路上的工作是关键工作。
3) 时间间隔，相邻工作间的波形线长度。
4) 自由时差，时间间隔的最小值。
5) 总时差（紧后工作总时差+时间间隔）的最小值。

(2) 间接判定的时间参数　早时标网络计划中，利用工作总时差和最早时间参数，可以间接得到工作最迟完成时间：$LF_{i-j} = TF_{i-j} + EF_{i-j}$；最迟开始时间：$LS_{i-j} = TF_{i-j} + ES_{i-j}$。

9.5.5　网络计划的优化

优化是按既定目标对网络计划进行不断地改进，得到需求满意方案的过程。根据优化目标的不同，分为工期、费用和资源优化。网络计划优化方法见表 9-8。

表 9-8　网络计划优化方法

优化类型		优化方法	优化目标	原理
工期优化		压缩关键工作持续时间	计算工期 $F_c \leq$ 要求工期 F_r	循环优化
费用优化		压缩关键工作持续时间	工程总费用 C_{min} 最低	
资源优化	资源有限-工期最短	移动非关键工作、关键工作	延长的工期 ΔT_{min} 最少	
	工期固定-资源均衡	移动非关键工作	资源需用量方差 σ^2 尽量小	

1. 工期优化

当计算工期 T_c 大于要求工期 T_r 时，通过压缩关键工作持续时间以满足 T_r 目标的过程。

(1) 工期优化的步骤

1) 确定初始网络计划的计算工期和关键线路。
2) 按要求工期计算应缩短的时间 $\Delta T = T_c - T_r$。
3) 确定各关键工作可压缩的余地。
4) 选择应优先缩短持续时间的关键工作。其优选系数或组合优选系数最小，可综合考虑缩短持续时间对质量和安全的影响，是否有充足的备用资源，缩短持续时间所增加的费用等。
5) 压缩选中的关键工作的持续时间，并重新计算 T_c 并找出关键线路。若被压缩的关键工作变成非关键工作，则应延长其持续时间，使之仍为关键工作。
6) 若再算出的工期满足要求工期，优化结束。否则重复以上步骤直至满足。

(2) 压缩关键工作持续时间的措施　压缩关键工作持续时间的措施包括增加资源数量、增加工作班次、改变施工方法、组织流水施工、采取技术措施等。

【例 9-11】　已知网络计划如图 9-24a 所示，箭线下方括号内、外数字分别为工作的最短持续时间和正常持续时间，箭线上方括号内数字为优选系数，要求工期为 12d，试对其进行工期优化。

解：

1) 用标号法找出初始网络计划的计算工期和关键线路。

如图 9-24b 所示，计算工期 $T=15d$，关键线路为①→③→⑤→⑥。

2) 需要压缩的工期。

$\Delta T = T_c - T_r = 15d - 12d = 3d$。

3) 在关键工作中，工作③→⑤的优选系数最小，优先压缩。

4) 将关键工作③→⑤的持续时间由 6d 压缩成 3d，关键线路为①→③→④→⑥，不经过①→③→⑤→⑥，故关键工作③→⑤被压缩成非关键工作，这不合理。将工作③→⑤的持续时间压缩到 4d，这时关键线路有三条，①→③→⑤→⑥、①→③→④→⑤→⑥和①→③→④→⑥，工作③→⑤仍然为关键工作。

5) 第一次压缩后的网络计划如图 9-24c 所示，计算工期 $T_c = 13d$，仍大于要求工期 T_r，故需继续压缩。此时有三条关键线路，欲有效缩短工期，须在每条关键线路上压缩相同数值，有下列四种方案。

方案一：压缩工作①→③，优选系数为 7。

方案二：同时压缩工作③→④和工作③→⑤，组合优选系数为 2+1=3。

方案三：同时压缩工作③→④和工作⑤→⑥，组合优选系数为 2+3=5。

方案四：同时压缩工作④→⑥和工作⑤→⑥，组合优选系数为 6+3=9。

由于方案二组合优选系数最小，故应选此方案。

6) 将工作③→④和工作③→⑤的持续时间同时压缩 1d，再用标号法计算，关键线路仍为三条，即①→③→④→⑥、①→③→④→⑤→⑥和①→③→⑤→⑥，工作③→④和③→⑤仍是关键工作，第二次压缩可行。

7) 经第二次压缩后，网络计划如图 9-24d 所示，$T_c = 12d$，满足 T_r。达到了工期优化的目标。

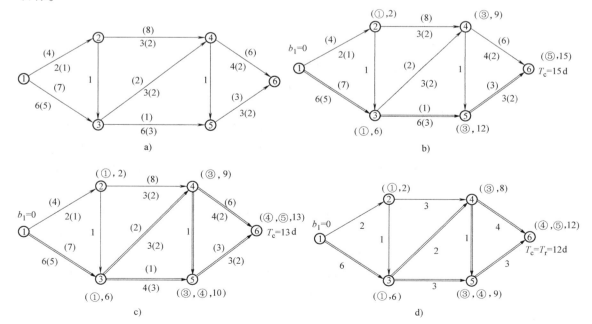

图 9-24 工期优化示例

a) 初始网络计划 b) 标号法 c) 第一次压缩后 d) 优化后的网络计划

2. 费用优化

费用优化又称工期成本优化，是指寻求工程总成本最低时的工期安排，或按要求工期寻求最低成本的计划安排的过程。工程总费用分为直接费和间接费。直接费包括人工、材料、设备费等，一般随工期的减小而增加。间接费包括经营管理费等，随工期缩短而减少。

（1）工期和费用的关系　　随着工作持续时间的缩短，其直接费增加，两者成曲线关系。为便于计算，将曲线关系简化为线性，如图 9-25 所示，并用直接费用率 ΔC_{i-j} 表示工作每缩短单位持续时间而增加的直接费，按下式计算。

$$\Delta C_{i-j} = \frac{C_B - C_A}{t_A - t_B} \tag{9-17}$$

式中　　C_A、C_B——按正常、最短持续时间完成工作 i-j 所需的直接费；

　　　　t_A、t_B——工作 i-j 的正常、最短持续时间。

在压缩关键工作持续时间以压缩工期时，应将直接费用率最小的关键工作作为压缩对象。当有多条关键线路出现而需要同时压缩关键工作时，应将他们的组合直接费率最小者（直接费率之和）作为压缩对象。

随着工期的缩短，工程直接费增加，间接费减少；费用与工期的关系如图 9-26 所示。

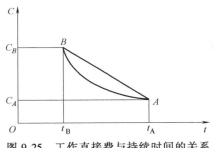

图 9-25　工作直接费与持续时间的关系

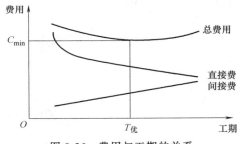

图 9-26　费用与工期的关系

在费用优化过程中，如果拟缩短持续时间的关键工作（或关键工作组合）的直接费用率（或组合直接费用率）大于工程间接费用率时，即可判定此时已达优化点。如果继续缩短关键工作的持续时间，将会使工程总费用增加，故此时对应的工期就是最优工期，工程总费用最低。

（2）费用优化的步骤

1）按工作正常持续时间计算工期 T_c、关键工作和关键线路。

2）计算各项工作的直接费用率。

3）确定工期 T_C 时工程总费用 C_T。

$$C_T = C_d + \alpha T_C \tag{9-18}$$

式中　　C_d——工程总的直接费；

　　　　α——工程间接费用率。

4）寻找可以压缩持续时间的工作。

5）确定网络计划在每次压缩工期情况下的工程总费用。当工程总费用值的变化出现变向时，即拟缩短持续时间的关键工作（或关键工作组合）的直接费用率（或组合直接费用率）大于工程间接费用率时，优化目标实现。

6) 求优化后的工期和总费用，绘制优化后的网络计划。

【例 9-12】 某工程网络计划如图 9-27a 所示，箭线下方括号内、外数字分别为工作的最短持续时间和正常持续时间；箭线上方括号内、外数字分别为最短持续时间时的直接费和正常持续时间时的直接费。费用单位为千元，时间单位为 d。如果工程间接费率为 0.8 千元/d，则最低工程费用时的工期为多少天？

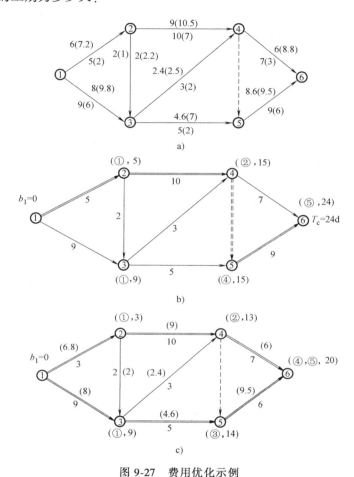

图 9-27 费用优化示例
a) 初始网络计划　b) 标号法求计算工期和关键线路　c) 优化后的网络计划

解：

1) 用标号法确定计算工期 $T_C = 24d$，找出关键线路为①→②→④→⑤→⑥，如图 9-27b 所示。

2) 计算各项工作的直接费率、直接费总和、间接费总和及工程总费用，见表 9-9。

3) 通过压缩关键工作的持续时间进行费用优化；优化后的网络计划如图 9-27c 所示，箭线上方括号中数字为工作的直接费。最低工程费用时的工期为 20d。

4) 计算优化后的工程总费用。

直接费总和 = 6.8 千元 + 9 千元 + 8 千元 + 2 千元 + 2.4 千元 + 4.6 千元 + 9.5 千元 + 6 千元 = 48.3 千元

间接费总和 = 0.8×20 千元 = 16 千元

工程总费用 = 48.3 千元 + 16 千元 = 64.3 千元

表 9-9 费用优化前后对比

内容	直接费总和/千元	间接费总和/千元	工程总费用/千元	工期/d
初始计划	46.6	19.2	65.8	24
优化后	48.3	16	64.3	20

3. 资源优化

资源是指为完成一项计划任务所需投入的人力、材料、机械设备和资金等。完成一项工程任务所需要的资源量基本上不变,不可能通过资源优化将其减少。资源优化的目的是通过改变工作的开始时间和完成时间,使资源按照时间的分布符合优化目标。资源优化分为以下两种:

(1) 资源有限—工期最短的优化 该法是在满足资源限制条件下,通过调整网络计划安排,如调整某些工作的开始时间,使工期不延长或延长最少的过程。优化步骤与方法如下:

1) 针对时标网络计划,逐时段计算资源需用量 R_t ($t=1, \cdots, T$)。

2) 逐时段检查资源需用量是否超过资源限量 R_d,若有超过者进入第3步,否则检查下一时段,是否 $R_t > R_d$。

3) 对于超过的时段,按总时差从小到大累计该时段中的各项工作的资源强度,到不超过 R_d 的最大值,其余的工作推移到下一时段。在前一时段已经开始的工作应优先累计。

4) 重复上述步骤,直至所有时段满足 $R_t \leq R_d$ 为止。

【例 9-13】 某工程初始网络计划如图 9-28a 所示,图中箭线上方数字为工作的资源强度,箭线下方数字为工作的持续时间。计算每天资源需用量,列于图的下方,若资源限量为12,需要对初始网络计划进行资源有限-工期最短的优化,优化后的网络计划如图 9-28b 所示,工期延长了 1d,但满足资源限量的要求。

(2) 工期固定-资源均衡的优化 该法是在工期保持不变的条件下,通过调整网络计划安排,尽量使资源需用量均衡的过程。既有利于施工组织与管理,又有利于节省施工费用。

1) 资源均衡的指标。衡量均衡的指标是资源需用量方差值 σ^2 越小越均衡,按下式

$$\sigma^2 = \frac{1}{T} \sum_{t=1}^{T} (R_t - R_m)^2 = \frac{1}{T} \sum_{t=1}^{T} R_t^2 - R_m^2 \tag{9-19}$$

式中 T——网络计划的计算工期;

R_m——资源需用量平均值。

若要方差值 σ^2 最小,须使资源需用量平方和 $\sum_{t=1}^{T} R_t^2$ 最小。

对某项工作 A 而言,其资源强度为 r_A,在调整计划前,工作 A 从第 i 个时间单位开始,到第 j 个时间单位完成,则此时网络计划资源需用量的平方和为

$$\sum_{t=1}^{T} R_{t0}^2 = R_1^2 + R_2^2 + \cdots + R_i^2 + R_{i+1}^2 + \cdots + R_j^2 + R_{j+1}^2 + \cdots + R_T^2 \tag{9-20}$$

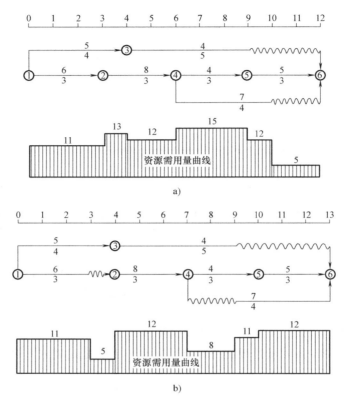

图 9-28 资源有限-工期最短的优化示例
a) 初始网络计划 b) 优化后的网络计划

若将工作 A 的开始时间右移一个时间单位,即工作 A 从第 $i+1$ 个时间单位开始,到第 $j+1$ 个时间单位完成,则此时网络计划资源需用量的平方和为

$$\sum_{t=1}^{T} R_{t1}^2 = R_1^2 + R_2^2 + \cdots + (R_i - r_A)^2 + R_{i+1}^2 + \cdots + R_j^2 + (R_{j+1} + r_A)^2 + \cdots + R_T^2 \quad (9\text{-}21)$$

则资源需用量平方和的增量为式(9-21)与式(9-20)的差值

$$\Delta = (R_i - r_A)^2 - R_i^2 + (R_{j+1} + r_A)^2 - R_{j+1}^2 = 2r_A(R_{j+1} + r_A - R_i) \quad (9\text{-}22)$$

如果增量 Δ 为负值,即 $R_{j+1} + r_A < R_i$,说明工作 A 的开始时间右移一个时间单位能使资源需用量平方和 $\sum_{t=1}^{T} R_t^2$ 减小,也就使方差 σ^2 减小,从而使资源需用量更均衡。

2)优化步骤和方法。

① 针对时标网络计划,计算资源需用量 $R_t (t=1, \cdots, T)$。

② 从网络计划的终点起,按非关键工作最早开始时间的先后顺序进行调整。若满足判别式 $R_{j+1} + r_A \leq R_i$ 就向右移动。

③ 自右向左调整一次后,还需第二次,第三次,…,直至所有工作均不能移动为止。

④ 绘制调整后的网络计划,比较优化前后的方差值。

【例 9-14】 某工程初始网络计划如图 9-29a 所示,图中箭线上方数字为工作的资源强度,箭线下方数字为工作的持续时间。经过工期固定-资源均衡优化的网络计划如图 9-29b 所示,初始方差 $\sigma^2 = 24.34$,优化后方差 $\sigma^2 = 2.77$,降低 88.6%。

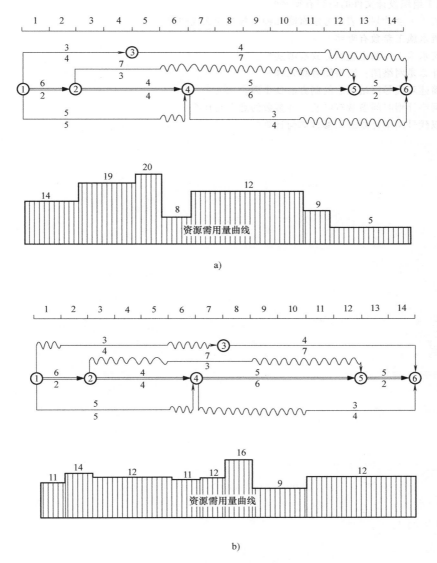

图 9-29 工期固定-资源均衡的优化示例
a) 初始网络计划　b) 优化后的网络计划

习　题

9-1　简述建设项目程序及建设项目组成。
9-2　建设项目具有哪些特性？
9-3　工程项目施工管理的内容有哪些？
9-4　简述工程项目施工准备工作的内容。
9-5　什么是施工组织设计？施工组织的原则有哪些？
9-6　施工组织的方式有哪些？
9-7　施工组织设计的作用是什么？
9-8　施工组织设计的编制原则有哪些？

9-9 施工组织设计文件的内容有哪些？
9-10 施工进度计划的表示方法有哪几种？各有什么优缺点？
9-11 流水施工参数有哪些？
9-12 流水施工的基本组织方式有哪些？
9-13 什么是网络图？网络图有哪几种？
9-14 简述双代号网络图的绘制方法及步骤。
9-15 网络计划时间参数有哪些？各参数的意义是什么？
9-16 双代号网络计划时间参数如何计算？

参 考 文 献

[1] 重庆大学,同济大学,哈尔滨工业大学. 土木工程施工 [M]. 2版. 北京:中国建筑工业出版社,2008.
[2] 穆静波. 土木工程施工(含移动端助学视频) [M]. 北京:机械工业出版社,2018.
[3] 陈云钢. 工程项目管理 [M]. 北京:机械工业出版社,2018.
[4] 王卓甫. 工程项目管理原理 [M]. 北京:机械工业出版社,2019.
[5] 费以原,孙震. 土木工程施工 [M]. 北京:机械工业出版社,2012.
[6] 徐伟. 施工组织设计计算 [M]. 北京:中国建筑工业出版社,2011.
[7] 毛鹤琴. 土木工程施工 [M]. 3版. 武汉:武汉理工大学出版社,2007.
[8] 黄淑森,程建伟. 建筑施工组织与项目管理 [M]. 北京:机械工业出版社,2012.
[9] 张长友. 土木工程施工技术 [M]. 北京:中国电力出版社,2009.
[10] 苏建林. 公路工程施工技术 [M]. 北京:人民交通出版社,2002.